Schlupp

rororo

rororo

Zu diesem Buch

Marianne Hoppe, gefeierter Bühnen- und UFA-Star, und Gustaf Gründgens, der in den zwanziger Jahren erste Erfolge bei den Hamburger Kammerspielen feierte und in den Vierzigern und Fünfzigern als Intendant in Düsseldorf und Hamburg Theatergeschichte schrieb. Beide machen Karriere im NS-Staat – und lassen doch gefährdete Kollegen und Freunde nicht im Stich. Zehn Jahre lang waren Hoppe und der homosexuelle Gründgens miteinander verheiratet und blieben auch über die Scheidung hinaus einander tief verbunden. In dieser Biographie erzählt Carola Stern eindrücklich über das ereignisreiche, widerspruchsvolle und aufregende Leben zweier genialer Schauspieler.

Die Autorin

Carola Stern war eine der bedeutendsten Publizistinnen der Bundesrepublik. Von 1960 bis 1970 leitete sie das politische Lektorat beim Verlag Kiepenheuer & Witsch, danach arbeitete sie als Redakteurin und Kommentatorin beim WDR. Sie hat eine Reihe sehr erfolgreicher Biographien geschrieben, u. a. über Dorothea Schlegel, Rahel Varnhagen, Johanna Schopenhauer, und ihre Autobiographien »In den Netzen der Erinnerung« und »Doppelleben«. Im Januar 2006 verstarb Carola Stern kurz nach ihrem 80. Geburtstag.

Carola Stern

Auf den Wassern des Lebens

Gustaf Gründgens und Marianne Hoppe

Rowohlt Taschenbuch Verlag

Veröffentlicht im Rowohlt Taschenbuch Verlag,
Reinbek bei Hamburg, Februar 2007

Umschlaggestaltung ZERO Werbeagentur, München,
nach einem Entwurf von Rudolf Linn
(Foto: © ullstein bild)
Druck und Bindung Clausen & Bosse, Leck
Printed in Germany
ISBN 978 3 499 62178 9

Inhalt

Anhang

Meine Helden

Ich wollte *die* Wahrheit ergründen: Ich wollte wissen, wie der Held und die Heldin meiner Jugend im NS-Staat wirklich gedacht und gehandelt hatten. Oft genug hatte ich sie in Filmen oder, die Sammelbüchse für das NS-Winterhilfswerk schwingend, in den Wochenschauen gesehen. Sie waren *die* Stars dieser Zeit – erfolgreich, berühmt, bewundert – und bestätigten mich in meiner Begeisterung für den »Führer«-Staat.

»... ich sehe an meinem Schicksal, wie sehr wir alle überfordert sind«, schrieb Gustaf Gründgens 1952, »wie viel mehr das Leben von uns verlangt hat als wir zu geben imstande waren, vor welche Bürden uns das Leben gestellt und was es uns, fast selbstverständlich, abverlangt hat« – ein Bekenntnis, das sich Millionen Deutsche in ihre gute Stube hängen konnten. Aber reicht es aus, um uns, die Überlebenden, zu entlasten?

Gehörten Gustaf Gründgens und Marianne Hoppe zu den Nazis? Nein, sie boten eine Gegenwelt.

Gehörten sie zu den Mitläufern? Dazu waren sie zu unabhängig und zu souverän.

Gehörten sie zu den Privilegierten? Das gewiss.

Sie gehörten zu den Vorzeigemenschen und verstellten durch ihre großartigen künstlerischen Darbietungen die Sicht auf den wahren Charakter des Regimes. Sie zählten, um es mit Hermann Kesten auszudrücken, zu den Menschen im NS-Staat, die nicht Schuldige sind, aber schuldig wurden. Das verband sie mit Millionen anderer Deutscher, die sie nach dem Krieg als »einen von uns«, als »eine von uns« bejubelten.

Je länger ich mich jedoch mit Gustaf Gründgens und Marianne Hoppe beschäftigte, umso unsicherer wurde ich. Das Leben gerade dieser beiden Künstler zeigt: Es gibt nicht nur die eine, alles andere ausschließende Wahrheit, sondern mehrere Wahrheiten, die immer wieder Zweifel an den eben gewonnenen Gewissheiten hervorrufen. Die beiden waren hoch angesehen, ja umschwärmt, in allen Systemen, in denen sie ihren Beruf ausübten.

Sie liebäugelten mit der KPD der Weimarer Republik. Sie saßen mit Göring in der Loge, neben Goebbels während der Filmpremiere, erhielten Gunstbeweise Hitlers und boten Gegnern und Verfolgten eine Zufluchtsstätte. Später empfingen sie Orden und andere Auszeichnungen in der Bundesrepublik. Sie bedienten alle: Konservative und Linke, Demokraten und Gegner der Demokraten, Junge und Alte, Sentimentale und Verstandesmenschen, Juden und Antisemiten, Experten und Laien, jeden, der sich von der Kunst bedienen lassen will. Das gehört zu den Merkmalen ihres Berufs.

Aber sie konnten auch fast alles. Gründgens galt in den zwanziger Jahren des vorigen Jahrhunderts zeitweilig als »pervers wirkender Schauspieler der dekadenten Republik«. Er wurde ein unvergesslicher Hamlet und nicht zu übertreffender Mephisto. Sein Publikum erlebte ihn als Komiker von hohen Graden, als einsamen, anrührenden Herrscher, abwechselnd glänzend und schmutzig, unverschämt, halsbrecherisch und schamlos, tragisch – immer wieder überwältigend.

Wer heute achtzig ist, wird sich an die junge populäre Schauspielerin Marianne Hoppe in dem Film »Auf Wiedersehen, Franziska!« erinnern, in dem sie die »richtige Frau« verkörperte, so wie Hitler sie sich wünschte: unkompliziert, anpassungsbereit, das eigene Glück zurückstellend, wenn es um »die große Sache« ging. Aber auch an die schuldig Liebende in ihrer »Romanze in Moll«. Später spielte sie hoheitsvolle Königinnen, die großen klassischen Frauenrollen, Brecht und Tennessee Williams, Thomas Bernhard und Heiner Müller sowie die »Knacksdamen« des modernen, auch des absurden Theaters, mit dem Gründgens so gar nichts anzufangen wusste. Stärker noch als Gründgens verkörpert seine frühere Frau durch ihr langes Leben, in dem sie über 60 Jahre auf der Bühne stand, den Wandel der Zeit und mit ihr den Wandel des Theaters.

Beider Bedürfnis, im Rampenlicht zu stehen, war stärker als Depressionen und Alterskümmernisse, als Not und Schmerz; sie waren echte Komödianten, Gaukler, die zuweilen auf ihre Umwelt sehr deutsch, ja preußisch wirkten – eine seltene Verbindung, auch deshalb, weil sowohl sein als auch ihr Liebesleben sich von den damals als »normal« geltenden Formen erheblich unterschied. Zehn Jahre lang, von 1936 bis 1946, waren Janni und Juste, wie sie sich gegenseitig nannten, miteinander verheiratet. Aber wie lebte eine Frau mit einem Mann, der weithin bekannt für seine damals noch gefährlichen Liebschaften mit Männern war? Wie lebte ein Mann mit einer Frau, unter deren Freundinnen man nicht zu unterscheiden wusste, welche »nur« Freundin war und welche mehr als das?

Und wie unterschieden sich Gründgens und Hoppe in ihren Charakteren? Er war ein Intellektueller, dessen außergewöhnliche Begabung sich schon in der Jugend zeigte. Sie bewunderte Intellektuelle, ohne selbst eine zu sein. Er war wagemutig, sie wollte gerne wagemutig sein und fühlte sich zu Rebellen hingezogen. Aber ihre Tugenden waren durch und durch bürgerlich – Anstand, Diskretion, Verlässlichkeit. Beide besaßen in ihrem Alter Würde. Die ihre verband sich mit einem gehörigen Schuss Verschrobenheit, die seine mit wachsendem Bedürfnis nach Distanz. Er galt schon in seinen schauspielerischen Anfängen als hoch begabt. Sie gewann ihr künstlerisches Format erst nach seinem Tod, im Alter, und das gilt auch für ihre unverwechselbare Persönlichkeit. Beide waren zugleich zart und unverwüstlich.

In Shakespeares Königsdramen, Schillers »Don Carlos« und Goethes »Faust«, Werken der Antike und Moderne, in Komödien, Filmen und Revuen haben Juste und Janni die Geschichte des deutschen Theaters und des Films im 20. Jahrhundert entscheidend mitgestaltet. Ich wollte ihre große Kunst in der Wirrnis dieser Zeit beschreiben.

Berlin, im Januar 2005 — Carola Stern

Gründgens und die Dichterkinder

»Streiten Sie nicht mit mir, Hemingway«,
sagte Miss Stein. »Das führt zu nichts.
Ihr seid alle eine verlorene Generation.«

Ernest Hemingway,
Paris – Ein Fest fürs Leben

Ist das eine Theaterszene? Nein, so hat es sich tatsächlich abgespielt: Der junge Schauspieler Gustaf Gründgens, enttäuscht von kurzen Berufserfahrungen in Berlin, will zurück in die Provinz. Im Büro seines Agenten, der ihm ein neues Engagement vermitteln soll, sitzt zufällig ein Intendant, der auf der Suche nach begabtem Nachwuchs ist: Erich Ziegel, ein unermüdlicher Talentjäger, ein erfahrener Theatermann.

Neugierig mustert er den jungen Mann. Dann spricht er ihn an: »Wissen Sie, dass Sie schielen?« Aber das ist nicht der einzige Nachteil dieses Mimen. Seine Stirn ist zu hoch, der Mund zu groß, dazu die schlaksige Figur, die ungeschlachten Hände. Wie macht es dieser Mann nur, trotzdem so anziehend zu wirken? Daran muss man sich von Anfang an gewöhnen, Gustav Gründgens hat viele Gesichter.

Der Intendant schlägt vor, ihm vorzusprechen. Das merkt er gleich, der Junge ist begabt. Der Agent holt die nötigen Papiere aus der Schreibtischschublade, und sofort wird ein Vertrag gemacht. So kommt Gustav Gründgens im Herbst 1923 an die von Erich Ziegel und seiner Frau Mirjam Horwitz gegründeten Hamburger Kammerspiele.

Einladend wirkt die neue Wirkungsstätte nicht gerade.

Deutschland leidet unter der Inflation. Hamburg, die Stadt der Banken, Werften, Speicher, der Docks und Kais, liegt danieder. Die Preise explodieren. Wer ein Brot beim Bäcker kaufen will, muss sechzig Millionen Mark über den Ladentisch schieben. Selbst Arbeiterlöhne werden in Millionen ausgezahlt. Sofort nach dem Lohnempfang stürzen die Menschen, das Geld in riesigen Bündeln in Tragetaschen transportierend, in Brotläden und Lebensmittelgeschäfte, um so viel wie möglich einzukaufen. Denn schon am Tag darauf wird alles noch unerschwinglicher werden. Bald können Arbeitslose für ihre wöchentliche Unterstützung gerade noch zwei Brote erstehen.

Der Vermieter der kleinen Wohnung, die Gründgens nach einigem Suchen in der Stadt gefunden hat, gewährt dem jungen Schauspieler einen Vorzugspreis von 500 000 Mark pro Tag, will aber die Miete für die ersten vierzehn Tage im Voraus haben. Woher solche Summen nehmen? »Die Kammerspiele sind ... nicht in der Lage, einen größeren Vorschuss zu gewähren«, berichtet Gründgens seiner Mutter. »Also um Gottes willen, schickt Geld, sonst ist alles aus ... u. möglichst noch mehr wie 10 Millionen ... Ich muss wenigstens bei meiner ersten Rolle! ein Dach über dem Kopf haben.« Und unterm Dach Bettwäsche, aber bitte »richtiges Leinen«, sowie »Seife, Zahnpasta, Garn, Zucker, Knöpfe etc.«.

Derweil plündern empörte Menschen Lebensmittelgeschäfte; Kampfgruppen der KPD stürmen Polizeiwachen und errichten Barrikaden. Doch ihr Aufstand scheitert an der Übermacht der Polizei. Endlich, am 16. November, wird die Rentenmark, eine neue Währung, eingeführt; die Inflation in Deutschland ist vorüber. Nun können die Hamburger auch wieder häufiger ins Theater gehen.

Nur Kenner wissen von dem bedeutenden Theater, das in

»Wissen Sie, dass Sie schielen?« fragt der Intendant. Aber dann spricht der begabte junge Mann ihm vor und wird sogleich engagiert. An den Hamburger Kammerspielen beginnt die Karriere von Gründgens, der binnen eines Jahrzehnts zum Star des deutschen Theaters aufsteigen wird. Jahrzehnte später kehrt er als Intendant des Hamburger Schauspielhauses zurück, der letzten Station seines Theaterlebens.

einer der unansehnlichen Vorstadtstraßen nahe dem Bahnhof steht, noch dazu in einem Hinterhof. Wer das durch bröckelnden Putz und Plakatfetzen verunstaltete große Mietshaus am Besenbinderhof gefunden hat, muss durch einen Tunnel laufen und viele Treppen hinabsteigen. Dann steht er vor dem kleinen, in einer Bodensenke gelegenen Jugendstilgebäude, einem früheren Lustspielhaus. Erich Ziegel hat daraus seit dem Ende des Ersten Weltkriegs *das* Theater für das Hamburger Bildungsbürgertum gemacht.

Man spielt in einem länglichen einfachen Theatersaal mit einer umlaufenden Galerie. Das Gestühl wackelt, die Dielen knarren, aber die Enthusiasten stört das nicht. Für sie ist der Besenbinderhof zu einem Wallfahrtsort geworden. Auf dieser avantgardistischen Bühne sehen sie die Stücke der literarischen Moderne von Ernst Toller bis Georg Kaiser und Klabund, von Sternheim bis Brecht. Hier, auf diesem Hinterhof, hat Erich Ziegel Wedekind und Ernst Barlach als Bühnenautoren in Deutschland durchgesetzt und schickt sich an, die Klassiker, der Gegenwart entsprechend, neu zu deuten.

Die Aura des Unverwechselbaren

Gründgens, der junge Rheinländer, fühlt sich wohl in Hamburg. Zwar bleibt ein nennenswerter Erfolg im ersten Jahr noch aus, die Gage ist gering, und er muss Schulden machen und immer wieder die Eltern um Geld bitten. Gut ein Jahrzehnt später wird er eine Villa in Berlin besitzen und ein Landgut kaufen. Jetzt hockt er zusammen mit Paulchen Kemp, diesem kleinen quicklebendigen Kollegen, der so menschlich und zugleich so komisch wirkt, in einer winzigen, niedrigen Garderobe. An den Wänden hängen verschossene Tapetenreste, die Spiegel sind halb blind. Aber auf den Tischen liegen Quasten, Puderdosen, Watte, Fettcreme, es riecht nach Schminke, und die beiden probieren übermütig Masken und Perücken aus.

Jahrzehnte später wird der berühmte Gründgens im Rolls-Royce durch Hamburg chauffiert werden. Jetzt, 1923, muss er noch mit dem Rücksitz von Kemps klapprigem Motorrad vorlieb nehmen und, wenn er aus Lust und Laune doch mal mit dem Taxi ins Theater kommt, die Kellnerin des Theatercafés bitten, ihm das Fahrgeld auszulegen.

Doch von Jahr zu Jahr geht es aufwärts. Schon 1924 spielt Gründgens einige so große und so schwere Rollen, dass man sie nur, so der junge Hauptdarsteller, »mit dem Lastwagen wegziehen konnte«. Erich Ziegel vertraut ihm auch die Spielleitung in verschiedenen Stücken an. So wird er unter anderem den Dr. Jura in Bahrs »Konzert«, den Leonce in Büchners »Leonce und Lena«, den Cäsar in Shaws »Cäsar und Cleopatra« spielen und diese Bühnenwerke gleichzeitig inszenieren.

Kollegen und Publikum sind von diesem Spieler fasziniert. An einem Abend ist er zugleich der »schwärmende Anbeter der Emilia Galotti und der unerreichbar kühle, gefährlich verantwortungslose Abgott der unglücklichen Orsina ... Ob er mit einem bezaubernden Sarkasmus in den Mundwinkeln den Bluntschli in Shaws ›Helden‹ spielt oder aber den sinnlos wilden Rittmeister in Sakheims ›Hassbergs‹ ..., immer ist er mühelos ein ›Herr‹ ... Dagegen im ›Snob‹: gieriger, ordinärer, skrupelloser Lebensappetit; der draufgängerische Emporkömmling ..., der Aktivist, der mit unwiderstehlichem Elan alle Hindernisse überrennt und mit elastischer Anpassungsfähigkeit sofort in der im Handstreich gewonnenen Herrenkaste zu Hause ist ... Gründgens besitzt das Entscheidende: Er ist einmalig, unverwechselbar. Er hat jene geheimnisvolle, nicht zu analysierende Aura, in deren Schein alles bunt, leuchtend, schillernd, spielerisch und zugleich bedeutsam wird: den Eros des echten Künstlers.«

So feiert ihn seine Kollegin Lucy von Jacoby schon 1926. Er selbst meint später: »Die fünf Hamburger Spielzeiten gehören zu meinen schönsten Jahren ... Mit Erich Ziegel hatte ich die Autorität gefunden, die der junge Schauspieler so dringend braucht.«

Eines Tages überrascht der Intendant seinen Schauspieler und Regisseur mit einem besonderen Einfall. Klaus, der 18-jährige Sohn des berühmten Thomas Mann, hat über seine »Träume und Erinnerungen«, über seine »Sehnsüchte und Begierden« in nur vierzehn Tagen ein Theaterstück verfasst und es nach verschiedenen Absagen der bekanntesten Berliner Bühnen den Hamburger Kammerspielen zur Uraufführung angeboten.

Nach der Lektüre war Ziegel die Idee gekommen, die Regie dieses »romantischen Stückes in sieben Bildern« Gustav Gründgens zu übertragen und das Theater am Besenbinderhof durch eine besonders originelle Besetzung der vier Hauptrollen weit über die Hansestadt hinaus ins Gespräch zu bringen. Die Rollen der Anja und Esther, so auch der Titel dieses dramatischen Erstlings, sollte man den beiden Schauspielerinnen und Dichtertöchtern Erika Mann und Pamela Wedekind, der Tochter des verstorbenen »Hausgottes« der Kammerspiele und engen Freundin der beiden Mann-Geschwister, übertragen – so der Wunsch des Autors; die männlichen Hauptrollen hingegen Klaus Mann, der noch nie auf einer richtigen Bühne gestanden hat, und

Gustav Gründgens, dessen Lebenselixier die Bühne ist. Was dieser davon halte?

Der liest das Stück, zeigt sich beeindruckt und ist überzeugt, dass er bei diesem ungewöhnlichen Experiment gewinnen kann, denn er gehört zu jenen Hochbegabten, die instinktiv wissen, dass sie etwas Besonderes brauchen, um sich durchzusetzen. Und bietet »Anja und Esther« mit den Dichterkindern nicht eben dies Besondere? Also lädt er den Verfasser ein, so bald wie möglich in Hamburg alles Weitere zu besprechen.

Und dann stehen sich der Autor und sein um sieben Jahre älterer Regisseur in einem Hamburger Hotelzimmer erstmals gegenüber und sind hingerissen voneinander. »Die erste Begegnung mit Gustaf bleibt mir unvergesslich. Mit dem Elan eines neurotischen Hermes drang er in unser Hotelzimmer ein. So leichtfüßig war sein Gang, dass man nicht umhin konnte, seine etwas abgetragenen, aber doch irgendwie sehr schicken Sandalen mit misstrauischen Blicken zu streifen. Gab es dort keine Flügel? Nein; es war auch kein antikes Göttergewand, das da um seine Schultern hing, sondern nur ein etwas schäbiger Ledermantel.«

So wird Klaus Mann diese erste, ihm unvergessliche Begegnung in seinen Lebenserinnerungen beschreiben, als die Freundschaft zwischen den beiden Männern längst zerbrochen war. Hochmütig wird er die spätere Enttäuschung und Verachtung des einst Bewunderten und Geliebten in die Darstellung mit einbeziehen, hinzufügen, was ihn an Gründgens abgestoßen hat. Und dennoch kann selbst er rückblickend nicht umhin, sich zu erinnern, wie stark ihn Gründgens damals beeindruckt hat.

»Er war schön, die gerade, etwas fleischige Nase, das markante Kinn: alles von kräftiger, reiner Bildung. Die leichte

Verzerrtheit in seiner Miene wohl auf das Monokel zurückzuführen, welches er wegen starker Kurzsichtigkeit trug. Zu einer Brille mochte seine Eitelkeit sich nicht bequemen … In einem Gesicht, das ohne Schminke merkwürdig fahl, fahl wie Asche schien, schillerten seine kalten traurigen Juwelenaugen wie die eines sehr seltenen, sehr kostbaren, vielleicht verzauberten Fisches.«

Der ganze Mann hat etwas Verzaubertes und Verzauberndes. Man muss ihn nur auf der Bühne sehen. Gründgens lädt Klaus Mann und dessen nach Hamburg mitgekommene Schwester zu seinen Vorstellungen ins Theater ein. Und da erleben sie: »Er glitzerte und sprühte vor Talent, der charmante, einfallsreiche, hinreißende, gefallsüchtige Gustaf! Ganz Hamburg stand unter seinem Zauber. Welche Verwandlungsfähigkeit! Welche Virtuosität der Dialogführung, der Mimik, der Gebärde! Sein Repertoire umfasste alle Typen und Altersstufen … Gustaf war brillant, witzig, blasiert, mondän … Gustaf war düster und dämonisch, Gustaf war müde und dekadent. Gustaf war der Komödiant *par excellence.«*

Gustaf? Ja, Gustaf! Der Eitle hat das gewöhnliche *v* am Ende seines Vornamens kurzerhand durch ein apartes *f* ersetzt, so wie sich auch sein Kollege in den Kammerspielen, Viktor Kowarzik, in den ungleich schickeren Viktor de Kowa verwandelte.

Gründgens hat sich später auf die Äußerung beschränkt, das Geschwisterpaar habe damals auf ihn »einen großen Eindruck« gemacht, »weil sie all das hatten, was ich nicht besaß …« Ist der zarte, schlanke 18-jährige Dichtersohn mit dem lockeren dunkelblonden Haar und den nervösen, fahrigen Bewegungen schon beim ersten Treffen im Hotel in jener bohemehaft-eleganten Aufmachung erschienen, mit der er immer wieder Aufsehen erregt? Zum Beispiel in dem extravaganten weißen Anzug mit den schwarzen Nadelstreifen und dem roten Hemd? Sein etwas müde wirkendes Gesicht mit den leicht entzündeten, verschleiert blickenden grünen Augen und der blassen Haut, nicht eigentlich schön, strahlt dennoch etwas aus, das den Anderen sofort berührt: Im Wechsel von einem Augenblick zum anderen drückt es Melancholie und fast kindlich wirkende Anmut aus.

Doch Gründgens begreift bald, dass dieser Jüngling sich im Leben nimmt, wozu er, der Schauspieler, die Bühne braucht. Ist der Ältere nicht vor allem deshalb Schauspieler geworden, um die Enge seines Daseins aufzubrechen und sich Weite zu verschaffen, aus Wut und Schmerz zu schreien oder vor Glück nicht mehr zu lassen, sich in Rollen vielfach zu verwandeln und immer wieder von neuem zu enthüllen, nicht aber zu entblößen?

Der Dichtersohn braucht zu all dem keine »Bretter, die die Welt bedeuten«. Der hat offenbar schon früh beschlossen, sich den Zwängen der an Gefühlen oft so kargen bürgerlichen Lebenswelt einfach zu entziehen. Der missachtet das ungeschriebene Gesetz, unbotmäßige Wünsche und Begierden zu verbergen und der Welt das stereotype Lächeln der Höflichkeit zu zeigen. Der beweist den Mut, das, was er denkt, fühlt und begehrt, auszusprechen, auszuleben.

Aber woher nimmt Klaus Mann jenen Mut und jene Sicherheit, um die ihn Gustaf Gründgens so beneidet? Ganz einfach: Er und auch Erika, die ältere Schwester, halten sich für etwas Besonderes, für berühmt, weil der Vater der Verfasser der »Buddenbrooks«, des »Zauberberg« und künftiger Nobelpreisträger ist. Dazu gehört, ebenfalls im Unterschied zu Gustaf, der großbürgerliche Familienhintergrund. Die Manns sind reich und bewohnen eine prächtige

Münchner Villa. Die Gründgens hingegen können zwar auf wohlhabende rheinische Industrielle als Vorfahren zurückblicken, doch der Wohlstand ist dahingeschmolzen, die Familie sozial abgestürzt. Gustaf Gründgens' Eltern leben als verarmte Kleinbürger in Düsseldorf. Der Sohn muss bald all das, was er erstrebt, aus eigener Kraft zustande bringen. Die beiden privilegierten Geschwister Mann können sich nicht vorstellen, was es bedeutet, am Anfang einer Laufbahn in Halberstadt, einem unbedeutenden Provinztheater, als Irrlicht oder Waldarbeiter, als Schuster oder Henker aufzutreten und angesichts der lächerlichen Gage Gymnastikstunden oder Tanzunterricht für Kinder aus der Stadt zu geben. Gründgens fehlen das Selbstbewusstsein und die ungezwungene Lebensart, die Weltläufigkeit und großbürgerliche Nonchalance der Mann-Geschwister.

Und dennoch oder gerade deshalb fühlt er sich ihnen bald freundschaftlich verbunden und wünscht, zu dem Dreierbund, den sie mit Pamela bilden, als Vierter mit hinzuzukommen, bewundert, was die anderen ihm voraushaben, und betont Gemeinsames, besonders mit Klaus Mann. Beide verbergen hinter ihrer nach außen zur Schau gestellten Sicherheit Unruhe und Zerrissenheit – Egozentriker, uneins mit sich selbst, die sich nach Nähe, Freundschaft, Liebe sehnen. Beide streben nach öffentlicher Anerkennung, ja nach Ruhm. Der Gründgens-Sohn unterzeichnete als 19-Jähriger ein Foto: »Zum Aufbewahren, bis ich berühmt bin.« Der Mann-Sohn notierte als 14-Jähriger: »Ich muss, muss, *muss* berühmt werden …«

Und beide wissen ganz genau, wie das gelingen soll. Gründgens strebt nach einer einzigartigen Schauspielerkarriere. Klaus Mann hat es schwerer als er. Wie als Autor aus dem Schatten des berühmten Vaters treten? Wie dem nahe liegenden Vergleich entgehen, der stets zu Gunsten des Vaters ausfallen wird?

Der Vater gilt als weithin anerkannter Repräsentant des deutschen Bürgertums. Kann der Sohn eine zwar andere, aber ähnlich bedeutende Rolle übernehmen? Der 18-Jährige hat sich vorgenommen, als Autorität der Jungen zu gelten, als selbst ernannter Repräsentant der »verlorenen Generation«.

Krieg und Revolution, das Ende der Monarchie und eine wankende, von rechts und links bedrohte Republik – was hat die um die Jahrhundertwende geborene Generation nicht schon alles erlebt! Im Chaos ist die alte Welt versunken und hat die Ideale der Väter unter sich begraben: Vaterlandsliebe und Untertanentreue, Pflichtbewusstsein, Fleiß und Ordnung. Allseits herrschen Wirrnis, Anarchie und Korruption. Wucherer, Spekulanten, Schieber laben sich in Nachtlokalen an Gänseleber und Champagner, während Ersparnisse vernichtet werden und Millionen darben – die Inflation hat auch die bis zuletzt noch hochgehaltenen Werte Sparsamkeit, Solidität, Besitz entzaubert. Alles, aber auch alles scheint reif zum Untergang.

Vergeblich suchen junge Menschen, hilflos zwischen den Extremen taumelnd, nach Orientierung und Halt. Amerikanische Autoren wie Ernest Hemingway, dieser unter dem Einfluss von Gertrude Stein, sowie John Dos Passos sprechen in ihren Werken von der »lost generation«. Dieser verlorenen Generation will der 18-Jährige, nach einer Mission suchende Dichtersohn zum Wegweiser aus ihrer Not und ihren Ängsten werden – Repräsentant wie der Vater, aber im notwendigen Gegensatz zu diesem einer jungen unbürgerlichen, kosmopolitisch gesinnten Generation.

Kann er das, oder übernimmt er sich? Gustaf Gründgens, der Regisseur von »Anja und Esther«, ist angesichts dieses Erstlingswerkes für die Bühne davon überzeugt, dass die jüngere Generation in diesem Klaus Mann ihren Dichter gefunden hat, der »vielleicht« sogar »ihr Wegweiser« werden könnte. »Mit unerbittlicher Liebe zeigt er seine Generation in all ihrer wissenden Unwissenheit, ihrer gehemmten Hemmungslosigkeit, ihrer reinen Verworfenheit«, schreibt er in den »Blättern der Hamburger Kammerspiele«. »Diese Kinder ... führen den schweren Kampf, aus ihren tausend Möglichkeiten die eine richtige zu finden. Man muss sie lieben, diese Menschen, die so viel Liebe in sich haben und mit wissender Schmerzlichkeit ihre Irrwege gehen ... Lieben muss man vor allem den Dichter dieser Menschen, der seine Gestalten so beseelt und sie nicht ... mitten im Schlamassel sitzen lässt, sondern mit hilfreicher Hand zur Klarheit führt ...«

Ménage à quatre

Der Regisseur bewundert seinen Autor und dieser wiederum den Regisseur. In seinen Memoiren beschreibt Klaus Mann später, wie der im Umgang mit Menschen zuweilen nervös und unsicher wirkende Gustaf auf der Bühne, »in seiner eigentlichen Lebens- und Arbeitssphäre« eine bravouröse Selbstsicherheit gewinnt und die Mitwirkenden mit bemerkenswerter Autorität leitet und überwacht. »Mit welch zärtlicher Behutsamkeit er Erika beriet und ermutigte. Wie er Pamela zugleich zu lockern und zu zähmen wusste.« Und dem auf den Brettern gänzlich unerfahrenen Autor geduldig immer wieder vorspielt, wie er sich dessen Rolle denkt.

»Er glitzerte und sprühte vor Talent ...« Und welch strapaziöse Arbeitsleistung lag vor und hinter ihm! 1925 spielte Gründgens in vierzehn Bühnenstücken und führte in sechs von ihnen gleichzeitig Regie.

Die eigentliche Uraufführung von »Anja und Esther« findet am 20. Oktober 1925 in den Münchner Kammerspielen statt. Der dortige Intendant, Otto Falckenberg, ist den Hamburgern zuvorgekommen, die erst zwei Tage später folgen. Doch sichert ihnen die außergewöhnliche Besetzung das größte Interesse.

Als Darstellung des Generationskonflikts und des Lebensgefühls der verlorenen Generation, ihrer Hilflosigkeit, ihrer Suche nach Ausdruck und Liebe, Geborgenheit und Freiheit will Klaus Mann sein Stück verstanden wissen. Die Handlung spielt in einem Stift, einem Erholungsheim für »gefallene Kinder«, geleitet von einem weißhaarigen »Alten«, unterstützt von seinen Enkelkindern Anja (Erika Mann) und deren Halbbruder, dem dichtenden Kaspar, ein Ebenbild des Verfassers und von diesem auch gespielt. Ebenfalls schon lange im Kloster leben Esther (Pamela Wedekind) und Jacob (Gustaf Gründgens).

Anja und Esther sind einander durch eine Liebesbeziehung eng verbunden. Die eine kann sich nicht vorstellen, ohne die andere zu leben. Unvermittelt taucht von irgendwoher der 18-jährige Erik auf. Esther verliebt sich in den schönen Abenteurer und flüchtet mit ihm. Kaspar, ebenfalls verliebt in Erik, schließt sich dem Pärchen an. Von der Generation der Väter, dessen sind sich die Aufbrechenden gewiss, haben sie nichts zu erwarten. Die tun die Leiden der Jungen und ihre Lust als undiszipliniert, als liederlich und unsittlich ab, kehren »dem fragwürdigen Geschlecht, das sie verschuldet haben«, den Rücken. Jacob, aufs »Innigste befreundet« mit Anja, die aber seine zärtlichen Gefühle nicht erwidert, bleibt mit der Verlassenen im Stift zurück.

Das Ensemble geht mit dem Stück auf Tournee und spielt fast überall vor ausverkauften Häusern. Viele Leute wollen einfach nur die Dichterkinder sehen. Auch spricht man hinter vorgehaltener Hand von »sexueller Entartung«, einem Skandal auf dem Theater. Also nichts wie hin!

Die Fachwelt reagiert gespalten. Der Kritiker Herbert Ihering spricht vom »szenischen Marlittroman der Homosexualität«. Der Dramatiker Carl Sternheim stellt das Stück in eine Reihe mit Büchners »Woyzeck« und Wedekinds »Frühlings Erwachen«. Ein »verrucht parfümiertes Gegenstück« zu diesem Wedekind, antwortet ein anderer. Ein Hamburger Rezensent meldet einen »durchschlagenden Erfolg«, findet jedoch die »dekadente Atmosphäre unerträglich«. Dekadent? Diesen Vorwurf weist ein Wohlwollender zurück. Das Stück sei von einem »spürbar warmen dramatischen Hauch belebt«. Und wieder ein Verriss: »›Anja und Esther‹: ein ABC-Schützenfestspiel«, eine »Pensionskinderei«, kurzum ein ungenießbares »Pubertätstheaterstück«.

Mutter und Vater Mann halten sich gegenüber dem Sohn vornehm mit Kritik zurück. Frau Katia ist zwar »das Milieu zu krankhaft«. Aber das Stück »hat schon was«, lässt sie brieflich wissen. Der Vater teilt seine wahre Meinung nur dem Freund Ernst Bertram mit, nennt den Erstling seines Sohnes ein »unbeschreiblich gebrechliches und korruptes Stückchen«.

Allerdings, die heftige Kritik richtet sich fast ausschließlich gegen das Stück, nicht gegen die Inszenierung. Doch der dafür Verantwortliche wird auf andere Weise abgestraft. Auf dem Titelbild der populären »Berliner Illustrirten« – im Allgemeinen berühmten Filmstars, Boxern oder Gene-

Das Liebeskarussell: Das Geschwisterpaar Erika und Klaus Mann, das spätere Ehepaar Erika Mann und Gustaf Gründgens, die Verlobten Pamela Wedekind und Klaus Mann. Aber: Erika liebt Pamela, und Gustaf und Klaus fühlen sich zueinander hingezogen. Beide Männer sehnen sich nach Liebe und Ruhm, aber der Dichtersohn lebt aus, wozu Gründgens die Bühne braucht.

rälen vorbehalten – sind drei der Hauptdarsteller, die Dichterkinder in ihren Theaterkostümen, abgebildet. Der vierte, Gründgens, ihr Regisseur, ist nachträglich aus der Gruppenaufnahme herausgeschnitten worden. »Welch ein Moment tödlicher Peinlichkeit, da er den Affront entdeckte!« wird sich Klaus Mann erinnern. »Er saß regungslos, sehr steif aufgerichtet, die Lippen aufeinander gepresst, das Gesicht zur fahlen Maske erstarrt. Kein Wort, keine Geste – nur der stumme Vorwurf seiner Juwelenaugen! Es war fast unerträglich …« Schmerzlich gefasst und mit verwundetem Blick nimmt er die Beschwichtigungen der anderen drei und die hämischen Sticheleien der Kollegen entgegen.

Dennoch, dieser gemeinsame Hamburger Herbst und Winter wird den vier Freunden unvergesslich bleiben. Klaus und Gustaf zieht es immer wieder in den Treffpunkt der Hamburger Boheme, die gemütliche, verräucherte Theaterklause, das HaKa genannt, wo Tante Rosa, die Theatermutter, anschreibt und wohlhabende Gönner eine Runde Kognak schmeißen. An einem der runden weißen Tische spielt Erich Engel, der Regisseur und Brecht-Bewunderer, Schach. Den hageren Kopf über die Figuren gebeugt, murmelt er: »Was tut der Dramaturch? Er liest ein Drama durch.«

An anderen Tischen werden bei dem preiswertesten Gericht, Bratkartoffeln mit Senf, Klatschgeschichten erzählt. Sportsfreunde beklagen den Deutschen Fußballmeister HSV, der nach nur zwei Jahren den Titel wieder abgeben musste. Die »Politiker« diskutieren heftig über den Kommunismus und die Künstler über einen unerwarteten komödiantischen Misserfolg. Und während auf den Tischen der Grog dampft, spielt in einem Hinterzimmer ein schmaler, zarter Jüngling melodische Chansons und wilden Jazz auf dem Klavier. Peter Kreuder heißt der bald berühmte Milchbart.

Öffnet sich die Tür und Gründgens kommt herein, sehen alle auf. Er tritt nicht ein – er tritt auf: ein selbst im abgewetzten Anzug eleganter Bonvivant mit Monokel und Zigarre. Irgendeiner bittet ihn darum, und schon improvisiert er eine Szene aus dem »Hamlet«. Wann wird man ihn den endlich spielen lassen?

Gemeinsam mit Erika und Pamela besuchen die Freunde die Soloabende des »roten Tänzers« Jean Weidt im Curio Haus und das dortige Künstlerfest. Gründgens führt auch hier Regie, tanzt, steppt, bekleidet mit einer Russenbluse inmitten barbusiger Ballettratten, und singt Chansons, zu denen er selbst den Text geschrieben hat: »Ich ziehe jubelnd durch die Kostbarkeiten / der schlackse Ladenschwengel wird zum Gott. / Ich möchte jede nackte Frau entkleiden / Ich liebe alle zwischen Stepp und Trott.« Oder sie ziehen in den Nächten durch das Hafenviertel, die Kaschemmen, Spielklubs und Matrosenkneipen von St. Pauli. Bis zum frühen Morgen herrscht Hochbetrieb im »Allotria« und Ballhaus »Trichter« auf der Reeperbahn. Die vier vergnügen sich beim Tango, Charleston oder Shimmy, lösen sich voneinander, finden sich im Arm der anderen, des anderen wieder … Wer gehört zu wem? Bewegen sich im Reigen einfach nur vier gute Freunde oder auch zwei fest verbundene Paare? Und welcher Liebhaber gehört zu welcher Dame? Ach, so einfach machen es sich die vier mit ihrem Liebesleben nicht.

Bis zu seinem Tod gelten die innigsten und dauerhaftesten Gefühle Klaus Manns seiner Schwester Erika. Die beiden verbindet eine Geschwisterliebe, wie Robert Musil sie in seinem Roman »Der Mann ohne Eigenschaften« und Thomas Mann in seiner Erzählung »Wälsungenblut« geschildert haben. Der Psychologe Erich Fromm wird eine solche Bruder-Schwester-Leidenschaft als Rebellion gegen einen omnipotenten Vater deuten. Der Sohn lehnt sich gegen den Überlegenen auf, indem er ihm die Liebe zu der Tochter streitig macht und sich auf diese Weise als Sieger über den Mächtigen fühlt. Liegt eine solche Deutung im Blick auf Thomas Mann und seine beiden Ältesten nicht nahe? Der Vater als Konkurrent nicht nur in der Literatur, sondern auch in der Liebe? Der Dichter hat seine Älteste ein Kind genannt, »für das meine Bewunderung und Liebe immer gewachsen ist«, eine Tochter, deren Energie und Phantasie, deren zart melancholische und doch mutige Intellektualität ihm besonders nahe seien. Und ähnlich empfindet auch der Sohn. Immer wieder zieht es ihn zu seiner Schwesterseele hin. Eigentlich nur mit Erika, wird er Anfang 1933 in sein Tagebuch eintragen, wäre das Leben zu teilen. Doch weiß er wohl, die Vereinigung liegt im Unerreichbaren, Ungreifbaren. Auch der Grenzgänger kann vor hohen Grenzen innehalten. Klaus Mann hat sich mit Pamela Wedekind verlobt.

Im Hause ihres Onkels Heinrich Mann hatten die Geschwister das hoch aufgeschossene intelligente Mädchen mit den beseelten großen grünen Augen und dem »stolzen Haupt eines Renaissance-Jünglings« kennen gelernt, und, von den Widersprüchen ihres Charakters angezogen, in ihren Freundeskreis eingeschlossen. Diese aparte Pamela ist ein sensibles und zugleich sehr kapriziöses Mädchen, erfüllt von Unrast, liebevoll-zärtlich, dann wieder wild-temperamentvoll den Freunden hingegeben, doch konnte sie auch unvermittelt schneidend zynisch sein.

Wie Tilly, ihre Mutter, ist auch Pamela Schauspielerin geworden. Mit achtzehn Jahren kommt sie nach Hamburg und erfährt dort, dank ihrer Energie und ihrer Begabung, früh Anerkennung und Bewunderung.

Doch nicht nur Klaus liebt diese Pamela, sondern auch Erika – bedingungslos, eifersüchtig, leidenschaftlich. Der spätere Sohn der Wedekind-Tochter und des Schauspielers Charles Regnier hat das Verhältnis überzeugend beschrieben: Erika, das »dunkelhäutige Mädchen mit den glutvollen Augen und den dichten schwarzen Haaren, das wie zwei Buben turnen und raufen kann, frech, aufmüpfig, schlagfertig und witzig und doch schmerzlich um die eigene Identität« ringend, hat in Pamela ihre große Liebe gefunden.

Eine unglückliche Liebe. Denn Pamela hat nur bedingt homoerotische Neigungen: Tilly hat ihr einen guten Schuss Lust am Mann vererbt. Sie liebt Erika als Seelenschwester, als Verbündete, so viel ist gewiss. Welchen Raum Pamela der Sexualität zubilligt, ist schwer zu sagen – keiner ihrer frühen Briefe an Erika ist erhalten. Als sicher kann gelten: Erika ist in der Beziehung die Werbende: »Liebes Leben! ... Goldener Abgott ... Liebe mich!« »Geliebte Göttin ... bitte, bitte, komme bald ... weil ich Dich eben doch über die Maßen liebe.« »Ach, WUNDERBARE Dame, ach, GELIEBTE Königin, ach, EINZIGE Hexe. Ich denke sehr an Dich!«

So und ähnlich klingen die Liebesschwüre der zwischen gleichgeschlechtlichen und heterosexuellen Neigungen sich hin und her bewegenden Ältesten der Mann-Geschwister: »Pamela, Erika und ich: Dieses Bündnis, das uns so lange unzerstörbar schien, war vielleicht die schönste und aussichtsreichste Konstellation in unserem Leben«, wird Klaus Mann behaupten. Aussichtsreich? Und schön für alle drei? Befremdet es Pamela nicht, dass ihr Verlobter und ihr Regisseur sich erotisch ungleich stärker von Männern als von Frauen angezogen fühlen? Doch ist Gründgens angestrengt bemüht, seine Homosexualität vor einer Gesellschaft zu verbergen, die in ihrer Abscheu gegen das »Abnorme« und, bestärkt von Ärzten und Juristen, den Geschlechtsverkehr unter Männern nach §175 des Strafgesetzbuches als »widernatürliche Unzucht« mit Gefängnis und Verlust der bürgerlichen Ehrenrechte bestraft sehen will. »... man hat auch immer Furcht ... immer ist irgendwie blöde, sinnlose Angst dabei, als ob sie zu allem dazugehörte«, heißt es in dem Roman »Alf« von Bruno Vogel, einem Zeitgenossen

Zwei, die nicht voneinander lassen können: Bis zu seinem Tod gelten die innigsten und beständigsten Gefühle Klaus Manns seiner Schwester Erika. »Das Leben«, schreibt er in sein Tagebuch, »wäre eigentlich nur mit E. zu teilen ...« Und auch für sie ist dieser Bruder wichtiger als jeder andere.

von Gründgens, »und man kann sich gar nicht wehren ... manchmal vergisst man sie, ja ... aber da ist sie eigentlich immer ...« Deshalb bewundert Gründgens den Mut des jungen Mann, der aus seiner Sexualität überhaupt kein Geheimnis macht, ja, sie nach Meinung jener, die ihn gut kennen, sogar als Ausdruck des Protestes gegen die traditionellen männlichen und weiblichen Rollenbilder »wie ein Adelszeichen«, wie eine Auszeichnung vor sich herträgt und noch dazu häufig den Partner wechselt.

Niemand weiß, wie intim die beiden Freunde miteinander umgegangen sind. Aber dass Klaus diesen Gustaf liebt und sich beide eng verbunden fühlen, daran ist kein Zweifel. Unsicherheit und Selbstzufriedenheit wohnen in diesen beiden Hochbegabten nahe beieinander, auch Abenteuerlust und Schwermut, die Lebensgier und die Verzweiflung, Melancholie und Ruhmsucht sowie der immer währende Wunsch, Einsamkeit durch Freundschaft zu betäuben.

Sowohl in Gustaf als auch in Klaus und seiner Schwester sind Männliches und Weibliches verflochten. Jeder dieser drei androgynen Menschen besitzt einen unzerstörbaren Teil des anderen Geschlechtes in sich und lebt mit diesem Widerspruch. Erika »steht ihren Mann«. Der willensstarke Gustaf hat etwas Kokettes. Die weichen Züge in Klaus' Gesicht erinnern an ein Mädchen.

Vielleicht nur so, meinte die Schriftstellerin Virginia Woolf, könne der Mensch vollkommene Befriedigung und Glückseligkeit erlangen. Und: »Vielleicht kann ein Geist, der rein maskulin ist, ebenso wenig schöpferisch sein wie ein Geist, der rein feminin ist, dachte ich … und nur der androgyne Geist von Natur aus schöpferisch und weiß glühend und ungeteilt …« Zwei in einem, ein verlobtes Paar, Dreiergruppen, wechselnd unter Vieren – immer weiter, immer schneller dreht sich das Liebeskarussell.

Gustaf und Erika

Im Frühjahr 1926 verloben sich Gustaf Gründgens und Erika Mann. Lieben sich die beiden? Oder ist das Ganze nichts weiter als ein Spaßvergnügen, ein Theatercoup Übermütiger, die zur Abwechslung mal Eheleute spielen wollen?

Ernst oder Spaß? Wieder ist alles ungleich komplizierter. Lebenslang wird Gustaf Gründgens sich zu Männern hingezogen fühlen und mit Frauen verheiratet sein wollen. Immer werden es Schauspielerinnen sein, die er umwirbt. Schon zu Beginn seiner Bühnenlaufbahn hat er sich in seine Kollegin Renée Stobrawa verliebt und denkt daran, sie zu seiner Frau zu machen. In Hamburg war er mit Heike, »Heikchen« nennt er sie, verlobt und wollte nach zwei Jahren des Zusammenseins auch nicht länger mit der Hochzeit warten. »Und nun bist du bald Schwiegermama«, erfuhr seine Mutter, und der Sohn bat sie, für das Standesamt die nötigen Papiere zu beschaffen. Wer wann wen verlassen hat, ist unbekannt.

Irgendwann danach erfährt die Mutter, dass der Sohn nun mit Jan zusammenlebt. »Und wenn ich auch schlechter lebe u. mich sehr ... einschränken muss: Besser in einer Hütte mit ihm als in einem Schloss ohne ihn. Das ist nicht Hörigkeit, sondern tief innerstes Zugehörigkeitsgefühl.« Da Jan eigentlich nach Haiti reisen will, Gustaf sich aber nicht von ihm trennen möchte, hat er sich entschlossen, mit Jan nach Hiddensee zu reisen und ihm dort einen längeren Aufenthalt zu finanzieren. »Ob wir im Herbst wieder zusammenziehen, steht noch dahin, weil Jan ja evt. reist oder nach Berlin geht.« Ein umtriebiger Junge, dieser Jan Kurzke, etwas jünger als Gründgens, nicht sehr groß, ein blonder Wuschelkopf, der ein großer Maler werden möchte und bereits ein überzeugter Kommunist geworden ist. Das schmerzt seinen Vater sehr, denn der ist bei der Polizei. Aber auch Gründgens hat es nicht leicht mit diesem Freund.

Eines Tages nämlich trifft Gustaf seinen Kollegen und rheinischen Landsmann Paul Kemp tränenüberströmt vor dem Schminktisch an. »Um Gottes willen, was ist los?« »Elfi, meine Verlobte, hat mich betrogen!« »Dann sag ihr mal anständig die Meinung!« Nun schluchzt Paulchen, dass seine Elfi von Jan verführt worden sei – worauf Gustaf und Paul zusammen weinen. Doch Jan wird weiter in Gründgens' Leben eine Rolle spielen.

Nun aber Erika.

Die 20-Jährige mit ihrer knabenhaften Gestalt und den großen braunen Augen, die so hinreißend lasziv mit ihrem Künftigen Tango tanzt, ist ein attraktives Geschöpf, zugleich eine »wunderschöne Iphigenie« und eine nonchalante, freche Garçonne mit Herrenschnitt. Dazu von jener nervösen Energie, die zu Gustaf und Klaus gehört. Außerdem imponiert sie ihm als eine junge verwöhnte, anspruchsvolle Dame, die unbekümmert um die Kosten in erstklassigen Hotels absteigt – Papa wird schon zahlen –, sich mit Franzosen oder Engländern scheinbar fließend unterhält und Berühmte, die er von fern bewundert, im vertrauten Umgang duzt.

Von Anfang an überfordert Gründgens sich und seine künftige Frau. Er sieht in ihr eine Besondere, eine Frau, wie er sie bisher nicht kannte, und sucht doch gleichzeitig, wie mit den vorangegangenen Frauen, den Ausbruch aus der Außenseiterrolle, will durch die Ehe die Normen der Bürgerlichkeit anerkennen, in die Normalität eintauchen, ein Zuhause finden. Wird Erika ihm beides bieten können? Exklusivität sowie Herzlichkeit, Geborgenheit und Wärme, die er bisher nur bei der Mutter fand, seiner »chère maman«, seiner »Mui«, die er mehr als jeden anderen Menschen liebt.

Mögliche Zweifel überdeckt der erregende Gedanke, der Schwiegersohn des berühmten Thomas Mann zu werden und damit zu einer der ersten großbürgerlichen Familien zu gehören. Das bedeutet einem ehrgeizigen Menschen, der aus kleinen Verhältnissen »nach oben« will, sehr viel. Erika fährt nach München, um mit den Eltern die Hochzeit zu besprechen. Danach wird die Mutter besorgt fragen: »Ach E., liebes E.! Ich mach mir bestimmt keine unnützen Sorgen, aber hast du es dir auch endgültig überlegt! Du weißt, ich habe es dir in München gesagt, verloben ist absolut kein Grund, auch zu heiraten, und man sollte es noch einmal bedenken, ehe man vor den Ewigen tritt.« Doch wenn die Tochter dabei bleibt, Frau Gründgens werden zu wollen – die Mutter wird nicht weiter in sie dringen. Erika muss selber wissen, was sie tut.

Weiß sie das? Zu ihrer Großmutter Pringsheim soll sie von »großer Liebe« gesprochen haben. Auch kann die Verlobte darauf hoffen, dass ihr hochbegabter künftiger Ehemann ihre Karriere als Schauspielerin fördern wird. Langeweile wird es mit ihm gewiss nicht geben. Die Liebe zum Theater, der Beruf verbindet.

»Er heiratete nicht sie. Sie heiratete ihn«, hat Pamela Wedekind behauptet. Das überzeugt nicht recht. Beide, Erika und Gustaf, haben ein Interesse an der Ehe. Der Entschluss beruht wohl doch auf Gegenseitigkeit. Und das gilt auch für die Angst im allerletzten Augenblick. »Es ist doch, bei allen, AUCH ein rechter Schock für mich«, lässt Erika die geliebte Pamela wissen. »Kannst Du mir sagen, warum ich Idiot heirate?« fragt Gustaf seine Schwester. Drei Tage später, am 24. Juni 1926, gehen die beiden aufs Standesamt.

Bei strahlendem Sommerwetter fahren die Hochzeitsgäste anschließend an den Starnberger See. Dort, im ehrwürdigen Hotel Kaiserin Elisabeth in Feldafing, ist die Tafel zum festlichen Mittagessen mit frischen Forellen aus dem See gedeckt. Ein kurzer Blick genügt, um festzustellen: Abgesehen vom Bräutigam und seiner Mutter – der Vater und die Schwester haben wegen eines Autounfalls absagen müssen – ist der Mann-Clan ganz unter sich geblieben: die

Brauteltern und Geschwister Klaus, Monika und Golo, Freunde der Familie, wie zum Beispiel der Schriftsteller Bruno Frank und seine Frau, und nicht zuletzt Erikas Großeltern, der Geheimrat Pringsheim mit seiner Frau, die vor ihrer Ehe selbst Schauspielerin gewesen ist. Ihr Sohn, Frau Katias Zwillingsbruder Klaus, hat schon in München zusammen mit dem Brautvater als Trauzeuge gewirkt.

Vielleicht spielt eine Rolle, dass der Sohn, Klaus Pringsheim, die Zuneigung des Bräutigams zu Männern teilt – jedenfalls die Pringsheims mögen diesen mondänen Künstler-Schwiegerenkel. Und das freut ihn. Er ist beeindruckt von dem prächtigen Palais, in dem sie residieren, von ihrem Salon, der als ein Mittelpunkt des geistigen und künstlerischen Lebens in München gilt. Bevor die Kellner das Mittagessen servieren, erhebt sich der Zauberer, wie ihn seine Familie nennt, hält eine Rede auf das junge Paar und bietet zur allgemeinen Überraschung seinem Schwiegersohn das Du an.

Man feiert bis in den späten Abend, tanzt, vergnügt sich – ohne einen einzigen Gründgens-Kollegen aus den Hamburger Kammerspielen, ohne den Intendanten Ziegel, dem doch Gustaf und die Dichterkinder sehr viel zu verdanken haben, ohne eine Schauspielerin, mit der sich die Braut während ihrer bisherigen Bühnenlaufbahn angefreundet haben könnte. Es sieht so aus, als seien das zwei getrennte Welten: der Mann-Clan und das Theater.

Die Hochzeitsreise führt die Gründgens an den Bodensee, ins Kurgartenhotel von Friedrichshafen. Nach wenigen Tagen kommen auch Klaus Mann und, mit neuen Liebesbekundungen flehentlich von Erika herbeigerufen, Pamela Wedekind hinzu. Der 19-jährige Klaus meint, es sei nun an der Zeit zu heiraten; der Viererbund soll künftig aus zwei Ehepaaren bestehen. Doch daraus wird nichts. Klaus' Antrag, frühzeitig für mündig erklärt zu werden, lehnt das Vormundschaftsgericht in München ab. Pamela wird ihn bald verlassen und die Frau des Dichters Sternheim werden.

In Hamburg beziehen die Gründgens eine nicht gerade geschmackvoll, eher spießbürgerlich eingerichtete möblierte Wohnung, die sie mit der Wirtin und einem riesigen Hindenburgbild an einer der Wände teilen müssen. Für die Spielzeit 1925/26 erhält der junge Ehemann als Schauspieler und Regisseur nicht mehr als 650 Mark Gehalt. Zwar wird es in einer weiteren Dienstvereinbarung um 150 Mark erhöht, doch auch das reicht nicht, um auszukommen. Allein die Miete kostet 250 Mark. Die Eltern Gründgens erwarten eine monatliche Unterstützung, weil sie sich nicht entschließen können, ihre viel zu große Düsseldorfer Wohnung aufzugeben. Und Erika ist nicht daran gewöhnt, sich einzuschränken. Die Verwöhnte, Anspruchsvolle kann nicht haushalten, nicht kochen, auch nicht »Ordnung halten«, wie es ihr Mann von seiner Mutter kennt. Immer häufiger gibt sie ihm zu verstehen, er könne froh sein, dass sie, die Tochter des großen Thomas Mann, ihn genommen habe. Arbeitsteilung im Privaten – so etwas kennen die beiden nicht.

Also engagiert er ein Dienstmädchen, das aber bald wieder kündigt, weil es ein Kind erwartet. Also lässt er seine Garderobe von einem Faktotum aus den Kammerspielen in Ordnung halten. Also gibt er nebenbei noch Schauspielunterricht, arbeitet oft sechzehn Stunden täglich und kommt nervös und überspannt nach Hause. Die Manns helfen mit kleinen Geldgeschenken aus, und der Zauberer schenkt seinem Schwiegersohn zu Weihnachten einen besonders schönen Schlafrock. Aber es reicht nicht hinten und nicht vorn.

Glücklich lässt sich das Eheleben nicht gerade an. Natürlich möchte Frau Gründgens weiter ihren Beruf ausüben.

Schließlich hat sie schon vor ihrer Heirat am Bremer Schauspielhaus sowie in Münchner Theatern größere Rollen, so in Shaws »Heilige Johanna«, gespielt und im Bühnenerstling ihres Bruders überzeugt. Für die Spielzeit 1926/27 wird sie von Ziegel an das Haus am Besenbinderhof engagiert. Im Ensemble weiß man nicht so recht, was man von der neuen Kollegin halten soll. Gewiss, wenn sie eine Rolle spielt, die sich mit ihrem Charakter deckt, ist sie ausgezeichnet, zum Beispiel zusammen mit Viktor de Kowa in Gründgens' Inszenierung von Shaws »Androklus und der Löwe«, aber sonst? Das muss man ihm lassen, Gustaf bemüht sich rührend, die richtigen Stücke für sie auszuwählen, ihr zu helfen, wo er kann.

In ihrer Bühnenlaufbahn schwankt die sonst so Selbstbewusste zwischen Unsicherheit und Hochmut hin und her. Schon in einem Brief aus Bremen hatte sie Pamela, der Freundin und Kollegin, anvertraut: »Ich eigne mich einfach nicht zum Theaterspielen, ich passe einfach nicht so recht dafür, es ist unendlich schlimm, denn was in aller Welt soll ich denn sonst tun?« Nun, in Hamburg will sie Rollen spielen, die sie überfordern würden, davon sind sowohl die Direktion als auch Gründgens überzeugt. Als man die Hauptrolle in »Turandot« nicht ihr, sondern einer Kollegin überträgt, nimmt die Gekränkte Urlaub und verreist. Für ein solches Verhalten bringt ihr Mann kein Verständnis auf. Er ist empört. Auch die gemeinsame Bühnenlaufbahn lässt sich nicht allzu glücklich an.

Im Unterschied zu seiner Frau setzt Gründgens seine Karriere zielstrebig fort. Kaum ist er zurück aus München und aus Friedrichshafen, spielt er bis zum Jahresende Hauptrollen in sieben neuen Inszenierungen und führt auch noch Regie.

Aber obgleich die Inflation längst vorüber ist und sich jeder im Ensemble redlich müht – immer häufiger bleibt das Theater an den Abenden halb leer. Gründgens meint, den Grund zu kennen: Sport und Film sind zu gefährlichen Konkurrenten der Bühnenkunst geworden. Wer sich unterhalten will, ist nicht mehr auf die Bühne angewiesen. Durch schmachtende Liebesdramen, Wildwest- und andere Abenteuerfilme, bei einem spannenden Boxkampf werden die Menschen billiger und im Kino technisch ungleich perfekter unterhalten, als es das Theater kann. Die Theaterleute, so Gustaf Gründgens, »müssen auf der Hut sein, um nicht abgehängt zu werden.«

Lange beraten Direktion und Regisseure in den Kammerspielen, wie man die Krise des Theaters überwinden kann. Gründgens hat eine Idee! Man muss, meint er, ein ganz neues, waches Publikum gewinnen, dem es nicht um seichte Unterhaltung, sondern um politische Erkenntnis geht, Mitglieder der großen Linksparteien und mit denen sympathisierende Intellektuelle. Offenbar gelingt es ihm, seine Kollegen zu überzeugen, und er entwirft ein Programm für das »Revolutionäre Theater« am Besenbinderhof. Jeweils an den Sonntagvormittagen sollen neben den ersten Darstellern aller Hamburger Theater und den Mitgliedern von Arbeiter- und Jugendverbänden in den Kammerspielen nur Dichter zu Worte kommen, die, im Gegensatz zu der Gleichgültigkeit des bürgerlichen Theaters, die Forderungen der neuen Zeit begriffen und gestaltet haben. Die Vorstellungen, eingeleitet von Ernst Tollers »Masse Mensch«, sollen fortgesetzt werden mit Werken von Romain Rolland, einer modernen Bühnenbearbeitung von Büchners »Dantons Tod« sowie einer politischen Revue.

Doch die Reaktionen auf eine entsprechende Pressemeldung zeigen, dass jene, die angesprochen werden sollen, offenbar wenig überzeugt und schon gar nicht begeistert sind. Habe man diesen Gustaf Gründgens und seine Mitstreiter schon jemals auf einer Versammlung der Linken oder gar auf einer Demonstration gesehen? Auf eine politische Revue sei man zwar gespannt, aber vor »Revolutionären, denen das Monokel vom rechten ins linke Auge rutscht«, warnt die »Hamburger Volkszeitung« spöttisch. Jedenfalls, die ursprüngliche Begeisterung für das Projekt am Besenbinderhof versandet, und die Überlegungen, wie man die leere Theaterkasse wieder füllen kann, werden fortgesetzt.

Und wieder muss Gründgens die Initiative ergriffen haben: Also gut, wenn man die neu Umworbenen offenbar nicht in die Kammerspiele locken kann, dann muss man eben die unterhaltungssüchtigen Bürger und Kleinbürger aus den Kinos und von den Sportarenen ins Theater locken. Und womit? Nun eben, mit schmissigen Operetten, überzeugend durch Liebeslust und Liebesleid, spannende Überraschungen, einschmeichelnde Duette und Chansons, Tanzeinlagen und glitzernde Ausstattung mit phantasievollen Kostümen, bunten Bühnenbildern – eine Pracht für die Augen, ein Ohrenschmaus und betörend fürs Gemüt.

Kurzum, Gründgens wird Offenbachs »Orpheus in der Unterwelt« inszenieren, die Geschichte von Eurydike, der jungen Frau des Orpheus, die sich, beheimatet in Theben, in den Hirten Aristeus verliebt, der in seiner wahren Gestalt als Höllengott Pluto die Geliebte in die Unterwelt entführt. Jupiter entscheidet vom Olymp herab, die Entschwundene müsse an ihren Ehemann zurückgegeben werden, und macht sich mit der ganzen Götterschar auf in die Unterwelt, wo unvergleichlich »mehr los ist« als in dem trüben Theben, und wirft sich jauchzend Bacchus in die Arme. Die Premiere am 1. Weihnachtsfeiertag 1926 wird zu einem Triumph des Theaters über die gefürchtete Konkurrenz. Gefeiert werden: Paul Kemps Orpheus mit seiner zwerchfellerschütternden Komik, Eurydikes' reizvoller Sopran in der Gestalt der Grete Walter, der Tochter des berühmten Dirigenten, nicht zuletzt Erika Mann, deren Name auf dem Programmzettel ganz oben steht und die als Polyhymnia, als Muse der Musik, durch den »Adel der Erscheinung« auffällt.

Doch der eigentliche Star des Abends ist Pluto, der Höllengott und Regisseur. Die Texte seiner Chansons hat er selbst geschrieben und wird das auch künftig tun. Mit unvergleichlichem Charme erledigt er die schwierigsten Gesangspassagen, und liegt ein Ton zu hoch für ihn, winkt er ihn mit dem Zeigefinger vom Schnürboden herab: eine große Sperrholz-Note. Welch eine »mitreißende Freude am Spiel und an der Bewegung, am Ton, am Rhythmus, an der Farbe und am Theater«, jubelt Schwager Klaus. Und diese Frechheit, dieser Witz! »Die Frauen rissen sich ihn aus den Armen. Und er lächelte zu all dem charmant und tanzte in den Wolken über dem brodelnden Saal« – hingerissen auch die Kritikerin des »BühnenAlmanach«.

Alle sind sich einig über den grandiosen Erfolg, der goldenen Regen in die Kasse bringt. »Es war der Geist Gustaf Gründgens', der das Ganze beherrschte und lebendig machte«, triumphiert der Schwager. Zum nächsten Weihnachtsfest wird der Gefeierte »Die schöne Helena«, ebenfalls von Offenbach, in Szene setzen.

In diesem zweiten Halbjahr 1926 offenbart Gustaf Gründgens erstmals Eigenschaften und Begabungen, ohne die seine weitere Karriere nicht verständlich wäre. Für diesen Besessenen gibt es nur einen Gegenstand, der sein Leben bestimmt: das Theater. Weit über seine Arbeit als Schauspieler und Regisseur hinaus ergreift er die Initiative, entwickelt Pläne und Programme, um das, was ihm mehr als alles andere bedeutet, zu erhalten, liebäugelt heute mit dem Revolutionär, bedient morgen den Bürger, seinetwegen auch den Spießbürger, ebenso gekonnt und vollendet, wie er den Revolutionär befriedigt hätte. Politik? Politische Überzeugungen? Davon versteht er nichts. Sie sind auch ungleich weniger wichtig als die Bühne, der er sich verschrieben hat.

Limonadenjugend

Eines der angekündigten Werke für das »Revolutionäre Theater« kommt schließlich doch noch auf die Bühne, nämlich die politische Revue. Klaus Mann hat sie geschrieben, wiederum als »Wegweiser der neuen Generation« und gewiss auch, um noch einmal mit den drei geliebten anderen, Pamela, Erika und Gustaf, gemeinsam Theater spielen zu können! Niemand ahnt, dass ausgerechnet hier, in diesem Stück, der Sprengsatz liegt, der den Viererbund zerreißen wird.

Zwei Paare bestimmen die Handlung: Eine Modistin namens Renate, eine auf die Schwester zugeschnittene Rolle, lebt zusammen mit Michael, dem jungen Dichter (ganz der Bruder), der in einem mehrbändigen philosophischen Werk seine Anschauungen über Erotik, Politik, Religion und Kunst verkünden, die Welt neu erklären und erwecken will.

Dies Paar tut sich zusammen mit einem zweiten, einem Schauspieler und Regisseur namens Allan, einer Nachbildung des Schwagers, und dessen Freundin Ursula Pia, eine Rolle, die Pamela übernehmen soll. Diese zwei verfolgen ein ganz ähnliches Ziel wie die beiden anderen, wenngleich auf andere Weise: Eine noch nie da gewesene großartige Revue soll Europas Jugend aufrütteln und zusammenfinden lassen. Doch während der Proben wird Allans Freundin eifersüchtig auf die weitaus publikumswirksamere Modistin und sorgt dafür, dass diese auf dem Höhepunkt des Stückes von einer gewaltigen Treppe stürzt. Die Premiere endet im Skandal; das Unternehmen scheitert. Bäumchen, Bäumchen, wechsle dich – fortan ziehen Allan, von nun an mit Renate, und Michael, jetzt an der Seite Ursulas, hochstapelnd durch die Zeit.

Zwar gelingt es dem Verfasser, seinen Onkel, Klaus Pringsheim, dafür zu gewinnen, für das Stück mondäne Jazz-Musik zu komponieren, und Mopsa Sternheim, die Tochter des Dramatikers, wird extravagante Kostüme für die Darsteller entwerfen, aber die erfahrenen Theaterleute Gustaf Gründgens und Pamela Wedekind erkennen sogleich die Schwächen dieser Revue.

Pamela meint, Klaus habe »da etwas heruntergeschmiert, was kaum spielbar« sei. Gründgens versucht vergeblich, dem Schwager und auch seiner Frau eine Aufführung auszureden. Erika hält alles, was ihr Bruder schreibt, für gut und droht mit Trennung, wenn Gustaf sich weigere mitzuwirken. Widerstrebend erklärt er sich bereit, bei der Uraufführung in Leipzig, in Hamburg und auch in Berlin den Allan, eine der beiden männlichen Hauptrollen, zu spielen. An der Tournee von Cottbus bis nach Kopenhagen nimmt er nicht teil.

Die Kritik bestätigt seine Befürchtungen. Man spricht von der Dilettanten-Aufführung eines Dilettanten-Stückes durch eine Dichterkinder-Firma. Man höhnt über die Viererfreundschaft auf dem Theater und im Leben, über den Versuch des Autors, den Vater-Bonus auszuspielen. Der Schauspieler Werner Krauss hat anlässlich der Aufführung in

Klaus Mann hat für das »Revolutionäre Theater« seines Schwagers Gustaf eine »Revue zu Vieren« geschrieben. Pamela Wedekind hält das Stück für »nicht spielbar«. Gründgens versucht, seinem Schwager und seiner Frau das Stück auszureden. Vergeblich, Erika droht mit Trennung, wenn Gustaf sich dem Stück ihres Bruders verweigere. Die Kritik gibt Gründgens Recht: »Limonadenjugend« urteilt Herbert Ihering.

Berlin ans Schwarze Brett der Kammerspiele des Deutschen Theaters geschrieben: »Hier können Familien Stücke spielen!« »Nichts Privates existiert, das sie nicht preisgeben ... Eine Limonadenjugend, kindliche Greise«, schreibt Herbert Ihering, der Kritiker.

Tucholsky-Leser amüsieren sich über dessen Berichte über »Die lieben Kinder«: »Wie wir hören, hat sich Benvenuto Hauptmann mit Klaus Mann verlobt. Die Hochzeit wird, wie üblich, auf Hiddensee stattfinden ... Erika Mann ist in Berlin zu ihrer Heirat, Scheidung, Wiederverheiratung und Beerdigung eingetroffen ... Benvenuto Hauptmann hat sich von Klaus Mann wieder scheiden lassen, weil ihm die normalen Neigungen seiner Frau Braut vor der Heirat nicht bekannt waren … Klaus Mann hat sich bei Verabfassung seiner hundertsten Reklamenotiz den rechten Arm verstaucht und ist daher für die nächsten Wochen am Reden verhindert.«

Klaus Mann, betroffen von der »gehässigen Reaktion«, fühlt sich unverstanden. Gustaf Gründgens hat begriffen, dass der sich selbst überschätzende Schwager der europäischen Jugend nichts wirklich Wegweisendes zu sagen hat und niemals ein begabter und erfolgreicher Theaterautor werden wird. Dazu fehlen ihm Zielstrebigkeit, Ausdauer und Fleiß. Dazu ist er zu unstet. Und was er predigt: Absage an Wohlanständigkeit und an Askese, vollkommene sexuelle Freiheit, »das lustvolle Mysterium der eigenen physischen Existenz«, möchte der auf Ruf und Karriere bedachte Gründgens nicht von der Bühne als Programm verkünden, sondern vor der Öffentlichkeit verborgen auf seine Weise auszuleben versuchen. Ein Enfant terrible wie Klaus ist dieser Gustaf nicht. Auch ein wirklicher Revolutionär, auf welchem Gebiet auch immer, wird er nie werden.

Der Bruch

Gustaf Gründgens ist glücklich; ein Jugendtraum erfüllt sich! 1919/20 hatte er die Hochschule für Bühnenkunst in seiner Heimatstadt Düsseldorf besucht und als Statist am dortigen Schauspielhaus seinen Lebensunterhalt verdient. Damals, als er den Ersten Schauspieler und den Güldenstern in Shakespeares »Hamlet« spielen durfte, hatte er gewiss davon geträumt, eines Tages werde er, der Gründgens, Hamlet sein! Fast ein Jahrzehnt ist darüber hingegangen. Jetzt endlich löst die Direktion der Hamburger Kammerspiele das vertraglich gegebene Versprechen ein: Plane man »Hamlet« zu inszenieren, werde ihm, Gründgens, die Titelrolle übertragen. Für Mitte Oktober 1927 ist die Premiere angesetzt.

Wie hat er die Neuigkeit von Erika erfahren? Seine Frau spielt im August an den Münchner Kammerspielen. Hat sie ihm geschrieben? Haben sie miteinander telefoniert? Oder ist Frau Gründgens aus München angereist, um es ihrem Mann zu sagen: Klaus sei von einem New Yorker Verleger in die USA eingeladen worden, ein Impressario überdies bereit, für die Geschwister eine Tournee zu arrangieren. Also habe man beschlossen, zu zweit nach Amerika zu reisen ... »und ick bin Neese«, kommentiert der überraschte Ehemann.

Gerade erst ein knappes Jahr lebt er mit seiner Ehefrau zusammen. Man weiß nur, wie sehr sie der »Verrat« von Gustaf an der »Revue zu Vieren« kränkte, wie unzufrieden Erika Mann zeitweilig an den Hamburger Kammerspielen war. Man ahnt nur, dass ihr Mann sich die eheliche Gemeinschaft anders vorgestellt haben wird, als er sie erlebte.

Der Aufbruch der Geschwister gleicht jedenfalls einer Flucht. Erika fühlt sich auch in München nicht recht wohl und »wär lieber anderswo«, »zehntausend Meilen weg ...«. Klaus hat seinen Misserfolg nicht überwunden und von seiner Braut erfahren, dass sie einen anderen liebe und diesen ehelichen wolle: eben Carl Sternheim, den sehr viel älteren, kränkelnden Dramatiker. Es gibt also mehr als einen Grund davonzulaufen.

Erika wartet nicht einmal die für ihren Mann so bedeutsame »Hamlet«-Premiere ab, sondern schifft sich zusammen mit dem Bruder eine Woche vorher nach New York ein. Dort geben sich die Geschwister werbewirksam als Zwillinge des berühmten deutschen Dichters aus und werden bald als »literary Mann-twins« überall eingeladen und herumgezeigt. Wie gewohnt, geht ihnen auch in der Neuen Welt das Geld aus; wie gewohnt, machen sie auch dort Schulden. Überall stoßen sie in ihrem Übermut unangemeldet und ohne anzuklopfen Türen auf: Hallo! Hier kommen wir! Hallo! Wir sind da! So brechen sie auch in Hollywood bei Stars wie Emil Jannings ein und feiern bei ihm Silvester mit anderen Größen aus dem Filmgeschäft.

Nach sechs Monaten Amerika geht es weiter über Hawaii nach Japan, Korea, China, die UdSSR, in neun Monaten einmal rund um die Welt und zurück nach Deutschland. Nach dieser Reise zerfällt der Viererbund; jedes der beiden Paare trennt sich voneinander. Pamela Wedekind lebt bereits im Haus des geschiedenen, fast dreißig Jahre älteren Sternheim. Er ist einer der bedeutendsten expressionistischen Dramatiker und Erzähler, ein Satiriker jener wilhelminischen Philister, deren Handeln nur von Geld- und Machtgier bestimmt wird, Verfasser so bekannter Komödien wie »Die Hose«, »Bürger Schippel« und »Der Snob«. 1930 wird Pamela seine Ehefrau und mit ihm nach Brüssel ziehen.

Erika Mann ist fest entschlossen, nicht zu ihrem Ehemann zurückzukehren, sie will sich in München um ein Engagement bemühen. In Hamburg hinterlässt sie einen Haufen Schulden. Im Januar 1929 wird das Paar geschieden.

Irgendwelche Zeugnisse über die Beweggründe der Ältesten von Thomas und Katia Mann sind nicht vorhanden. Weder gibt es eine erhaltene Korrespondenz zwischen dem Ehepaar, noch hat einer von beiden Tagebücher hinterlassen. Allerdings, vierzig Jahre später, 1968, nennt Erika Mann in einem Brief an den Verleger Spangenberg einen Grund, der »nicht unerheblich« zu ihrem Wunsch nach Scheidung beigetragen habe: »Unser Gustaf (gab) sich hundertprozentig als Kommunist, eine Haltung, die mich persönlich kaum gestört hätte (obwohl sie der meinen diametral entgegenstand), die ich aber als unaufrichtig, versnobt, quasi-opportunistisch ablehnte und die nicht unerheblich zu meinem Wunsche nach Scheidung beitrug. Dass Gründgens kein Nazi war, wird niemand bestreiten. Dass er aber immer gesinnungslos gewesen ist – und zwar so, dass er ›trug‹, was gerade chic und nützlich war, das ist wichtig.«

Ihre Anmerkung bezieht sich offensichtlich auf den schnellen Wechsel, den Gründgens in der zweiten Hälfte 1926 quasi von Marx und Lenin zu Offenbach, vom Revolutionären Theater zur Operetteninszenierung vollzogen hatte, der aber als einziger Grund für die Trennung schwerlich überzeugt. Nicht Gustaf, sondern Klaus fühlte sich Erika Mann am nächsten und innigsten verbunden, nicht Gründgens, sondern der Bruder blieb der Mann an ihrer Seite.

Und genauso wie Klaus seinen Gustaf zunächst bewundert und im wahrsten Sinn des Wortes schöngeschrieben hatte, verunglimpft er ihn, als in den Jahren nach Erikas Scheidung auch die Männerfreundschaft zerbricht. Zwar verbringen Klaus und Gustaf 1930 sowie 1931 Weihnachten noch zusammen in München, allerdings ohne Erika. Aber als 1932 Klaus Manns Roman »Treffpunkt im Unendlichen« erscheint, hat der Autor mit der Gestalt des Gregor Gregori, des ersten Tänzers und Ballettmeisters an einem der Berliner Opernhäuser, einen ganz anderen Gründgens gezeichnet: Dieser Gregori ist ein Masochist und zugleich von »ungesunder Überheblichkeit«, ein karrierebesessener, hysterischer und verkrampfter »tänzerischer Herrenmensch«, auf dessen Schreibtisch das Bild des Duce, Mussolinis, steht und der, zuvor ein Revolutionär, es nun mit den Faschisten hält. Und vor allem: »Er lügt, er lügt, er lügt. Er kann gar nicht anders. Er muss immer lügen.«

»Treffpunkt im Unendlichen«, die hasserfüllte Absage an den einstigen Freund, findet kaum Anklang in der Presse. Kritiker sprechen von Oberflächlichkeit und einem wenig überzeugenden Boheme-Sujet; »einfach zum Kotzen«, meint Siegfried Kracauer.

Doch zunächst einmal wollen die drei trotz der Scheidung Freunde bleiben.

Die Nachfolgerin

Berlin, 11. März 1930. Nach einem außergewöhnlich warmen Vorfrühlingstag ist das Thermometer auf drei Grad über dem Gefrierpunkt abgestürzt, und es regnet. Auch die neuesten Meldungen in der Tagespresse heitern die Berliner nicht gerade auf. Der frühere Kanzler Dr. Hans Luther soll das Amt des Reichsbankpräsidenten übernehmen. Na und? Der Mörder Tetzner hat ein Geständnis abgelegt. Na endlich! Die Kapitalertragssteuer ist immer noch nicht abgesetzt. Wer hat schon Kapital!

Wie könnte man sich am Abend eines so trüben Tages unterhalten? Der berühmte Richard Tauber singt im Metropol-Theater! Die Vorstellung ist ausverkauft. Das Universum-Filmtheater am Lehniner Platz zeigt bisher in Deutschland unbekannte Chaplin-Filme. Und vielleicht gibt es noch eine Karte für die Premiere in den Kammerspielen des Deutschen Theaters. »Die liebe Feindin« heißt das Stück, und der als »Raubein mit Herz« beliebte Hans Albers spielt eine der Hauptrollen. Gustaf Gründgens führt Regie. Schon in Hamburg hatte er in den letzten Jahren neben Mirjam Horwitz zu dem dreiköpfigen, in allen künstlerischen Fragen entscheidenden Regiekollegium gehört, das nach der Berufung von Erich Ziegel zum Intendanten des Hamburger Schauspielhauses gegründet worden war.

Schon 1928 kommt Gründgens nach Berlin, um nun endlich, nach einem frühen, missglückten Versuch zu Beginn der zwanziger Jahre, die Reichshauptstadt zu erobern; mit ihren fast vierzig Theatern, drei Opernhäusern, zahlreichen Varietés und Kabaretts der Mittelpunkt des deutschen Bühnenlebens, Kunst- und Theaterstadt sowie auch geistige Metropole, groß, reich, bunt und glitzernd. Wem es gelingt, sich hier durchzusetzen, dem steht eine glänzende Karriere offen.

Die Hamburger machten Gründgens den Abschied schwer. Als er zum letzten Mal den »Hamlet« spielte, sprangen sie von ihren Sitzen auf, um minutenlang zu applaudieren, um sich zu bedanken. Auch die Kollegen und die Presse ließen ihren Star mit seinem außergewöhnlichen Einfallsreichtum und seiner bewundernswerten Wandlungsfähigkeit nur ungern ziehen.

Aber eines Tages hatte der berühmte Max Reinhardt, dem Gründgens während eines Gastspiels in Wien zum ersten Mal begegnet war, ihm kurzerhand erklärt: »Was wollen Sie in Hamburg? Kommen Sie zu mir!« In Reinhardts sinnesfrohes, farbenfreudiges Haus, in dem Bewegung herrschte, Schwung, Musik, in dem das Ungewöhnliche, das Üppige, das Überraschende, Verblüffende zum Alltäglichen gehörte? Welch eine Chance! Also hatte Gründgens in Kauf genommen, dass die Reinhardt'schen Bühnen, das Deutsche Theater sowie die angeschlossenen Kammerspiele, nur einen Bruchteil seiner bisherigen Gage zahlten, und war gekommen. Hauptsächlich in klassischen Rollen sah er seine künftige Arbeit am Theater, und die Reinhardt-Bühnen schienen dafür die Gewähr zu bieten.

Doch wie schon oft in Hamburg, muss auch in diesem Frühjahr 1930 in den Kammerspielen des Deutschen Theaters wieder einmal ein Boulevardstück auf die Bühne, die Komödie eines weithin unbekannten Pariser Autors André Paul Antoine, die einen Publikumserfolg und dringend benötigte Einnahmen verspricht. Und wer kann so etwas besser inszenieren als der erfahrene Gründgens?

Die weibliche Hauptrolle hat er mit der schönen Ungarin Lily Darvas besetzt. Sie ist die Frau des bekannten Dramatikers Franz Molnár, der ein Jahr später dem jetzigen Partner seiner Lily, Hans Albers, die Glanzrolle seines Lebens schreiben wird, den »Liliom« in dem gleichnamigen Theaterstück. Im Unterschied zu anderen Schauspielerinnen, die sich im Fach mondäne Salondame versuchen, beweist Frau Darvas als geliebte Feindin, dass Erotik sich mit Gescheitheit, Witz und Charme und selbst mit der Kunst der Parodie verbinden lässt. Die Kritiker sind hingerissen.

Eine kleine Rolle, die des jungen Mädchens, hat Gründgens seiner Erika übertragen, die, von ihrer Weltreise mit Klaus zurückgekehrt, vorübergehend bei ihm wohnt und, wie auch ihr geschiedener Mann, sich um freundschaftlichen Umgang müht.

Die Aufführung wird ein Riesenerfolg. Abend für Abend wird die Komödie vor ausverkauftem Haus gespielt. Daraufhin entschließt sich die Direktion, »Die geliebte Feindin« zu verlängern. Gründgens freut sich über den Erfolg.

Da plötzlich erklärt ihm Erika, über die vorgesehene Spielzeit hinaus könne er nicht mit ihr rechnen, da sie Mitte April zusammen mit Klaus wiederum auf Reisen gehen wolle, dieses Mal auf eine Autotour nach Afrika. Gründgens spricht von Verantwortungslosigkeit, von Regelverletzung, von Verpflichtungen. Es kommt zu heftigen Szenen.

Dieser Schauspieler gehört zu jenem weltlichen Orden, den Carl Zuckmayer so eindrucksvoll beschrieben hat: Seine Mitglieder »waren alle mit einem heiligen, verschworenen Ernst bei der Sache, mit Leib und Seele, auf Gedeih und Verderb, auf Seligkeit oder Verdammnis ... Zum Theater zu gehn, war ein großes Abenteuer, kühner und manchmal sogar gefährlicher als zur See zu gehn, und darüber hinaus eine hohe Berufung.«

Gustaf Gründgens wusste nun, »dass Erika niemals ernsthaft eine Schauspielerin werden würde.« Wie nicht anders zu erwarten, stellt sich Klaus auf die Seite der geliebten Schwester. Für ihn ist das Verhalten seines Schwagers nur ein weiterer Beweis für dessen ungezügelte Karrieresucht.

Nun muss Ersatz für Erika gefunden werden. Wer soll das junge Mädchen künftig spielen? Es habe, so Erika Mann Jahrzehnte später, all ihrer Überzeugungskraft bedurft, »ihm eine gewisse Marianne Hoppe einzureden, die Schauspielschülerin war und die ich für geeignet hielt.«

Woher kennt Frau Mann ihre Nachfolgerin? Vielleicht haben sich die beiden jungen Frauen auf dem kleinen verträumten Platz mit den hohen Kastanien hinter den Theatern getroffen, auf dem man in den Pausen zwischen den Proben beieinander steht; bunt gemischt Anfänger und Prominente, Bühnenmaler, Beleuchter, Regisseure, diskutierend, schwadronierend, Witze reißend. Oder vielleicht haben sie zufällig am gleichen Tisch im Kellerrestaurant unterhalb der Kammerspiele gesessen und sich gegenseitig ihre Leidenschaft für schnelle, flotte Autos, für rote oder mitternachtsblaue Sportcabriolets gestanden.

Marianne Hoppe? Gründgens ist der Name kein Begriff, jedenfalls sagt er das. Und er erinnert sich auch nicht daran, dass er schon zweimal mit der jungen Dame auf der Bühne gestanden hat: Silvester 1928 in der Operette »Im weißen Rössl«; er in einer der Hauptrollen, sie als Piccolo. Und auch sechs Wochen später in Shakespeares »Die lustigen Weiber von Windsor«, u.a. zusammen mit Werner Krauss als Falstaff und Lucie Höflich, Hoppes Schauspiellehrerin, als Frau Page.

Jetzt bittet ihn die Direktion, einige kurze Proben mit dem Fräulein Hoppe abzuhalten. Nur widerwillig erklärt er sich dazu bereit, beauftragt schließlich seinen Assistenten damit und kommt am Schluss nur kurz dazu. Unter den Kollegen munkelt man, die Direktion habe eigentlich von Anfang an die Hoppe für die Rolle vorgesehen, doch habe sie der Regisseur unbedingt mit Erika Mann besetzen wollen.

Nun also Marianne Hoppe zum ersten Mal in einer Nebenrolle unter der Regie von Gustaf Gründgens in den Kammerspielen des Deutschen Theaters. Und während Erika und Klaus Mann in ihrem Ford in Richtung Süden starten, liest die überglückliche Neue in der Presse, wie überzeugend sie als Nachbesetzung sei: hübsch anzusehen, anmutig, sicher, »Jetztzeit und Wirklichkeitssinn« in die Komödie bringend. Über fünfzigmal wird sie noch das junge Mädchen spielen. Doch ihr Regisseur kümmert sich kaum um sie.

Der Aufsteiger und die Anfängerin

Der wahre Schauspieler ist von der
unbändigen Lust getrieben, sich unaufhörlich
in andere Menschen zu verwandeln,
um in den Anderen am Ende sich
selbst zu entdecken.

Max Reinhardt

Ein Jahr vor Gustaf Gründgens, 1927, war Marianne Hoppe nach dem bestandenen Examen an einer Handelsschule in Weimar nach Berlin gekommen, um sich auf Wunsch der Eltern bei Gildemeister & Co., einer Bank, vorzustellen. Die 17-Jährige stellte sich auch vor, doch nicht wie vorgesehen in der Bank, sondern in der Schauspielschule, die Reinhardt schon vor längerer Zeit seinem Theater angegliedert hatte. In Weimar hatte sie ihre Liebe zur Schauspielkunst entdeckt und Unterricht genommen. Nach einigem Hin und Her durfte Marianne in Berlin das Gretchen und die Penthesilea vorsprechen und wurde nachträglich in einen der laufenden Kurse aufgenommen. Dort lernte Fräulein Hoppe Stimmbildung und Stimmtechnik, deutlich zu artikulieren, zu gehen und sich zu halten, auch Pantomime und rhythmische Bewegung, und erhielt nach nur fünf Monaten bei Reinhardt einen Anfängervertrag.

Ein kecker Augenschlag und zwei Sätze in einer Ralph-Benatzky-Operette, drei Sätze in einem Shakespeare-Stück und hübsch anzusehen in einer Nebenrolle – das kann auf Dauer nicht befriedigen. Die berühmte Lucie Höflich, eine der großen realistischen Charakterdarstellerinnen in Berlin, empfiehlt: »Geh raus in die Provinz, du musst spielen, alles, was dir vor die Flinte kommt.«

Ihre Lehrerin hat das junge Mädchen überzeugt. Sie muss in die Provinz, erst einmal Intendanten sowie Regisseure, Publikum sowie Kritik in beachtenswerten Rollen überzeugen. »Aber verlass dich drauf, ich komme wieder«, lässt Marianne Hoppe den Kollegen Heinz Rühmann wissen und verabschiedet sich von ihm – wie gesagt, vorübergehend. Doch wie zu einem Engagement in einer der größeren Städte kommen? Der Hälfte aller Schauspielschüler gelingt das nicht. Die im Herbst 1929 mit dem New Yorker Börsenkrach begonnene Weltwirtschaftskrise wirkt sich auch auf das Theaterleben aus. Viele Bühnen müssen schließen oder einen Teil des Personals entlassen.

Marianne Hoppe setzt sich in die Bahn, »Holzklasse, dritter Güte«, um sich in Dessau und in Leipzig vorzustellen. Auf eine weitere Bewerbung erhält sie den Bescheid, im Grand Hotel Esplanade dem Direktor des Neuen Theaters in Frankfurt am Main Arthur Hellmer vorzusprechen: »Ausgerechnet das Rautendelein aus ›Die versunkene Glocke‹ von Gerhart Hauptmann, nicht ganz mein Fall, und die Franziska aus ›Minna von Barnhelm‹, das ging etwas besser. Mutlos, ohne eine Aussicht auf Erfolg, ging ich durch die Hotelhalle – aus der Bar klang Musik, Barnabas von Geczy spielte zum Tanz auf –, dann die Bellevuestraße hinauf zum Potsdamer Platz und setzte mich ins Café Josty ... Ich löffelte mit trüben Gedanken mein Vanilleeis und ging zurück ins möblierte Zimmer in die Eisenacher Straße ... Drei Tage später dann das Telegramm: ›Engagiere Sie – Zweijahresvertrag – Brief folgt – Arthur Hellmer.‹ Ich stürzte die Treppe hinunter zum Kaufmann, und mit einem Piccolo stieß ich nun mit meiner Zimmerwirtin an! Es war unglaublich. Der Brief kam: im ersten Jahr 350 Mark, im zweiten Jahr 450 Gage monatlich – nicht zu fassen.«

Ähnlich wie sein Hamburger Kollege Erich Ziegel besitzt auch Arthur Hellmer ein sicheres Gespür für eben erst erkennbares schauspielerisches Talent und versteht es, junge begabte Leute an sein Haus zu binden. Helene Weigel und auch Theo Lingen sind zum Beispiel von Frankfurt nach Berlin gekommen.

Im Juli 1930 zieht die 21-jährige Marianne Hoppe nach einem Frankreichurlaub nach Frankfurt um. Telegrafisch hat man sie verständigt, dass noch vor dem Saisonbeginn im Herbst ein Sommerstück mit dem Titel »Die Prinzessin und der Eintänzer« auf den Spielplan gesetzt worden sei, in dem sie die Prinzessin spielen solle. Schon einen Tag nach ihrer Ankunft, kurz vor zehn Uhr morgens, steht sie vor dem Bühnenportal.

Was die erfahrene Kollegin vorausgesagt hat, tritt ein: Dem jungen Mädchen kommen lauter Rollen »vor die Flinte« – in Stücken »von Liebe und anderen unmodernen Dingen«, in Dramen, Schwänken, Lustspielen, Komödien und Revuen, Rollen, in denen sie sich nach allen Seiten hin entwickeln kann. Für Proben stehen höchstens zwei, drei Wochen zur Verfügung, und es kommt vor, dass ein Schauspiel auf der Bühne und ein zweites im Foyer vorbereitet wird. Da bleibt kaum Zeit, darüber nachzudenken, was für ein Typ man ist, da muss man einfach spielen – in der Abendvorstellung die Kühle, Strenge und anschließend im Mitternachtskabarett für zwanzig Mark zusätzlicher Gage temperamentvoll ein freches Chanson singen.

»Sie hatte die offenen Augen, die wir damals an jungen

Mädchen vor allem mochten«, erinnert sich Siegfried Melchinger. »Sie hatte nicht nur das helle Lachen, sondern einen hellen Kopf. Sie war intelligent und mogelte nicht Gefühle, die sie nicht hatte. Sie trug das Herz ... auf Taille. Aber sie überfuhr gerade damit, was sich ihr in den Weg stellte. Sie wirkte durchschlagend und hatte unsere ganze Sympathie.« In Berlin war sie noch naiv gewesen, in Frankfurt spielt sie, wenn man es wünscht, die Direkte, Intelligente, Kesse: dreißig verschiedene Rollen in zwei Spielzeiten, alle vierzehn Tage eine Premiere. Ein Star ist sie noch nicht, aber ein Publikumsliebling.

Im Januar 1932 kommt Gustaf Gründgens auf der Durchreise in die Stadt und beschließt, eine frühere Kollegin abends im Theater zu besuchen. Und dann sieht er auf der Bühne auch das junge Mädchen aus der »lieben Feindin«, sehr elegant im langen Abendkleid. Und ebenfalls sehr elegant zieht sie ihre langen Handschuhe von den Armen und beginnt, in der Revue »Alles Schwindel« ein reizendes Chanson zu singen.

Nach dem Schlussapplaus klopft ihr einstiger Regisseur an die Garderobentür, tritt ein und sagt: »Es gefällt mir, was Sie da machen.« Was für ein Glück, dass er gerade an diesem Abend im Theater war, denn, das weiß Marianne, an diesem Abend war sie besonders gut.

Homme à femmes

Die Liebesgeschichte auf der Bühne hat ein Happyend gefunden; Marianne Hoppes erste Frankfurter Premiere »Die Prinzessin und der Eintänzer« ist erfolgreich überstanden, nun kann die wahre Liebesgeschichte beginnen, und zwar in der Bar des Hessischen Hofes, wo man den Erfolg gebührend feiern will. Dort sieht die gerade von der Bühne abgetretene Prinzessin einen Herrn sitzen, der sie an einen bekannten Dramaturgen erinnert. »Sind Sie nicht Kurt Hirschfeld?« – »Nein, ich heiße Dreyfuss.« »Gesagt, gelächelt, und ich blieb am Tisch, trank den ersten ›Sidecar‹ meines Lebens und hatte meinen ersten Freund, meinen Beschützer.« Bis ins hohe Alter hat Marianne Hoppe die Begegnung immer wieder gern erzählt.

Vielleicht hat sich Carl Dreyfuss gleich an diesem Abend näher vorgestellt, berichtet, wo er herkommt, was er beruflich macht. Dieser Nachfahr des Dichters Ludwig Börne und Teilhaber verschiedener Fabriken, Lackfabrikant und als Privatgelehrter Mitarbeiter des Frankfurter Instituts für Sozialforschung, in dem sein Freund Theodor W. Adorno tätig ist. »Philosoph von Fach, Großindustrieller von Beruf und aus Zwang und Literat nach Neigung«, so hat ihn der Freund beschrieben. Und ein Theaterliebhaber von hohen Graden. Es gibt kaum eine Inszenierung an den Frankfurter Bühnen, die er nicht kennt, und das gilt auch für wichtige Aufführungen in Berlin, Zürich, München oder Wien. In den zwanziger Jahren war dieser Mann mit dem »ausstrahlenden Casanova-Glanz« (Adorno) mit einer Schauspielerin verheiratet und danach mit einer Tänzerin liiert.

Dieser »sehr erfahrene« und um zehn Jahre ältere Herr wäre nicht jener »homme à femmes«, als den die Hoppe ihn beschreiben wird, wenn er der Schauspielerin nicht gleich an diesem ersten Abend gestanden hätte, er habe sich in sie verliebt, noch bevor er sie gesehen habe: nämlich in jenem Augenblick, da sie aus der Kulisse »Ich komme!« gerufen und ihn sofort »getroffen« habe.

Nun hört er wieder ihre flirrende, fliegende Stimme und

Ein offener Blick, ein helles Lachen, hübsch, heiter und herrlich jung: Marianne Hoppe. 1930 spielt sie das erste Mal unter der Regie von Gründgens in den Kammerspielen des Deutschen Theaters. Ursprünglich war die Rolle in dem Stück »Die liebe Feindin« mit Erika Mann besetzt, die Abend für Abend vor ausverkauftem Haus spielt, bis sie mit ihrem Bruder auf eine große Reise nach Afrika geht. Ihre Nachfolgerin wird Marianne Hoppe, erst auf der Bühne und wenige Jahre später als Gründgens' Ehefrau.

sieht im Dämmerlicht der Bar die leuchtenden, weit gestellten Augen, das Gesicht mit dem Garçon-Einschlag, die knabenhafte Gestalt. Das ist nicht eine jener leicht übergeschnappten Damen vom Theater, die sich als verführerische Diven aufspielen, eher hat diese junge hübsche Frau etwas Herbes, Bodenständiges und wirkt dabei doch sehr modern.

Aber von einem Augenblick zum nächsten können sich Ausdruck und Gesicht verändern. Eben noch erzählt sie unbefangen-heiter ohne Absatz, ohne Komma – plötzlich wirkt sie leicht zerstreut, verwirrt. Die Hände fahren unstet über den Tisch, betasten unentwegt irgendeinen Gegenstand … Und jetzt, jetzt ist sie wieder, wie sie vorher war: schlagfertig, ungezwungen, bester Laune. Sind das Attitüden oder gehört der Wechsel zwischen Aufgeräumtheit und Versponnenheit zu ihrer Persönlichkeit? Mit seinen schönen klugen blauen Augen beobachtet Dreyfuss die junge Schauspielerin, und diese wird beteuern, es seien die freundlichsten Augen gewesen, die sie bis zu diesem Abend gesehen habe.

Allerdings, tiefe Blicke in Männeraugen hat sie bis dahin kaum geworfen. Kollegen in Berlin begegneten ihr manchmal auf der Friedrichstraße, Arm in Arm mit jungen Schauspielerinnen wie Sybille Schmitz oder Marlene Dietrich, androgyne Wesen wie Marianne, über die man wispert, dass sie auch Frauen lieben und in verrufenen Damenlokalen wie »Mati« oder »Igel« verkehren. Na und? Das Berlin der zwanziger Jahre gilt als Eldorado der Sittenfreiheit, tolerant gegenüber jeder Art von Liebe.

Dieser Dr. Dreyfuss, »das lässt sich nicht leugnen«, übt »einen großen Reiz« auf Hoppe aus. Durch ihn wird aus dem jungen Mädchen eine Frau. Er besitzt Zartgefühl und Einfühlungsvermögen, hat Verständnis für den Wunsch nach Eigenständigkeit und nimmt Marianne mit zu seinen

Freunden. Sie lernt Max Horkheimer kennen, der erst kürzlich als Professor und Direktor des Instituts für Sozialforschung an die Universität berufen worden ist. Als Privatdozent und Mitbegründer der nun entstehenden Frankfurter Schule steht ihm ein Freund zur Seite, nicht nur Philosoph und Soziologe, sondern von Anspruch und Rang auch Musiktheoretiker, Komponist und Kunstsammler: Theodor W. Adorno. Diese respekterheischenden kultivierten Juden, die sie bewundert und für deren Freundlichkeit und Zuneigung sie dankbar ist, werden Marianne Hoppes Leben verändern.

Adorno lädt sie zusammen mit jungen Wissenschaftlern nach Hause ein, spielt wunderbar Klavier und bittet die Besucherin, Proust, den er so liebt, in größerem Kreis zu lesen; er werde dazu die Zwischentexte schreiben. Oft sitzt sie einfach stumm dabei, wenn die anderen miteinander diskutieren. Dabei wird ihr bewusst, »dass die wirklich großen Geister im Umgang einfach, im schönsten Sinn verständlich sind, dass Prätention, Anmaßung, dass falscher Anspruch Zeichen sind von fragwürdiger Qualität.« Was hört sie alles, lernt, begreift, versteht – wie dankbar wird sie diesen Menschen sein!

In Berlin hatte die frühere Handelsschülerin nie den Drang verspürt, zu lesen oder einen Vortrag zu besuchen. Erst Dreyfuss wird sie »richtig lesen« lehren. Er und Adorno regen sie auch an, sich ihr erstes Bild zu kaufen, die Impression eines Dorfes von Utrillo, das sie in acht Monatsraten abzahlen wird. In diesem Freundeskreis begreift Marianne Hoppe: Bildung bereichert, hilft, zu einer unabhängigen selbstbewussten Persönlichkeit zu werden, zu sich selbst zu kommen. Wie neu, wie aufregend das ist!

Es ist die Nacht vom 2. auf den 3. August 1930, als sich

Marianne Hoppe und Carl Dreyfuss ineinander verlieben. Haben sie da die lärmenden SA-Leute vor dem Hessischen Hof gehört?

Die Männer kleben bis zum frühen Morgen Plakate und verteilen Flugblätter an die Leute, die zur Frühschicht eilen. Am Abend redet Adolf Hitler erstmals in Frankfurt, und fast zwanzigtausend Menschen feiern ihn mit donnernden Heilrufen in der Festhalle. Durch die Straßen ziehen, Kampflieder singend, SA- sowie SS-Kolonnen und tragen Standarten und Hakenkreuzfahnen vor sich her. Lastwagen schaffen von überall her Anhänger der NSDAP herbei.

Bald vergeht kaum ein Monat, ohne dass es in Frankfurts Straßen zu gewalttätigen Auseinandersetzungen zwischen Nazis und »den Roten« kommt. Doch Mariannes Freunde sprechen von einem Spuk, der bald vorübergehen wird. 1932 erscheint der Rektor der Frankfurter Universität und Schwiegersohn Max Liebermanns zu einem Faschingsfest als SA-Mann, und alle, auch Horkheimer und Adorno, finden das sehr lustig. Den nächsten Fasching wird Marianne Hoppe schon in München feiern. Und in Berlin werden Hitler und die Seinen regieren.

Aus der bayerischen Hauptstadt meldet sich im Frühjahr oder Sommer 1932 Otto Falckenberg, der Intendant der dortigen Kammerspiele, und bietet Frau Hoppe ein Engagement in seinem Hause an. München, weiß sie, »ist eine Stufe höher« als Frankfurt, die muss sie jetzt besteigen. Carl, der fürsorgliche Freund, übernimmt es, den Vertrag auszuhandeln; er besorgt auch eine Wohnung in der Kaulbachstraße und richtet sie für seine Freundin ein.

Und dann, eines Tages, nach einem gemeinsamen Urlaub in Südfrankreich, sehen sie einander noch einmal in die Augen – wie damals in der Bar. Dreyfuss steht auf dem Bahnsteig, sie hinter dem heruntergelassenen Fenster ihres Zugabteils, der Zug ruckt an, und in diesem Augenblick wird der Hoppe klar: Du gehst jetzt in eine fremde Stadt, an ein fremdes Theater – warum? »Um weiterzukommen, weiterzulernen, andere und höhere Maßstäbe zu erfahren, sie auch von mir fordern zu können – und das ist der Preis: sich trennen müssen, loslassen und weitergehen.« »Dieser Beruf mordet Beziehungen.« Zuerst kommt die Schauspielkunst, dann alles andere – dieser Grundsatz unterscheidet das junge Mädchen von ihrer Vorgängerin in der französischen Komödie an den Kammerspielen.

Pendant in Dur

Das begreift sie auf den ersten Blick: Im Unterschied zu Frankfurt, der Stadt der Banken und der Börse, ist dieses München eine der großen Kunstmetropolen mit Museen, Bibliotheken und vorzüglichen Theatern. Die Aufführungen der Münchner Kammerspiele werden regelmäßig auch in überregionalen Zeitungen rezensiert. In diesem Haus hat der avantgardistische Falckenberg – sein Vorgänger war Erich Ziegel – die expressionistischen Dramatiker von Georg Kaiser bis Carl Sternheim mit durchgesetzt, alles, was kritisch und rebellisch ist und nach 1933 verboten wird. Hier hat man 1922 »Trommeln in der Nacht«, das erste Stück des jungen Bert Brecht, uraufgeführt und den noch weithin unbekannten Dramatiker nicht nur als Stückeschreiber, sondern auch als Regisseur und Dramaturg beschäftigt.

Zugleich inszeniert der Brecht-Entdecker Falckenberg jedes Jahr ein anderes Shakespeare-Stück, und auch die Aufführungen deutscher Klassiker unter seiner Regie ziehen

Kenner aus ganz Deutschland an. In seiner Vorliebe für ein poetisches, musikalisches, tänzerisches und dekoratives Theater ähnelt dieser Falckenberg Max Reinhardt. Welche Bedeutung auch der Münchner dem Sinnes- und dem Farbenfrohen, Bunten, Glitzernden zumisst, zeigt schon ein kurzer Blick in einen der schönsten Räume seines Theaters: die Damenschneiderei. Elisabeth Flickenschildt hat sie in ihren Erinnerungen beschrieben: »... alles war voll gestellt. Figuren aus Korb oder aus Draht, an denen anprobiert wurde. Die Regale waren voll bis oben hin mit Stoffen in allen Farben, Seide, Chiffon, Damast, Atlas, alles glänzte und schimmerte. Der Fußboden war ständig bedeckt mit kleinen Resten von Seiden- und Stoffabfällen. Es war, als ginge man auf einer bunten Wiese spazieren ...«

Marianne Hoppe hat der Intendant als Ersatz für Käthe Gold verpflichtet, die in der nächsten Spielzeit am Wiener Burgtheater und danach in Berlin spielen wird, und bald bezeichnen die Kritiker die Nachfolgerin als »Pendant in Dur zum Moll der Gold«.

Die Gold zu ersetzen, das bedeutet natürlich auch, mit ungleich bedeutenderen Rollen als bisher betraut zu werden. Aber gleich in ihrer ersten Premiere in den Münchner Kammerspielen im September 1932 wird die Hoppe den Erwartungen gerecht. Begeistert reagiert das Publikum auf ihre Agnes in Molières »Schule der Frauen«. Nach einer Pause folgt als deutsche Erstaufführung ein karikierendes Salongespräch, in dem Molière nach der Uraufführung im 17. Jahrhundert seine Kritiker kritisierte. Moderiert wird diese Kritik der Kritik von jener Schauspielerin, für die die Hoppe damals in Berlin als junges Mädchen eingesprungen war, nämlich von Erika Mann. Diese hatte zu Beginn der dreißiger Jahre zwei nervenaufreibende Skandale hinter sich:

1930 den Tumult während und nach der Erstaufführung von Klaus Manns Theaterstück »Geschwister« im Studio der Kammerspiele, in dem es um eine Bruder-Schwester-Liebe geht. Zwei Jahre später war sie nach ihrer Teilnahme an einer von der Internationalen Frauenliga für Frieden und Freiheit einberufenen Versammlung von den Nazis als »Zuhälterin des jüdischen Sklavenhalters« und als »pazifistische Friedenshyäne« heftig angegriffen und mit der Ankündigung von Gewalttaten bedroht worden.

Hier also in München treffen sich die frühere und die zukünftige Ehefrau von Gustaf Gründgens wieder, nicht nur im Theater, sondern auch bei Faschingsfesten. Doch hat keine der beiden je etwas darüber ausgesagt, wie man sich ihren Kontakt in München vorstellen muss. Erika Mann wird später beharrlich über Marianne Hoppe schweigen, und für diese gilt umgekehrt das Gleiche.

Doch dessen darf man sicher sein: Die geschiedene Frau Gründgens sitzt im Premierenpublikum der Kammerspiele, als Otto Falckenberg am 6. Dezember 1932 zu Ehren des 70. Geburtstags von Gerhart Hauptmann und in dessen Anwesenheit »wohl die allerschönste Aufführung der letzten beiden Jahre« verantwortet: Hauptmanns »Die Ratten«. Die Hauptrolle, die Reinmachefrau John, spielt Erikas nach dem Bruch mit Pamela Wedekind neu gewonnene verehrte, geliebte Freundin Therese Giehse, die in diesem Stück zu einer Meisterschaft gelangt, die Kritiker von einer »Käthe Kollwitz auf der Bühne« sprechen lässt.

Ganz im Gegensatz zu ihrem späteren Rollenfach etwa im Film spielt Marianne Hoppe neben der Giehse das schwarzhaarige primitive Weibsstück Piperkarcka. Selbst der Jubilar ist aufrichtig begeistert und beteiligt sich an dem anhaltenden Applaus. Auch das ist eine Herausforderung für die neu hinzugekommene Hoppe: In München spielt sie zusammen mit Kollegen, die sich ständig gegenseitig anspornen und mit der gleichen Leidenschaft wie sie an ihrem Beruf hängen. Als Gäste kommen Werner Krauss, Paul Wegener, Elisabeth Bergner und Käthe Dorsch nach München. Und als die junge Hoppe während des Gastspiels mit dem berühmten, damals schon über 60-jährigen Albert Bassermann eines Abends auf der Bühne steht, bringt sie angesichts des Mannes, der als bester Schauspieler deutscher Sprache gilt, keinen Ton heraus und starrt Bassermann so lange wortlos an, bis der ihr in der vorgesehenen Umarmung ihren ersten Satz zuflüstert.

Während die Weltwirtschaftskrise 1932 ihrem Höhepunkt zutreibt, arbeitet jeder an den Kammerspielen noch intensiver als zuvor, um den drohenden Konkurs abzuwenden. Doch die vertraglich vereinbarten Monatsgagen kann die Direktion schon nicht mehr zahlen. Wie inzwischen auch an anderen Bühnen üblich, wird die Einnahme der Theaterkasse jeden Abend aufgeteilt, das heißt man spielt auf »Mitbeteiligung«. Ungefähr 2,50 bis 3 Mark erhält Frau Hoppe dann. Dennoch ist sie glücklich und zufrieden.

Im Winter 1932 verliebt sich Marianne Hoppe stürmisch in den Dichter Ödön von Horváth. Besonders mit seinen am Deutschen Theater in Berlin uraufgeführten »Geschichten aus dem Wienerwald« und mit »Kasimir und Karoline«, einer erstmals im November 1932 in Berlin und Leipzig auf die Bühne gebrachten düsteren Geschichte vom Münchner Oktoberfest, hat er sich einen Namen gemacht. Er ist ein Anfang 30-Jähriger, großer, leicht korpulenter und zugleich attraktiver Mann mit weiten hellen braunen Augen in dem oft lächelnden Gesicht. Neue Anzüge und Bügelfalten, steife Kragen, Smoking – dieses Zeug mag er nicht und wirkt doch erstaunlich elegant. Marianne findet ihn »bildschön«.

Menschen, die ihn näher kennen lernten, schildern diesen ungarischen Diplomatensohn als einen freundlichen, gefälligen und heiteren Menschen, dem man schwerlich etwas übel nehmen kann. Barbesuchen kann er nichts abgewinnen und trifft sich mit Freunden lieber in kleinen Cafés, einfachen Wirtshäusern oder gemütlichen Schwabinger Weinstuben. Dort kommt es vor, dass er, kaum eingetreten, schon mit Kellnern, Garderobenfrauen oder Gastwirten, mit »Menschen aus dem Volk« plaudernd irgendwo in einer Ecke steht. Und da Horváth wunderbar zuhören kann, öffnen die Leute dem so jungenhaft wirkenden baumlangen Burschen in einem Fünf-Minuten-Schwatz ihr ganzes Herz.

Von dieser Seite seines Wesens hat die Hoppe später nicht gesprochen, sie habe, so sagte sie, vor allem seine Melancholie geliebt. Klaus Mann betont in seinem Nachruf auf den Dichter das Abgründige seines Charakters: »Er war verliebt ins Unheimliche, aber durchaus nicht spielerischer, ästhetischer, literarischer Weise; vielmehr war das Unheimliche, war das Dämonische *in ihm,* als ein Element seines Wesens. In seiner poetischen Produktion wie in seiner Natur trafen sich zärtliche und naive, lyrisch heitere Stimmungen aufs Reizvollste und Originellste mit den finsteren, den dämonischen Zügen.«

Während man sich Marianne Hoppe und Carl Dreyfuss als glücklich ineinander verliebtes Paar vorstellt, als ein Paar, in dem sie es ist, die sich des Berufes wegen von ihm trennt, möchte man, wenngleich zögernd und unsicher, vermuten, in der Beziehung mit Horváth könnte sie die Engagiertere, die ernsthafter Liebende gewesen sein. In keiner der Biographien, die über Ödön von Horváth geschrieben worden sind, wird die Liebesgeschichte mit der Schauspielerin erwähnt. Hoppe betont, er habe für sie sein Stück »Die Unbekannte von der Seine« geschrieben und, obgleich es nicht mehr dazu gekommen sei, gewünscht, dass sie die Hauptrolle spielen solle. Das stellt sich als falsch heraus. Eine andere Geliebte Horváths damals in München berichtet, wie der Freund auf einem Faschingsball ständig zwischen ihr, Erika Mann und Marianne Hoppe hin und her getändelt sei. Frau Hoppe wiederum berichtet, dass sie ein Kind von Horváth hätte haben können. Dazu bedarf es nur einer einzigen Faschingsnacht.

Letzten Endes sind es die politischen Verhältnisse, die Hoppe und Horváth auseinander treiben. An Münchens Biertischen und auf den Straßen schwingen Nazis große Reden. Für den ungarischen Juden Ödön von Horváth ist bald keines Bleibens mehr.

Der »gefährliche Charme der Gemeinheit«

Während Marianne Hoppe auf dem Weg durch die Provinz ist, hadert Gründgens mit sich und dem Theater in Berlin. 1920 hatten ihm seine Lehrer in der Düsseldorfer Schauspielschule ein »ungewöhnliches Talent für die sinnfällige Ausformung der seelischen Struktur problematischer Naturen« bescheinigt. Jetzt, bei Reinhardt, verschleißt er sich in seichten Salon- und Gesellschaftsstücken. »Es war, als ob man von der Prima in die Sexta zurückversetzt wurde.« In Düsseldorf hatte man vorausgesagt, bei seiner Gestaltungskraft werde ihm »das ganze Gebiet kompliziertester Charakterrollen in der klassischen dramatischen Literatur offen stehen.« Jetzt in Berlin sieht er sich immer wieder auf nur einen Typ festgelegt.

Gründgens ist gerade erst aus Hamburg nach Berlin gekommen, da inszeniert Reinhardts Oberspielleiter Heinz Hilpert an den Kammerspielen »Die Verbrecher«, das skandalträchtige Stück eines Berliner Theaterdirektors namens Theodor Tagger, der sich als Bühnenautor hinter dem sorgsam gehüteten Pseudonym Ferdinand Bruckner verbarg. Sein Stück wollte er als Anklage gegen die Justiz der Weimarer Republik verstanden wissen, gegen Richter, die gemeine Schuldige überhaupt nicht anklagten oder mit einem Freispruch davonkommen ließen, von Angeklagten falsche Geständnisse erpressten und Schuldlose oder unschuldig Schuldige zu grausamen Strafen verurteilten. Die Absicht der Münchner Kammerspiele, »Die Verbrecher« ebenfalls aufzuführen, wurde von der Justiz in Bayern untersagt.

Gründgens spielt in diesem Stück den Ottfried, einen sexuellen Verführer und Erpresser, einen aus Angst vor gesellschaftlicher Ächtung meineidig werdenden Homosexuellen. Er habe diese Rolle sehr gehasst, wird er später beteuern, aber »einfach, um leben zu können« nicht ausgeschlagen. Doch dieser Ottfried »gab nichts von mir«.

Immerhin steht er mit angesehenen Kollegen auf der Bühne, die von der Kritik für ihre Leistungen überschwänglich gefeiert werden. Die Rolle des unwiderstehlich schönen, arbeitslosen, zuhälterischen Kellners Gustav hat Hilpert Hans Albers übertragen und die der ihm verfallenen Köchin Lucie Höflich. Gründgens wird von den Kritikern bescheinigt, er habe »unheimlich echt in der perversen bunten Seidenjacke« gewirkt. Einen so glatten, eiskalten, zwielichtigen und zynischen, in seiner Abgefeimtheit funkelnden Schurkentyp hat man auf den Berliner Bühnen bisher nicht gesehen. Und der, der ihn gestaltet hat, wittert augenblicklich die Gefahr, künftig nicht als Schauspieler, sondern als Typ eingesetzt zu werden.

Als der Regisseur Fritz Lang 1931 für seinen ersten großen Tonfilm »M – eine Stadt sucht einen Mörder« für den Ganovenanführer namens Schränker Ausschau nach der richtigen Besetzung hält, kommt er nicht zufällig auf ihn, auf Gründgens. Und wieder ist die Versuchung groß, unter der Regie des damals bedeutendsten europäischen Filmregisseurs einen internationalen Verbrechertyp zu spielen, an der Seite von Schauspielern wie Peter Lorre, Theo Lingen und seinem alten Freund Paul Kemp sowie angesichts einer traumhaften Gage, wie sie die Theater niemals zahlen können. Denn trotz seiner stets angespannten finanziellen Lage – auf elegante Kleidung und den kultivierten teuren Lebensstil eines Weltmannes mag »der Typ« nun einmal nicht verzichten.

Fritz Langs »M« sollte Filmgeschichte machen, und er beförderte weithin jenes Bild von Gründgens, auf dem er sich selbst nicht mehr erkannte – das Bild vom eleganten Schurken, vom kalten Gangsterboss mit den schwarzen Handschuhen und dem steifen schwarzen Hut, dem dunklen Ledermantel und dem versteinerten Gesicht: schreckenerregend und unvergesslich. »Plötzlich sah ich mich also nur noch in Ledermänteln mit einer Bombe auf dem Kopf als Ganove und sagte: ›Halt! Das stimmt nun überhaupt nicht mehr‹.«

Im Deutschen Theater spielt er im September 1931, wenige Monate nach dem Start des Lang-Films »M«, endlich wieder eine klassische Rolle. Aber nicht den Ferdinand, den jugendlichen Liebhaber in Schillers »Kabale und Liebe«, hat man ihm übertragen, sondern den Hofmarschall Kalb, gemeinhin als ein vertrottelter Höfling dargestellt. Gründgens sieht ihn anders: zwar dümmlich, aber zugleich frech und arrogant, ein Kahlkopf mit Monokel und sonderbar leeren stechenden Augen. Reinhardt, der Regie führt, während der Proben überraschend mit diesem ganz neuen Hofmarschall konfrontiert, ist begeistert, und das Publikum sollte die Begeisterung teilen.

Nicht nur das Theater und der Film legen den Schauspieler immer wieder auf einen ganz bestimmten Typus fest, er selbst trägt das Seine dazu bei, gibt sich auch unaufgefordert hier als rachsüchtig, bedrohlich, dort als kalt und skrupellos, ein moderner Hochstapler, ein Intrigant am Fürstenhof, zwielichtig und gewissenlos, anrüchig und zugleich faszinierend, abstoßend, aber elegant, einer, der den »gefährlichen Charme der Gemeinheit« darzustellen weiß, so Jean Améry.

Findet Gustaf Gründgens in jenem Rollentyp, den er so hasst, auch einen Teil des eigenen Ichs wieder? Verführen ihn Selbsthass und eine selbstquälerische Freude daran zu dieser Art von »Selbstdarstellung«?

Dagmar Walach, eine der kenntnisreichsten Gründgens-Biographinnen, sieht das so: »Von seinem ganzen Habitus her aber war Gründgens nicht der leichtfüßige, unverbindliche und oberflächliche Tausendsassa, als der er sich in den Jahren von 1928 bis 1932 etablierte. Er war der typische Schauspieler der von den Nazis so genannten und gerade zu Ende gehenden Systemzeit, überhitzt und unterkühlt gleichzeitig, nervös und beherrscht, elegant und morbid, überheblich und homosexuell. Gründgens war ein später Expressionist«, seelisch angespannt, ja überspannt.

»Ich habe ein Gesicht bekommen ... Aber ich habe nicht mein Gesicht«, so wird sich der Gründgens dieser Jahre selbst beschreiben.

So kann es nicht weitergehen! Gründgens will den Hamlet, den Mephisto spielen! Reinhardt gibt ihm keine Chance. Ende 1931 löst der Schauspieler den Vertrag. Ist ihm bewusst, was er da wagt?

In Deutschland sind knapp sechs Millionen Menschen arbeitslos. Ihre Lebensbedingungen verschlechtern sich dramatisch. In Schlesien erhält ein Arbeitsloser einen täglichen Unterstützungssatz von durchschnittlich 55 Pfennig je Familienmitglied. Nach Abzug der Miete bleiben etwa 29 Pfennig pro Person. Arme tauschen Kartoffelschalen gegen Brennholz ein. Jährlich sterben in Deutschland zahlreiche Frauen, die mit Hilfe von Kurpfuschern aus wirtschaftlicher Not abgetrieben haben. Allein in Berlin leben 36 000 Menschen mit offener Tbc.

In der Reichshauptstadt hat das Theatersterben begonnen. Bühnen machen pleite oder müssen fusionieren. Reinhardt gibt mehrere seiner Bühnen auf, darunter die Kammerspiele. Es kapitulieren Piscator am Nollendorfplatz und Eric Charell im Großen Schauspielhaus. Schauspieler, Sänger, Tänzer müssen »stempeln« gehen. Gegen Ende der Spielzeit 1931/32 ist gut ein Drittel der Bühnenangehörigen ohne festes Engagement. In der darauf folgenden Saison werden 48 Prozent der Schauspieler und sogar 58 Prozent der Schauspielerinnen arbeitslos sein.

In der Politik gewinnen die Radikalen die Oberhand. 1932 marschieren SA, SS und Kommunisten täglich auf Berliner Straßen. Oft enden ihre Demonstrationen in Straßenschlachten, es gibt Tote und Verletzte. Innerhalb nur eines Monats werden bei Straßenkämpfen in Preußen 99 Menschen getötet und über 1 000 verletzt.

Jetzt, da sich Hitler und die Seinen der Macht schon sicher fühlen, vergeht kaum ein Tag, an dem nicht bekannte Intellektuelle und Künstler, besonders jene, die jüdischer Herkunft sind, verunglimpft werden. Nationalsozialistische Zeitungen veröffentlichen Schwarze Listen mit den Namen von Gelehrten, Schriftstellern und Künstlern, deren Köpfe am »Tage des Gerichts« rollen sollen. SA-Trupps dringen in die Vorstellungen politischer Kabaretts ein und warnen, dass das nationalsozialistische Deutschland ein sehr gutes Gedächtnis für die »Entgleisungen dort« haben werde.

Am 27. Juli 1932 veröffentlicht die Redaktion der »Welt am Sonntag« angewidert einen Bericht über Schwarze Listen, die von den Nazis an Filmgesellschaften und Theaterdirektionen geschickt worden seien, und zwar mit der Aufforderung, die darin genannten »rassefremden« bzw. »marxistischen« Schauspieler, die den Nationalsozialismus bekämpften, nicht mehr zu beschäftigen. Auf dieser Liste stehen u.a. die Namen von Ernst Busch, Fritz Kortner, Heinrich George und Gustaf Gründgens.

Sympathisierte Gründgens damals mit den Kommunisten? In seinem Lebensbericht »Der Wendepunkt« wird ihn Klaus Mann als einen Salonbolschewisten schildern, der sich abends nach der Vorstellung »von seinem Chauffeur ins Arbeiterviertel fahren« ließ, »wo er auf einer Versammlung der KPD ein Lied zu Ehren des Genossen Stalin sang ... Halb Robespierre, halb Brummel ... der Komödiant als Künder der Weltrevolution ...« Dieser Absatz musste in der deutschen Ausgabe 1952 auf Einspruch des Betroffenen gestrichen werden.

Nichts weist darauf hin, dass Gründgens je ein militanter Kommunist gewesen ist, der diszipliniert Parteibefehlen folgt. Dazu war er ungeeignet. Offenbar sympathisierte er zeitweise mit der KPD, weil er in ihr die konsequenteste Gegnerin der Nazis gesehen haben mag. Sicherlich beeindruckten ihn sowjetische Filme wie »Sturm über Asien« oder »Panzerkreuzer Potemkin«. Und seine frühere Freundin Renée Stobrawa, die in die UdSSR eingeladen worden war, mag ihm von dem angeblich so gigantischen sozialistischen Aufbau dort erzählt haben. Ein kommunistisches Flugblatt, das er 1932 unterschrieben haben soll, ist in den Archiven nicht aufzufinden.

Was macht ein Schauspieler, der, festgelegt auf einen Typ, endlich den Hamlet und Mephisto spielen will, wenn die Hälfte seiner Kollegen »stempeln« geht, sich die nahe an die Macht herangekämpften Nazis ihn auf ihre Schwarze Liste setzen und ihn Rechts- wie auch Linksradikale zusätzlich als Monokel tragenden homosexuellen Dandy schmähen?

Gründgens macht alles, was gerade »dran« ist, und er kann auch alles: spielt, spricht äußerst prononciert mit gurrenden, girrenden Zwischentönen, weich, melodisch, überspringend ins Kalte, Schneidende, Metallische, inszeniert, singt nonchalant auch noch das läppischste Chanson, tanzt, gelegentlich entsetzlich affektiert, tritt auf im Film, im Kabarett und der Revue.

In der Eduard-Künneke-Operette »Lieselott« fasziniert er als Herzog von Orléans und Partner der beliebten Käthe Dorsch das zu Beifallsstürmen hingerissene Publikum, gibt also wieder den ihm so verhassten Typ! Aber es macht Spaß, und die Leute wollen die Wirklichkeit vergessen, Revuen und Operetten sehen.

Noch steht die Operette auf dem Spielplan, da beginnen schon die Proben an der Staatsoper Unter den Linden, wo Gründgens nach »Così fan tutte« nun den »Rosenkavalier« in Szene setzen soll. Heinz Tietjen, der Generalintendant, hat ihn als Regisseur von »Figaros Hochzeit« in der Kroll-Oper erlebt und daraufhin den Schauspieler für drei Aufführungen an sein Haus verpflichtet.

Gründgens als Opernregisseur? Was reizt ihn daran? Es sei »vor allem die Verbindlichkeit der Form, die absolute Genauigkeit«, zu der die Oper verpflichtet, wird er später, als er 1938 mit Karajan »Die Zauberflöte« inszeniert, in einem Zeitungsinterview erklären. »Da ist jede Pause genau bemessen, jeder Takt liegt in der Partitur fest«, man kommt »auf etwas, was das Sprechtheater nicht unbedingt hergibt: die restlose Bändigung des Ausdrucks durch die Form.«

Dieser Opernregisseur kann nicht mal Partituren lesen! Wo gibt's denn so etwas? Aber er hört gern Musik, singt und hat durch seine Mutter schon früh eine Beziehung zur Musik gefunden, denn sie hatte eine wunderbare Stimme. Reicht das aus? Er versteht Figuren zu zerlegen, zu erklären und verständlich zu machen, hat Einfälle, zum Beispiel wie der Chor sich von hinten zur Rampe hin bewegen soll, auf die ein gewöhnlicher Opernregisseur gar nicht kommen würde. Dem Neuling kommt zugute, dass er, unbelastet von Traditionen, dem gemeinhin Üblichen, sich ganz auf seine Phantasie verlassen kann.

Gustaf, der Alleskönner, der wie ein Derwisch über die Bühne wirbelt, oft verspielt, unbändig, entrückt, nervös und fahrig und gleichzeitig fasziniert von der Ordnung und der Strenge des Musiktheaters! »Ordnung war für ihn, der immer ein guter Bürger sein wollte … das Allerwichtigste auf der Welt.« (Curt Riess)

Sicherlich schon in diesen Jahren beginnt Gründgens, sich mit Drogen aufzuputschen. Klaus Mann jedenfalls erwähnt erstmals Ende 1929, er nehme gelegentlich etwas Morphium, und er probiert auch andere Mittel, die geeignet sind, den Menschen in eine friedvolle, wunschlose, gar euphorische Stimmung zu versetzen. In dieser Zeit ist der Kontakt zwischen Gründgens und den Geschwistern Mann noch nicht abgerissen. Gut möglich, dass der einstige enge Freund ihn mit den Modedrogen der zwanziger Jahre bekannt macht.

Der Drogenabhängigkeit von Schriftstellern haben Literaturhistoriker längst nachgespürt. Edgar Allan Poe nahm Opium, Oscar Wilde ergab sich dem Absinth, Maupassant dem Äther, Baudelaire dem Haschisch. Für große Schauspieler fehlt eine solche Liste. Doch hat schon ein Franzose Mitte des 19. Jahrhunderts zu den Merkmalen der Genialität eine ins Pathologische gesteigerte Reizbarkeit des Nervensystems gezählt, die, so möchte man hinzufügen, von manch genialen Menschen mit Drogen ungleich leichter zu ertragen ist.

Die Geschwister Mendelssohn

Nach der intensiven und extensiven Arbeit im Theater überfällt den Ruhelosen manchmal eine unerträgliche Leere. Er meint, in ein tiefes Loch zu fallen. Es ist ihm unmöglich, einfach nach Hause zu fahren und zu schlafen. Was könnte er, wenn die Vorstellung vorüber ist, noch unternehmen? Er sucht Entspannung und dreht doch wieder auf: Man trifft sich im »Eldorado«, Berlins berühmtestem Transvestitenlokal, in riesigen Vergnügungspalästen, Homosexuellenlokalen oder -bars mit geschminkten Knaben: »Stätten schamloser Verruchtheit« nennt sie der Biedermann. Gustaf bummelt durch Schauspielerkneipen, heute zusammen mit Hubert von Meyerinck, der seine sexuellen Neigungen teilt, ein andermal mit Marlene Dietrich; man sieht ihn zusammen mit anrüchigen Existenzen und unschuldigen neugierigen jungen Leuten in Lokalen der Künstler- und Halbwelt rings um die Gedächtniskirche.

Gründgens findet in diesen Berliner Jahren einen neuen Gefährten, Francesco von Mendelssohn. Er kommt aus einer bekannten, hoch angesehenen Familie, einem reichen Haus. Robert von Mendelssohn, der Vater, aus der Mendelssohn'schen Bankerdynastie, war als stiller Teilhaber mit 25 000 Goldmark in Reinhardts Deutsches Theater eingestiegen und hatte eine italienische Pianistin und Freundin der berühmten Duse geheiratet, deren Vermögensverwalter und Liebhaber der Bankier auch als Familienvater noch war. Nach dem Tod ihres Mannes zog seine Frau wieder nach Italien und lebte dort mit einem jungen Musiker zusammen.

Francesco gilt als der wohl bekannteste und exzentrischste »glamorous boy« in ganz Berlin, fährt ein rotes Cabriolet mit hermelinbezogenen Sitzen, trägt einen Anzug aus rotem Leder, flaniert auch mal im gelben Satinmorgenrock oder kommt im Abendkleid auf einen Schwulenball. Von seinen Eltern hat der Cello spielende Sohn das musikalische Talent geerbt. Als Schüler Pablo Casals gibt er Konzerte in ganz Europa und träumt davon, wie Freund Gustaf Regisseur zu werden. In Berlin wird er unter anderem Ödön von Horváths »Italienische Nacht« sowie »Kasimir und Karoline« inszenieren. Zusammen mit seiner Schwester Eleonora, der Schauspielerin, wohnt Francesco in der vornehmen Grunewald-Villa des verstorbenen Vaters. Ähnlich wie Erika und Klaus Mann umgibt auch diese beiden eine Atmosphäre des lasziven Inzestuösen, und ihr Liebesleben ist ein beliebtes Thema des Gesellschaftsklatsches.

Von ihrer schauspielerischen Leistung sind selbst Wohlmeinende nicht überzeugt, aber Eleonoras Schönheit rührt jeden an. Mit ihren anmutigen zarten Zügen, den sanften grüngraublauen Augen und dem fein geschwungenen Hals sieht sie wie eine Prinzessin aus. Menschen, die Vorbehalte gegen sie haben, stoßen sich an ihrer hemmungslosen Überschwänglichkeit. Bis an ihr Lebensende wird Eleonora für »große Männer« schwärmen und vor nichts zurückschrecken, um den verehrten und geliebten »Großen«, »Besten« nahe zu kommen. Max Reinhardt, der von ihr lebenslang Umschwärmte, weiß ein Lied davon zu singen.

Zunächst schmeichelt es Gustaf, Abendeinladungen der Geschwister zu erhalten. Man trifft dort Diplomaten, Filmstars, Schriftsteller und Kritiker sowie auch die »Großen« aus Politik und Wirtschaft. An der Tür knicksen Dienstmädchen mit weißen Schürzchen über ihren schwarzen Kleidern und gestärkten Häubchen auf dem Haar. In kleinen Sälen, ausgestattet mit Möbeln aus einem Florentiner Palast, mit Wandbezügen aus Samt und Seide, hängen kostbare El Grecos, Degas, Corots. Man plaudert in der Bibliothek, umgeben von Rembrandt und Renoir, und bittet um die Erlaubnis, in einem der Schlafzimmer einen Blick auf van Goghs »Blaue Schwertlilien« zu werfen. »Selbst auf der Toilette hing noch ein Toulouse-Lautrec«, wird Gründgens später spotten.

»Nach Mitternacht mischten sich, wie immer bei Francescos Festen, muskulöse junge Männer in zerbeulten Hosen und Pullovern unter die Gäste«, berichtet Salka Viertel. »Manche hatten die Hemdsärmel hochgerollt, und man sah farbige Tätowierungen auf ihren Armen. Sie kamen vom Sechstagerennen im Sportpalast. Keiner der distinguierten Gäste schien unangenehm berührt, nur die Diplomaten entfernten sich unauffällig.« Eleonora, die Süchtige, schnupft

Kokain, ihr Bruder trinkt zu viel, und die Kraftmeier und Boxer aus dem Sportpalast amüsieren sich johlend bis zum frühen Morgen. Auch die Geschwister Mendelssohn sind typische Repräsentanten der »lost generation«.

Gründgens langweilt sich bald auf den großen Partys mit den vielen Menschen, die sich nichts zu sagen haben, und verspricht dem Freund, ihn gern zu besuchen, wenn keine weiteren Gäste zu erwarten seien. Francesco sichert das zwar zu, aber immer, wenn Gustaf im Grunewald erscheint, ist die Villa wieder voller Leute. Man überwirft sich und verträgt sich wieder; Francesco lädt den Freund zu einer Reise nach Italien ein und schleppt ihn in Venedig von einem Kunstdenkmal zum nächsten. Eines Tages, so berichtet der Gründgens-Biograph Curt Riess, als ihr Boot wiederum vor einem Museum hält, bleibt GG in der Gondel sitzen, schließt die Augen, steckt seine Daumen in die Ohren und schreit: »Ich will nichts mehr sehen! Ich will nichts mehr sehen! Ich gehe in kein Museum mehr, ich gehe in keine Kirche mehr, ich will auch nichts mehr hören …« Und fährt, gestresster als zuvor, nach Hause.

Wer kocht, wer wäscht, wer sorgt für Gründgens, wenn er nach einem oft sechzehnstündigen Arbeitstag nach Hause kommt? Aus Hamburg hat er seinen Garderobier Willi Struck herbeigerufen, um den Haushalt zu betreuen. GG hat in der Nähe des S-Bahnhofs Witzleben in Berlin-Charlottenburg eine Drei-Zimmer-Wohnung gemietet und dürftig möbliert, die er nun mit Struck bewohnt. Der bereitet morgens das Frühstück, kocht den starken schwarzen Kaffee, ohne den der Chef nicht auf die Beine kommt, und wenn er nach einem Probenvormittag oder einer Filmaufnahme zwischendurch mal zwei, drei Stunden ruhen will, sorgt Struck dafür, dass niemand stört.

Aber der treue Struck macht sich Sorgen. Immer häufiger erlebt er den Abgearbeiteten nervös, fahrig, überspannt, am Rande eines Zusammenbruchs. Ohne Schlafmittel kommt er überhaupt nicht aus.

Es gibt nur einen Ort, der ihn von Ärger und von Ängsten, von Verzweiflung und Depressionen befreit und ihm zu Euphorien und Glückszuständen verhilft: die Bühne. Es gibt nur ein Ziel, das er nicht aus den Augen lässt: den Hamlet, den Mephisto in Berlin zu spielen.

Endlich, endlich ist es so weit! Heinz Tietjen, der Generalintendant der Preußischen Bühnen in Berlin, verpflichtet Gründgens, zunächst gastweise, ab 1. September 1932 als Schauspieler und Regisseur mit einem Vorschuss von zehntausend Reichsmark an das Staatstheater am Gendarmenmarkt. Und er gesteht ihm zu, in der geplanten, von Lothar Müthel zu inszenierenden Faust-Aufführung anlässlich des hundertsten Todesjahrs von Goethe, mit Werner Krauss als Faust den Mephistoteles zu spielen – eine Vereinbarung, an die das Ensemble am Gendarmenmarkt zunächst nicht glauben mag. Dieser Tausendsassa, aus Operette, Revue, Kabarett und Film bekannt, in dieser klassischen Rolle in diesem klassischen Theater! Das kann nicht sein!

Das wird sein! Zehn Jahre, nachdem der junge Gründgens im Städtischen Theater Kiel für einen erkrankten Kollegen zum bisher einzigen Mal die Rolle übernommen hatte, spielt er nun am 2. Dezember 1932 in der Premiere Goethes Teufel erstmals am Gendarmenmarkt und den großen Werner Krauss glatt an die Wand.

Neun Tage bevor Hitler die Macht in Deutschland übernimmt, folgt, diesmal unter der Regie von Gründgens' altem Düsseldorfer Lehrer Gustav Lindemann, der zweite Teil. Werner Krauss hat seine künstlerische Kraft wieder gefunden, Gustaf Gründgens nimmt viel von seiner Überspanntheit im ersten Teil zurück; sein Spiel wirkt vergeistigter, vertiefter, die Aufführung ausgeglichener, aber nicht weniger nachhaltig als der vorangegangene Faust I.

Niemand auf, hinter oder vor der Bühne ahnt die historische Bedeutung dieses Abends. Zum letzten Mal werden in einer Berliner Faust-Aufführung Schauspieler und Schauspielerinnen miteinander auf den Brettern stehen, die nur wenige Wochen später als Freund oder Feind, Umworbene oder Vertriebene, als Täter, Mitläufer oder Opfer auseinander gerissen werden.

Veit Harlan, der den Baccalaureus spielt, bekennt sich im Mai 1933 öffentlich zum Nationalsozialismus und wird im Zweiten Weltkrieg den abscheulichen Hetzfilm »Jud Süß« verantworten. Hans Otto, der Kaiser im Widerspiel mit Mephisto in den Szenen am Hof, wird 1933 als aktiver Kommunist entlassen, arbeitet illegal im Widerstand und stirbt noch im gleichen Jahr an den Folgen schwerer Folter. Helena, die Jüdin Eleonora von Mendelssohn, flüchtet schon früh aus Deutschland. Werner Krauss schürt sowohl im Theater als auch im Film den Hass auf Juden, während sein in Galizien geborener Kollege Alexander Granach, vertrieben aus Berlin nach Warschau, Kiew, Zürich, schließlich in den USA eine Bleibe finden wird. Mephisto macht Karriere.

Schon zu Beginn des Jahres 1933 hat Gustaf Gründgens alles erreicht, was er sich bis dahin vorgenommen hatte.

Zwölf Jahre auf dem Spielplan

Alles, was sie wissen müssen,
wird sich vor ihren Augen abspielen,
und sie werden nichts gesehen haben.

Christa Wolf

Auf dem Spielplan des Staatlichen Schauspielhauses am Gendarmenmarkt steht am 30. Januar 1933 Johann Wolfgang von Goethes »Faust. Der Tragödie erster Teil«. Am Nachmittag bittet ein Mitglied der NS-Zelle des Theaters, für den Abend beurlaubt zu werden. Er wolle zusammen mit seinen Kameraden vom SA-Sturm an dem geplanten großen Fackelzug zu Ehren Adolf Hitlers, des neuen Reichskanzlers, teilnehmen. Wo gibt's denn so was!, empört sich der künstlerische Direktor. Sollen wir vielleicht wegen irgendeines Fackelzugs den Faust ausfallen lassen?

Wenige Stunden später, während Faust auf der Bühne seinen Pakt mit dem Teufel schließt, ziehen endlose Kolonnen der SA, SS und anderer nationalsozialistischer Verbände vom Großen Stern aus durch das Brandenburger Tor, hinein in die Wilhelmstraße zum Reichspräsidentenpalais und der Reichskanzlei. In den beiden Theaterpausen sehen die Besucher auf den Treppen des Schauspielhauses einen Ausschnitt des Spektakels: Feldzeichen, Fahnen und Standarten werden vorangetragen, Kampflieder ertönen, Trommeln dröhnen, Marschmusik spielt auf. Hitlerjungen, Hakenkreuzfähnchen schwenkend, sind auf Laternenpfähle geklettert. Wo haben die Nazis nur so schnell die vielen

Fähnchen und Tausende von Fackeln her?, fragen sich einige verwundert. Lustgarten, Wilhelmplatz, die Linden sind schwarz von Menschenmassen. Hinter den im Gleichschritt marschierenden braunen Kolonnen ziehen Tausende mit hinein in die Wilhelmstraße, verharren vor den Fenstern, an denen sich der Reichspräsident Paul von Hindenburg und der neue Kanzler zeigen, reißen die Arme hoch und jubeln unablässig. Umgeben von seinen Getreuen, den Arm angewinkelt zum Hitlergruß, nimmt der »Führer« die Ovationen seiner Anhänger entgegen. Der greise Präsident, am feierlichen Gehrock den Schwarzen-Adler-Orden, sieht ernst und fremd auf das Treiben in der Straße. Fünf Stunden dauert der Vorbeimarsch schon.

»Ein herrliches Bild: Die Kampflieder singende SA, der dunkle Tiergarten, die flackernden Fackeln und die im Winde sich blähenden Fahnen. Das neue Deutschland marschiert ... Das Hakenkreuzbanner ist aufgezogen ... Berlin und Deutschland ist unser!«, jubelt am nächsten Morgen der »Völkische Beobachter«. Welch ein Stück, flüstern sich auf den Treppen des Schauspielhauses noch wie gebannt die Besucher der Faust-Aufführung zu. Mensch, was machen die für ein Theater, raunt beklommen manch Berliner, der, auf die Marschkolonnen mit den Fackeln blickend, die Ernennung Hitlers zum Reichskanzler für ein Verhängnis hält.

Von diesem Wintertag des Jahres 1933 an werden nicht nur Schauspieler in Schauspielhäusern Theater spielen. Inszeniert von den neuen Herren werden Millionen künftig an Aufführungen auf Straßen, Plätzen, Feldern, Stätten und Geländen beteiligt sein. In Sportarenen erleben Tausende beeindruckende Symphonien aus Formen und Formationen, aus Bewegung und Musik. Mädchen in weißen Sportkostümen schwingen Gymnastikreifen. Bauern und Bäuerinnen »aus allen deutschen Gauen« versammeln sich in bunten Trachten, begleitet von Schalmeienkapellen, auf dem Bückeberg zwischen Hameln und Hannover. Ob »Ehrentag des deutschen Bauerntums«, »Tag von Potsdam« oder »Tag der Wehrmacht« – überall marschieren Menschenblöcke, versammeln sich zu Volksfesten mit Spielmannszügen der Hitlerjugend, mit Würstchenbuden, Limonadenverkäufern, Bierzelten und einem abschließenden großen Feuerwerk.

Auf Morgenfeiern der Hitlerjugend wie auch auf neu errichteten germanischen Thingstätten werden von Laienspielern völkische Fest- und Weihespiele wie »Der Arbeit die Ehr« aufgeführt, in denen Bauer, Arbeiter, Soldat, Handwerker und Bürger »in schlichten Worten ihr Bekenntnis zum neuen Deutschland kundtun«. Und: Bei all dem kommt es darauf an, dass diese Statistenheere »sich nicht nur so benehmen, wie es ihre direkten Verrichtungen verlangen, sondern dass sie bewusst vor den Augen der Welt agieren« und ihr Tun einem Publikum als einleuchtend und vorbildlich aufzudrängen versuchen (Bert Brecht, »Der Messingkauf«).

Wenn Tausende und Abertausende ihre Plätze eingenommen haben, tritt der Hauptdarsteller auf. Ihm zu Ehren erklingt der Badenweiler Marsch, und Hitler schreitet, die rechte Hand grüßend über die Schulter weit zurück geworfen, die linke an der Koppel seiner Uniform, die Knie durchgedrückt, die Sohlen fest aufgesetzt, majestätisch durchs jubelnde Spalier zu seiner Bühne.

Was hat der Mann für eine Stimme? Soeben noch lässt sie an einen vertrauensvollen Biedermann, im nächsten Augenblick schon an einen brüllenden Löwen denken. Einzelne Sätze werden in einem so betäubenden Rhythmus wiederholt, dass die Zuhörer in eine Art Trance geraten.

Was der Hauptdarsteller zu sagen hat, unterstreicht er mit theatralischen Posen, streckt die Arme aus, ballt sie zu Fäusten, kreuzt sie wie ein Feldherr über seiner Brust, wirft den rechten Arm hoch, ruckartig zurück und bohrt den Zeigefinger drohend in die Luft. Jetzt schlägt er sich mit beiden Händen gegen das braune Hemd, der Körper zuckt. Erneuter Wechsel der eingenommenen Position: Beide Hände fest in die Hüften gestemmt, sieht er hinweg über die da unten weit in die Ferne.

Wer hat ihm das beigebracht? Hat er Schauspielunterricht genommen?

Jedenfalls beherrscht der Mann die mannigfaltigsten Rollen. Hier gibt er sich als unbekannter Soldat des Weltkrieges, dort tritt er auf als Führer, Retter und Erlöser. Am Vormittag mimt er den Kinderfreund und tätschelt Mädchenwangen, am Nachmittag den Hohepriester, der alle in einen Taumel der Begeisterung versetzt. »Er ergeht sich in zornigen Beschimpfungen von der Art der homerischen Helden, beteuert seine Entrüstung, deutet an, dass er sich mühsam im Zaun hält, seinem Gegner nicht einfach an den Hals zu fahren ... der Zuhörer nimmt teil an den Triumphen des Redners, er adaptiert seine Haltungen ... ›Ich bin nur eure Stimme‹, pflegt er gerne zu sagen, ›das Kommando, das ich euch zurufe, ist nur das Kommando, das ihr euch selber zuruft.‹« (Bert Brecht)

Welche Suggestivkraft dieser Darsteller auf andere auszuüben vermag, schildert der große Mime Werner Krauss. Als er noch voll der Empörung über Unrecht und Unterdrückung durch das Regime ist, wird Werner Krauss beim »Führer« eingeladen. »Ich kam hin«, so Krauss, »zynisch wie ein Pharisäer, und dachte: Mir wirst du nichts vorspielen, mein Junge. Aber als ich ihn da im Kreis seiner nächsten Freunde sitzen sah und mit ihnen reden hörte … – da wusste ich: Jesus unter den Jüngern.«

Die Effektenkammern der Politik unterscheiden sich nicht wesentlich von denen des Theaters. Auf dem weiten Nürnberger Reichsparteitagsgelände marschieren jährlich unzählige Menschen nach genau ausgearbeiteter Dramaturgie und Choreographie in exakt ausgerichteten »Marschsäulen« auf. Zunächst, ganz in der Frühe, 50 000 Arbeitsdienstmänner, die im Licht der Morgensonne ihre glänzenden Spaten zum Präsentiergriff erheben: Eine Lichtwelle scheint über sie hinwegzurollen. Ihnen folgen Arbeitsdienstmaiden in weißen Blusen, die sich im Chor mit den Spatenträgern vereinen: »Werk unserer Hände, lass es gelingen / denn jeder Spatenstich, den wir vollbringen / soll ein Gebet für Deutschland sein.« Salutschüsse werden abgefeuert, Fanfaren erschallen, Glocken läuten, und wenn der Abend kommt, strahlen Scheinwerfer Fahnenwände an, zwischen hölzerne Streben gespannt, höher als zehnstöckige Häuser.

In der Dunkelheit naht die Marschsäule der Amtswalter, der Block- und Zellenwarte, der Kreis- und Ortsgruppenleiter, von denen viele, nicht mehr die Jüngsten, nicht gerade ansehnlich anzuschauen sind. Deshalb haben sich die Bühnenkünstler ausgedacht, sie unsichtbar zu machen. An den Seiten des Aufmarschfeldes stehen unzählige Flakscheinwerfer, die in den Himmel leuchten und die abgelebten Mienen der Amtswalter verdecken. In diesem Lichtdom werden die Menschen als Individuen verschluckt. Wer will in einem so beeindruckenden politischen Theater noch unterscheiden zwischen Akteuren und Statisten, Zuschauern und Kleindarstellern! Begeisterte nehmen sich wahr als Teil eben jener Volksgemeinschaft, von der die Mächtigen reden. Das befriedigt die Sinne, Sehnsüchte und Phantasien.

Hinter vorgehaltener Hand spricht man in Theaterkreisen etwas abfällig von der »Revolution der Statisten« da draußen. Doch gibt es auch Kollegen, die die neuen Regisseure bewundern, sich der Wirkung dieser routiniert gesetzten Knalleffekte nicht entziehen können und angesichts der vielen Vorstellungen und Vorhänge sowie des tobenden Applauses mit dabei sein möchten.

Die Säuberung

Theater hier, Theater dort, Veränderungen, Verbote und Entlassungen – Gründgens entzieht sich dem Beginn der Schreckensherrschaft. Ab Februar 1933 bis in den Herbst hinein hält er sich die meiste Zeit im Ausland auf. Unter der Regie von Max Ophüls und zusammen mit so bekannten Schauspielern wie Paul Hörbiger, Magda Schneider und Luise Ullrich hat er gerade einen Film nach Schnitzlers »Liebelei« gedreht. Am 1. Februar steht er noch einmal in »Faust II« auf der Bühne am Gendarmenmarkt. Danach, und zwar noch im gleichen Monat, wird die Inszenierung umbesetzt, und nicht ahnend, wie wenig Zeit ihm noch auf einer deutschen Bühne bleibt, spielt nun Alexander Granach den Mephisto. Gründgens, froh, erst einmal wegzukommen, reist nach Paris.

Am 1. März übernimmt der bisherige Intendant des Nationaltheaters Weimar, Franz Ulrich, das Berliner Staatsschauspiel und als »Erster Dramaturg« wird der Parteigenosse Hanns Johst vom im April ernannten Preußischen Innenminister Göring berufen. Diese Männer, sowohl Ulrich als auch Johst, sollen das altehrwürdige Theater »säubern«. Alle »rassisch« sowie politisch Unliebsamen werden entlassen.

Von alledem erfährt GG nicht viel. Zusammen mit dem Autor des Ophüls-Films hält er sich zu dieser Zeit in Spanien, in Teneriffa, auf, um mit ihm das Skript für einen Film zu schreiben, in dem der bekannte Publikumsliebling Gustav Fröhlich und seine Frau, die bewunderte Sängerin Gitta Alpar, die Hauptrollen spielen sollen. Schon in den Anfängen bleibt das Unternehmen stecken. Frau Alpar, die Tochter eines jüdischen Rabbiners, verlässt Deutschland, noch bevor die Dreharbeiten beginnen können. Gründgens' Kollege, der Filmautor Rosenbaum, kehrt erst gar nicht nach Berlin zurück.

GG jedoch, kaum wieder zu Hause, erhält ein neues verlockendes Angebot und erklärt sich in Erwartung eines weiteren Auslandsaufenthalts sogleich bereit, wieder einen Filmschurken zu spielen. Im Juni fährt er nach Spanien zu den Außenaufnahmen von »Die schönen Tage von Aranjuez«. Erst im Herbst kommt er wieder heim.

Seit Beginn des Jahres 1933 ist an den Theatern nichts mehr wie bisher. Von den etwa 40 000 an deutschen Bühnen Beschäftigten erhalten 4 000 Berufsverbot. Unmittelbar nach dem Reichstagsbrand am 27. Februar 1933 werden zahlreiche von den Nationalsozialisten als »mutmaßliche Täter« verleumdete Kommunisten und andere Linke, Juden und Andersdenkende verhaftet, oder sie sind geflüchtet.

Viele der beliebtesten Schriftsteller und Bühnenautoren, deren Werke von den Spielplänen verbannt wurden, gehen ins Exil, darunter Ferdinand Bruckner und Ernst Toller, Bertolt Brecht und Georg Kaiser. Am 13. März 1933 steigt Klaus Mann in den Nachtzug nach Paris. Unter die bisherigen Eintragungen in seinem Tagebuch zieht er einen dicken Strich: »Beginn der Emigration« schreibt er darunter. Hanns Johst empfiehlt daraufhin dem Reichsführer SS, anstelle des

Sohnes den Vater in Geiselhaft zu nehmen. »Seine geistige Produktion würde ja durch eine Herbstfrische in Dachau, (dem KZ) nicht leiden.« Als Himmler sich anschickt, den Vorschlag zu verwirklichen, ist auch Thomas Mann nicht mehr in Deutschland.

Vertrieben werden die bedeutendsten Theaterintendanten in Berlin: Leopold Jeßner, der langjährige Leiter des Staatsschauspiels, der nun mit einer Schauspieltruppe durch Europa zieht, Erwin Piscator und Max Reinhardt, dessen Deutsches Theater schon Ende 1932 in Goebbels' Kampfblatt »Angriff« als »jüdischer Saustall« bezeichnet worden war. Anfang März, nach der Premiere von Hofmannsthals »Das Große Welttheater«, verlässt er sein Haus und wird es nie mehr wiedersehen. »Ich liebte ihn, wie man einen solchen Mann eben liebt«, bekennt Werner Krauss in seinen Memoiren. Jetzt, 1933/34, liebt Krauss auch Hitler. 1935 muss Arthur Hellmer, Marianne Hoppes Entdecker im Grand Hotel Esplanade, seiner jüdischen Herkunft wegen aus Frankfurt fliehen. »Ihr Lebensfaden ist abgeschnitten, sie sind Kadaver auf Urlaub«, höhnt Goebbels den Vertriebenen nach.

Zu jenen Künstlern, mit denen Gustaf Gründgens zu Beginn der dreißiger Jahre gemeinsam auf der Bühne oder vor der Kamera gestanden hat und die bereits geflüchtet sind oder flüchten werden, gehören außer Alexander Granach auch Peter Lorre, die Schauspielerinnen Grete Mosheim und Lucie Mannheim, der Sänger Richard Tauber und Gustaf Gründgens' Filmpartner in »Danton«, der eigenwillige Fritz Kortner. »Er ist so ziemlich der schmierigste und übelste Typ, der je auf einer deutschen Bühne gestanden hat«, schreibt der »Angriff« über diesen bedeutenden Künstler. Anfang Februar 1933, auf einer Tournee in Kopenhagen, muss Kortner, bis hierher von den Nazis mit Drohungen verfolgt, Polizeischutz erbitten. Aus Stockholm schreibt er: »Meine Niedergeschlagenheit ist beklemmend. Eine irre Lebensangst.«

Jeder der Verfolgten muss für den Hinauswurf auch noch eine von den Behörden einzuziehende Reichsfluchtsteuer zahlen. Nachdem sie in London Asyl gefunden hat, wird Elisabeth Bergners Villa in Berlin beschlagnahmt und wegen angeblich hoher Steuerschulden samt Einrichtung versteigert. »Wir gingen ins Exil wie entthronte Könige«, schreibt der Regisseur Berthold Viertel später.

Triumphierend rühmt sich der für das deutsche Kulturleben verantwortliche Reichsminister Goebbels 1937: »Wenn man sich vergegenwärtigt, dass (wir) ... seit 1933 annähernd dreitausend Juden und Judengenossen aus dem deutschen Kulturleben entfernt, gleichzeitig aber auch die leer gewordenen Stellen mit Deutschen besetzt haben, ohne dass bei diesem riesigen Personenschub eine auch nur in Betracht kommende Stagnation im deutschen Kulturleben eintrat ..., so kann man sich ungefähr eine Vorstellung davon machen, wie viel Arbeit hier geleistet wurde.«

Auch wer lange sucht und forscht, wird nur zwei, drei Namen von Film- und Bühnenkünstlern finden, die nicht weil sie mussten, sondern aus eigener Entscheidung ins Exil gegangen sind; die zwar den »richtigen Ahnenpass« besaßen und auch politisch nicht als Feinde galten, aber in diesem totalitären Staat nicht leben, sondern sich mit den Opfern solidarisieren wollten. Einige, wie der Schauspieler Albert Bassermann, folgten ihrer jüdischen Ehepartnerin ins Ausland, andere ließen sich um der Karriere willen scheiden oder schickten die in Deutschland nun unerwünschte Ehefrau bis 1945 ins Exil.

Bekannte Schauspieler und Schauspielerinnen haben nach dem Zweiten Weltkrieg ausführlich begründet, warum sie unter Hitler an ihrem Beruf festhielten. Zunächst, in den ersten Jahren, waren viele Daheimgebliebene wie auch Emigranten überzeugt, dass dieser »Anstreicher«, dieser einem Witzblatt entsprungene Hanswurst namens Hitler nicht ernst zu nehmen sei und zusammen mit seinen halbnärrischen Gesellen bald wieder verschwinden würde. »Wir dachten ja alle, das ist ein Übergang«, äußerte Marianne Hoppe, und auch Gustaf Gründgens rechnete damit, als er sich entschloss, nach den Filmaufnahmen in Spanien nach Berlin zurückzukehren.

Als sich die Hoffnung auf ein baldiges Ende der Schreckenszeit als Illusion erwies, war sich die große Mehrzahl aller deutschen Schauspieler einig, dass sie als Künstler unpolitische Menschen seien (das waren die meisten auch) und ihr Beruf es ihnen ermögliche, in einem politikfreien Raum zu wirken (darin irrten sie). Der einzige Bezirk, für den sie sich zuständig fühlten, war die Bühne. Dort wollten sie sich fernab der Politik bewähren. Ihr Engagement galt ihren Rollen, nicht der Wirklichkeit. Und zu ihrer künstlerischen Gestaltungskraft gehörten Eitelkeit und Ehrgeiz.

Auch fühlten sie sich einem Publikum verpflichtet, das sich, wie Carl Zuckmayer in seinen Geheimberichten für die Amerikaner bestätigte, besonders in Berlin in den ersten Jahren der Hitlerzeit »zurückhaltend, abwartend, distanziert, zum Teil sogar deutlich und furchtlos ablehnend« gegenüber den neuen Herren verhielt und dem Kleist ungleich mehr als Hitler galt.

Noch zu Beginn der achtziger Jahre des 20. Jahrhunderts hat der Schauspieler Bernhard Minetti anlässlich einer Aufführung von Thomas Bernhards »Die Weltverbesserer«

bekannt: »… ich bin nicht emigriert, weil ich die deutsche Sprache beherrsche, weil ich Theater spielen wollte … Was sollte ich in Paris oder in Amerika? Was sollte ich da englisch lernen, die englische Art zu spielen?« Und »soll denn das Publikum … nicht einen Shakespeare, Kleist, Goethe erleben? Soll es kein Theater geben, weil alle Schauspieler emigrieren oder weil nur Nazis spielen …? … Ich finde Kunst autonom.«

Wenn er später über seine Entscheidung zu bleiben sprach, betonte auch Gründgens: »Ich beherrschte keine Fremdsprache und hatte keine Freunde im Ausland. Exilieren? Als was und wohin?« In Deutschland war er durch die beiden »Faust«-Aufführungen in die erste Schauspieler-Reihe aufgerückt. Wo im Ausland hätte er weiterhin Theater spielen können? Vor dem Zürcher Schauspielhaus und den österreichischen Bühnen drängelten sich die Flüchtlinge und hofften, oft vergeblich, wenigstens auf ein Gastspiel oder eine kleine Rolle. Von Schriftstellern, Schauspielern und Kritikern, die gezwungen worden waren, Deutschland zu verlassen, hörte man, welche Schwierigkeiten sie hatten, in einem fremden Land, in einer fremden Sprache Fuß zu fassen – von ihrer Existenzangst, Wirkungslosigkeit, dem Fremdsein und der Heimatlosigkeit.

Der berühmte Kritiker Alfred Kerr berichtete: »Ich stehe binnen weniger Tage *vor dem Nichts!*« »Wie konnte ich ahnen«, schrieb Fritz Kortner später, »dass ich eines Tages sprachlos dastehen würde«, als einer jener bekümmerten Männer, »die voneinander behaupteten, mal etwas Besonderes gewesen zu sein.« Der große Albert Bassermann und Brechts Ehefrau, die Schauspielerin Helene Weigel, waren glücklich, wenn sie einmal in einem Hollywood-Streifen spielen durften; er einen deutschen General, der schlecht

Englisch sprach, sie eine stumme Rolle, in der man die Weigel etwa zwanzig Sekunden auf der Leinwand sah. »Das Geld schwindet ... grausliche Angst ... wilde Verdüsterungen«, so beschrieb Fritz Kortner 1937 seinen Zustand in New York.

Gründgens sagt sich, jetzt sei es wichtig, Menschen nicht im Stich zu lassen, die auf seine Hilfe angewiesen sind, besonders die alten Eltern und jene Gefährdeten, die in seinem Hause leben. Darunter sein Lebens- und Wohngefährte aus den frühen Hamburger Jahren, Jan Kurzke, der 1936 im Spanischen Bürgerkrieg auf Seiten der Kommunisten gegen Franco kämpfen und noch später, aller radikalen Überzeugungen abhold, mit seiner Frau in London leben wird.

»Wegen seiner Mutter ist Gustaf nicht aus Deutschland weggegangen«, so Marianne Hoppe, seine spätere Frau. »Seine Mutter war das Wichtigste für ihn.«

Es gab mehr als einen Grund, nicht ins Exil zu gehen.

Privilegierte und Verfolgte

Während viele der Flüchtlinge um ihre nackte Existenz zu kämpfen haben, werden ihre daheim gebliebenen Kollegen von aller materiellen Not befreit und die Stars auf der Bühne oder Leinwand außergewöhnlich privilegierte, reiche Leute. Darauf aus, in ihrem neuen Reich den unauflösbaren Gegensatz zwischen Kultur und Barbarei aufzuheben und beide Elemente in ihr Gesamtwerk einzuordnen, bemühen sich die Mächtigen, den willigen, loyalen Bürgern Kulturgenuss als nationale Pflicht, Ablenkung und Lebensfreude zu vermitteln und gleichzeitig jene, die sich dem Regime widersetzen, barbarisch zu bestrafen.

Neue Theater werden gegründet und ebenso wie die bestehenden mit hohen Subventionen unterstützt. 1933 gibt es 147 Bühnen mit 22 000 Beschäftigten. 1940/41 sind es 248 Theater, an denen 44 000 Menschen arbeiten. Jene, die in der Weltwirtschaftskrise arbeitslos geworden waren, nehmen nun die Plätze der Davongejagten ein. Jene, deren Gagen vor Hitler um durchschnittlich mehr als ein Drittel gekürzt worden waren, erhalten jetzt höhere Gagen als je zuvor. Vor allem prominente Filmschaffende, die als »zuverlässig« gelten, erhalten für Hauptrollen in einem Film Summen von 80 000 Mark oder, wie zum Beispiel Marianne Hoppe, Tagesgagen von 1 500 Mark. Der populäre Filmschauspieler Hans Albers gibt in seiner Steuererklärung für das Jahr 1937 ein Bruttoeinkommen von 562 000 Reichsmark an.

»Es war das Ziel fast jeden Schauspielers, sich möglichst rasch eine eigene Wohnung und ein Auto zuzulegen und den Lebensstil nachzuahmen, der ihnen von der Oberschicht vorgelebt wurde«, schrieb Gründgens 1946. »Es gab keinen Filmschauspieler mit Namen, der nicht außer seiner Stadtwohnung irgendwo, sei es in Bayern, sei es an einem der märkischen oder österreichischen Seen ... sein Landhaus besaß.« Hinzuzufügen vergaß der Autor, dass das auch für ihn selber galt. Allerdings, anstelle eines Landhauses kaufte er ein Gut.

»Niemand kann genau wissen, wie er an der Stelle eines anderen gehandelt hätte«, gab Carl Zuckmayer zu bedenken, ein souveräner Mann, gleichermaßen gefeit vor Illusionen über den NS-Staat wie gegen Kollektivhass auf die daheim gebliebenen Theaterleute. Allein aus der Tatsache, als Schauspieler auch unter Hitler seine Laufbahn fortgesetzt zu haben, kann nicht Schuld abgeleitet werden. Ob ein Mensch in den zwölf Jahren »Spielzeit Drittes Reich«

Generalintendant Gründgens bei Goebbels, dem Generalbevollmächtigten für das künstlerische Leben: ein Einpeitscher und ein Frauenheld, ein Demagoge und Verbrecher, der sich gern als Kunstliebhaber gibt und stolz ist auf die Entfernungen von »dreitausend Juden und Judengenossen aus dem deutschen Kulturleben«. Die Daheimgebliebenen werden als Dekorateure der Diktatur gehätschelt und gepflegt. »Traurige Schauspielbeamte werdet ihr, der Gemeinheit gleichgeschaltet, ›geführt‹ von Henkern eure Arbeit verrichten«, schreibt Bertolt Brecht aus dem Exil.

schuldig wurde oder nicht, hing entscheidend von seinem Verhalten ab. Hier aber, bei dem Versuch, Menschen in einer Diktatur gerecht zu werden, weder zu verteidigen, was nicht verteidigt werden darf, noch zu verurteilen, ohne abzuwägen, steht jeder in einem Gestrüpp von Unverständnis, Ratlosigkeit, Empörung, von Zweifel, Unsicherheit, Verständnis. Wie hättest du gehandelt? Auf welcher Seite hättest du gestanden?

Schon in den ersten Monaten nach der »Machtergreifung« beginnt die »Säuberung« aller wichtigen Institutionen, um den Feind, wie Hitler schon sehr früh angekündigt hatte, »restlos zu erledigen.« Am 27. Februar brannte der Reichstag. Bernhard Minetti sieht auf dem Weg zur Vorstellung im Staatstheater – wieder steht »Faust« auf dem Programm – von der S-Bahn aus den Brand.

»Es machte mir nicht viel Eindruck«, heißt es in seinen Erinnerungen. »Als die Nazis die Kommunisten beschuldigten, dachte ich nur: Wenn's die Kommunisten waren, warum nicht? Ich fühlte keine Verpflichtung für das Repräsentationsgebäude des Reichstages, die Propaganda nachher fand ich typisch nazihaft. Ich muss heute bekennen, ich war all dem gegenüber gleichgültig, vielleicht auch einfältig. Die Vorgänge hatten mit meinem deutschen Empfinden nichts zu tun, sie waren für mich die Folge der besonderen politischen Verhältnisse, und diese konnte ich immer von mir fern halten.«

Im März beginnen die Nazis, Konzentrationslager zu errichten. In der Berliner Prinz-Albrecht-Straße, in den Gebäuden des Kunstgewerbemuseums, richtet die Gestapo ihre Folterkeller ein. Die ehemalige Militärarrestanstalt in Berlin-Tempelhof wird zum berüchtigten »Konzentrationslager Columbiahaus«. »Natürlich hatte ich immer Momente, in denen ich dachte: Was passiert da jetzt. Ich wollte es mir nicht vorstellen, ich wollte spielen und nicht in ein KZ«, so Minetti. »Die Zeit und ihre Schrecken verdrängte ich weitgehend ... Ich fühlte mich nicht zuständig für die Politik. Der Bereich, für den ich mich zuständig fühlte, war die Bühne. Dort wollte ich mich bewähren«, so Will Quadflieg.

Am 1. April marschiert die SA vor jüdischen Geschäften

auf und ruft auch zum Boykott jüdischer Ärzte und Rechtsanwälte auf. In den folgenden Monaten werden zahlreiche jüdische Beamte, Richter und Universitätsprofessoren entlassen.

Im Mai folgt das Verbot der freien Gewerkschaften und Parteien, und am »Tag der Bücherverbrennung«, dem 10. Mai 1933, werfen SA-Trupps und NS-Studenten Tausende von Büchern als »entartet«, verbrecherisch, krankhaft und zersetzend auf die Scheiterhaufen.

Das seien Übertreibungen des Anfangs, das vergehe wieder mit der Zeit. Diese neuen Führer seien doch nicht alle Monster, tröstet man sich in Theatergarderoben und anderswo. Von Heydrich, dem Gestapo-Chef, heißt es, dass er ein begabter Cellist sei. Von Goebbels wird berichtet, er habe sich von dem berühmten Dirigenten Furtwängler einen Satz aus einer Beethoven-Symphonie so lange interpretieren lassen, bis er ihn verstanden habe. Die Erfahrung, dass Geist und Bestie in einer Person vereint sein können, fehlt; das hat man bisher noch nicht erlebt.

Im August veröffentlicht die Presse die Bilder und Namen von vierundzwanzig »aus der deutschen Volksgemeinschaft ausgestoßenen« und damit ausgebürgerten Politikern, Publizisten wie Alfred Kerr und Kurt Tucholsky sowie Schriftstellern wie Heinrich Mann und Lion Feuchtwanger.

Angesichts des Schicksals des zu Tode gefolterten Hans Otto schreibt der Dichter Bertolt Brecht im November an den Schauspieler Heinrich George einen Offenen Brief: »Traurige Schauspielbeamte werdet ihr, der Gemeinheit gleichgeschaltet, ›geführt‹ von Henkern eure Arbeit verrichten, die darin besteht, Wortbrüchigen Vertrauen zu schenken und die zu einflusslos sein wird, um als Untat bezeichnet zu werden.« George wird für seine frühe Anpassung an die Nazis mit dem Tod in einem sowjetischen Lager zahlen. Brecht, später Verteidiger des Stalinismus und Aushängeschild der DDR mit einem österreichischen Pass, einem Konto in der Schweiz, einem Verlag in Frankfurt am Main und einem Stalin-Preis in Moskau, wird in der DDR unter Walter Ulbricht ein Staatsbegräbnis erhalten.

Fasching in der »Hauptstadt der Bewegung«

Ausgerechnet in München, der »Hauptstadt der Bewegung«, in der die NSDAP gegründet worden war, beginnt die Schreckenszeit mit etwa vier Wochen Verspätung. Die konservativ-katholische Regierung kann sich bis nach den Reichstagswahlen Anfang März den Nationalsozialisten widersetzen. »Leute, die man in Berlin schon eingesperrt und misshandelt hätte, erfreuten sich in München noch vollkommener Freiheit: Sie durften im Englischen Garten spazieren gehen oder sich auf Maskenbällen amüsieren«, erinnert sich Klaus Mann. Seine Schwester gründet am 1. Januar 1933 »Die Pfeffermühle«, ein literarisch-politisches Kabarett, das sich eindeutig gegen die Nazis richtet. Auf der Bühne spielt ein Star, der nach offizieller Lesart als »artfremd« gilt, jeden Abend vor ausverkauftem Haus: Therese Giehse.

Zusammen mit der Giehse steht auch Marianne Hoppe im Februar in den Münchner Kammerspielen auf der Bühne. Fast jeder im Theater gibt sich so, als sei alles wie bisher. Weder auf Proben noch in den Büros wird mit »Heil Hitler« und erhobenem Arm gegrüßt. Vom Direktor bis zum Bühnenarbeiter – alle haben die »Machtergreifung« als Schock erlebt und wollen den Geist der Kammerspiele unversehrt erhalten.

Frau Hoppe ist sowohl in ihrem Theater als auch mit Gastspielen so beschäftigt, dass sie das politische Tagesgeschehen kaum wahrnimmt. Außerdem, ganz München ist im Faschingsfieber. Unter dem Motto »Vom Tanz-Teufel geholt« findet am 1. Februar in allen Räumen des Hotels Vier Jahreszeiten der erste der beiden traditionellen Faschingsbälle der Kammerspiele statt. Die Damen erscheinen in rotseidenen Unterröcken und riesigen schwarzen Hüten, geschmückt mit großen Straußenfedern. Man sieht sie miteinander schmusen: die in aschgraue Lumpen gehüllte Bettlerin mit tomatenroten Zottellöckchen und den Kardinal im lila Hemd, dem Käppchen auf dem Kopf und einem großen roten Kreuz auf dem Gewand. Es tanzen die indische Prinzessin im Sari und der Zauberer im weiten Mantel. Clowns und Nixen drehen und wiegen sich im Takt, Piraten und Marketenderinnen umarmen sich beschwipst, und ringsumher schwirren übermütige Pierrots und Eskimos, Kosaken, Boxer und Königinnen mit goldenen Haaren.

Gegen Mitternacht, nach dem Ende der zweiten »Pfeffermühle«-Premiere, sieht man in einer Loge Erika Mann, als Harlekin verkleidet, und ihren Bruder Klaus im Türkenstaat. Verliebt tanzt unter bunten Luftballons und japanischen Lampions Marianne Hoppe mit ihrem Ödön durch die Räume.

Am Ende des Münchner Faschings bietet auch die bayerische Hauptstadt Hitlers Gegnern nicht länger Sicherheit. Die einen, wie das Pärchen Hoppe/Horváth auf dem Rosenmontagsball der Kammerspiele, erfahren es noch am 27. Februar auf dem Tanzparkett: Der Reichstag brennt! »Raus, nichts wie raus!«, so habe Horváth reagiert, sagt die Hoppe. Die anderen hören es erst am nächsten Morgen. Und während zahlreiche Hitler-Gegner den erstbesten Zug nach Österreich oder in die Schweiz nehmen, bleibt der Dichter zunächst in München.

Die Ereignisse in München überschlagen sich. In der ersten Märzhälfte, nach den Reichstagswahlen, wird die konservative Regierung Held zum Rücktritt gezwungen, und der frühere Freikorpsführer und Gefolgsmann Hitlers, Ritter von Epp, zum Reichsstatthalter von Bayern ernannt. Chef der Polizei wird wenig später der berüchtigte Reichsführer SS Heinrich Himmler, und 1934 wird sein engster Mitarbeiter Reinhard Heydrich der Gestapo-Chef.

Inmitten einer zweiten Flüchtlingswelle Mitte März verlassen auch Erika Mann und Therese Giehse ohne größeres Gepäck die Stadt. Ödön von Horváth entschließt sich, zunächst nach Salzburg und von dort nach Wien zu gehen. Schon mehrfach ist er in den letzten Jahren, hauptsächlich wegen seiner Theaterstücke »Die Bergbahn« und »Italienische Nacht«, scharfen Angriffen der NS-Presse ausgesetzt gewesen, ein SA-Trupp hat das Haus seiner Eltern in Murnau durchsucht. Es sei zu gefährlich, meint er nun, zu bleiben. Aber 1934 wird er wiederkommen – nach Berlin.

Am 16. März wird Otto Falckenberg drei Tage inhaftiert und der Spionage für die Sowjetunion beschuldigt. Auch nach seiner Entlassung bleibt der Intendant den Nationalsozialisten wegen seiner Zusammenarbeit mit jüdischen und linken Schauspielern und Autoren suspekt und wird als »kulturpolitisch unzuverlässig« eingestuft. Um im Amt zu bleiben, sieht er sich zu Zugeständnissen gezwungen und nimmt das patriotische Drama »Preußengeist« von Paul Ernst in den Spielplan auf. Doch der nicht zu übersehende taktische Schachzug überzeugt das alte Kammerspielpublikum nicht, und die in der Tendenz deutlich abgeschwächte Inszenierung kann die Nazis nicht begeistern. Nach nur drei Vorstellungen wird das Drama wieder abgesetzt. Es sind die letzten Abende, an denen Marianne Hoppe auf der Bühne des Münchner Theaters steht.

Käthe Gold ist aus Wien zurückgekehrt, und für ihre vorübergehende Nachfolgerin Marianne Hoppe beginnen im Juni 1933 die Dreharbeiten zu »Der Judas von Tirol«, einem Film über den Tiroler Freiheitskampf gegen die Franzosen.

Die 24-Jährige spielt in dem dramatischen Historienfilm die Magd Josefa und erhält als Gage dreitausend Mark – im Vergleich zu den Theaterhonoraren leicht verdientes Geld, obendrein in einem Medium, das seinen Darstellern deutschlandweit zu Popularität verhilft. Noch vor der Premiere im November erhält die Hoppe zwei weitere Filmangebote. Die schnell zunehmende Fan-Gemeinde wird den neuen Star in »Heideschulmeister Uwe Karsten«, einem UFA-Film, und zusammen mit Mathias Wiemann in der beachtenswerten Verfilmung der Storm-Novelle »Der Schimmelreiter« sehen. Wohlhabend und weithin populär kehrt Marianne Hoppe nach Berlin zurück.

Doppelleben

Dort, in der Reichshauptstadt, beginnt für die Schauspielerin im Winter 1933/34 ein Doppelleben, das erst 1945 enden wird: Abwechselnd sitzt sie zusammen mit Menschen, die täglich die Verhaftung fürchten müssen, und an den gedeckten Tafeln jener, die jetzt über Tod und Leben entscheiden. Sie beweist im Umgang mit den einen wie den anderen eine erstaunliche Zivilcourage.

Zunächst begegnet sie dem geliebten Freund aus Frankfurt wieder, der sie einst so umsorgte, so beschützte, jetzt allerdings eine neue Liebe hat: Carl Dreyfuss ist es nach einem kurzen Aufenthalt in Stockholm gelungen, unter dem Pseudonym Ludwig Carls als Dramaturg in der Berliner Filmindustrie Beschäftigung zu finden. Von ihm stammt auch die Idee, die Storm-Novelle zu verfilmen, und noch im Spätsommer 1933 gilt er als künstlerisch verantwortlich für diese Produktion. Gut möglich, dass er die Hoppe für die weibliche Hauptrolle im »Schimmelreiter« vorgeschlagen hat. Doch als die Dreharbeiten in Nordfriesland beginnen, ist Dreyfuss schon nicht mehr dabei. Aus dem Filmgeschäft entlassen, kümmert er sich in dieser Zeit darum, eine angemessene Bleibe für Marianne Hoppe in Berlin zu finden.

Geld hat sie jetzt genug, und wie ihre zu Wohlstand gelangten Kollegen möchte auch sie nun ein eigenes Haus im Berliner Westen bauen. Dreyfuss hilft, ein Grundstück zu erwerben, und findet zunächst in einer stillen Seitenstraße des Villenvororts Grunewald eine Drei-Zimmer-Wohnung, die zwei Eingänge und ein separates Studio hat, und in eben dieses Studio im hinteren Teil der Wohnung mit dem eigenen Eingang wird der mit Recht um seine Sicherheit besorgte Freund einziehen. Aus dem Beschützer wird ein Geschützter.

Auch für eine Haushälterin reichen die Finanzen der viel beschäftigten Filmschauspielerin jetzt aus, und so kommt Grete in ihr Haus, die die bisherige Stellung bei einem Ehepaar aufgeben musste, weil der Mann als Jude keine Deutsche mehr beschäftigen durfte. Fast dreißig Jahre lang wird Grete bei Marianne Hoppe bleiben.

Sie ist gerade erst nach Berlin gezogen, da flattern schon die Einladungen ins Haus: zu »Künstlerempfängen«, Teenachmittagen und Abendessen beim Führer oder einem seiner Minister. Besonders Hitler, Göring und Goebbels, der gleichermaßen für die Künste, die »Volksaufklärung und Propaganda« zuständige Minister, lieben es, sich mit bekannten und beliebten Leuten vom Film und dem Theater, mit jungen hübschen Frauen zu umgeben und so das Volk zu überzeugen: Seht her! In unserem neuen Reich gehören Kunst und Politik zusammen! Seht her! Die, die ihr bewundert, gehören zu den künstlerischen Repräsentanten dieses neuen Reichs! Aber man müsse sie zugleich auch »unter die Fittiche« nehmen und erziehen, meint der Propagandaminister.

Etwa so sei es gewesen, erzählt die Altgewordene aus dieser Zeit: »... das Telefon klingelt: Hier ist die Reichskanzlei. Der Führer bittet Sie zum Abendessen. Die wollten uns Mädchen vom Film doch immer um sich sehen. ... Da haben wir uns doch gesagt: Da gehen wir mal hin! ... Die Renate Müller war auch dabei. Und die Sybille Schmitz. ... Und da haben wir uns Puppe gemacht. Und schon fuhr der Wagen vor.«

Hitler wohnte, berichtet die Hoppe, zu der Zeit noch nicht in der Reichskanzlei, sondern in einem Eckhaus gegenüber dem Hotel Kaiserhof. »Da fuhr man mit dem Fahrstuhl hoch. ... Man sitzt also am Tisch. Und isst. Und der redet. Der bemüht sich, künstlerisch zu reden. ... Er hat nur Monologe geredet.«

Einmal habe sie, so Marianne Hoppe, interessiert gefragt, wie er denn so lebe. Hitler habe ihr daraufhin seine Wohnung gezeigt. »Und plötzlich ... stehe ich in seinem Schlafzimmer. Du lieber Gott, was macht man da bloß? Da ist eine Eisenbettstelle und eine Glühbirne und ein Stuhl. Sonst nichts. Ach, sage ich, das ist aber ungemütlich. Und gehe einfach raus.«

Bei der nächsten Einladung hätte Hitler plötzlich gesagt: »Das hätte ich nicht gedacht, dass ich nach einem Jahr noch hier sitze.« Die Gespräche am Tisch seien verstummt. Jetzt bloß nichts Falsches sagen. Eine Pause »wie eine Ewigkeit« sei eingetreten, erzählt die Hoppe. »Was soll man dazu bloß sagen? Wir haben ja auch nicht gedacht, dass der nach einem Jahr noch da ist. … Und da sagt eine von uns bloß: Ach … Und da ist der Bann gebrochen. Der hat natürlich bloß an seine Wohnung gedacht, an dieses Provisorium, bevor er in die Reichskanzlei konnte …«

Bei drei, vier solcher Abendessen sei sie dabei gewesen, erinnerte sich Marianne Hoppe. »Einmal veranstaltete der eine Filmvorführung. Einen Film von Trenker. … Da reibt der sich die Oberschenkel. Und da gehe ich leise raus. Da kommt bei mir der Punkt, wo ich nicht mehr neugierig bin.«

Leise raus, und unten warten schon Dreyfuss und der Schauspieler Ernst Deutsch, der mit Renate Müller liiert ist. Die sah Goebbels schon als die ideale Frau für seinen »Führer«. Aber sie hatte, wie die Hoppe, einen jüdischen Freund, eben Ernst Deutsch, der bald darauf nach London emigriert. Die Müller besucht ihn dort einige Male, bis die Gestapo ihr zu Leibe rückt. 1937 begeht Renate Müller Selbstmord.

Auch Marianne Hoppe kommt nicht ungeschoren davon. Das Regime fordert Gegenleistungen. Im Herbst 1933 hat die NSDAP im Kampf »gegen Kälte und Hunger« und zur Unterstützung Not leidender Volksgenossen das so genannte Winterhilfswerk, abgekürzt WHW, gegründet und veranstaltet das ganze Jahr über immer wieder allerlei Aktionen, zu denen auch prominente Schauspieler und Schauspielerinnen von Heinz Rühmann bis Zarah Leander, von Magda Schneider bis Heinrich George herangezogen werden. Und natürlich auch Marianne Hoppe.

Als sie an einem Wochenende im Januar 1934 zu ihrer »größten Bestürzung« beruflich verhindert ist, an einer WHW-Straßensammlung der Filmschaffenden teilzunehmen, entschuldigt sie sich nachdrücklich, ja unterwürfig dafür und hofft, entsprechende Vorschläge unterbreitend, »das Versäumte nachholen zu können« und die für sie »so peinliche Angelegenheit« so aus der Welt zu schaffen. Bei allem ihr von Dreyfuss eingeimpften Abscheu, den sie gegen Hitler und seine Getreuen empfindet – was kann man dagegen sagen, wenn es darum geht, Not Leidenden zu helfen? Wer von den unpolitischen Filmschauspielern sinnt darüber nach, wem geholfen werden darf, wem nicht? Sinti und Roma, die Familien der KZ-Insassen, arbeitslose Juden, geistig Behinderte – für alle, die aus der Volksgemeinschaft ausgeschlossen sind, gilt die Winterhilfe nicht. Doch die allseits angehimmelten Leinwandstars nicht nur aus der Ferne zu bewundern, sondern mitten in der Menge stehen zu sehen und in ihre Sammelbüchsen, die sie klappernd schwenken, eine Spende einzuwerfen, das erhebt und zeigt dem Jungmädel, dem Hitlerjungen und der Arbeitsdienstmaid, dass auch die Berühmten mit ihnen für den Führer stehen.

Und nach der Sammelaktion für »Volk und Führer« wieder zurück in den Grunewald zu Dreyfuss in sein kleines Atelier, aus dem er jederzeit, wenn nötig, unbemerkt entschwinden kann, zurück zu dem von jeglicher staatlicher Unterstützung ausgeschlossenen Juden. Wie lange wird er noch in Deutschland bleiben können? Und wohin soll er sich wenden, wenn er gehen muss?

Man könnte meinen, angesichts des bemitleidenswerten alten Freundes habe sich Marianne Hoppe noch einmal gefragt, ob sie bleiben oder gehen solle. Mehr als einmal hat die Schauspielerin nach 1945 die Überzeugung ausgedrückt:

Im Herbst 1933 gründet die NSDAP »im Kampf gegen Hunger und Kälte« das Winterhilfswerk, zu dessen Kampagnen auch prominente Künstler »dienstverpflichtet« werden. Leinwandstars, die – wie hier Marianne Hoppe – in der Menge Eintopf ausschenken oder Sammelbüchsen schwenken, sollen den Menschen zeigen, dass auch die Berühmten für den Führer und »die große Sache« sind. Für die Privilegien, die das Regime gewährt, fordert es Gegenleistungen.

»Man hätte weggehen sollen.« Und fast ebenso oft hat sie dieses Thema mit jenem Augenblick beim Münchner Rosenmontagsball verknüpft, in dem Horváth, überrascht vom Reichstagsbrand, geflüstert habe: »Raus, nichts wie raus!« Noch in der gleichen Nacht, täuscht sie sich später, sei er gegangen. »In Gedanken war ich schon mit ihm emigriert.« – »Ich hätte mit ihm rausgehen können. Das habe ich nicht gemacht. Das ist der Punkt.« – Und das ist die Legende.

Es ist fraglich, ob Horváth Marianne Hoppe, die nicht seine einzige Freundin in München war, überhaupt nach Österreich mitgenommen hätte. Er war nicht der entschiedene Oppositionelle, den die Hoppe aus ihm machte. An antifaschistischen Aktionen in Wien beteiligte er sich nicht. Er heiratete Ende 1933 eine Sängerin, ließ sich bald wieder scheiden und ging Anfang 1934 mit einem erneuerten ungarischen Pass zurück nach Deutschland, nach Berlin. Dort lebte der Schriftsteller mit einer Schauspielerin zusammen und stellte den Antrag, in die Reichsschrifttumskammer aufgenommen zu werden, um als »konsequenter Antikommunist und Mitstreiter der nationalen Revolution« am »Wiederaufbau Deutschlands« mitzuhelfen. Von den Behörden abgewiesen, versuchte er, sich unter Pseudonym als Drehbuchautor durchzuschlagen. Erst 1938 emigrierte Horváth, zunehmend desillusioniert, verbittert nach Paris und wurde am 1. Juni während eines plötzlich aufkommenden Sturms von einem herabstürzenden Ast erschlagen.

Marianne Hoppe ist ihm in Berlin nur einmal zufällig begegnet. Aber »in der Erzählung ihres Lebens«, schreibt Petra Kohse in ihrer ausgezeichneten Hoppe-Biographie, »tritt Ödön von Horváth als weißer Ritter auf, der kam, um sie zu holen, dem sie aber nicht gefolgt ist. Sein Name steht für das Uneingelöste, für das nicht gesagte ›Nein!‹« Und er steht für einen Zeitpunkt ihres Lebens, an dem sie noch ungleich weniger zu verlieren hatte als in den darauf folgenden zwei Jahren. Ähnlich wie Gustaf Gründgens war auch seine spätere Frau zu Beginn der Hitler-Ära durch den Tonfilm in die erste Reihe der deutschen Schauspieler aufgerückt.

Goebbels' Überfall

Auch Goebbels, der Reichspropagandaminister, ist auf Marianne Hoppe aufmerksam geworden. Ihm gefällt die schöne junge Frau; ihre »nordische Attraktivität« könnte sie zu einer idealen Nazi-Diva machen. Und da der Gauleiter von Berlin, denn das ist Goebbels auch, nach eigenem Bekunden den Eros für »die vitalste Lebenskraft« neben dem Hunger hält und die Frau für diesen humpelnden kleinen Mann »ein köstliches Spielzeug« ist, will er die Schauspielerin zu seiner Mätresse machen.

Eines Abends 1934 steht er vor der Tür; nicht in Uniform, aber mit dem goldenen Parteiabzeichen. Hinten in seinem Atelier sortiert Dreyfuss seine Bücher. »Ich dachte, was mache ich nur, wie kriege ich den Mann hier raus?« Der Besucher setzt sich neben die Angebetete aufs Sofa und erzählt sogleich, was er zu bieten hat: gemeinsame Flugreisen, zum Beispiel nach Dresden, wenn er dort eine Rede halten muss, ein köstliches Abendessen und die schönste Hotelsuite in der Stadt. »Und da wurde mir dann doch ein bisschen schwummrig … ›Ja‹, sagte ich, wir haben ja beide einen Ruf zu verlieren!«

Natürlich hat sie Angst, versucht sich vorzustellen, was geschieht, wenn Dreyfuss plötzlich in das Zimmer tritt, überlegt, wie sie den Weiberhelden wieder loswerden kann.

Jetzt wird er auch noch zudringlich, und in dem nun entstehenden Gerangel fällt sein goldenes Parteiabzeichen zu Boden. Die Bedrängte hebt es auf, gibt es ihm zurück und stellt sich vor den Bücherschrank. Noch einmal versucht der besessene Schürzenjäger an sein Ziel zu kommen, spricht von seinem Einfluss auf den Film. Ja, das weiß man, Goebbels redet herein, wenn es um den Inhalt eines Filmes und um die Rollenbesetzung geht. Er vergibt auch Titel und andere Auszeichnungen sowie beträchtliche Zuwendungen an Schauspieler, die ihm besonders wichtig sind. »Das ließ mich verhältnismäßig kalt.«

Dann schaut der Besucher auf die Bücher und bemerkt: »Sie haben noch den Marx da stehen.« »Sie haben ihn aber viel gründlicher gelesen als ich«, erwidert sie. Und immer wieder diese werbenden Blicke und erneuten Annäherungsversuche. Schließlich sagt sie: »Und Sie glauben, ich würde mich einem Menschen, wie Sie es sind, ausliefern?« Da stand der auf, nahm seine Mütze und ging ... »Und als er weg ist, wird mir mulmig.«

Die Abweisung bleibt nicht ohne Folgen. Die Schauspielerin wird zu einem der leitenden Mitarbeiter des Propagandaministers bestellt und aufgefordert, ihre »Beziehung zu einem Juden« zu beenden. »Die waren orientiert.« Und noch während des Krieges wird auf einer Karteikarte der Reichsfilmkammer über Marianne Hoppe der Vermerk stehen: »Frühere Freundin des Juden Carls-Cohn«, gemeint war Dreyfuss.

Zunächst, 1935, bestellt der Abgewiesene die Hoppe in sein Ministerium. Schon auf der Treppe kommt er der Besucherin entgegen. Er beginnt – sie vor, er hinter seinem Schreibtisch – »irgendeine Unterhaltung«. Mittendrin schiebt er einen Zettel der Hoppe zu, bei näherem Hinsehen erkennbar als ein Scheck über hunderttausend Mark. »Und er … sagt: ›Ich habe gerade eine Anzahlung für mein Buch bekommen.‹ ›So'n Scheck‹, sage ich, ›hab ich noch nie gesehen.‹ Und schieb das Ding wieder über den Schreibtisch zurück zu ihm. Zu mehr ist es nicht gekommen.«

Doch wurde mehr gesagt. Der Minister schreibt am 1. Oktober 1935 in sein Tagebuch: »Marianne Hoppe: Sie muss Farbe bekennen. Ihr Jude, sagt sie, ist längst abgemeldet. Ich halte ihr auch die Unmöglichkeit eines solchen Zustands vor. Sie sieht das ein. Ganz … große Pläne hat sie.« Was bleibt auch weiter übrig, als sich dem Gewaltigen gegenüber scheinbar einsichtig zu zeigen?

Sicherlich schon nach dem Überfall in Hoppes Wohnung wird Dreyfuss um ihrer beider Sicherheit willen irgendwann ausgezogen sein. Zunächst sucht sie ihm eine Wohnung ganz in ihrer Nähe, dann zieht er noch einmal um, nach Halensee. 1935 trifft ihn sein Freund Adorno in Berlin und berichtet Max Horkheimer nach New York: »Es geht ihm (Dreyfuss) *verzweifelt* schlecht … Vis à vis de rien ist schon kein Ausdruck mehr dafür … er hat nach meiner Impression schon nicht mehr satt zu essen. Natürlich gibt es keine Arbeitsmöglichkeit für ihn. Mit Marianne (Hoppe) ist es natürlich völlig aus … ich halte die Selbstmordgefahr für unmittelbar gegeben …«

Hat seine Freundin Angst, observiert zu werden, und will sich deshalb nicht mehr mit ihm treffen? Immerhin bringt sie 1935 noch den Mut auf, in einer geschlossenen Veranstaltung im Neuen Theater Frankfurt, ihrer früheren Wirkungsstätte, aufzutreten, und zwar in einem Lustspiel, verfasst von zwei jüdischen Autoren. Sie spielt eine stolze christliche Comtesse, die ihren jüdischen Vermögensverwalter liebt und sich schließlich auch mit ihm vermählt. Und

Marianne Hoppe lässt auch ihren Carl Dreyfuss nicht im Stich.

Noch 1935 flüchtet er von Berlin nach London. Um ein Visum für die USA sucht er vergeblich nach. Wieder berichtet Adorno dem Kollegen in New York, Dreyfuss gehe es so schlecht, dass er nicht einmal das Geld für ein Mittagessen habe und ganz auf die Unterstützung eines Bankiers sowie Marianne Hoppes angewiesen sei, »die sich wirklich ihm gegenüber sehr loyal verhält«. Niemals bis zu ihrem Tod wird sie diese Hilfe öffentlich erwähnen. Schließlich, 1938, emigriert Dreyfuss nach Argentinien und kehrt erst im Winter 1962/63 zurück nach Deutschland. 1969 stirbt der 71-Jährige in München.

Auf zwei Bühnen, in zwei Welten

Auch Du warst vor eine Wahl gestellt:
Vor die Wahl zwischen dem Absoluten
und dem Bedingten, dem Ja-oder-Nein
und dem Immerhin, dem Wenn-Auch,
dem Dennoch, dem Vielleicht.

Karl Wolfskehl an Ernst Pretorius

So kann es nicht weitergehen, befindet Göring, der Preußische Ministerpräsident. Ulbrich und Johst, die beiden von ihm eingesetzten Leiter des Preußischen Staatstheaters am Gendarmenmarkt, haben sich künstlerisch nicht bewährt. Zwar haben sie alle Kommunisten und Juden sofort hinausgeworfen, aber durch wenig überzeugende Inszenierungen das Publikum verschreckt. Eines der ersten Schauspielhäuser Deutschlands droht abzusteigen auf Provinzniveau.

Ein neuer Intendant muss her! Aber wer? War es Heinz Tietjen, der Generalintendant aller Preußischen Staatstheater in Berlin, der den entscheidenden Vorschlag machte? Oder die Schauspielerin Emmy Sonnemann, Görings spätere Ehefrau? Auf Wunsch von Göring mit Ulbrich nach Berlin gekommen, hatte sie zusammen mit Gründgens im Oktober 1933 in Hermann Bahrs »Konzert« gespielt und sogleich Gefallen an dem Schauspieler und seinen künstlerischen Auffassungen gefunden.

Jedenfalls, eines Tages zu Beginn des Jahres 1934 fragt Göring bei Gustaf Gründgens telefonisch an, ob er bereit sei, die Leitung des Staatstheaters zu übernehmen. Dieser wird später wiederholt beteuern, er sei von dem Angebot völlig überrascht gewesen. Das darf bezweifelt werden. Zeitzeugen berichten, schon Tietjen habe ihm zu verstehen gegeben, dass er sein Wunschkandidat für die geplante Neubesetzung sei. Andere glauben zu wissen, Frau Sonnemann habe im Garderobengespräch Gründgens schon mal angedeutet, was der Dienstherr plane.

Davon abgesehen – der Umworbene muss sich im ersten Augenblick geschmeichelt gefühlt und im Stillen triumphiert haben. Denn knapp ein Jahr zuvor hatten Ulbrich und Johst ihm nämlich noch eröffnet, er, Gründgens, sei im Haus nicht mehr erwünscht und der mit dem Staatstheater geschlossene Vertrag könne deshalb nicht verlängert werden. Diesen Rauswurf hatte Göring, beeindruckt von Gründgens' Mephisto-Darstellung, rückgängig gemacht. Und nun: Nicht der fast Hinausgeworfene, die beiden anderen müssen gehen!

Auch hatten ihn die Herren damals wissen lassen, die Gründgens ursprünglich vertraglich zugesicherte Hamlet-Rolle könne in der jetzigen Planung nicht mehr berücksichtigt werden. Als neuer Intendant aber würde er alle Rollen spielen können, von denen er träumte!

Görings Spielzeug

Doch sind das kleinliche Gedanken angesichts der Geschichte dieses Staatstheaters und jener Männer, die es einst geleitet haben. Man stelle sich vor: Gründgens, ein erst 34-jähriger Schauspieler und Regisseur, der noch nie ein Schauspielhaus geleitet hat, ist ausersehen, in einem der traditionsreichsten deutschen Theater, dem früheren Königlichen Nationaltheater, die Nachfolge eines August Wilhelm

Iffland anzutreten, zu seiner Zeit gleichermaßen berühmt als Schauspieler, Schauspieldirektor und einer der meistgespielten Dramatiker der Goethezeit! Er, Gründgens, ist ausersehen, einem anderen großen Theatermann zu folgen, der das Haus am Gendarmenmarkt gut hundert Jahre nach Iffland übernommen hatte, dem großen Leopold Jeßner, diesem Erneuerer des Theaters, der den Expressionismus auf die Bühne brachte und dessen berühmte Wilhelm-Tell-Aufführung zu Beginn der Weimarer Republik noch immer unvergessen ist. Diesen bedeutenden Theatermann hatten die Deutschnationalen, unterstützt von den Nazis, am Ende der Republik davongejagt. Und nun bietet der neue Dienstherr des Preußischen Staatstheaters, einer der führenden Nazis, ihm, Gründgens, dieses Amt an: ihm, von dem niemand behaupten kann, dass er der NSDAP in irgendeiner Weise nahe steht; ihm, der nie »aufbauende Helden« gespielt hat, sondern als Repräsentant des »verkommenen Theaters der Systemzeit« gilt; ihm, von dem die Rechten sagen, dass er ein Kulturbolschewist, ein schlimmer Linker, sei; ihm, in dem »Normale« einen anrüchigen, verruchten Homosexuellen sehen! Später wird Gustaf Gründgens behaupten, wie schwer ihm die Entscheidung Anfang 1934 gefallen sei. Er habe vier Wochen Bedenkzeit erbeten, gezögert, gezaudert und gezweifelt, Zugeständnisse, größtmögliche Freiheiten gefordert, sich mit Freunden wie seinem ehemaligen Hamburger Intendanten Erich Ziegel und dessen jüdischer Ehefrau beraten, Bedingungen gestellt, von denen er hoffte, dass sie abgelehnt werden würden – aber »sie wurden akzeptiert«. Ende Februar 1934 wird Gustaf Gründgens zunächst kommissarischer Leiter und im September des gleichen Jahres Intendant des Schauspielhauses.

Die Mehrzahl all jener Deutschen, die in dem Machtantritt Hitlers und der Seinen eine Katastrophe sehen, Flüchtlinge sowie Daheimgebliebene, sind sich einig: Die NS-Banditen werden in absehbarer Zeit wieder verschwunden, der Spuk von kurzer Dauer sein. Von einem Putsch der Reichswehr munkelt man in diesen Kreisen. Aber die gemeinsame optimistische Prognose führt zu entgegengesetzten Schlüssen. Gerade weil ein schnelles Ende der Nazi-Herrschaft zu erwarten sei, schlussfolgern Flüchtlinge wie Klaus Mann, dürfe sich die Elite der deutschen Kunst auf keinen Fall den neuen Herren zur Verfügung stellen, ihre Diktatur nicht durch eine glänzende Kulturfassade verschleiern oder gar legitimieren, um damit das Ende hinauszuzögern.

Auch Gründgens glaubt nicht daran, dass sich das Regime lange halten wird. Aber gerade deshalb sieht er die Aufgabe der Daheimgebliebenen darin, das Theater »über diese Spanne der Torheit hinüberzuretten«. Ziegel hat ihn in dieser Meinung unterstützt. Man dürfe das Theater nicht den Nazis in die Hände fallen lassen! Man müsse in finsterer Zeit Einfluss nehmen auf die Bühne, die Sprache und den ihr innewohnenden Geist bewahren, spielend Macht gewinnen.

»Die Kunst ist eine erhabene und zum Fanatismus verpflichtende Mission«, hatte Hitler seinen Getreuen eingeschärft und eine umfassende Kontrolle über das künstlerische Leben befohlen. Seit dem März 1933 ist es schwer geworden, sich zurechtzufinden unter all den vom »Reichsminister für Volksaufklärung und Propaganda«, Joseph Goebbels, gegründeten Kammern, Fachschaften, Abteilungen und Referaten. Funktionäre maßen sich an, die Theater, Filmateliers und Opern, Verlage, Zeitungen, Konzertsäle sowie Ateliers der Bildhauer und Maler zu kontrollieren und Künstler ohne »Arierausweis« und ohne die geforderte politische Gesinnung mit Berufsverbot zu belegen.

Doch der oberste Dienstherr der preußischen Theater in Berlin, Kassel und einigen anderen Städten ist nicht Goebbels, sondern Göring als preußischer Ministerpräsident. Aber auch der schärft schon im September 1933 seinen Intendanten ein, das Theater habe »grundsätzlich an der Volkserziehung mitzuwirken« und sei »undenkbar außerhalb des nationalsozialistischen Rahmens«. Ohne seine Genehmigung dürfen keine wichtigen Personalentscheidungen getroffen, keine Verträge abgeschlossen, keine Spielpläne verabschiedet werden. Eine nicht erwünschte Inszenierung kann der Ministerpräsident verbieten. Wer was spielen darf, darüber entscheiden im Zweifelsfall die von ihrer völkisch-nationalistischen Ideologie besessenen Politiker und deren Helfershelfer.

Natürlich gibt es auch unter den Daheimgebliebenen Widerspruch, nicht zuletzt von weithin sehr geschätzten und beliebten Künstlern, deren Popularität die neuen Herren eigentlich für sich nutzen wollen. Der bekannte Dirigent Wilhelm Furtwängler protestiert in einem Offenen Brief an Goebbels gegen die Diskriminierung jüdischer Musiker, setzt sich auch öffentlich für Paul Hindemith ein, der als »kulturpolitisch nicht tragbar« bezeichnet worden ist, und reicht Ende 1934 sogar den Rücktritt von seinen Ämtern ein. Vergeblich: Furtwängler bleibt; Goebbels triumphiert.

Der populäre Schauspieler Hans Albers wehrt sich anfangs lange, der Reichsfachschaft Film beizutreten, und gibt erst nach massiven Drohungen nach. Ein anderer Künstler, der emigrierte Kollegen gegen Verunglimpfungen verteidigt, wird von einem Rollkommando in seiner Wohnung überfallen und mit Reitpeitschen zusammengeschlagen. Erfolgreicher Widerspruch, Protest erscheint kaum möglich. Was kann Gründgens veranlasst haben, trotz solcher und ähnlicher Erfahrungen eine verantwortliche Position in diesem Regime zu übernehmen?

Er verspricht sich Unterstützung von den Görings. Mit Emmy Sonnemanns freundschaftlichem Wohlwollen kann der neue Intendant, das weiß er, rechnen. 1935 wird sie die Ehefrau des Hitler-Stellvertreters. Zu den außergewöhnlich Begabten in ihrem Beruf zählt sich die neue »First Lady« vielleicht nicht einmal selbst. Aber sie hat zwanzig Jahre Bühnenerfahrung als jugendliche Heldin hinter sich, versteht etwas vom Theater und besitzt Sinn für Qualität. Ihre Vermittlung und Fürsprache könnten nützlich werden.

Von ihrem Mann wiederum ist hinlänglich bekannt, dass er vom Theater, seinem Stolz und Spielzeug, geradezu besessen ist. Schauspieler leben theatralisch und sind eitel – das ist Göring auch. Sie lieben die Verwandlung, treten in immer neuen Rollen auf – das tut Göring auch –, entfalten auf der Bühne jenen Prunk, den ihr scheinbar leutseliger Patron so liebt. Schauspieler, davon ist der Mächtige überzeugt, besitzen keinen politischen Verstand, auf diesem Feld sind sie nicht ernst zu nehmen. Darum kann man über mögliche frühere politische »Entgleisungen« auch großzügig hinwegsehen, wenn sie als Künstler etwas taugen und keine »Dummheiten« mehr machen. Außerdem: Im Blick auf ihre Theater fühlen sich Goebbels, dem die große Mehrzahl aller Bühnen untersteht, und Göring als Konkurrenten und zuweilen sind sie eifersüchtig aufeinander: Wer hat die besseren Schauspieler und Regisseure? Wem gehört das Haus, das den größten kulturpolitischen Ruhm genießt und auch im Ausland Anerkennung findet?

Durch diese Konkurrenz der Hitler-Paladine und die Rivalität auch anderer Personen und Institutionen eröffnen sich den Theatern zuweilen verblüffende Spielräume, die

Gründgens für sich nutzen will. Und um von jenem kulturpolitischen Entscheidungsbereich, der zu Goebbels' Reich gehört, nicht völlig ausgeschlossen zu sein, bemüht sich der neue Intendant auch noch erfolgreich, in den Präsidialrat der Reichstheaterkammer aufgenommen zu werden. Um die Kontrollinstanzen so weit wie möglich gegeneinander auszuspielen oder aber zu umgehen, will er auch wissen, was anderswo gerade läuft.

Stars des Ensembles

Doch vor allem baut der neue Intendant auf das vorzügliche Ensemble seines Hauses. Auf Jürgen Fehling, den genialen Regisseur: ehrgeizig, eigenwillig, schwierig, rechthaberisch und, so Zuckmayer, »künstlerisch mit einem Hang zum Düsteren, Dumpf-Dämonischen, Doppelbödigen und Grotesken«, aber zugleich von unerschöpflicher Einfallskraft. Ein Poltergeist, ein rebellischer Außenseiter, impulsiv, leicht verletzbar, ein Nervenbündel, aber ein Regisseur, dessen Inszenierungen in der Jeßner-Zeit, zum Beispiel von Ernst Barlachs »Der blaue Boll« oder Shakespeares »Kaufmann von Venedig«, Theatergeschichte machten. Intendanten und Schauspieler verfluchten ihn zuweilen, die Hauptdarstellerin lief während der Probe weinend von der Bühne – der Bewunderung tat das kaum Schaden. Im Vergleich zu diesem Fehling wirkt der zweite bedeutende Regisseur des Hauses, Lothar Müthel, ungleich nüchterner, formbewusster, disziplinierter und durch seine Werktreue, die Gründgens besonders an ihm schätzt, exakter. Er steht, wie er es ausdrückt, dem »nationalen Sozialismus« nahe und ist am 1. Mai 1933 Mitglied der NSDAP geworden. Aber keiner fürchtet sich, von diesem »idealistischen PG« denunziert zu werden. Der neue Intendant hat unter ihm im November 1932 den Mephisto mit Werner Krauss als Faust gespielt und weiß, was er an Müthel hat.

Fehling, Müthel, Gründgens – alle drei haben zu Beginn ihrer Laufbahn als Schauspieler auf der Bühne gestanden. Man wird sich in den Inszenierungen vortrefflich ergänzen. Und zwar in Inszenierungen, die jeder der Regisseure von den Haupt- bis zu den kleinsten Nebenrollen mit den denkbar besten Schauspielern besetzen kann, denn das Haus ist immer noch reich an außergewöhnlichen schauspielerischen Persönlichkeiten. Als alle anderen überragender Star gilt Werner Krauss, ausgestattet mit einem ungewöhnlichen komödiantischen Instinkt und ein so wandlungsfähiger und besessener Schauspieler, dass er heute den Wallenstein gibt, morgen den Higgins in Shaws »Pygmalion« und übermorgen den Faust – einer, der alles spielt, wenn er nur spielen kann, und eben das wird ihm im Krieg zum Verhängnis werden.

Einige der Ensemblemitglieder, die vor ihm an den Gendarmenmarkt gekommen sind, kennt Gründgens schon von früher. Zum Beispiel Elsa Wagner, die Frau Marthe aus der Faust-Aufführung 1932, eine unbekümmerte, amüsante, glänzende Schauspielerin, prädestiniert für komische oder auch unheimliche Mütter- sowie Tanten-Rollen. »Elsa schien eine pantheistische Weltseele zu besitzen, die sich jedem Einzelwesen, ob Mann, Frau, Tier oder Ding in schwesterlicher Sympathie mitteilte«, berichtet Eckart von Naso. »Dazu gehörte es, dass sie die Beschützerin aller Paare war, die sich in Kunst und Liebe fanden, wobei sie Unterschiede irgendwelcher Art nicht gelten ließ.« Das muss ihr die besondere Sympathie des Intendanten eingetragen haben.

Walter Franck, seit Mitte der zwanziger Jahre einer der besten Schauspieler in Berlin, war im Ersten Weltkrieg der Star jenes Fronttheaters gewesen, über das der Anfänger Gustaf Gründgens zu seinem Beruf kam. Wie seine Kollegen Paul Bildt und Albert Florath stand Franck den Sozialdemokraten nahe.

Bernhard Minetti wiederum hatte sich als Statist beim Kieler Stadttheater sein erstes Geld verdient, als sein jetziger Chef dort spielte. Später war Minetti auf der Schauspielschule Jeßners ausgebildet worden. Die Regisseure holten ihn sich oft als Bösewicht, als Geßler in »Wilhelm Tell« oder als Franz Moor in den »Räubern«. Er selbst bezeichnete sich später als Sympathisant der Linken, einige Kollegen am Gendarmenmarkt hingegen halten ihn nach 1933 für einen Mann, in dessen Gegenwart man besser den Mund verschließt. In den fünfziger Jahren soll selbst Gründgens seinem späteren Biographen Curt Riess bekannt haben: »Ich habe eigentlich vor den Großen nie Angst gehabt. Nicht einmal vor Göring oder Goebbels ... Ich habe nur Angst vor Minetti gehabt!«

Von anderen Kollegen weiß man, dass sie Mitglieder der NSDAP geworden sind. Außer Müthel gilt das zum Beispiel für den Chefdramaturgen Eckart von Naso, etwa zehn Schauspieler, den Kostümchef und den technischen Direktor. Aber der größte Teil des Ensembles interessiert sich nicht für Politik und will nichts weiter als Theater spielen. Und das gilt auch für jene, die Gründgens anstelle der etwa zwanzig Kollegen ins Ensemble holt, die seit 1933 nicht mehr ihren Beruf ausüben durften und zum größten Teil ins Exil gegangen waren.

Von seinem Lehrer Erich Ziegel, einem Meister der Ensemblebildung, hat der neue Chef früh gelernt, wie viel im

Theater davon abhängt, eine Schauspieltruppe zusammenzustellen, die man wie einen Klangkörper zum Klingen bringen kann. Und da die Nazis hohe Subventionen besonders in die großen Theater stecken und der Intendant des Schauspielhauses zusätzliche Etatmittel erhält, folglich hohe Gagen zahlen kann, gewinnt er von überall her Schauspieler mit klangvollen Namen: Käthe Dorsch, die eigentliche große Dame, Elisabeth Flickenschild, Lola Müthel und Hermine Körner.

Als jugendliche Heldin kommt Käthe Gold dazu, die ideale Interpretin der Ophelia und des Gretchen, von Egmonts Klärchen und dem Käthchen von Heilbronn. Als Charakterkomiker der ungewöhnlich gescheite Theo Lingen, der in der Weimarer Republik zum Kreis um Brecht gehört hatte, mit dessen erster Frau, der Mezzosopranistin Marianne Zoff, einer Jüdin, er verheiratet ist und sich von den Nazis niemals einfangen lässt. Das kann man von dem Tellheim in Gründgens' neuer »Minna von Barnhelm«-Inszenierung nicht sagen. Der so seriös wirkende Paul Hartmann wird sich besonders während des Krieges von den Hitler-Leuten instrumentieren lassen, aber als Schauspieler ist der einstige Prinz von Homburg im Theater von Max Reinhardt weithin beliebt und anerkannt.

Nicht von dem neuen Intendanten ausdrücklich herbeigerufen, sondern erst nach der Fürsprache Emmy Sonnemanns, kommt schließlich auch Klaus Manns einstige Verlobte Pamela Wedekind an den Gendarmenmarkt. Da sie im Ausland keine Existenzmöglichkeit gesehen hat, ist die geschiedene Ehefrau des Dichters Sternheim mit ihrer Mutter in Deutschland geblieben. Vergeblich haben die beiden Frauen auf weitere Tantiemen aus den Stücken Frank Wedekinds gehofft, doch der wird seit 1933 nicht mehr aufgeführt.

Die Tochter ist froh, mit Hilfe Frau Görings sowie Gründgens' wieder an einer angesehenen Bühne zu spielen.

Unter außergewöhnlich günstigen künstlerischen und denkbar problematischen politischen Bedingungen übernimmt Gustaf Gründgens eine der verantwortungsvollsten Positionen im Theater des NS-Staates.

Der Ordnungshüter

Kaum hat er sein Amt übernommen, da stellt sich Gründgens Joseph Goebbels vor und schmeichelt sich bei dem Minister ein. Hauptsächlich drei Dinge hätten ihn bewogen, lässt er wissen, die Intendanz zu übernehmen: die Tatsache, dass man überhaupt auf ihn gekommen sei, die Bekanntschaft mit dem Führer (aber den wird er erst später persönlich kennen lernen) und die von Goebbels kürzlich ausgedrückte Unzufriedenheit mit den augenblicklichen Zuständen, die er teile und an deren Veränderung, so darf man folgern, er mitzuwirken wünsche. »Ich konnte das Angebot nur annehmen, und mich dadurch in den Dienst der Volksgemeinschaft stellen«, so steht es in Gründgens' Gedächtnisprotokoll, »oder mit seiner Ablehnung Emigrant sein, ganz gleichgültig, wo ich dann leben würde.« Gründgens will dazugehören. Was der Intendant auch immer vorzutragen hat – der Minister konstatiert (mag sein, verblüfft), dass man sich in allem »völlig einig« sei, und mit dem »Gefühl absoluter Übereinstimmung« verabschiedet sich der Gast. Die Konkurrenz Göring – Goebbels soll ihm nutzen, doch will er sich dabei Goebbels nicht zum Feind machen.

Verblüfft reagiert auch die Belegschaft am Gendarmenmarkt auf einen allerdings ganz anderen neuen Prinzipal:

auf Gründgens den Ordnungshüter, umsichtig und verantwortungsbewusst, geradezu preußisch pflichtbesessen, der sich mit Verve und einem erstaunlichen Organisationstalent in seine Arbeit stürzt. Kaum hat er sein Büro bezogen, schon lässt er sich den Etat vorlegen – und erst nachdem er genau weiß, was eingenommen wird und was er ausgeben darf, beginnt er mit der eigentlichen Arbeit. »Der Theaterleiter Gründgens ist geschäftskundig wie ein Bankier, sorgfältig wie ein Buchhalter und kann rechnen wie ein Steuerberater.« (Wolfgang Drews)

Versucht jemand, über seinen Kopf hinweg Entscheidungen zu treffen? Sitzt womöglich irgendwo ein Intrigant? Das hat er allen gleich am ersten Tage prophezeit: »Ich bin Ihr neuer Intendant. Und ich will Ihnen sagen: Mich überlebt keiner!« Und damit auch jeder weiß, wie ernst es dieser Gründgens damit meint, darf zunächst kein Stück Papier aus dem Haus, das er nicht abgezeichnet hat. Dann, nachdem er der Loyalität seiner Mitarbeiter sicher zu sein glaubt, räumt er jedem Ressort eine so vollkommene Selbständigkeit ein, wie man sie bisher im Haus nicht kannte.

Als Schauspieler hatte er sich mit seinen Kollegen geduzt. Das behält er bei. Doch der Intendant wahrt zugleich zu all seinen Mitarbeitern jene Distanz, die für das Verhältnis zwischen Chef und Mitarbeitern unerlässlich ist. Gründgens hält auf Respekt, auf Disziplin, und seine Autorität steht außer Frage.

Auch was hinter der Bühne, in den Werkstätten und Garderoben, bei den Beleuchtern oder im Pförtnerhäuschen vor sich geht, interessiert ihn. »Er wusste, dass die Frau des dritten Beleuchters erkrankt war und dass der Hausmeister irgendwelche begeisterten Jünglinge oder Jungfrauen, die auf Schauspieler warteten, zu barsch abgefertigt hatte. Er wusste, dass die Schneiderei mit bestimmten Kostümen im Rückstand war, obwohl man versucht hatte, es vor ihm zu verbergen«, berichtet sein Biograph Curt Riess. »Er wusste in dem Augenblick, in dem es darauf ankam, den Preis jedes Stoffes für Kostüme oder den Preis der Farben, die für die Dekoration notwendig waren. Er hatte im Kopf, wann die Verträge des einen oder anderen Schauspielers abliefen, wann sie filmten, wo sie filmten.«

1935 übernimmt er zusätzlich ein weiteres Theater, das Kleine Haus in der Nürnberger Straße mit 1035 Plätzen, und wird von Göring zum Generalintendanten ernannt. Schließlich, 1941, wird auch noch das Lustspielhaus, die ehemalige Komische Oper, dem Gründgens-Imperium zugeschlagen. Besorgt fragen sich seine Freunde, wie der Intendant, der Schauspieler und Regisseur mit seiner dreifachen Belastung auf Dauer fertig werden will.

Die wichtigsten Gesichtspunkte für die Spielpläne seines Hauses spricht Gründgens im Frühjahr 1934 nicht nur mit Göring, sondern vorsichtshalber auch mit Goebbels ab. Wie bisher soll das Preußische Staatstheater die Klassiker besonders pflegen, um »Publikum ins Haus zu ziehen«, die Unterhaltung nicht zu kurz kommen lassen und im Bereich der zeitgenössischen Dramatik nur Stücke »wirklicher Dichter, die schon ihre Form gefunden haben«, auf die Bühne bringen. »Keine Tendenzstücke, sondern Dichtungen mit Tendenz«, so Gründgens. Verboten sind »Negerkult«, »Verherrlichung der Unterwelt« und »sensationelle Reißer«, »bolschewistische Propaganda« und »Verhöhnung des heldischen Ideals«, so drückt es der »Reichsdramaturg« Schlösser aus. Verboten sind Dramatiker jüdischer Herkunft, u.a. Hofmannsthal, Schnitzler, Sternheim sowie der in der Weimarer Republik oft gespielte Ferdinand Bruckner, aber auch

Brecht und Horváth sowie Else Lasker-Schüler, Wedekind und Ernst Barlach, die als »entartet« gelten. Gründgens versucht, ein Stück von Georg Kaiser in seinen Spielplan aufzunehmen – vergeblich.

Obgleich auch zahlreiche nicht-deutsche Autoren auf die Verbotsliste gesetzt worden sind – William Shakespeare soll künftig zum erstrebten »Aufbau des deutschen Nationaltheaters« beitragen, allerdings darf sein »Sommernachtstraum« nicht mehr von der Bühnenmusik von Felix Mendelssohn Bartholdy begleitet werden. Gründgens inszeniert gleich im ersten Jahr »König Lear«, aber auch Lessings »Minna von Barnhelm«, mit der sich Emmy Sonnemann vom Gendarmenmarkt verabschiedet. Man spielt Schiller, der zum »Vorkämpfer der nationalsozialistischen Bewegung« ausgerufen worden ist, natürlich Goethe, Kleist, Grabbe, Hebbel, Grillparzer, auch Büchner und immer wieder Shakespeare, dem am Gendarmenmarkt mit Abstand die meisten Aufführungen gewidmet werden. Shaw und bis zum Kriegsausbruch auch Oscar Wilde entgehen ebenfalls der Beanstandung durch die Kulturbanausen, und so kann Gründgens mit Stücken wie »Pygmalion« und Wildes Gesellschaftskomödien »Der ideale Gatte« und »Bunbury« das Unterhaltungsbedürfnis bedienen und durch relativ leicht errungene Publikumserfolge den Ruf des Hauses festigen.

Auf das Hochseil begeben sich der Chef und seine Dramaturgen, wenn es gilt, jenen »Scheißdreck«, wie ihn Gründgens nennt, aus dem Haus zu halten, der, von gläubigen Parteigenossen abgesondert und von der Goebbels-Mannschaft angeboten, öffentlich zur Schau gestellt werden soll. Gründgens gelingt es, allzu platte Propagandastücke, die so genannte völkische Zeitdramatik des neuen jungen Dichtergeschlechts, weitgehend von seinen Häusern fern zu halten.

Für die zeitgenössische Dramatik hält er sich vor allem an den wegen seiner internationalen Bedeutung von den Kulturbürokraten umworbenen Gerhart Hauptmann und lässt dessen »Iphigenie in Delphi« und »Michael Kramer« zu Geburtstagen des Dichters spielen.

Aber Geburtstagsaufführungen für den greisen Hauptmann genügen nicht, das Ideologie-Soll im Fach Zeitgenössische Dramatik zu erfüllen. Darum entschließt sich Gründgens, die Preußen-Dramen seines Freundes Hans Rehberg in die Spielpläne der kommenden Jahre aufzunehmen, eines begabten, an Shakespeare orientierten Dramatikers, der als »alter Kämpfer« gilt, da er schon 1930 Mitglied der NSDAP geworden ist. Dessen Preußen-Zyklus beginnt mit der Gründung und Machtentfaltung Preußens unter dem Großen Kurfürsten und endet mit zwei Dramen über Friedrich II. und den Siebenjährigen Krieg.

Argwohn verbietet sich, insbesondere in der Erinnerung an jenes Real-Schauspiel im März 1933, aufgeführt in der Potsdamer Garnisonskirche, in dem der greise Feldmarschall, Reichspräsident Paul von Hindenburg, und der einstige Gefreite, Adolf Hitler, durch Handschlag die Verbindung von preußischer Tradition und NS-Staat versinnbildlicht hatten. Preußische Werte, soldatische Disziplin, Pflichterfüllung, Gehorsam, Härte und heroische Selbstaufopferung stehen im Dritten Reich hoch in Kurs.

Gründgens folgt dem gewünschten Trend und wahrt doch sein Gesicht.

Preußische Geschichte erscheint in den Dramen Rehbergs nämlich »nicht geschönt, sondern roh«, schreibt der Theaterkritiker Günther Rühle, »mit Mord, Verrat, Stäupen, Köpfen, Meineid, Hass, Vertragsbruch, Kälte, mit ihren Glücks- und Unglücksfällen, menschlichen Dämonien und der Verflechtung von Haus- und Landespolitik, doch wurde bei all dem die Möglichkeit zur Größe nicht geleugnet.«

In der Erinnerung an jene Jahre, da sie zum Ensemble am Gendarmenmarkt gehörten, werden Schauspieler ihre Wirkungsstätte bis hinein in die Weltkriegszeit immer wieder eine »Insel« nennen, weit entfernt von jenem Festland knallender Hitler-Grenadiere und Millionen anderer Befehlsempfänger. Sie werden verdrängt haben, dass ihr Eiland durch einen ständigen Fährbetrieb mit dem Festland fest verbunden war. Sie werden vergessen haben, wie oft ihr Intendant, ja sie alle mit der Fähre an Land fahren mussten, um Volksgenossen vorzuspielen: Seht her! Wir sitzen mit den neuen Herren an einem Tisch! Wir gehören dazu!

In Zeitungen und Illustrierten sehen begeisterte HJ-Jungen und BDM-Mädchen ihre Heldinnen und Helden von der Bühne und vom Film, Gründgens und die Seinen von der »Insel« auf Staatsempfängen, den Rücken leicht gebeugt, lächelnd mit Göring oder Goebbels Hände schütteln. Später, im Zweiten Weltkrieg, befördert die Fähre Werner Krauss, der in dem antisemitischen Hetzfilm »Jud Süß« mitwirkt, und bringt auch Paul Hartmann von der Insel auf das »Land«, denn der hat eine Hauptrolle in dem Euthanasie-Propaganda-Film »Ich klage an« übernommen.

Das Staatstheater wird zur Bühne für die Politik. Wie anderswo finden auch hier die üblichen Betriebsappelle statt, auf denen Führerreden aus dem Volksempfänger angehört werden müssen. Zu besonderen Anlässen, zum Beispiel zur Wiedereröffnung des renovierten Schauspielhauses, inszeniert der Intendant Goethes »Egmont«, und Göring lädt zur festlichen Premiere die gesamte Reichsregierung ein. Hitler kommt persönlich.

Der Dicke hat Geburtstag! Kurzerhand wird »die Insel«

für das Publikum gesperrt, und auf der Bühne wird ein Bunter Abend für Göring und seine Gäste gegeben.

Hanns Johst, der abgehalfterte Chef des Staatstheaters, wird 1935 zum Präsidenten der Reichsschrifttumskammer ernannt. Es empfiehlt sich, den womöglich noch immer Grollenden davon abzuhalten, Ränke gegen seinen Nachfolger zu schmieden, seiner Missgunst vorzubeugen. Also wird noch im gleichen Jahr Johsts Stück »Thomas Paine«, von Jeßner einst strikt abgelehnt, in den Spielplan aufgenommen: die szenische Ballade über eine verklärte »Führernatur, die Willen und Begeisterung weckt, den Wert der Propaganda erkennt, die Gefühle der Amerikaner einigt und ihnen ihr Vaterland gewinnen hilft ...« (Günther Rühle)

Regie, Besetzung und Premierenarrangement müssen als zusätzliche Ehrung des Dramatikers verstanden werden: Unter der Regie von Jürgen Fehling spielen Lothar Müthel Thomas Paine und Gustaf Gründgens König Ludwig XVI., und die Erstaufführung vor versammelter Parteiprominenz geht aus Anlass der Jahrestagung der Reichskulturkammer als Festakt über die Bühne. Goebbels schreibt in sein Tagebuch: »›Thomas Paine‹ von Johst. Ein wirklicher Wurf ... Ich werde in vielem an mein eigenes Leben erinnert. Und bin dann tief ergriffen.« Fehling fühlt sich von Görings und Goebbels' Lob hoch geehrt und glücklich.

Eine »mitreißende Freiheitsballade« und zugleich Ausdruck eines neuen Nationalismus, der im Nationalsozialismus »recht eigentlich der große Strom werden musste«, kommentiert ein Theaterrezensent.

Was ist das für ein Mann, der sich mit verbrecherischen Politikern einlässt, um das Theater so weit wie möglich herauszuhalten aus der Politik?

Dieser Gründgens ist ein Spieler, sagen jene, die ihn kennen, und wollen das nicht nur für die Bühne gelten lassen. Zuckmayer bestätigt: Er hat »Lust am Gewagten, am Jonglieren und der glänzenden Equilibristik, am Sprung auf einen schwindelhaften Gipfel, an Wurf und Gewinn, an Repräsentation, großer Schaustellung und fabelhaft beherrschter Maske, an Macht und Gefahr.«

Der neue Herr am Gendarmenmarkt, so wird sich zeigen, liebt das Risiko, gewinnt aus der Gefährdung Kraft und geht Schwierigkeiten nicht aus dem Weg – zumal deren Überwindung Produktivität erzeugt. Er versteht sich auf Winkelzüge und den Bluff und scheut auch vor Erpressung nicht zurück. Aber wie so viele Intellektuelle und Künstler hat auch dieser Spieler eine Lindenblattstelle – die Verführbarkeit durch Macht.

An ein baldiges Ende des NS-Staats glaubt in der Presse wie im Schauspielhaus kaum noch einer. Hat man sich arrangiert?

Frühjahr 1937. Jürgen Fehling, der gleich nach Hitlers Machtantritt mehrere NS-Gesinnungsstücke inszeniert hatte, dann, nach einem Konflikt mit Göring und mit Gründgens, nach Hamburg abgewandert und Ende 1935 nach Berlin zurückgekehrt ist, dieser so überaus schwierige Kollege möchte erstmals unter Gründgens eine Tragödie Shakespeares inszenieren. »Richard III.« soll es sein, das Drama über den Prototyp des politischen Verbrechers und Demagogen, körperlich missgebildet, klug, zynisch, rücksichtslos.

Zielstrebig und kühl berechnend strebt er nach der Macht, indem er alle, die sich ihm widersetzen, nach und nach beseitigt, bis er schließlich am Übermaß seiner Untaten zugrunde geht.

Schon während der Proben verbreitet sich unter den Beteiligten die Angst, dieser »Richard III.« könne sie womöglich alle ins Gefängnis bringen. Jedermann ist sich bewusst, was für ein Wagnis diese Fehling-Inszenierung ist.

Und dann, am zweiten Märztag 1937, die Premiere. Ein riesiges Schwert mit sich schleppend, das ihn noch kleiner wirken lässt, als er schon ist, mit fahlem Gesicht, leicht hinkend betritt der Titelheld die Bühne. Dieser Richard, gespielt von Werner Krauss, ist kein perverses Monstrum, sondern einer, der im Blick auf die Macht zu kalkulieren weiß, gewissenlos und feige. Wie er spricht und sich bewegt, muss den, der denken *will*, an Goebbels denken lassen, zumal Richards in Schwarz gekleidete Leibgarde mit ihren Helmen und Stiefeln auf Uniformierte des Hitler-Reiches zu verweisen scheint. Und die von Richard gedungenen Mörder tragen braune Hemden, Koppeln, Schulterriemen und Schaftstiefel, Kostüme, die an SA-Uniformen erinnern.

Fehling weiß, sein Richard III., wie er ihn angelegt hat, ist ein Anti-Nazi-Stück. Als er während der Proben jene Szene arrangiert, in der die Geister der von Richard Ermordeten als Rudel bereits verwesender Körper erscheinen, wendet sich der Regisseur mit seiner massigen, mächtigen Gestalt und dem großen, breiten Kopf der leeren Göring-Loge zu und ruft: »Wenn der das sieht, wird er an die Geister einiger von ihm selbst Erschlagener denken« – eine Erinnerung an den so genannten Röhm-Putsch 1934, in dessen Verlauf eine Anzahl hoher SA-Führer, darunter Ernst Röhm, umgebracht worden waren.

Abweichend von Shakespeare lässt Fehling Richard nicht im Schlachtgetümmel fallen, sondern von einem seiner Widersacher erschlagen. Danach sekundenlang völlige Dunkelheit und Stille. Dann gehen die Lichter wieder an, das siegreiche Heer sinkt auf der Bühne in die Knie, und von allen Seiten des Theaters erklingt ein Dankgebet, das sich mit der Orgel zu einem gewaltigen Schlusschor verbindet.

»Da hielt das Haus den Atem an«, berichtete später der Kritiker Karl Heinz Ruppel. »Es war der Augenblick der Sprachlosigkeit, der, das fühlten alle, über das Land kommt, das aus unmenschlicher Knechtung und Unterworfenheit wieder zur Freiheit erwacht – ein Augenblick, in dem der Herzschlag der Völker still steht und die Erde Gesang wird. Es gab niemand im Zuschauerraum, der die Botschaft und Verheißung dieser künstlerisch ebenso grandiosen wie politisch tollkühnen Inszenierung nicht gespürt hätte.« Friedrich Schillers Essay »Die Schaubühne als moralische Anstalt betrachtet« erhielt eine ungeahnte Aktualität: »Hier nur hören die Großen der Welt, was sie nie oder selten hören – die Wahrheit. Was sie nie oder selten sehen, sehen sie hier – den Menschen.«

Die Rache des Propagandaministers bleibt aus. Er will nicht gemeint sein. Göring allerdings befürchtet Ärger und verlangt, dass Gründgens seinen aufsässigen Regisseur entlässt. Nach einem dramatischen Kniefall des Intendanten und dessen Drohung – Fehling bleibt oder ich gehe – gibt der Dienstherr nach. Gründgens hat Mut und Standhaftigkeit bewiesen, diesen »Richard III.« aufführen zu lassen.

Jahrzehnte später wird Günther Rühle noch einmal die Bedeutung dieser demonstrativen Protesthaltung am Gendarmenmarkt erklären: »›Richard III.‹ bestätigte, wie der ›Don Carlos‹ zweierlei: dass klassische Texte, durch Regie ausgelotet bis auf den Grund, in Diktaturen ihre Autonomie entfalten und sonst verdeckte Einsichten frei geben, und dass in Gründgens' Staatstheater viel vom Theater der zwanziger Jahre in jene freiere Zeit gerettet wurde, die mit dem Tedeum am Schluss der Fehling'schen Inszenierung beschworen ward.«

Fünf Monate nach der Shakespeare-Premiere schlägt Göring zurück. Er befiehlt ohne Angabe von Gründen, dass das Stück »Rausch« von August Strindberg abzusetzen sei.

Helfer der Verfolgten

München 1934. Am Maximiliansplatz fährt an einem Sonntag gegen sechs Uhr abends ein Mercedes vor. Der geschiedene Ehemann ihrer Enkeltochter Erika hat sich bei den Pringsheims angemeldet. Er gibt ein Gastspiel in der Stadt und möchte die Gelegenheit nutzen, den Geheimrat und seine Frau zu einer seiner Vorstellungen einzuladen. Vor allem aber möchte er seine Hilfe anbieten. Im Unterschied zu der Familie ihres Schwiegersohns, den Manns, haben die beiden Alten zunächst beschlossen, nicht aus Deutschland fortzugehen. Das Ehepaar lebt stiller und zurückgezogener als früher, sein Salon gilt nicht mehr als Mittelpunkt des geistigen und künstlerischen Lebens in der Stadt. Nur einige gute Freunde bestehen weiterhin darauf, »mit Juden zu verkehren«, andere haben sich abgewandt.

Die Pringsheims, die den einstigen Schwiegerenkel mögen und als Schauspieler bewundern, freuen sich, dass Gustaf sie besucht. Sind sie Drangsalierungen ausgesetzt? Denken sie vielleicht daran, den Manns in das Exil zu folgen? Nein, sie wollen bleiben. Taktvoll und bescheiden, so schreibt die

Mutter ihrer Tochter und dem Schwiegersohn, bietet der Besucher an, gelegentlich und ohne Aufhebens, sich bei Göring für die Pringsheims zu verwenden. Die Manns sind indigniert; sie wollen Gründgens' Hilfe nicht. Sohn Klaus schreibt hämisch in sein Tagebuch: »Sehr komisch: Gustafs Besuch bei Offi. Sinkt nicht das Schiff, da es diese Ratten verlassen?« An eine Geste der Menschlichkeit mag der einstige Freund mit Blick auf Gründgens nicht mehr glauben.

Doch der zuweilen aalglatte, frivole Spieler und pflichtbewusste, auf Distanz bedachte Ordnungshüter erweist sich zugleich als hilfsbereiter Mensch, der Freunde und in Not geratene Kollegen nicht im Stich lässt. Das verbindet ihn mit seiner Kollegin Käthe Dorsch, früher einmal mit Göring eng befreundet, die ebenfalls keine Gelegenheit auslässt, Gefährdeten durch Fürsprache zu helfen.

Schon 1933 hatte Gründgens jüdischen und kommunistischen Freunden beigestanden, die aus Deutschland flüchten mussten, auch heimlich die Beerdigungskosten für den zu Tode gefolterten Schauspieler Hans Otto übernommen. Mehr noch: Eine alte Jüdin in Wien, die den Holocaust überlebte, wird Jahrzehnte später ihren Freundinnen erzählen, wie sie damals in Berlin, wo sie noch Medizin studieren durfte, regelmäßig von GG Spenden für die verbotene KPD entgegennahm und den illegalen Kommunisten überbrachte.

Louise Dumont, seine schon 1932 verstorbene Düsseldorfer Schauspiellehrerin, wird in dem antisemitischen Hetzblatt »Stürmer« als »Judenweib« verteufelt – Gründgens protestiert bei der Redaktion. Jürgen Fehling hat, noch in Hamburg, den »Don Carlos« inszeniert. »Sire, geben Sie Gedankenfreiheit« – ein Begeisterungssturm ist durchs Parkett gefegt. Goebbels und auch Göring schäumen. Fehling wird der Pass entzogen. Gründgens fährt nach Hamburg, besänftigt die Aufgebrachten und setzt durch, dass der In-Acht-und-Bann-Geworfene wieder in Berlin, bei ihm, Regie führen kann.

Auf zwei Bühnen, in zwei Welten bewegt sich der Schauspieldirektor Gründgens. In seinem Zuhause am Gendarmenmarkt sieht er die Hilfserwartung in den Augen der ihm Anvertrauten, denen ihre Heimat fremd geworden ist, ja, deren Weltvertrauen einzustürzen droht, wenn er nicht Schutz gewährt. Er will retten, was zu retten ist, schützen, wen zu schützen möglich ist.

Das Propagandaministerium ordnet an, binnen zweier Wochen von allen verheirateten Mitgliedern des Staatstheaters eine Erklärung über die Abstammung des Ehepartners einzufordern. Die Kontrolleure wollen alle an Theatern und beim Film Beschäftigten, die in so genannten Mischehen leben, entweder zur Scheidung zwingen oder entlassen. Im Ensemble des Staatstheaters sind mehrere Schauspieler mit jüdischen Frauen verheiratet.

Zunächst einmal erklärt der Intendant, der von dieser Maßnahme betroffene Schauspieler Paul Bildt sei »unabkömmlich« und müsse auch von Fragebogenaktionen ausgenommen werden. Das weiß er, wirkungsvoll schützen kann er nur die Prominenten, jene, deren Gesichter die Menschen auch aus Filmen kennen und an deren Auftritten auch den Nazis, den Leuten um Goebbels, etwas liegt. Das gilt auch für Gründgens' einstigen Lehrer an der Düsseldorfer Hochschule für Bühnenkunst, Paul Henckels, mit dem er schon 1919 zusammen auf der Bühne gestanden hat. Henckels' Mutter und seine Frau sind Jüdinnen. Auch er erhält, ebenso wie Theo Lingen, jene Schutzgewährung, die den beiden Männern ermöglicht, weiter am Gendarmenmarkt und als beliebte Filmkomiker zu spielen. Aber was ist eine solche

Sondergenehmigung wert? Sie zwingt zu besonderem Wohlverhalten, vielleicht auch dazu, in irgendwelchen Tendenzfilmen mitzuwirken. Und sie kann aus den banalsten Gründen widerrufen werden.

Seit 1935 ist es Juden verboten, die Hakenkreuzfahne zur Schau zu stellen. Aber bedeutet das für einen nichtjüdischen Ehepartner, dass auch er beispielsweise am 1. Mai die Fahne nicht aus dem Fenster hängen darf? Oder erwartet man, dass gerade er es tut, zumal wenn er zu den Prominenten zählt? Was meint der Intendant? Wie verhalten sich Bedrohte in diesem Fall »systemgerecht«?

Dann wieder beschwert sich eine NSDAP-Dienststelle, dass der Schauspieler Theo Lingen »ausgesprochen rassenfremd« aussehe und mit seinem Gesicht deshalb nicht auf Filmplakaten erscheinen dürfe. Gilt das auch für sein Foto im Programmheft des Theaters? Auch das muss gegebenenfalls der Intendant entscheiden.

1938 verschärft sich die Situation. Bernhard Minetti hat gerade irgendwann während des Tages das Schauspielhaus verlassen und biegt um die Ecke in die Französische Straße ein, da hört er Scheiben klirren und Schreie. SA-Männer werfen aus Geschäften und Wohnungen Stühle, Schränke, Tische auf die Straße. Es ist der 9. November. Im Verlauf von nur vierundzwanzig Stunden werden in Deutschland 7500 jüdische Geschäfte geplündert, fast zweihundert Synagogen in Brand gesteckt, jüdische Friedhöfe verwüstet und zahlreiche jüdische Mitbürger verhaftet.

Minetti eilt zurück, um den Chef zu informieren. Der sitzt in seinem Büro und gibt gerade Henckels telefonisch Weisung, am Abend seine Frau vorsichtshalber in das Theater mitzubringen. Dann ruft er mit der gleichen Absicht nacheinander die anderen Betroffenen an: auf keinen Fall irgendwelchen Weisungen des Propagandaministeriums Folge leisten, Ausflüchte suchen, Zeit gewinnen, ihn, den Chef, unverzüglich informieren!

Dann mahnt der Inspizient: Sie müssen sich beeilen, Chef! Am Abend dieses 9. November steht Gustaf Gründgens zum 100. Mal als Hamlet auf der Bühne seines Theaters. Und während das begeisterte Publikum dem großen Mimen minutenlange Ovationen bringt, rauchen im ganzen Land in Brand gesteckte Synagogen, irren Verzweifelte durch ihre geplünderten und zerstörten Wohnungen und Geschäfte, kontrollieren Gestapo-Beamte anhand ihrer Verhaftungslisten, wer noch ergriffen werden muss, finden Menschen Verwandte oder Freunde, die sich aus Verzweiflung das Leben nahmen.

In den folgenden Wochen wird Gründgens immer wieder beiläufig, während einer Probe, im Vorbeigehen auf den Fluren, nachfragen, warnen, zu beruhigen versuchen, Schutz anbieten. »Und außerdem erwarte ich von Ihnen, dass Sie kein Nationalsozialist sind« – mit diesen Worten wird ein junger Mann von ihm verabschiedet.

Juden werden künftig auf Anweisung von Goebbels keine öffentlichen Veranstaltungen besuchen dürfen. Auch werden sie zusätzlich einen jüdischen Vornamen zu tragen haben. Auf dem Nürnberger Parteitag 1938 erklärt der oberste Parteirichter der NSDAP: »Der Jude ist kein Mensch. Er ist eine Fäulniserscheinung.«

Gustaf Gründgens holt in diesem Schreckensjahr seinen einstigen Hamburger Intendanten Erich Ziegel in sein Haus, dessen Frau Mirjam Horwitz Jüdin ist. So überlebt das Ehepaar die Nazizeit. Frau Bildt und ihre Tochter Eva, die auch nicht mehr Theater spielen darf, lädt der Intendant ein, künftig bei ihm, auf seinem Gut, zu leben. Und als Frau

Bildt dort nach zwei Jahren stirbt, lässt Gründgens sie auf dem christlichen Friedhof des Ortes begraben. Sieht er von irgendwoher neue Gefahr im Anzug, fährt er noch nachts durch die Stadt, um die Betroffenen zu warnen.

Einzutreten für Verfolgte, Hilfe für Preisgegebene war eine Ausnahme, nicht die Regel – unter Künstlern genauso wie unter anderen Deutschen.

Potentat und Kollaborateur

Zwei-, dreimal im Jahr lässt sich der Generalintendant in die Schorfheide nördlich von Berlin chauffieren. Dort, am Großen Döllnsee, umgeben von einem großen Wald- und Jagdgebiet mit grasenden Wildpferden und Wildschafen, Wisenten und Elchen, hat sich Gönner Göring eine nach seiner verstorbenen ersten Ehefrau genannte Luxusresidenz erbauen lassen. Hier fehlt es an nichts. »Carinhall« ist ausgestattet mit Dampfbad, Kinosaal, Turnhalle und Löwenzwinger. Während des Zweiten Weltkriegs füllen sich die Säle mit Kunstwerken, die in ganz Europa zusammengeraubt werden.

In der riesigen Empfangshalle mit den offenen Kaminen, Begrüßungsort auch für den italienischen Staatschef Mussolini, den Herzog von Windsor, den Nazi-Adel sowie ausländische Diplomaten, die zur Jagd geladen sind, haben sich an diesem Abend Damen mit Hermelinjäckchen, Herren in Uniformen oder Frack versammelt: Statisten in einem Bühnenbild besonderer Art.

Und nun der Auftritt der Hauptdarsteller dieses Abends: Begleitet von der »Hohen Frau« betritt der mächtige Göring die Halle. »Hohe Frau«, der von dem Reichsführer SS

Himmler erfundene Titel, soll für große, starke »biologisch auserlesene Frauen« gelten, und irgendjemand hat ihn Emmy Göring übertragen. Die erinnert mit ihrer stattlichen Gestalt, den großen blauen Augen und dem schönen vollen blonden Haar eher an ein Wesen, das es nicht einmal in der Welt der Sagen gibt, an eine sanftmütige Walküre. Menschen, die unverdächtig sind, den Nazis nachzulaufen, schildern sie als arglos und gutgläubig, als eine unverbesserliche Naive, die in jedem Menschen nur das Gute sehen will. »… sie ist keine Intrigantin«, hat die Berliner Journalistin Bella Fromm, eine Jüdin, festgehalten, die oft auf den Empfängen der Mächtigen zugegen war. »Sie ist eine mitfühlende, mütterliche Frau. … Emmy ist eine nette Person.«

Aber sie ist auch verhängnisvoll unpolitisch, ein politisches Dummerchen, das die Augen vor der Wirklichkeit verschließt. KZs hält sie für Lager, die der Umerziehung der Insassen dienen, ihren Ehemann für unfähig, Unrecht zu begehen. Hitler mag die Göring nicht. Dem geht ihr »ewiges Judengerette« auf die Nerven. In ihrem Berufsleben hat Emmy Sonnemann viele Juden kennen gelernt, »großartige Menschen«, darauf beharrt sie. Und auch jetzt, als Hohe Frau und Gattin des Führer-Stellvertreters, bemüht sie sich, Verfolgten zu helfen. Frau Göring faselt vom »Judenproblem«, das »zu einer Lösung gebracht werden muss«. Ihr Mann wird dafür sorgen.

Kaum hat Frau Göring Gründgens unter den Anwesenden entdeckt, eilt sie auf ihn zu. Man munkelt, sie sei geradezu verliebt in diesen Mann. Jedenfalls hat sie ihm nicht vergessen, wie kameradschaftlich und herzlich er ihr beigestanden hat, als sie nach ihrer Übersiedlung aus Weimar im April in Vertretung Käthe Golds als Fausts Gretchen mit ihm auf der Bühne stand, wie angenehm die Zusammenarbeit in Bahrs »Konzert« gewesen ist. An Kalkül mag sie nicht glauben. Darauf kann Herr Gründgens sich verlassen: Auch künftig wird sie alles in Bewegung setzen, wenn er ihre Hilfe braucht.

In welchem seiner Ämter tritt der Ehemann an diesem Abend auf? Mit welchem seiner Titel will er angeredet werden? Und welches seiner unzähligen Kostüme hat er für den Abend ausgewählt? Die mit Orden übersäte weiße Galauniform mit dem Säbel an der Seite? Das weiße Seidenhemd und die lange offene Lederweste? Oder hat sich der eitle Selbstdarsteller in eine seiner prunkvollen grotesken Phantasieuniformen geworfen? Der englische Außenminister Lord Halifax hat ihn nach einem Besuch in Carinhall als »eine Mischung aus Filmstar, Gangster und Großgrundbesitzer« beschrieben. Für Gründgens muss er immer wieder die leibhaftige Verkörperung einer Shakespeare-Gestalt gewesen sein.

Stellen wir uns vor: Gerade hat Göring dem jüdischen, von ihm zum »Ehrenarier« ernannten Generalinspekteur Erhard Milch seine germanische Waffensammlung gezeigt. Jetzt wendet er sich, einem Wink der Gattin folgend, Gustaf Gründgens zu, nimmt ihn beim Arm und führt ihn etwas abseits, fort von den geladenen Gästen.

Der Mann im Mond, herunterblickend auf das Welttheater, könnte zu der irrigen Vorstellung gelangen, der dicke Reichsluftfahrtminister Hermann Göring posierend, spiele den geltungssüchtigen, machtgierigen und zuweilen jovialen Despoten in einer Gründgens-Inszenierung. Aber nein, hier stehen sich gegenüber ein Potentat, gut gelaunt, mit huldvollen Gebärden, und ein Kollaborateur, leicht unterwürfig, etwas beflissen, charmant und konzentriert.

Mein lieber Gründgens! Verehrter Herr Minister! Man

macht sich gegenseitig Komplimente. Wie so oft schon hofft der Kollaborateur auf einen Augenblick des Großmuts, wagt den Einsatz wie einer im Roulette, im Poker, doch geht es nicht um Geld, es geht um Menschen.

Womit hat sich der Potentat beschäftigt, bevor er mit seinem Luxuszug nach Carinhall hinausgefahren ist? Vielleicht hat er gerade seine Weisung unterschrieben, die Juden in Deutschland zwingen wird, für die Gewalttaten, die gegen sie in der »Kristallnacht« begangen worden sind, eine Milliarde Reichsmark »Schadensersatz« zu zahlen. Oder er überprüft, ob seine Anordnung »über die Ausschaltung des Judentums aus der deutschen Wirtschaft« »restlos durchgeführt« worden ist. Diese Verfügung wird in der Reichskanzlei als Beginn der »Endlösung« gewertet werden.

Und nun trägt Görings Günstling, sein »Luxuschampion«, wie Zuckmayer ihn nennt, seine Gesuche vor. Vielleicht bittet er um die Zurücknahme des Verbots für »Rausch«, des in den Spielplan aufgenommenen Strindberg-Stücks. Vielleicht fragt er nach einer »Sondergenehmigung« für einen anderswo entlassenen Schauspieler, den er in sein Ensemble holen will. Vielleicht setzt er sich für einen ob seiner Homosexualität in Haft genommenen Kollegen ein. Eine Bitte wird gewährt, eine andere verworfen, auf eine dritte das Versprechen abgegeben, man werde sehen, was zu machen sei.

Der Potentat gefällt sich in der Rolle, die ihm der Kollaborateur ermöglicht: Gnade walten zu lassen, am Morgen zu bestrafen, am Abend großmütig zu sein. Die Allmacht hat ein doppeltes Gesicht: Sie erteilt Mordbefehle und Begnadigungen. Herr über Leben und Tod zu sein – das ist der Inbegriff der Macht. Hier mit einem Federstrich unzählige Menschenleben zerstören und drei, vier, fünf davonkommen lassen.

Aber nicht nur der Potentat, auch der Kollaborateur hat ein doppeltes Gesicht, jedenfalls dieser. Er verachtet jene, denen er durch seine Repräsentationspflicht dient, denen er für ihre Feiern und Empfänge die Türen seines Hauses öffnet. Er macht ein glänzendes Theater, das der deutschen Kultur ebenso wie der Propaganda dient. Er spielt ihr Spiel und spielt sein Spiel mit ihnen, stellt sich der damit verbundenen Gefahr, nicht umzukommen, sondern zu obsiegen. Seine Verbindung mit den Mächtigen, bestehend aus Annäherung und Distanz, raffiniert gespielter Naivität, List, Berechnung, Disziplin, bietet Menschen, die sonst hilflos und verlassen wären, eine Überlebenschance.

»Wer immer aber ein Menschenleben erhält, dem wird es angerechnet, als hätte er die vollständige Welt erhalten«, heißt es im Talmud. Aber der Verheißung vorangestellt ist eine andere Prophezeiung: »Wer immer ein Menschenleben vernichtet, dem wird es angerechnet, als hätte er die vollständige Welt vernichtet.«

Bleiben oder gehen

Am Vorabend des 43. Geburtstages von Hermann Göring, am 11. Januar 1936, findet in der Staatsoper Unter den Linden zu Ehren des Marschalls ein rauschender Ball mit ungefähr zweitausend Gästen statt, unter ihnen Hitler, Goebbels, der Exkönig von Bulgarien und alle Generäle der Wehrmacht. Zusammen mit anderen bedeutenden Künstlern und Theaterleuten ist auch Herr Gründgens eingeladen. Die Damen sind in großer Balltoilette, die Generäle in ihren Paradeuniformen erschienen. Allein die Dekoration für diesen einen Abend hat über 50 000 Mark gekostet. Sicherlich spricht man den Schauspieler und Intendanten im Verlauf des Abends schon auf ein anderes bevorstehendes großes Ereignis an: Zehn Tage später wird er im Schauspielhaus den Hamlet spielen. Die Karten für die Premiere sind längst ausverkauft. Gründgens weiß: Shakespeares Hamlet – das ist neben dem Mephisto die Rolle seines Lebens. Die kommende Premiere soll die Krönung seiner bisherigen Schauspielerkarriere werden.

Die Erinnerung an den unvergesslichen Erfolg in dieser Rolle, damals in den zwanziger Jahren in Hamburg, und die Besetzung des Stückes jetzt, hier in Berlin, geben ihm die Sicherheit: Mit dieser Aufführung wird er sich endlich von dem Klischee des Zwielichtigen, des ruchlosen Ganoven- und Gangstertypen befreien. Die Regie hat Lothar Müthel übernommen. Die wichtigsten Rollen sind mit so hervorragenden Schauspielern wie Walter Franck und Hermine Körner (König und Königin), Käthe Gold (Ophelia), Paul Hartmann (Fortinbras) und Paul Bildt (Erster Schauspieler) besetzt.

Zu eben dieser Zeit, im Januar 1936, sitzt der Schriftsteller Klaus Mann in seinem Pensionszimmer in Sils Maria im Engadin. Noch immer sinnt er darüber nach, ob und wie er dem Vorschlag seines ebenfalls im Exil lebenden Kollegen Hermann Kesten folgen soll, einen Roman über seinen einstigen Freund und Schwager, Gustaf Gründgens, zu schreiben, »den Roman eines homosexuellen Karrieristen im Dritten Reich«, so Kesten.

Erste Entwürfe befriedigen ihn nicht. Da kommen mit einigen Tagen Verspätung die deutschen Zeitungen vom 12. Januar ins Engadin, Zeitungen, in denen ausführlich über die Geburtstagsfeier für den Preußischen Ministerpräsidenten berichtet wird. Klaus Mann ist fasziniert: Das ist der Anfang! So soll der Roman beginnen! Hier, in der Staatsoper, soll Hendrik Höfgen alias Gustaf Gründgens seinen ersten Auftritt haben:

»Alle Augen waren auf Hendrik Höfgen gerichtet. Alle bewunderten ihn. Er gehörte zur Macht. Er war ihres Schimmers teilhaftig – solange der Schimmer hielt. Von ihren Repräsentanten war er einer der Feinsten und Gewandtesten. Seine Stimme brachte, anlässlich des 43. Geburtstages seines Herrn, die überraschendsten Jubeltöne hervor … Er vermied es aufs Sorgsamste, ein wahres Wort zu sagen … eine geheime Verabredung verlangte es so in diesem Saale wie im ganzen Land …«

In Berlin hebt sich am 21. Januar der Vorhang zur »Hamlet«-Premiere im Schauspielhaus. Der Dänenprinz sitzt an einem geneigten Lacktisch, in dessen Platte sich sein Antlitz spiegelt – sichtbar im Parkett und auf den Rängen. Dies ist ein Hamlet von maskenhafter Trauer, in dessen Augen Leid und Wahnsinn stehen. Es gelingt nicht und soll auch nicht gelingen, unter dem Gesicht der Rolle das eigene völlig zu verbergen.

Im Publikum sitzt ein 16-jähriger junger Jude, der in Gründgens' Hamlet Züge und Umrisse seiner eigenen Existenz im nationalsozialistischen Deutschland wiederzuerkennen meint. Denn dieser Gründgens, so der alte Marcel Reich-Ranicki in seinen Memoiren, »spielte einen jungen, einen vereinsamten Intellektuellen, der, von ›des Gedankens Blässe angekränkelt‹, isoliert ist. Man sah einen passionierten Bücherleser und Theaterenthusiasten, der in eine Außenseiterposition gerät. Hamlets Worte ›Die Zeit ist aus den Fugen‹ und ›Dänemark ist ein Gefängnis‹ hatte Gründgens – so schien es mir jedenfalls – besonders hervorgehoben. In diesem Königreich Dänemark, einem Polizeistaat, werden alle von allen ausspioniert ... Besonders verdächtig ist Hamlet. Er liest und denkt zu viel, und überdies ist er gerade aus dem Ausland zurückgekehrt ... Er beklagt sich, Gewissen mache Feige aus uns allen ... Er ist der Welt, in der er lebt, überlegen und ihr zugleich nicht gewachsen ...«

Nachdem der junge Jude Gründgens gesehen hat, liest er jede Szene des »Hamlet« anders als zuvor – »vor allem als Tragödie des Intellektuellen inmitten einer grausamen Gesellschaft und eines verbrecherischen Staates.«

Die gleichgeschaltete Presse hingegen begeistert, wie es diesem Gründgens gelungen sei, als ein Held wie »aus einer zeitnahen Gefühlswelt neu geboren« zu erscheinen, als ein »neuer Hamlet«, wie ihn »die Gegenwart erfordert«. Hamlet also nicht mehr der Zauderer, der tatenscheue Grübler, sondern »ein temperamentvoll federnder, aktiver, wollender, das ganze Spiel in Bewegung bringender Mann«, voller Klugheit, voller Leben. Hamlet also nicht mehr der Unentschlossene, Schwermütige, sondern »aggressiv bis zur Wildheit«, »mit der vorwärtsdrängenden Kraft des Täters«, »ein schlauer, fast gerissener Inszenator«. Hamlet also nicht mehr ein »neurasthenischer Melancholiker«, sondern ein »Held des Geistes« und ein edler Rächer, der genau zu kalkulieren weiß, wann »der Augenblick gekommen ist, der ihm die höchste Genugtuung ermöglicht.«

Hier gleichen sich die Reaktionen der Menschen im Alltag und Theater an: Sie sehen, was sie sehen wollen, und interpretieren es in ihrem Sinn. Der junge Jude nimmt aus dem Schauspielhaus einen Prinzen mit in seine von Angst erfüllte Welt, in dem er seine eigene Existenz unter den Verfolgern zu erkennen meint. Der angepasste, dem Führerstaat ergebene Journalist schaut gebannt auf einen »neuen Hamlet«, gleichsam auf einen Täter-Typ der neuen Zeit.

Gründgens, indem er sich verwandelt, verwandelt auch die Menschen, die ihn auf der Bühne sehen.

Fast hundertfünfzig Mal wird »Hamlet« auf dem Programm des Staatstheaters stehen. Jedes Mal, wenn sich die Theaterkassen für den Vorverkauf öffnen, wartet schon eine lange Menschenschlange am Gendarmenmarkt. Wer vorne steht, hat oft, selbst in den Wintermonaten, eine Nacht lang ausgeharrt. Und einige wollen diesen »Hamlet« immer wieder sehen. Gustaf Gründgens feiert mit diesem Stück Triumphe, wie sie Schauspielern nur selten zuteil werden.

Am 4. Februar 1936 berichtet Klaus Mann seiner Schwester Monika aus Amsterdam von seinem neuen Roman, »einem sehr boshaft gehässigen – ja, hassvollen Ding … die Betroffenen werden nichts zu lachen haben.« Und einige Wochen später lässt er die Mutter wissen: »… ich habe Angst: es wird ein richtig gemeines Buch, voll von Tücken …«

Auf den ersten Blick sieht es so aus, als sei das Verhängnis über Gründgens, den Gefeierten, völlig überraschend, wie ein Donnerschlag, hereingebrochen. Gerade erst, Ende April, ist er von einem längeren Krankenurlaub auf Sizilien zurückgekehrt, da veröffentlicht die NS-Parteizeitung, der »Völkische Beobachter«, am 3. Mai 1936 einen ganzseitigen Artikel, um jene »grundfalsche, von jüdischer Mentalität beeinflusste Auffassung« aus der Welt zu schaffen, die in Hamlet einen unmoralischen »genialisch-geschwätzigen Schwächling« sieht, »den Dorian Gray des 16. Jahrhunderts.« Hamlet, so der »Völkische Beobachter«, ist ein Held »reinsten nordischen Blutes und Geistes«, »Träger einer großen politischen Idee, beseelt von den Forderungen der Volksgemeinschaft, den aus den Fugen geratenen Ehrbegriff der nordischen Welt wieder einzurenken«.

Hatte selbst die gleichgeschaltete Presse kurz zuvor noch die »zeitgemäße« Inszenierung am Gendarmenmarkt hervorgehoben und den durch Gründgens' Spiel geschaffenen »neuen Hamlet« gefeiert, so räumt die polemische Attacke des »Völkischen Beobachters« jetzt mit solchem Irrtum auf. Kein Zweifel, ihm, Gründgens, gilt die Kritik: »Die Darstellung des Hamlet verlangt daher eine heroische Weltanschauung als Grundlage. Nur ein Schauspieler, der sich in diesem Sinne selbst spielt, wird ihr gewachsen sein. Nie wird aber ein Darsteller dem Hamlet gerecht werden können, wenn er sich lediglich darin gefällt, mit dekadent-morbider Eitelkeit, in der Nachfolge Oscar Wildes und seines Gentlemanverbrechers, Dorian Gray, Hamlets geistreiche ›Causerien‹ als Inhalt und nicht als Maske zu spielen, ohne das Vermögen, unter der Hülle des täuschenden Wortes die blanke Klinge der Bereitschaft aufblitzen zu lassen ...« Kurzum: Ein dekadenter Homosexueller in der Nachfolge des Dorian Gray darf keinen von der Volksgemeinschaft zum Befreier erwählten nordischen Helden spielen!

Gründgens meint, in höchster Gefahr zu sein. Noch am gleichen Abend reist er zu Freunden, den Bernoullis, nach Basel, entschlossen, schreibt er, ins Exil zu gehen. Seinen Vater bittet er, Göring einen Brief zu übermitteln, in dem der Intendant seinen Dienstherrn von dem Beschluss in Kenntnis setzt.

Die Entscheidung, die wie eine panische, womöglich übertriebene Reaktion auf den Artikel eines eher unbekannten Autors wirkt, ist nur im Zusammenhang mit den immer noch nachwirkenden Folgen der so genannten Röhm-Affäre zu verstehen. Am 30. Juni 1934 hatte Hitler unter dem Vorwand, einen Putschversuch zu vereiteln, fast die gesamte Führung der SA wie auch andere politische Gegner ermorden lassen und in einer Rundfunkrede die angeblichen Verbrechen des SA-Chefs Röhm und seiner Vertrauten mit deren Homosexualität in Zusammenhang gebracht. Unverzüglich ließ Gründgens sich damals bei dem mit Unterschriften unter immer neue Mordbefehle viel beschäftigten Göring melden und erklärt: »Melde mich als Ihr nächstes Opfer zur Stelle!«

»Gehen Sie nach Hause ...«, so der Totengräber in Paradeuniform.

Gründgens aber entschloss sich zur Offensive. Auf dem vorgeschriebenen Dienstweg reicht er seinen Rücktritt ein. In einem Brief an den Generalintendanten Tietjen, den dieser, so glaubt Gründgens, an Göring weiterreichen wird, nennt der Chef des Schauspielhauses seine Motive für die Demission: »Der einzig zwingende Grund sind die wiederholten Aktionen gegen eine bestimmte Gruppe von Menschen, mit denen ich mich keineswegs identifizierte, mit denen man mich aber identifiziert.

Und ich würde mich eher in Stücke hauen lassen, ehe ich in dieser Sache ein Wort zu meiner Verteidigung über die Lippen brächte. Zehn Jahre meines Lebens ... galten der Meisterung und der Beherrschung meines privaten Menschen; und dass ein Mensch wie ich durch alles muss, um es zu erkennen, ist klar.

Und nur die Tatsache, dass heute alles in meinem Leben strengsten persönlichen Gesetzen unterworfen ist, befähigt mich, auch auf meinen Beruf diese Gesetzmäßigkeit und Zucht alles Künstlerischen auszudehnen ...

Darf ich jetzt gehen? Darf ich jetzt von einem Amt zurücktreten, das mir eine kaum zu leistende Arbeitslast aufbürdet und als Ausgleich dafür mich und das Leben meiner Angehörigen immer schwerer gefährdet?

Bei der heute herrschenden Strömung ... bin ich für das Haus und die Stellung nicht tragbar. Ich sehe das ganz hart und klar ...«

Wie soll man dieses Dokument verstehen? Es schmeichelte in hier nicht zitierten Redewendungen Göring, dem eigentlichen Adressaten, der es jedoch nicht erhielt, es konnte aber auch als Erpressungsversuch gewertet werden. Gründgens hielt sich für unersetzbar. Und warum sollte man einen »Geläuterten« gehen lassen? Göring sollte seinen Günstling ausdrücklich in seinem Amt bestätigen. Oder? Tietjen reichte den Brief nicht weiter.

Im Februar 1936 arrangierte Göring ein Gespräch zwischen Gründgens und Hitler. Goebbels soll danach inoffiziell verbreitet haben, Gründgens sei bei Hitler in Ungnade gefallen. In Zürich notierte Thomas Mann, der Schauspieler mit der »Lebensführung eines Landedelmannes« werde von Alfred Rosenberg (dem »Beauftragten des Führers für die Überwachung der gesamten geistigen und weltanschaulichen Schulung und Erziehung der NSDAP«) verfolgt, von Göring gedeckt und wiederum von Rosenberg angegriffen. Wurde auf dem Rücken dieses Mannes ein Machtkampf zwischen konkurrierenden Nazi-Größen ausgetragen?

Gründgens, hin- und hergerissen zwischen Sichentziehen und Sichanpassen, muss schon vor dem Artikel im »Völkischen Beobachter« befürchtet haben, gegen ihn braue sich ein gefährliches Komplott zusammen. Im März 1936 entschließt er sich, für einige Zeit aus Deutschland zu verschwinden, und bittet die alte Freundin Pamela Wedekind, ihn nach Sizilien in den Urlaub zu begleiten. Er ist entschlossen, das einzig mögliche Schutzblatt für verfolgte Homosexuelle, einen Trauschein, zu erwerben. Ob sie seine Frau werden wolle, fragt er Klaus Manns einstige Verlobte. Die lehnt ab und schlägt stattdessen Marianne Hoppe vor – das hat sie ihrem Sohn, Anatol Regnier, erzählt. In Berlin fürchtet man derweil im Theaterpublikum, Gründgens könne Deutschland ganz verlassen haben. Und als er zum ersten Mal nach der Rückkehr aus Sizilien wieder als Hamlet auf der Bühne steht, feiert ihn das erleichterte Publikum demonstrativ mit minutenlangen Ovationen.

Dies alles ist vorausgegangen, als der überreizte Flüchtling bei seinen Freunden, dem Architekten und Kunsthändler Christoph Bernoulli und seiner jüdischen Frau, in Basel eintrifft. Aber wäre sein Entschluss, Deutschland zu verlassen, unabänderlich gewesen, es hätte nicht des Briefes an Göring und der genauen Angabe seines Schweizer Aufenthalts bedurft. Der Spieler gibt sich und denen, die mit ihm spielen, eine letzte Chance – er pokert hoch und gewinnt erneut.

Gründgens ist erst vor Stunden bei den Freunden eingetroffen, da meldet sich auch schon Hermann Göring am Telefon, teilt mit, die Verantwortlichen für den VB-Artikel seien auf seine Weisung hin verhaftet worden, und schlägt gegen die Zusicherung freien Geleits ein klärendes Gespräch und also die Rückkehr vor, und sei es nur für achtundvierzig Stunden. Der Flüchtling akzeptiert.

Im Amtssitz seines Gönners werden ihm sogleich die verhafteten Journalisten vorgeführt, die sich, zerknirscht und unterwürfig, lang und breit entschuldigen. Sodann beschwört Göring seinen Intendanten, endgültig zurückzukehren, und erklärt sich von vornherein bereit, dessen Forderungen samt und sonders zu erfüllen. Andernfalls, verließe Gründgens Deutschland, könne er für dessen Schützlinge nichts mehr tun.

Der Umworbene erbittet Bedenkzeit und fährt zunächst einmal zu seinem Berliner Arzt. Kurze Zeit darauf überbringen zwei SS-Leute dem Heimgekehrten in die Arzt-Praxis einen Brief von Hermann Göring. Und während der Patient noch damit beschäftigt ist, diesen Brief zu lesen, kommt auch schon die Ehefrau des Arztes auf ihn zu und gratuliert: Soeben habe sie aus dem Radio erfahren, der berühmte Patient sei zum Preußischen Staatsrat ernannt worden. Zur Erklärung lässt der Ernennende, Göring, den Ernannten, Gründgens, wissen: »Staatsräte können nur mit meiner persönlichen Einwilligung verhaftet werden.«

So abgesichert, tritt der Hauptdarsteller bei einer der nächsten »Hamlet«-Aufführungen während des zweiten Aktes in der zweiten Szene vorne an die Rampe und spricht laut und pointiert den Shakespeare-Text: »Ich habe keine Lust am Manne« – lange Pause – »und am Weibe auch nicht.«

19. Mai 1936. Klaus Mann beendigt die erste Fassung seines Romans »Mephisto«.

Einen Monat später heiratet der Staatsrat Gründgens die Schauspielerin Marianne Hoppe, die 1937 zur Staatsschauspielerin ernannt werden wird.

Tanz auf dem Vulkan

Es ist ein schlüpfrig glatter Boden
auf dem Ihr steht: nehmt Euch in Acht.

Friedrich Schiller, Maria Stuart

Sieh mal an! Die einst unbeachtete Elevin, die die Rolle Erika Manns in den Kammerspielen des Deutschen Theaters übernommen hatte, verteilt jetzt Autogrammpostkarten. Ihr hat die Filmgesellschaft Terra die Hauptrolle in »Schwarzer Jäger Johanna« angeboten: Aus Liebe und aus Patriotismus schließt sich ein Bürgermädchen (Marianne Hoppe) in schwarzer Husarenuniform 1809 einem Corps des Herzogs von Braunschweig gegen den Erbfeind Frankreich an, entkommt mit Hilfe einer zwielichtigen, ständig die Seiten wechselnden Gestalt (Gustaf Gründgens) aus der napoleonischen Gefangenschaft und reitet mit ihrem Geliebten (Paul Hartmann) der Freiheit entgegen. Ende gut, alles gut. Nicht so für den Reichspropagandaminister: »Film ›Schwarzer Jäger Johanna‹ – schlecht gemacht«, notiert Goebbels im September 1934 in seinem Tagebuch. »Die Hoppe markiert naiv … Eine peinliche Sache!«

Ihrem einstigen Regisseur hingegen gefällt die Kollegin, und eines Tages fragt er sie: »Haben Sie nicht Lust, wieder Theater zu spielen?« – bei ihm natürlich, am Gendarmenmarkt. Nun ist sie es, die um Bedenkzeit bittet. Beim Film verdient man ungleich mehr als beim Theater. Außerdem, Gründgens ist nicht der einzige Intendant, der um sie wirbt. Auch der Leiter der Berliner Volksbühne würde die beliebte

Schauspielerin gern in seinem Ensemble sehen. Und schließlich: Am Gendarmenmarkt spielt auch Käthe Gold. Gold-Ersatz ein zweites Mal?

Erst 1935/36 entschließt sich Hoppe zu einem doppelten Ja-Wort an den Intendanten: für sein Ensemble und die Zweisamkeit.

Nach den Filmaufnahmen im Sommer 1934 traf man sich häufiger. Gründgens lud die Kollegin ein in sein im gleichen Jahr erworbenes, in der Nähe von Königs Wusterhausen gelegenes Landgut Zeesen und machte sie mit seiner Mutter bekannt, die ihm dort den Haushalt führte. 1935 starb Frau Gründgens. Im Jahr darauf überfällt der Sohn Marianne Hoppe während einer Autofahrt in die Umgebung Berlins mit der Frage, ob sie seine Frau werden wolle. »Ja!«, sagt sie.

Es war ja nicht das erste Mal, dass der dem eigenen Geschlecht so Zugetane sich mit Heiratsabsichten trug. Schon vor der Ehe mit Erika Mann hatte er bekanntlich die Eltern wissen lassen, nun sei es bald so weit, die nötigen Papiere zu besorgen. Und Kollegen in Berlin hatten miterlebt, wie sich der Regisseur des »Figaro« 1931 in der Kroll-Oper in eine junge Sängerin verliebte und wiederum von Heirat sprach.

Bei allen Unterschieden – gewiss stand stets der Wunsch dahinter, bürgerliche Normalität in das Leben einzufügen, der Außenseiterrolle zu entkommen. Und nun, nach dem Tod der geliebten Mutter, steigt immer wieder die Angst vor dem Alleinsein auf, vor der Einsamkeit in jenen Stunden, in denen man ohne die Bühne, ohne das Theater, ohne das Ensemble leben muss und ohne dies alles nichts mit sich anzufangen weiß. Wer, wenn nicht eine Frau, kann den Wunsch nach einem Zuhause, nach Geborgenheit erfüllen und den Hang zur Melancholie, zur Depression vielleicht durch heitere Ausgelassenheit verscheuchen! In diesem Schicksalsjahr kommen zu den persönlichen Motiven politische hinzu. Man darf annehmen, nach allem, was vorausgegangen ist, nach den ständigen Angriffen auf den homosexuellen Günstling im Staatsspielhaus werden auch die »Hohe Frau« und ihr Gemahl diskret geäußert haben, vieles wäre leichter, wenn Gründgens eine Frau an seiner Seite hätte. Die Ehe – »ein Schutzschild gegen die Zeit«, hat Harald von Troschke sie genannt. Ja, das war es auch, was zu dem Antrag führte.

Mit ihrer knabenhaften Gestalt und den zugreifenden, entschiedenen Bewegungen erinnert diese Marianne Hoppe Gründgens an seine erste Ehefrau. Aber Janni, wie er sie nach ihren Eltern nun auch zuweilen nennt, ist im Unterschied zu Erika von koketter und burschikoser Mädchenhaftigkeit. Zwar gehört sie inzwischen zur Welt der Prominenten, doch wirkt das Fräulein Hoppe noch immer wie ein kluges, selbstbewusstes Mädchen, das vom Lande kommt, sich in die Schauspielerei verlaufen, doch dabei nichts von ihrer Natürlichkeit, von ihrer Direktheit und Offenheit verloren hat. Und Gründgens liebt ihr Lachen, denn es lachen nicht nur ihre Stimme und ihr Mund, es lachen auch die hellen Augen, der zurückgeworfene Kopf, der ganze Körper. Janni ist so unverklemmt, so von Herzen unbekümmert, geradeaus und dabei gleichzeitig von einer Diskretion, die ihm Sicherheit gibt und ihn vertrauen lässt.

Durchschnittsmänner haben diese junge Frau nie interessiert. Dreyfuss und Horváth waren außergewöhnliche Persönlichkeiten, und das ist Gründgens auch. Wenn man sie später fragen wird, was denn so außergewöhnlich an ihrem Ehemann gewesen sei, wird sie stammeln: »Suchen Sie mal so jemand, den finden Sie nie! Nie!«, um dann, gefasster, von seiner Intelligenz und der genialen künstlerischen Begabung zu reden, verbunden mit einer fast kindlich-naiven Heiterkeit, von einem Mann, um den herum es prickelte, funkelte und wetterleuchtete. Noch etwas, was sie beeindruckt hat? Ja: seine schönen Beine!

Es verbindet der gemeinsame Beruf, das Ensemble als Großfamilie. Es verbindet die gemeinsame Erfahrung, in einem Staat zu leben, dessen Ideologie und Politik man ablehnt und der dennoch beiden die große Karriere ermöglicht – ein Widerspruch, der ständig neue Widersprüche zeugt.

Beide versuchen, so weit wie möglich, das Unabänderliche hinzunehmen – auszuhalten, was man nicht ändern, und zu helfen, wo man helfen kann. Und was für die Politik gilt, gilt auch für das Private. Beide haben sich vorgenommen, Meinungsverschiedenheiten, Zwischenfälle nicht zu dramatisieren, »runterzuspielen«, was voneinander trennt. Jeder wird erfahren, dass er sich auf den anderen verlassen kann, dass beide zueinander halten, ohne sich gegenseitig einzuengen. Gegenseitiger Respekt und gegenseitige Achtung, Freundschaft bindet. »Aber eine Liebe entstand, glaube ich, erst durch die Gefahr, die die Nazis für uns bedeuteten« und »wahrscheinlich auch erst, nachdem ich das erste Mal mit ihm wirklich zusammen war ...«, erinnert sich Marianne Hoppe. Daran wird sie in Interviews nach Gründgens' Tod keinen Zweifel lassen: »Wir haben ... zusammen geschlafen, wenn Sie das meinen.« »Es war eine richtige Affäre und eine richtige Ehe, auch wenn wir ohne die Nazis vielleicht nicht geheiratet hätten.«

Gustaf mag seine Marianne; er »liebte mich sehr und hätte mir nie etwas zugemutet oder angetan, was mich verletzt hätte. Er vertraute mir eben und ich ihm ... Eifersucht? Natürlich war ich eifersüchtig. Und wie! ... Aber er auch! Das sage ich Ihnen: Er auch …« Von irgendeinem Kalkül, das bei der Werbung eine Rolle gespielt haben könnte, will sie nichts wissen. Solche Gedanken weist Frau Hoppe schroff zurück. Darauf hätten weder er noch sie sich eingelassen. »Wir führten eine richtige, gute Ehe. … Wenn ich da Fragwürdigkeiten entdeckt hätte …, wenn da mit Katzengold gespielt worden wäre, dann wäre das meine Sache nicht gewesen …«

Dessen ungeachtet kursieren unter den Berlinern gutmütig-spöttische Holperverse wie dieser: »Hoppe Hoppe Gründgens / Die kriegen keine Kindgens; / Und wenn die Hoppe Kindgens kriegt / dann sind sie nicht von Gründgens.«

Natürlich wusste sie, es gab Geraune, Redereien. Aber das kümmerte sie nicht, das ließ sie gar nicht erst an sich heran. »Gustaf hatte in der Zeit wohl ein, zwei Freundschaften. Aber es war nie etwas, das meine Kreise gestört hätte …« Ja, gewiss: »Gustaf war bisexuell«, und das sagt man auch von ihr und munkelt, dass Marianne Hoppe ein Verhältnis mit Gustl Mayer habe, der Mitarbeiterin Max Reinhardts, seit 1938 die rechte Hand von Gründgens, zuverlässig, erfahren, unersetzlich im Theater. Später darauf angesprochen, wird Marianne Hoppe von einer sehr intensiven, festen Freundschaft zwischen ihr und Gustl sprechen. Nichts weiter!

An einem Samstag, dem 20. Juni 1936, wird geheiratet. Vor dem Standesamt in Berlin warten die Trauzeugen: Hoppes Bruder und Gründgens' Vater. Im Anschluss an die Zeremonie fährt man hinaus nach Zeesen. Wer dazu Lust hat, springt erst einmal zum Schwimmen in den See. Dann erst setzt man sich zum Essen nieder. Anschließend braucht der Ehemann den Mittagsschlaf, denn am Abend muss er in Berlin den Hamlet spielen; die Nachmittagsgäste empfängt Marianne ohne ihn. Erst eine Stunde vor Mitternacht ist

Gründgens wieder da. Die Gäste haben sich empfohlen, zu zweit sitzt man gemütlich beieinander, isst ein wenig, und gewiss wird Marianne ihrem Gustaf vor dem Schlafengehen erneut beteuern, was für eine große Freude er ihr mit seinem Hochzeitsgeschenk gemacht hat: dem in eine dunkle, goldgeränderte Mappe eingebundenen und von Gründgens selbst verfassten Drehbuch-Entwurf für die Verfilmung von Fontanes »Effi Briest«. Die zu spielen hat sie sich lange schon gewünscht.

Zeesen

Jeder der Eheleute behält seine eigene Wohnung in Berlin: Er zunächst in der Grunewalder Hagenstraße und sie in ihrem neu erbauten Haus in der Stallupöner Allee. Zeesen, das 45 Autominuten von Grunewald entfernte Landgut hinter Königs Wusterhausen, wird ihr gemeinsames Zuhause. 1934 war der bisherige Besitzer Goldschmidt verstorben und sein Sohn gezwungen, das Anwesen als verfolgter Jude zu verkaufen. Gustaf Gründgens hatte es zu einem so niedrigen Preis erworben, dass der Verdacht nahe liegt, der Beauftragte des Käufers habe unlautere Mittel angewandt, den Verkäufer so erpresst. Nach der Wende werden sowohl der Goldschmidt- als auch der Gründgens-Erbe die Rückgabe des von der DDR verstaatlichten Schlosses einklagen. Das Gericht wird zugunsten der Goldschmidts entscheiden.

Und Zeesen heute?

Wer, die Verbotsschilder missachtend, an der Dorfaue, vis-à-vis dem Gasthof »Waidmannslust«, durch ein Loch im Maschenzaun in den Park einbricht, betritt ein mit Unkraut und Schrott überwuchertes, verwahrlostes Gelände.

Das Landgut Zeesen hinter Königs Wusterhausen, wird das gemeinsame Zuhause des Ehepaares. Hier veranstalten sie Gartenfeste und Bootspartien. 1934 war der bisherige Besitzer verstorben, sein Sohn als verfolgter Jude gezwungen, das Anwesen zu einem niedrigen Preis zu verkaufen. Klabund hat hier 1926 seine »Ode an Zeesen« geschrieben. Seine in die Sowjetunion emigrierte Frau Carola Neher kam dort um.

Hier haben sich Brennnesselstauden und die kanadische Goldrute mit ihren hohen gelben Büscheln ungehemmt ausbreiten können. Dort liegt verstreutes Altmetall herum, und in der Nähe, auf einem alten, am Boden liegenden Ast, nistet eine Feuerkäfer-Kolonie. Birken stehen im Gelände und Kastanien mit verbrannten Rinden. Aber wo sind die Gewächshäuser, der Gemüsegarten und die Obstplantagen, die lang gestreckten Scheunen, Pferdestall und Tennisplatz? Nichts mehr von alledem. In einem der früheren Kavaliershäuser stehen noch die Grundmauern eines Zimmers mit einem braunen Kachelofen in der Ecke, hängen noch der Spülkasten und ein Handtuchhalter in dem einstigen Bad. Unter den Dachresten weben Spinnen ihre Netze.

Und nun das Schloss. Das lang gestreckte einstöckige Gebäude mit dem Mansardendach, der breiten Freitreppe, beschirmt von einer riesigen Linde, sowie die zum See hinaus liegende Terrasse sind mit hässlichen Graffiti besprüht, Fenster und Türen mit Holzplatten vernagelt. Links am Dach ein DDR-Produkt: der Feuermelder.

Nach dem Zweiten Weltkrieg richteten sowjetische Soldaten im Schloss eine Kommandantur ein, danach fanden hier elternlose Kinder ein Zuhause. In der DDR-Zeit verwaltete ein »Dienstleistungsamt für ausländische Vertreter der DDR« das Anwesen am See. Es gehörte nun dem Außenministerium in Ost-Berlin. In den neunziger Jahren nistete sich ein Trupp junger alternativer Künstler aus West-Berlin in dem einst feudalen Landsitz ein. Im 21. Jahrhundert soll hier eine intellektuelle Begegnungsstätte entstehen.

Marianne, die junge Ehefrau, geboren am 26. April 1909 in Rostock und aufgewachsen auf dem vom Großvater auf den Vater überkommenen märkischen Gut Felsenhagen, kommt 1936 in eine ihr von Kindestagen an vertraute Welt.

Inmitten von Feldern, Wäldern mit verträumten Wegen, Korn und Wiesen und mit den Rosenstöcken im Garten ist sie aufgewachsen, eine Pferdenärrin, die oft mit ihrem Pony über die Wiesen jagte. Hier in Zeesen findet sie das alles wieder, was sie seit ihrer Kindheit liebt.

Ab Juni brüllen die Rehböcke im Wald. Der Specht klopft an die Bäume, und aus der offenen Stalltür fliegt eine Schwalbe in das Licht. In der Luft liegt der Geruch von wildem Thymian. Auf der Wiese grast der Esel Cosimo, und drei Terrier tollen mit ihren krummen Beinen bellend am Ufer entlang. »Auf dem Dachfirst schnäbeln die Tauben / Im Wasser / Tanzt der Grünling silberne Reigen / Im Schilf / Jagen und jachten schillernde Libellen.« Im Herbst verfärben sich Ahorn und Roteiche. Graugänse sammeln sich zum Flug nach dem Süden. Und in den Wäldern stöbern die ersten Pilzsammler nach Maronen und Ritterlingen. Nur selten noch surrt durch das geöffnete Fenster eine Spanische Fliege mit ihrem fetten grünen Bauch. »Auch wir / Mädchen / Geliebte / Frau / Mensch / Immer zu zweit zu zweit seit zwei Jahren / Schwimmen wir auf den Wassern des Lebens / Auf den Zeesener Gewässern.« 1926, während eines Sommeraufenthalts auf dem Schloss mit Carola Neher, seiner Frau, hat Klabund diese »Ode an Zeesen« geschrieben.

Bevor die Tage kürzer und die Nächte kälter werden, lädt das Paar Gründgens-Hoppe Kollegen vom Theater und vom Film zu einem Gartenfest und zu einer Kutschfahrt oder Bootspartie nach Zeesen ein. Zum Essen werden Gemüse und Obst aus der eigenen Landwirtschaft aufgetischt. Man schwimmt im See, wer will, kann rudern oder mit Marianne Tennis spielen. Sicherlich weiß keiner von den Gastgebern und Gästen, dass hier vor gut zehn Jahren der einstige Besitzer und Aufsichtsrat der Deutschen Bank, Herr

Dr. Rudolf Goldschmidt, ein Theaternarr und Freund der schönen Künste, für den von ihm hoch geschätzten Carl Zuckmayer nach dem Erfolg des »Fröhlichen Weinberg« eine rauschende Premierenfeier gab. Und gewiss ist auch den so fröhlich und ausgelassen feiernden Gästen im Schloss am Zeesener See ganz unbekannt, dass ihre in die Sowjetunion emigrierte Kollegin Carola Neher, Brechts Polly aus der »Dreigroschenoper«, im Zuge der Großen Säuberungen wegen angeblicher konterrevolutionärer Tätigkeit verhaftet wird. Sie stirbt 1942 in einem sowjetischen Gefängnis.

In Zeesen lässt der großzügige Schlossherr Gründgens am See einen Badestrand mit Umkleidehäuschen bauen, an der Dorfstraße Linden anpflanzen und die Dorfkinder beim Dorffest auf seine Kosten Karussell fahren und Zuckerwatte schlecken. Seine Frau kauft sich für eine Filmgage in Höhe von 7500 Reichsmark einen mitternachtsblauen schicken BMW und fährt ihn auf der Avus ein.

Was war das für ein Film? Der harmlose Streifen »Eine Frau ohne Bedeutung« vom Herbst 1936, in dem sie zusammen mit Gründgens, Käthe Dorsch sowie Paul Henckels spielte? Oder der NS-Propagandafilm »Der Herrscher« unter der Regie von Veit Harlan? Zu spät bekommt die Hoppe mit, dass Gerhart Hauptmanns Vorlage »Vor Sonnenuntergang« im Sinne des Propagandaministeriums verfälscht wurde. Das »Resultat einer neuen Kunstpolitik des Dritten Reiches«, jubelte das »12-Uhr-Blatt«. An der Seite von Hoppe und Emil Jannings nahm Goebbels an der Premiere teil. »Da habe ich mich dumm reden lassen«, wird die alte Hoppe kommentieren.

Ihr gemeinsamer Beruf stärkt das gegenseitige Verständnis des Ehepaars, aber er erzeugt auch Schwierigkeiten im privaten Leben. Jeder trägt die Rolle, die er gerade im Filmatelier oder auf der Bühne spielt, auch in den Alltag mit hinein. Aber da beide das wissen, respektiert jeder von ihnen das bei dem anderen. Die gepflegte Alltagskunst heißt Distanz. »Es blieb eine aufregende Art von gegenseitiger Distanz, um die Erwartungen und Sehnsüchte auf einer Linie zu halten«, sagte die Hoppe später.

Marianne Hoppe hatte es nicht immer leicht mit diesem Mann. Er war der Überlegene und hatte es doch ungleich schwerer mit sich selbst als sie. Der Verleger Peter Suhrkamp hat Gründgens' besondere Situation beschrieben: Sie »verlangte von ihm in jedem Augenblick umsichtige Wachheit, hohes artistisches Können, äußerste Präzision der Arbeit, haargenaue Reaktion auf alle momentanen Umstände, umfassende Bewusstheit ... Es war der große Reiz, nicht definieren zu können oder zu wollen. Es war wie der Satz in Hofmannsthals ›Begegnungen‹: ›Die Begegnung ist mehr, als die Umarmung halten kann.‹«

Hinzu kommt: Der Ehemann ist im Beruf zugleich der Chef der Ehefrau, ihr Intendant und immer wieder auch ihr Regisseur. Das ist für die Vernunftbegabte offenbar niemals ein Problem: »Er war der Chef. Ich stand immer auf der Seite der Schauspieler«, erzählt sie später. »Es gab keine Intrigen um Rollen ... Und die schönen Rollen bekam mal Käthe Gold. Mal ich.«

Allerdings, die Ophelia, noch dazu mit Gustaf, die hätte sie doch gern gespielt. Gründgens gibt die Rolle Käthe Gold. Kann man nichts machen. Aber dann wird Käthe krank, und Marianne kann die Rolle spielen, auch während des Gastspiels im historischen Hamlet-Schloss bei Kopenhagen im Sommer 1938, wo sie Gustaf über den politischen Eklat hinwegtrösten darf, den Göring ihm eingebrockt hat. Unerwartet kommt der nämlich, mit seiner Yacht auf Ost- und Nordseetörn, nach Helsingör und lässt sich nicht entgehen, sowohl während als auch nach der Vorstellung den Chef herauszukehren und seine »Leute« als das vorzuführen, was sie eben auch sind: Dekorateure der Diktatur.

Einige Jahre später wird man Marianne Hoppe nach ihren liebsten Rollen fragen. »Zwei Arten liegen mir am meisten«, wird sie antworten und von jenen heiteren Rollen sprechen, »die einen ganz ursprünglichen Humor zeigen«. Aber vor allem »sind es die tragischen Frauengestalten, die alle einen gemeinsamen Zug haben, von der Emilia Galotti bis zur Antigone. Sie gehen zwar zugrunde, aber an ihrer eigenen inneren Konsequenz, nicht an Schwäche oder Haltlosigkeit.«

Eine solche tragische Frauenfigur wird sie, erstmals unter der Regie ihres Mannes und unter seiner Mitwirkung auf der Bühne, im Herbst 1937 im Kleinen Haus des Staatstheaters in der Nürnberger Straße spielen: die Emilia, nach Lessings »Minna« die zweite Klassikerinszenierung des Intendanten Gründgens. Sie gilt als die Beste seiner Berliner Jahre. Und er hat sie großartig besetzt. Gründgens spielt den leichtsinnigen Prinzen, einen Verführer, so bemerken die Kritiker, der mit großer Geste über die Bühne schreitet, die Monologe in außergewöhnlich raschem Ablauf scharf betont und so die Dialektik der Leidenschaft in diesem Lessing-Schauspiel überraschend stark zum Ausdruck bringt. An seiner Seite Minetti als willfähriger und gewissenloser Marinelli, ihm gegenüber Gräfin Orsina, die verlassene Geliebte, die überragende Käthe Dorsch.

Die Ophelia in »Hamlet«, die hätte sie doch gern gespielt. Aber selbst Gründgens, ihr Ehemann, gibt die Rolle Käthe Gold. Aber dann wird Käthe krank, und Marianne darf im Sommer 1938 die Rolle im historischen Hamlet-Schloss bei Kopenhagen spielen. Sie hat alle großen klassischen Frauenrollen gespielt, aber später auch die »Knacksdamen« des modernen und des absurden Theaters, mit dem Gründgens so gar nichts anzufangen wusste.

Wer im Parkett oder auf den Rängen irgendeine aktuelle Anspielung erwartet, kommt nicht auf seine Kosten. Dem Regisseur geht es ausschließlich darum, mit großer Klarheit den klassischen Text, die Sprache Lessings, dieses Kunstwerk, durch perfekte, außergewöhnliche Schauspieler darzubieten, zu verwirklichen, was ihm so viel bedeutet: Werktreue, Stimmigkeit.

Marianne Hoppes Emilia erleben die Kritiker zunächst von zarter Mädchenhaftigkeit, reizvoll, ganz Gefühl, jedoch dahinter flackert etwas Dunkles, Irritierendes. Wer es noch nicht weiß, erlebt es angesichts dieser Emilia: »Gewalt! Gewalt! Wer kann der Gewalt nicht trotzen? Was Gewalt heißt, ist nichts: Verführung ist die wahre Gewalt. – Ich habe Blut, mein Vater, so jugendliches, so warmes Blut ... Auch meine Sinne sind Sinne. Ich stehe für nichts. Ich bin für nichts gut! ... Geben Sie mir, mein Vater, geben Sie mir diesen Dolch!«

Diese natürliche, fröhliche junge Frau, die man aus populären Unterhaltungsfilmen kennt, vermag auch tragische Verwicklungen, Angst vor den eigenen Gefühlen und Versuchungen, Verwirrung, Hilflosigkeit und tödliche Konsequenz auszudrücken. Die junge Schauspielerin hat bei ihrem Ehemann in den Jahren zwischen 1935 und 1944 viel gelernt. Durch ihn begriff sie, »dass man mit Sprache eine Welt hörbar machen kann«, und wurde »eine der größten Sprecherinnen des deutschen Theaters«, heißt es in einem der vielen Nachrufe auf sie. Lebenslang bleibt das Theater ein schützendes Zuhause, aber auch eine Verführung, eine Droge, gegen die es keine Entziehungskuren gibt.

Deshalb überrascht, dass es sowohl der Hoppe als auch Gründgens, den beiden großen Bühnenkünstlern, gelang, was heute nur noch wenige in ihrer Zunft zustande bringen: nämlich zugleich Theater- wie auch Leinwandstars zu werden. Allerdings, der deutsche Tonfilm in den dreißiger Jahren war im Unterschied etwa zum französischen oder amerikanischen noch stark vom Theater abhängig; die Bühne galt als Vorbild. Die Möglichkeiten der Kamera waren noch kaum entdeckt; der Spielraum der Schauspieler hingegen, deren Gestaltungskraft Spannung und Gehalt des Films entschied, war ungleich größer als heute.

Auch Gründgens begreift seine Filmarbeit als Fortsetzung der Tätigkeit für das Theater und bringt als Regisseur, soweit es geht, nicht nur für die Besetzung, sondern auch für Drehbuch, Filmmusik und Bauten seine Mitarbeiter aus dem Schauspielhaus mit ins Tonfilm-Atelier. Das erleichtert die Spielplangestaltung am Gendarmenmarkt. In seiner Doppelrolle als Filmregisseur und Theaterintendant kann Gründgens weitgehend selbst bestimmen, wen er wann und wo einsetzen will. Wie im Schauspielhaus führt er auch im Filmatelier und bei den Außenaufnahmen seine Schauspieler behutsam und geduldig, nimmt sich für eine winzige Szene oft mehrere Stunden Zeit und holt bei den Außenaufnahmen stimmungsvolle Landschaften in den Film hinein.

Das alles gilt besonders für »Ein Schritt vom Wege«, der Verfilmung von Fontanes »Effi Briest«, im Herbst des Jahres 1938, ein Film, der Goebbels endlich einmal gefällt – »stimmungsvoller Film, sauber und anständig gemacht«, notiert er im Tagebuch. Das Drehbuch hat der Chefdramaturg des Schauspielhauses Eckart von Naso geschrieben. Er hielt sich streng an die Romanvorlage und übernahm zahlreiche Dialoge des berühmten Buchautors. Aus dem Ensemble am Gendarmenmarkt wirken außer Marianne Hoppe in der Titelrolle vor allem Paul Bildt und Käthe Haack als Eltern und Paul Hartmann als der draufgängerische Verführer Crampas mit – bei Fontane ein Major, im Drehbuch notgedrungen als Pferdezüchter deklassiert, da das Oberkommando der Wehrmacht ausdrücklich verboten hat, in einem deutschen Film einen deutschen Offizier als Ehebrecher zu zeigen. Als den langweiligen, korrekten Landrat und früheren Rittmeister Baron von Instetten, Effis Ehemann, der sie verstoßen wird, hat Gründgens den populären Karl Ludwig Diehl verpflichtet. In einer Nebenrolle: Renée Stobrawa, die einstige Gründgens-Freundin, die er während der Außenaufnahmen in Zeesen stolz durch seinen Besitz führt. Ähnlich wie in »Emilia Galotti« gelingt Marianne Hoppe auch als Effi Briest die Verwandlung des anmutigen fröhlichen Mädchens in eine verlorene junge Frau. Doch trotz seiner überzeugenden Besetzung und seiner stimmungsvollen Szenen inmitten der märkischen Landschaft – ein ähnlich durchschlagender Erfolg wie der im Jahr zuvor gedrehte Gründgens-Hoppe-Film »Capriolen« wird dieser Film nicht. Die Kritik bleibt gespalten.

»Capriolen«, der erste Film, den das Ehepaar ein Jahr nach seiner Hochzeit zusammen dreht, ist die bearbeitete Fassung der Komödie »Himmel auf Erden« von Jochen Huth. Gründgens hat sie schon 1935 erfolgreich inszeniert und auch die männliche Hauptrolle gespielt. Nun zieht wieder ein Komödiantentrupp, u.a. der junge Volker von Collande, der bewährte Paul Henckels und die beliebte Elsa Wagner, zusammen mit dem Ehepaar, den beiden Hauptdarstellern, vom Gendarmenmarkt ins Filmstudio, um »Capriolen« zu drehen, eine Komödie zwischen Weltläufigkeit, Frivolität und dem Bekenntnis: Die Frau gehört ins Haus.

Und so beginnt der Film: Die berühmte Fliegerin Mabel Atkinson kann Journalisten nicht ausstehen, die Frauen wie sie interviewen wollen. Der Journalist Jack Warren hingegen kann interessante berufstätige Frauen nicht ausstehen,

Das hatte sie sich lange schon gewünscht: Fontanes Effi Briest zu spielen. Zur Hochzeit schenkt ihr der junge Ehemann einen Drehbuch-Entwurf, von ihm verfasst für die Verfilmung des Romans. Unter dem Titel »Ein Schritt vom Wege« kommt er Anfang 1939 unter der Regie von Gründgens in die Filmtheater, ein Film, der Goebbels endlich einmal gefällt – »sauber und anständig gemacht«. Marianne Hoppe tanzt mit dem Publikumsliebling Karl Ludwig Diehl.

und ausgerechnet er soll die Fliegerin befragen. Die beiden treffen sich zufällig, ohne zu wissen, wer der andere ist, und verlieben sich. Nach einer gemeinsamen Bruchlandung heiratet das Paar, und jeder schwört inbrünstig – Sie: nie wieder zu fliegen! Er: nie wieder interessante Frauen zu interviewen. Beide brechen ihren Schwur und beschließen, sich scheiden zu lassen. Doch während sich ihre Anwälte noch streiten, fallen sich die Liebenden in die Arme. Die Ozeanfliegerin kehrt an den Herd zurück.

Marianne hat mit ihrer Mabel nicht die geringsten Schwierigkeiten. Sie soll wie ein Naturkind wirken, zugleich wie ein wagemutiges Sportmädel und eine »richtige Frau«, in bestimmten Augenblicken von anrührender Verhaltenheit, in anderen von selbstbewusster Ironie, das liegt ihr, das kann sie. Und auch Gründgens ist selten so gelöst, so souverän wie in diesem Film. Er *will* wirken, und er tut es skrupellos. Dieser Warren ist so selbstverliebt, dass auch der Zuschauer sich in ihn verlieben muss. Unverschämt gibt er seine Verführungsabsichten zu – zieht die Augenbraue hoch –, ach, was für ein Charmeur! Hat er sich mit unzähligen Spiegeln umgeben? Alles Licht, das auf ihn strahlt, gibt er zurück. Immer wieder nimmt er sich zurück, will sich in das Spiel einordnen, und bleibt doch stets der Mittelpunkt.

Das Publikum ist hingerissen. Und auf den ersten Blick kommt man nicht recht dahinter, was Goebbels, der Hauptverantwortliche für Filmproduktionen im Dritten Reich, gegen »Capriolen« einzuwenden hat. An der Rolle der berühmten Fliegerin kann er kaum Anstoß nehmen, die verkörpert ein weibliches Wesen, wie es sich die Nazis wünschen. Nein, es geht offenbar wieder mal um Gründgens. Goebbels will den Film verhindern. Er ist ihm zu grotesk, sentimental, revuehaft und auslandsorientiert – »ich werde Gründgens mehr auf die Finger schauen«, nimmt er sich vor. Göring widerspricht. Hitler soll entscheiden, tut es aber offensichtlich nicht. Verbittert schreibt Goebbels in sein Tagebuch: »... diese 175er sind ja alle hysterisch wie die Weiber ... der ganze Gründgens-Laden (ist) vollkommen schwul. Ich verstehe da Göring nicht.« Aber der Schutzherr erweist sich als der Stärkere.

Der erste Film, den das Ehepaar ein Jahr nach seiner Hochzeit dreht, trägt den Titel »Capriolen«. Das Publikum ist hingerissen von dieser verwickelten Liebesgeschichte, die erst vor dem Scheidungsrichter neues Glück verheißt. Goebbels versucht vergeblich, die Filmkomödie zu verhindern. In seinem Tagebuch lässt er seiner tiefen Abneigung gegen Gründgens, Görings Günstling, freien Lauf: Der »ganze Gründgens-Laden (ist) vollkommen schwul.«

Zwischen 1930 und 1941 ist Gustaf Gründgens an 28 Filmen als Schauspieler und/oder Regisseur beteiligt. Ab 1939 bekommt er für jede Filmrolle eine Gage von 80 000 Mark. Hinzu kommt sein Gehalt als Generalintendant von jährlich 200 000 Mark. Marianne Hoppe wirkt bis zum Kriegsende in 20 Filmen mit. Ihre Gage bewegt sich ständig aufwärts. Im Staatstheater erhält sie anfangs 35 000 Mark und 1943/44 wie auch Käthe Gold über 50 000 Mark im Jahr. Ein Facharbeiter verdient in der gleichen Zeit etwa 2 500 Mark.

Dafür, dass das Ehepaar sich der inneren Emigration, wenn nicht dem Widerstand zugehörig fühlt, so Frau Hoppe später, geht es ihm finanziell außergewöhnlich gut. Beide werden wohlhabende, ja reiche Leute und können sich einen Lebensstandard wie nur wenige leisten, zumal ab 1938 auf Wunsch Hitlers vierzig Prozent der Einnahmen prominenter Schauspieler als Werbekosten abgesetzt werden dürfen. »Es besteht kein Zweifel«, wird Gründgens 1946 äußern, »dass es den deutschen Schauspielern äußerlich gesehen und vom Geld her betrachtet nie besser ging als in den letzten Jahren vor dem Zusammenbruch.« »Die Privilegien hat man mit Leichtfertigkeit angenommen«, fügt einige Jahrzehnte später seine 80-jährige frühere Frau hinzu. »Aber es gab auch um alles einen Blutrand, einen Trauerrand.«

Die Olympiade 1936

Wer viel bekommt, muss auch viel geben. Während der Olympischen Spiele in Berlin gehört die gesamte künstlerische Elite zur Statisterie der Inszenierung »Ein Volk – ein Reich – ein Führer«. Einige wie Gründgens haben wichtige Nebenrollen zu übernehmen.

Dieses sportliche Großereignis, so haben Hitler und die Seinen entschieden, soll weltweit als Olympiade der Superlative in Erinnerung bleiben. Über 100 000 Zuschauer füllen das neu erbaute Stadion während der Eröffnungsfeier. Über 40 000 SA-Männer halten die zum Stadion führenden Straßen frei. Ein von dem berühmten Richard Strauss dirigiertes Orchester mit einem Chor von 3 000 Sängern musiziert. 4 000 Sportler aus 49 Ländern ziehen in das Stadion ein und neigen ihre Fahnen vor der Führerloge. Danach flattern 20 000 Tauben in den Himmel. Das Olympische Feuer wird entzündet. Und über allen und allem schwebt, im Schlepptau die Fahne mit den fünf Ringen, das Luftschiff »Hindenburg«. Leni Riefenstahl dreht ihren Olympia-Film.

Für die Damen und Herren vom Staatstheater, jedenfalls für die prominenten, ist eine Loge reserviert. Über ihnen, auf besonderen Ehrenplätzen, sitzt der Intendant mit seiner Frau. Sofern es ihre Theatertätigkeit erlaubt, nehmen die bekanntesten Künstler vom Gendarmenmarkt auch an anderen wichtigen Begegnungen mit den ausländischen Gästen teil.

Ein Fest folgt dem anderen. In der Berliner Staatsoper geben Göring und Goebbels einen Empfang. Eine Woche später lädt Goebbels zu einer »Festlichen Nacht auf der Pfaueninsel«, und zum Abschluss gibt wiederum Göring im Park seines Berliner Palais ein großes Gartenfest.

Als Beitrag des Staatstheaters zu den Olympischen Spielen, so haben Gründgens und sein Stab entschieden, wird unter der Regie Lothar Müthels »Die Orestie« des Aischylos zunächst als Festaufführung ins Programm genommen. Von dieser Idee ist man in der Reichstheaterkammer höchst angetan. Günther Rühle hat im dritten Band seiner Theatergeschichte die Gründe aufgezeigt: »Hitler hatte in seiner kulturpolitischen Parteitagsrede 1933, Rosenberg ein Jahr später im Berliner Sportpalast ... von einer Wiedergeburt des Griechentums mit der Wiedergeburt Deutschlands und von der Vorbildlichkeit der griechischen Kunst für die deutsche gesprochen ... Aus der Perspektive des Dritten Reiches enthielt die politische attische Tragödie ... jenen mit der Struktur des germanischen Geistes identischen Menschentyp, der bereit sei, letzte Entscheidungen, wenn die Götter schweigen, in sich selbst auszutragen und die heroische Haltung über alles zu setzen.«

Zu der Festaufführung am 3. August 1936 erscheinen die Mitglieder des Internationalen Olympischen Komitees, zahlreiche Botschafter, fast alle Minister sowie der Reichsführer SS Heinrich Himmler und der Reichsjugendführer Baldur von Schirach. Der »Völkische Beobachter« jubelt: »An jedem Bilde des ungeheuren Szenariums empfindet man bei allem fernen Alter der Dichtung den Atemzug einer verwandelten Welt«, den Atemzug des »typisch nordischen« Menschen. Gestützt auf den großen Aischylos liefern Leitung und Ensemble des Staatsschauspiels eine mustergültige Propagandaveranstaltung für den NS-Staat und doch zugleich ein Kunstwerk ab, das viele Menschen weit jenseits von politisch-propagandistischen Vereinnahmungen bewegt.

Während der Olympiade werden alle Schilder »Für Juden verboten« aus dem öffentlichen Leben entfernt. Auch die Verfolgung von Homosexuellen wird vorübergehend abgeschwächt. Deutschland soll als ein gastfreundliches Land erscheinen, in dem Recht und Gesetz zu den obersten Maximen gehören. Nach der Olympiade werden die Schilder wieder angebracht, und die Verfolgung setzt sich fort.

Im Oktober bringt Gründgens die von ihm selbst besorgte Neufassung eines heiteren Traumspiels und zugleich einer frechen Parodie auf das Spießbürgertum von Paul Apel auf die Bühne, gewinnt den geistreichen Komiker Theo Lingen dazu, an der Gaudi mitzuwirken, und spielt bravourös die Titelrolle in »Hans Sonnenstößers Höllenfahrt«. Die Aufführung wird ein außergewöhnlicher Erfolg. »Es war wirklich eine sonderbare Vorstellung«, schreibt die Schauspielerin Elisabeth Flickenschildt in ihren Memoiren. »Elsa Wagner saß als Papagei gekleidet mit buntem Hütchen und buntem Federmantel in einem Ring, der dem Ring glich, auf dem die Vögel im Zoo sich niederlassen. Käthe Gold ging als alberner Backfisch in einem Matrosenkleid herum … Und Gründgens hatte einen hellblauen Anzug an, kniete auf dem Boden und spielte mit einer Eisenbahn …« Die Vorstellungen sind jeden Abend ausverkauft, und über kein anderes Bühnenstück wird in diesem Berliner Herbst so viel gesprochen und gelacht wie über dieses. Selbst die politischen Kontrolleure halten ausnahmsweise mal die Klappe.

Zur gleichen Zeit, da Hans Sonnenstößer alias Gustaf Gründgens zur Hölle fährt, im Oktober 1936, erscheint im Amsterdamer Querido Verlag Klaus Manns Roman »Mephisto«.

Im Berliner Schauspielhaus beginnen derweil die Vorbereitungen für ein Jubiläum ganz besonderer Art. Im Dezember wird das Preußische Staatstheater am Gendarmenmarkt sein 150-jähriges Bestehen feiern. Die Festlichkeiten beginnen am 5. Dezember mit der Premiere von Christian Dietrich Grabbes Tragödie »Don Juan und Faust«. Regie führt Jürgen Fehling, die Rolle des Don Juan hat der Hausherr übernommen. Am darauf folgenden Sonntagmorgen preisen der Präsident der Reichstheaterkammer sowie Hermann Göring in einem Festakt das Schauspielhaus als »das vorbildliche und beste Theater Deutschlands in der Welt« und jenen Mann, dem dieses Werk gelungen sei und der von nun an den Titel Generalintendant tragen wird. »Gründgens zum Generalintendanten ernannt«, notiert Goebbels im Tagebuch. »Der wird noch Kaiser.« Alle Mitarbeiter werden nochmals darüber aufgeklärt, wie sie ihren Beruf zu verstehen haben, was von ihnen erwartet wird: einer

Volksgemeinschaft, von der die Führung »ganzen Einsatz«, ja »letzte Hingabe« verlangt, so Göring, die täglichen Sorgen zu nehmen und ihr zu helfen, neue Kraft zu schöpfen. Sodann bringt Göring auf den Führer ein dreifaches Sieg Heil aus; die Festgäste springen auf von ihren Plätzen, heben den rechten Arm zum Hitlergruß und rufen ihrerseits Sieg Heil.

Jedem Teilnehmer dieser Morgenfeier wird zum Abschluss eine auf Veranlassung der Intendanz geschriebene, reich bebilderte kleine Festschrift über die Geschichte des Hauses überreicht, bemerkenswert vor allem durch ihre Auslassungen und Schmähungen. Abgebildet werden die berühmtesten Ensemblemitglieder der vergangenen 150 Jahre, von Friedericke Unzelmann über Ludwig Devrient und Adalbert Matkowsky. Es fehlen Fritz Kortner, überhaupt alle jüdischen Stars des Hauses, es fehlen die Emigranten, allen voran der große Albert Bassermann. Gerühmt werden Vorgänger des amtierenden Intendanten, und dieser selbst wird in seiner artistischen Vollkommenheit und friderizianischen Pflichtauffassung zum Testamentsvollstrecker des großen Iffland stilisiert, dem er in allen seinen positiven Eigenschaften zum Verwechseln ähnelt. Geschmäht und als Versager abgekanzelt wird Leopold Jeßner, der das Haus, so der »Historiker« von Naso, vor seiner »Rettung« durch den verehrungswürdigen Hermann Göring »um seine Ehre und sein Leben brachte.« Von irgendeinem späteren Ausdruck des Bedauerns durch Naso oder Gründgens ist nichts bekannt.

Das ereignisreiche, wechselvolle Jahr, so scheint es, geht für Gustaf Gründgens nach allem Unerwarteten, Gefahrvollen und Schweren so schön und so erfolgreich zu Ende, wie es begonnen hat. Wäre da nicht versteckt vielleicht in irgendeiner Schreibtischlade, für die nur er den Schlüssel hat, jenes kleine, im Oktober 1936 erschienene und ihm gewiss auf Umwegen übermittelte Buch, von dem er stets behaupten wird, dass er es nie gelesen habe.

Der Schlüsselroman

Klaus Manns erst im Frühjahr des gleichen Jahres begonnener Roman »Mephisto« schildert nicht, wie ursprünglich von Hermann Kesten vorgeschlagen, die Karriere eines Homosexuellen, sondern nach dem Einwand des Lektors und Verlegers Fritz Landshoff (»Lass den Mann nicht schwul sein …«) den Werdegang eines sadomasochistischen Schauspielers, der seine erotischen Bedürfnisse von einer dunkelhäutigen Prostituierten befriedigen lässt, die ihm mit Lederstiefeln und Reitpeitsche »schauerliche Lustbarkeit« bereitet. Aber Hendrik Höfgens äußere Erscheinung, dessen Werdegang in Hamburg und Berlin, vor allem sein Aufstieg im NS-Staat, gleichen bis in Einzelheiten den Lebensdaten Gustaf Gründgens'.

Höfgen-Gründgens, kein Faschist, sondern ein Opportunist, der sich gegen das Exil entschieden hat und hinfort einen »Pakt mit dem Teufel« schließt, steht am Ende da als »Clown zur Zerstreuung der Mörder«, als einer, der in ihre Gesellschaft passt: »Er hat ihre flache Würde, ihren hysterischen Elan, ihren eitlen Zynismus und die billige Dämonie.«

Diejenigen, denen es gelingt, sich ein Exemplar des Buches zu besorgen, zum Beispiel der Schriftsteller Gottfried Benn, üben sich in dem Suchspiel, die leibhaftigen Vorbilder der übrigen Romanfiguren auszumachen. Kein Zweifel, der

»Gute Engel«, die sanfte Barbara, Tochter eines Geheimrats, die ihre moralische Integrität bewahrt, trägt Züge Erika Manns. Mit Lotte Lindenthal, der »Kuhäugigen«, die an der Seite ihres »gewaltigen Dicken« zur »repräsentativen Menschendarstellerin des neuen Deutschland« aufsteigt, ist Emmy Göring gemeint. Schauspielerkollegen, Schriftsteller wie Hanns Johst (Herr von Muck) und Gottfried Benn (Benjamin Pelz), Menschen im engsten Umfeld dieses Höfgen-Gründgens geistern durch die Seiten, verfremdet nur durch ihre Namen.

Das Buch ist kaum erschienen, da beeilt sich sein Verfasser schon, in der »Pariser Zeitung« zu betonen, »Mephisto« sei kein Schlüsselroman. »Ist der Staatsrat und Intendant Hendrik Höfgen, dessen Roman ich schrieb, ein Porträt des Staatsrats und Intendanten Gustaf Gründgens? Doch nicht ganz. Höfgen unterscheidet sich in mancher Hinsicht von meinem früheren Schwager«, so wird er in seinem Lebensbericht »Der Wendepunkt« nach dem Krieg erläutern. »Es geht in diesem zeitkritischen Versuch überhaupt nicht um einen Einzelfall, sondern um den Typ. Als Exempel hätte mir genauso gut ein anderer dienen können. Meine Wahl fiel auf Gründgens, nicht weil ich ihn für besonders schlimm gehalten hätte (er war vielleicht sogar eher besser als manch anderer Würdenträger des Dritten Reichs), sondern einfach, weil ich ihn zufällig besonders genau kannte.« Man hatte, so Klaus Mann, »mit ihm gelebt, gearbeitet, diskutiert, gespielt, gezecht, Pläne gemacht, gute Freundschaft gehalten, und nun saß er am Tische des monströsen Reichsmarschalls? …«

Das ist gleichermaßen ein Dementi und ein Eingeständnis. Zuvor, in der amerikanischen Memoirenfassung, stand noch klipp und klar: »I decided to portray Mephisto-Gründgens.«

Zwiespältig reagieren Emigranten und Daheimgebliebene auf Klaus Manns Roman. Sein Freund Landshoff befürchtet, die Figuren der Naziführer litten »nicht nur an äußerer, sondern auch an innerer Un-Wirklichkeit« und sowohl Höfgen als auch sein Umkreis seien vielleicht doch »zu sehr vom persönlichen Erleben« des Verfassers geprägt. Erstaunt konstatiert Gottfried Benn, der »geistig sehr schwache«, »faustdicke Schlüsselroman« sei eigentlich »mehr eine bewundernde Ovation als eine Vernichtung« – ein Urteil, zu dem später auch Marcel Reich-Ranicki gelangen wird: »Der ungeheure Triumph von Gründgens war, dass er in dem Roman letztlich eine hochinteressante und beinahe positive Figur gegen den Willen von Klaus Mann geworden ist.«

Seine Familie stimmt dem Sohn und Bruder zu: Thomas Mann lobt als »das Merkwürdige und Neue«, dass sein Ältester sich »als Moralist« erweise. Bruder Golo vergleicht »Mephisto« mit dem »Untertan« von Heinrich Mann.

Man wird Klaus Mann zugute halten müssen, dass sein Roman zu einer Zeit entstanden ist, in der die ins Exil getriebenen Hitler-Gegner sich bewusst zu werden beginnen, dass die Diktatur in ihrer Heimat nicht, wie sie erwartet hatten, ein kurzes Zwischenspiel bleiben, sondern auf unabsehbare Zeit hinaus Bestand haben würde. Unverständnis, Vorwürfe und Anklage gegen jene, die unter Hitler allzu schnell Karriere gemacht hatten und von außen her gesehen von Mitläufern zu Mittätern geworden waren, gehörten zu den verständlichen, nahe liegenden Reaktionen.

In diesem Fall kommt jedoch das seit langem unbewältigte Verhältnis des Verfassers zu dem einstigen Freund hinzu, seit Jahren schwankend zwischen Bewunderung, Neid und Kritik, Mitgefühl und Enttäuschung, Irritation, Antipathie und Faszination, Hass und Liebe – ein Verhältnis, das seinen Roman zu einem »beispielhaft-beispiellos frühen Dokument eines Nichtverzeihenkönnens und Nichtverstehenwollens« machte (Gerhard Stadelmaier).

Gerecht erscheint, Haltung und Werk Klaus Manns mit dem Urteil anderer ins Exil getriebener deutscher Schriftsteller über jene Menschen zu vergleichen, die einst ihre Freunde oder doch Kollegen waren und im NS-Staat Popularität und das Ansehen der Mächtigen erwarben. Carl Zuckmayer hat in seinem »Geheimreport« differenzierte, vorurteilsfreie Porträts zahlreicher in Deutschland gebliebener Schauspieler und Schriftsteller gezeichnet. Und während des Zweiten Weltkriegs wird Bertolt Brecht angesichts der Berufung seines früheren politischen Bundesgenossen Herbert Ihering in die Direktion des Wiener Burgtheaters in sein »Arbeitsjournal« notieren: »bauschundbogenurteile kann ich nicht leiden, derlei leute – bauschundbogenmäßig gesprochen – sind nicht die hauptfeinde, nehme ich an, das urteil muss drinnen gefällt werden.«

Gustaf Gründgens hat 1950 behauptet, er kenne den umstrittenen Roman seines früheren Schwagers nicht und wolle ihn »auch nie lesen«. Das nahm ihm niemand ab, zumal einer seiner langjährigen Mitarbeiter berichtete, Gründgens habe den »Mephisto« fast auswendig gekannt und sogar den Wunsch geäußert, ihn selber zu verfilmen.

Die Verhaftung des Sekretärs

Könnte zwischen den Ereignissen ein Zusammenhang bestehen? Im Oktober 1936 erscheint Klaus Manns Roman »Mephisto«. Im Januar 1938 wird Gründgens' Sekretär und langjähriger Gefährte Erich Zacharias-Langhans während einer Party zusammen mit zwei Schauspielern von der Gestapo festgenommen. Nach den NS-Rassegesetzen gilt er als Halbjude und auch der seit 1871 bestehende und 1935 drastisch verschärfte § 175 des Strafgesetzbuches ist auf ihn anwendbar.

Im NS-Staat werden Homosexuelle als Fortpflanzungsverweigerer und »bevölkerungspolitische Blindgänger«, ja als »Volksschädlinge« und »Staatsfeinde« verunglimpft und leben in ständiger Angst. Freunde, die ihnen beizustehen versuchen, gefährden sich ebenfalls. Verdächtigen werden Führerschein und Reisepass entzogen. In einer »Reichsstelle zur Bekämpfung der Homosexualität und Abtreibung« werden zwischen 1935 und 1941 41 000 »Täter« registriert. Sonderkommandos der Gestapo observieren und durchkämmen Lokale, Tanzcafés und Bars, die als Treffpunkte Verdächtiger gelten. Gegen viele aus dieser Verfolgtengruppe wird ab 1937/38 eine zeitlich unbegrenzte »Vorbeugungs- oder Schutzhaft« in Konzentrationslagern verfügt. Auch manche Mitgefangene verachten die Männer mit dem rosa Winkel; sie werden unmenschlichen Arbeitskommandos zugeteilt oder medizinischen Experimenten unterworfen.

Gründgens selbst muss sich immer wieder mit Hilfe eines Rechtsanwalts gegen Erpressungsversuche wehren. Ein Verhafteter berichtet der Gestapo von einem Herrenball des Intendanten mit etwa dreißig Gästen, »davon die Hälfte junge Burschen«. Seine Frau habe zur gleichen Zeit einen Damentee gegeben. Doch die Mehrzahl der gleich ihm Betroffenen sieht in diesem sich seiner Lindenblattstelle stets bewussten Gründgens eine Kultfigur, einen, »der es geschafft« hat und den anderen immer wieder beweist, zu welch außergewöhnlichen Leistungen Schwule fähig sind.

Einen gewissen Schutz bietet eine 1937 ergangene Anordnung Heinrich Himmlers als Chef der Deutschen Polizei, nach der Schauspieler und Künstler wegen »widernatürlicher Unzucht« nur mit seiner, Himmlers, vorheriger Genehmigung festgenommen werden dürfen, es sei denn, man habe »einen der Genannten auf frischer Tat ertappt.« Das bewahrt zum Beispiel O. E. Hasse, Marianne Hoppes Berufskollegen in den Münchner Jahren, nicht davor, 1939 wegen Homosexualität denunziert und für zwei Monate inhaftiert zu werden. Bis zum Kriegsende wird er nur noch kleine Filmrollen spielen und an Provinztheatern gastieren dürfen.

»Man huldigt nicht diesem Eros, ohne zum Fremden zu werden in unserer Gesellschaft ... man verschreibt sich nicht dieser Liebe, ohne eine tödliche Wunde davonzutragen«, schreibt Klaus Mann in »Der Wendepunkt«.

Während der verhaftete Zacharias-Langhans im Gestapo-Gefängnis in der Prinz-Albrecht-Straße verhört wird und seine Einweisung in ein Konzentrationslager schon beschlossene Sache ist, eilt Gründgens zu seinem Gönner Göring und setzt ihn unter Druck: Wenn Langhans nicht freikomme, sehe er, Gründgens, sich außer Stande, weiter zu spielen und in seinem Amt zu bleiben. Göring kann mit Zustimmung von Himmler die KZ-Einweisung verhindern. Nach einer Vernehmung durch Göring sowie Himmler bringen Gestapo-Leute Langhans in seine Wohnung, er muss seine Sachen packen und wird in einen Zug verfrachtet, der zur Schweizer Grenze fährt. Der aus Deutschland Ausgewiesene ist offenbar Bauernopfer im Rivalitätskampf zwischen Göring und Goebbels geworden, der sowohl Juden wie Homosexuelle fanatisch hasst, während Göring dazu neigt, zuweilen wie ein Feudalfürst zu agieren.

Welch ein Verhängnis! Was die beiden gleichaltrigen Männer, Gründgens und seinen Sekretär, verbindet, ist weit mehr als eine zurückliegende Affäre. Schon in Hamburg hatte man sich kennen gelernt, als Erich Zacharias-Langhans, genannt Zack, vagabundierend in verschiedenen Berufen, unter anderem als Statist an den Kammerspielen, als Buchhändler und Antiquar, mit GG und seinem munteren Kreis durch Hamburgs Vergnügungsstätten gezogen war. Nach Erikas Abreise war Gründgens zu dem Freund in dessen Wohnung an der Elbchaussee gezogen. Später dann, nachdem Gründgens Intendant geworden war, hatte er Zack in sein Büro geholt, aus eigener Tasche bezahlt, da man Halbjuden offiziell nicht beschäftigen durfte, und ihm in Zeesen in einem der beiden Kavaliershäuser eine Zweitwohnung überlassen.

Wie unentbehrlich dieser Freund für den Intendanten am Gendarmenmarkt geworden war, geht aus einem Brief hervor, den Erich Zacharias-Langhans an seine in Weimar lebende Schwester Maria schrieb. Damals teilte er mit Gründgens in Berlin wiederum eine Wohnung, bis dieser Marianne Hoppe heiratete: »Morgens um 9 geht es los. Ich bin fix und fertig angezogen, wohingegen mein Chef im Bett liegt und die Post liest. Plötzlich springt er blitzartig aus demselbigen und verschwindet im Badezimmer ..., nicht ohne irgendwelche Briefe in der Hand, die er an dem einen oder anderen Platze liegen lässt. Aus dem Badewasser fische ich mir dann die Reste. Zwischendurch fängt das Telefon an sich zu melden, es wird auch mal aus der Badewanne heraus was diktiert, und dann wird gefrühstückt. G. zieht sich entsetzlich schnell an, denn während ich noch, an einem Brötchenrest kauend, meinen Kram zusammenpacke und nur den Mantel überziehe, hat er sich aus dem Bademantel in einen fix und fertig gekleideten Menschen – geradezu ein Zauberkunststück, das ich jeden Morgen wieder bewundere – verwandelt. Es geht ins Auto und in die Intendanz. Im Auto bekomme ich Instruktionen für circa zehn Telefongespräche.

Post, die jeden Tag mehr wird, muss aufgemacht werden und auf jeden Brief kommt ein kleiner Vierzeiler, in dem bemerkt ist, was drin steht … Abwechselnd mit vielen Telefonaten, die schriftlich festgelegt werden müssen, dauert das bis gegen eins … Dann nach Hause, essen, meistens erst so um halb vier, und während G. für den Abend völlige Ruhe hat, mache ich etwas, was ich ›Telefonschlafen‹ nenne. Ich lege mich hin, mit dem Apparat und Bleistift und Papier neben mir, und tue einen Halbdöser, der je nach den telefonierenden Leuten auch manchmal zum Schlafen wird. Dann gibt's Tee, G. fährt ins Theater, ich manchmal mit, manchmal bleibe ich zu Hause und bringe meinen Kram in Ordnung, spiele noch ein bisschen Grammophon, manchmal gehe ich noch ein bisschen in die Stadt. Sonst wird so abends um 11 zu Abend gegessen und langsam ins Bett gegangen, wenn G. nicht noch irgendwelche Leute aus dem Theater mitgebracht hat, die sich selten vor 2 Uhr verkrümeln.«

Und nun dieser Terror! Dieses unvorhergesehene Auseinandergerissenwerden! Lust hatte sie verbunden, auch Angst um die verbotene Liebe! Klaus Mann hat Zacharias-Langhans in seinem Roman als Lehmann bösartig porträtiert. Wird die Gestapo erst dadurch auf »Lehmann« aufmerksam, und beginnt sie erst dann, ihn zu beobachten? Gründgens war davon überzeugt.

Ein letzter Händedruck, wiederum im Beisein der Gestapo-Wächter. Dann reist Erich mit nur einem Koffer, den er mitnehmen darf, zunächst zu den Bernoullis in die Schweiz, zu denen auch Gründgens im Mai 1936 geflüchtet war. Dort treffen sich die beiden Freunde noch einmal, und Gründgens bringt ihm zum Abschied, wie es sich Zack gewünscht hatte, ein Bild mit, das er, Gründgens, selbst gemalt hat: ein Pastell des Kavaliershauses, in dem der Freund in Zeesen gewohnt hat. Dann zieht Zacharias-Langhans über Italien und England weiter nach Lateinamerika, nach Chile, und findet dort einen Broterwerb als Versicherungsagent. Erst 1948 sehen sich die beiden Freunde in Brasilien wieder. 1964 nimmt sich Zack in Chile das Leben.

Das Jahr 1938, das mit der Verhaftung und Ausweisung Zacks so verhängnisvoll für GG begonnen hat, endet mit einem Triumph. Der durch die Festnahme seines Sekretärs so Gedemütigte spielt nun den Aufrührer und Volkshelden. Mit so bekannten Schauspielern wie Sybille Schmitz, Gisela Uhlen, Theo Lingen, Paul Bildt – auch Erich Ziegel ist dabei – dreht der Regisseur Hans Steinhoff nach einem Drehbuch von Hans Rehberg den Film »Tanz auf dem Vulkan«. Der Mann, um den sich alles dreht, der Komödiant Debureau, dargestellt von Gustaf Gründgens, verfasst Schmähverse gegen den verhassten Monarchen, bringt sie unters Volk und trägt durch seine aufrührerischen Chansons zum Ausbruch der Juli-Revolution von 1830 in Frankreich bei. Er wird verhaftet, zum Tode verurteilt, jedoch unter dem Schafott durch den Protest unzähliger Bürger gerettet und von der jubelnden Menge auf den Schultern davongetragen. Und wieder singt der Komödiant jenes Chanson, das die Menschen, gleich, ob auf der Bühne oder unter dem Galgen, immer wieder von ihm hören wollen: »Die Nacht ist nicht allein zum Schlafen da …«

Was ist das für ein Film? Ein mit Tamtam, Chansons, Tanzeinlagen, originellen Verkleidungsszenen, Liebesgeschichten und Eifersuchtsdramen verbrämter Aufruf zum Widerstand gegen den Hitler-Staat? Dagegen sprechen die Sympathie des Regisseurs und auch des Drehbuchautors für diesen Staat. Und auch Gründgens selbst hat nie behauptet, mit der Hauptrolle politische Implikationen verbunden zu haben. Allerdings hat er mit dem Gedanken gespielt, Göring um ein Verbot zu bitten, da sowohl der Film insgesamt, als auch seine eigene Leistung nicht seinen künstlerischen Ansprüchen entsprachen.

Aber der großen Mehrzahl der Zuschauer bleibt das angesichts der politischen Ereignisse des Jahres 1938 und des Bezugs auf eine Revolution makaber unterhaltsame Spektakel vor allem in Erinnerung durch Gustaf Gründgens' inzwischen legendär gewordenes Chanson: »Die Nacht ist nicht allein zum Schlafen da …«

»Tanz auf dem Vulkan« – der Titel wird für den Hauptdarsteller über den Film hinaus bedeutsam bleiben.

Krieg und Heimatfront

Das ist 'ne schöne Welt! Wer ist so blöde
und sieht nicht diesen greiflichen Betrug?
Und wer so kühn und sagt: daß er ihn sieht?
Schlimm ist die Welt, sie muß zugrunde gehn
Wenn man muß schweigend solche Ränke sehn.

William Shakespeare, Richard III.

Der Sommer ist so schön wie schon seit langem nicht. Im Park blühen Dahlien, Rosen, der Rittersporn und Malven. Kleine sanfte Wellen plätschern an den Bootssteg mit dem Ruderboot. Angesichts des schönen Wetters beschließen die Gründgens, zu einer Gartenparty einzuladen, und zwar befreundete oder ihnen gut bekannte Korrespondenten der großen ausländischen Zeitungen in Berlin. Gustaf möchte sie vor Beginn der Spielzeit 1939/40 sicherlich auf die wichtigsten Premieren im Schauspielhaus hinweisen. Zwar lässt sich nicht vermeiden, auch die beiden Pressereferenten Görings mit hinzuzubitten, doch findet sich gewiss Gelegenheit, diesen oder jenen der Geladenen hinter dem Rücken der Göring-Leute zu befragen, was die nächste Zukunft bringen wird. In Berlin, so hört man, ist der Druck von Lebensmittelkarten befohlen worden. In Zeesen, Königs Wusterhausen – überall tragen Briefträger Gestellungsbefehle aus. In Breslau sind während der Ferien im August Quartiere für 80 000 Soldaten in den Schulen eingerichtet worden. Die Zeitungen berichten täglich über polnische Provokationen an der Grenze. Steht ein Krieg bevor?

Wann hat Marianne drehfrei? Am 21. August 1939! Also sollen zu diesem Montag die Gäste eingeladen werden.

Zehn Tage zuvor haben nämlich in der Ufa-Stadt Babelsberg und auf einer zweihundert Meter langen Bahnstrecke zwischen Celle und Hannover – für die Aufnahmen an beiden Seiten mit tropischer Vegetation bepflanzt – die Dreharbeiten für den Abenteuerfilm »Kongo-Express« begonnen, in dem Marianne Hoppe zusammen mit Willy Birgel und René Deltgen für eine Tagesspitzengage von 1 500 Mark die Hauptrolle spielt. Anfang September wird ihr noch Brennstoff fürs Auto amtlich genehmigt. Am Ende der Aufnahmen, im Oktober, wird der Blitzkrieg gegen Polen schon zu Ende sein, und die Hauptdarstellerin wird sich vorsichtshalber eine Pistole und ein Fahrrad besorgt haben.

Zeesen, 21. August 1939. Noch zwölf Tage bis zum Kriegsbeginn. In Berlin erhält der polnische Botschafter von seinem Außenminister Anweisung, während eines geplanten Treffens mit Göring die falschen Anschuldigungen der Deutschen gegen die polnische Minderheitenpolitik zurückzuweisen. Kann Göring, auf Hitler einwirkend, einen Krieg vermeiden helfen?

Diener reichen Getränke und Canapés. Der Hausherr zeigt jenen, die zum ersten Mal nach Zeesen eingeladen sind, sein Schlösschen: im Erdgeschoss, entlang der Glasveranda, die drei Speise- und Empfangszimmer, im obersten Stock die beiden durch ein gemeinsames Frühstückszimmer verbundenen Appartements des Ehepaares sowie sein Bibliotheks- und zugleich Arbeits- und Besprechungszimmer. Herr Gründgens, das erkennt der Kundige auf den ersten Blick, bevorzugt Memoirenliteratur, zum Beispiel die Tagebücher André Gides sowie Ernst Jüngers, Schriften von D. H. Lawrence, Romane von Hans Henny Jahnn. »Die Bücher waren die Gefährten seines Alleinseins«, schreibt der enge Mitarbeiter Alfred Mühr.

Während in Zeesen die Dämmerung einbricht, arbeiten deutsche und russische Diplomaten unter Hochdruck an einem Vertragswerk, das als deutsch-sowjetischer Nichtangriffspakt in die Geschichte eingehen wird. Mit ihm wird am 23. August 1939 auch ein Geheimabkommen unterzeichnet, das die Aufteilung Polens zwischen dem Deutschen Reich und der UdSSR besiegelt. Damit ist der Weg frei für den Beginn des Zweiten Weltkriegs. Am 1. September fällt die Wehrmacht in Polen ein.

Ahnen es die Gastgeber und ihre Gäste? Die Gartenparty wird zur Abschiedsparty. Erst sechs Jahre später wird es für Marianne Hoppe und einen der Gäste, den Berliner Korrespondenten des Londoner »Daily Mail«, Ralph Izzard, ein folgenschweres Wiedersehen geben – ein Wiedersehen zwischen dem am Ende des Krieges vom britischen Intelligence Service nach Berlin entsandten Geheimdienstoffizier und einer der populärsten und berühmtesten deutschen Filmschauspielerinnen.

Entspannung fürs Volk

In zwanzig Tonfilmen hat sie seit ihrem Debüt in »Der Judas von Tirol« bis zum Ende des Zweiten Weltkriegs mitgewirkt, und einige dieser in den frühen vierziger Jahren entstandenen Filme haben die damals Mitte 30-Jährige zu einem umschwärmten Filmliebling gemacht.

Buchstäblich bis zur letzten Stunde sind Spielfilme Teil der Kriegsstrategie im Führer-Staat. Sie sollen die »Heimatfront« festigen helfen, in Zeiten »stärkster Anspannung«, so

Spielfilme sollen die Heimatfront festigen und das Volk bei Laune halten. Im April 1941 beginnen die Aufnahmen zu dem Helmut-Käutner-Film »Auf Wiedersehen, Franziska!«. Marianne Hoppe spielt die Franziska, die den geliebten Mann, als er endlich zu ihr zurückkehrt, entsagungsvoll ins Feld ziehen lässt. Franziska lebt vor, was von den Volksgenossen erwartet wird: Verzicht und Opferbereitschaft im Dienste des Vaterlands.

will es Goebbels, »dem Volke Entspannung geben«, es bei guter Laune halten, das Durchhaltevermögen und den Optimismus fördern. Drehbücher werden entsprechend scharf zensiert oder auch verboten. Nur nichts Pessimistisches, nur nichts Niederdrückendes!

Im April 1941 marschieren deutsche Truppen in Jugoslawien ein und besetzen Griechenland. Am 17. kapituliert die jugoslawische, am 21. April die griechische Armee. Drei Tage später beginnen mit Marianne Hoppe in München die Aufnahmen zu dem Helmut-Käutner-Film »Auf Wiedersehen, Franziska!«. Hans Söhnker, ein männlicher Publikumsliebling, spielt den ständig in der Welt beruflich umherschwirrenden Michael, der sich in eine Professorentochter und Kunsthandwerkerin namens Franziska verliebt und, nachdem er erfahren hat, dass die Geliebte ein Kind erwartet, sie auch heiratet. Doch sein unstetes Leben in Indien, Afrika und China setzt er fort. Als er schließlich doch zurückkehrt und daheim bleiben will, bricht der Krieg aus. Nun ist es seine Frau, die den Widerstrebenden hinausschickt: »Auf Wiedersehen, Michael!«

Sechs Wochen nach der Erstaufführung wird die deutsche Armee in die Sowjetunion einfallen, und Marianne Hoppe wird weinen, als sie die Nachricht hört. »Was hast du denn?«, fragt Gründgens. »Um Gottes willen, die können sich ja gar nicht wehren, die haben ja gar nichts«, antwortet sie und umarmt hilflos schluchzend den Gefährten. Dass Göring einen Monat später Hitlers Befehl an Heydrich weitergibt, die »Endlösung der Judenfrage auf das gesamte von Deutschland beherrschte Gebiet Europas auszudehnen«, und im KZ Auschwitz kurz darauf »Versuchsvergasungen« beginnen, weiß die Schauspielerin ebenso wenig wie die Mehrzahl der Deutschen.

In den Kinos begeistern sich die Zuschauer derweil an einer Franziska, die ihrem Beruf den Rücken kehrt, nur auf die Rückkehr des Geliebten wartet und ihn dennoch jetzt, »wo's zum ersten Mal einen Sinn hat«, selbstverständlich in den Krieg ziehen lässt. Marianne Hoppe zeigt uns »eine Frauengestalt von innerer Größe ... die man so bald nicht vergessen wird«, so der »Film-Kurier«. Sie lebt auf der Leinwand vor, was von den Volksgenossen jetzt erwartet wird: Verzicht und Opferbereitschaft. Der Krieg und das Vergnügen, die mutige Soldatenfrau im Film und die ob des Krieges hilflos Schluchzende, notgedrungene Kooperation und Abscheu – es existiert alles neben- und miteinander, nicht nur im Leben der Marianne Hoppe.

Trotz Zensur, Verbot und einem fanatischen Oberkontrolleur: Auch im Zweiten Weltkrieg entstehen in Deutschland noch Filme, die über den Krieg hinaus künstlerisch Bestand haben werden. Fernab aller vom Reichspropagandaminister vorgegebenen Prinzipien dreht wiederum der begabte Helmut Käutner im Sommer 1942 »Romanze in Moll« nach einer Novelle von Guy de Maupassant. Und wieder holt er sich Marianne Hoppe als Hauptdarstellerin.

Noch heute erzählen sich alte Frauen, wie der Film sie damals verzauberte, der Schreckenszeit entrückte und in tagelange melancholisch-sentimentalische Stimmung hüllte, die in einem grotesken Verhältnis zu ihren BDM-Appellen und Kriegseinsatzdiensten stand. Das gab es also auch! Leidenschaft! Die aufwühlende Liebe einer mit einem spießigen, kleinen Buchhalter verheirateten jungen schönen Frau zu einem erfolgreichen Komponisten, einem reichen Don Juan, den sie durch einen Zufall kennen lernt und der die Geliebte heimlich in eine glanzvolle schöne große Welt entführt. Und dann: die teuflische Erpressung! Der Vorgesetzte des Ehemannes kommt hinter das Geheimnis! Auch er will die aparte junge Frau besitzen. Es gibt nur einen Ausweg: Madeleine nimmt sich das Leben.

Was war es, was die Mädchen damals so verzauberte? Die elegische Stimmung, die romantische Atmosphäre, die über diesem Film mit seinen vielen feinen Zwischentönen lag? Die Konzentration auf das ganz und gar Private? Das Beispiel persönlicher Verstrickung, dargestellt ohne Schuldzuweisung, mit Mitgefühl?

»Romanze in Moll« ist wahrscheinlich der beste Film, den Käutner je gedreht hat. Und mit ihm erreicht Marianne Hoppe ihren künstlerischen Höhepunkt als Filmschauspielerin, überzeugend in jedwedem Ambiente: als durch die engen Stuben huschende, um das Wohl des Buchhalters besorgte, warmherzige und zugleich schuldbewusste Ehefrau, im Wechsel von Souveränität und Verwirrung im Palais des reichen Künstlers und Geliebten, rätselhaft entrückt, glücklich und verzweifelt. Mit den sparsamsten Gesten löst sie Bewegung aus.

»Romanze in Moll« ist kein Film, wie Goebbels ihn sich nach der Katastrophe von Stalingrad zur Aufmunterung der Volksgenossen wünscht. Zu seinem Ärger hat die Zensur den Film durchgehen lassen. Den Beifall des Propagandaministers finden andere Filme.

Hoppes Partner als Geliebter in dem Käutner-Film, Ferdinand Marian, wird unter Druck gesetzt, neben Werner Krauss die Hauptrolle in »Jud Süß« zu spielen, mit dem der Massenmord an den Juden gerechtfertigt werden soll. Veit Harlan, einst Kollege von Gründgens am Berliner Schauspielhaus, führt Regie. Während des Krieges inszeniert am Gendarmenmarkt der junge und begabte Wolfgang Liebeneiner. 1941 führt er Regie in »Ich klage an«, einem Film, der zur Rechtfertigung jenes Euthanasieprogramms dienen soll, dem 80 000 psychisch und physisch Behinderte zum Opfer fallen werden.

Gustaf Gründgens wiederum soll 1941 auf Wunsch des Schauspielers Emil Jannings, der die Hauptrolle übernommen hat, in dem antibritischen Hetzfilm »Ohm Krüger« den englischen Kolonialminister Chamberlain spielen. Es geht darum, die Briten anzuklagen, im Kampf gegen die Buren Konzentrationslager eingeführt zu haben. Gründgens lehnt ab; er sei durch die Theaterleitung überlastet. Darauf erreicht ihn der Befehl von Goebbels: Er muss die Rolle übernehmen. Nun lässt sich der Erpresste von einem Militärfahrzeug und in Begleitung von zwei Luftwaffenoffizieren, die ihm Göring attachiert hat, in das Atelier kutschieren, besteht darauf, als Staatsrat respektiert zu werden und Regieanweisungen jeweils nur über einen seiner beiden Adjutanten in Empfang zu nehmen. Eine Gage für die Zwangsverpflichtung lehnt er ab. Das Angebot, in »Jud Süß« zu spielen, weist er erfolgreich von sich und kann sich weiteren Filmverpflichtungen bis zum Kriegsende entziehen. Nicht so Marianne Hoppe.

Wiederum an Liebeneiner vergibt Goebbels den letzten »staatspolitischen Auftragsfilm«, der ab Herbst 1944 »im Rahmen des kriegswichtigen Filmnotprogrammes« hergestellt werden soll. Das Konzept hat der Minister selbst entworfen. Der Streifen soll das Leben einer Berliner Hausgemeinschaft während der schweren Luftangriffe im Sommer und Herbst 1943 schildern. Die männlichen Darsteller, unter ihnen Willy Fritsch und Viktor de Kowa, sind froh, nicht in den Krieg zu müssen, und überzeugt, dass der Film nicht mehr fertig gestellt werden kann. Die weiblichen, darunter Marianne Hoppe, wissen, die Dreharbeiten schützen sie vor dem Kriegseinsatz in der Rüstungsindustrie. »An diesem Film hielten wir uns alle fest wie Ertrinkende am Balken«, erinnerte sich Gustav Knuth später. »Das Leben geht weiter«, der festgelegte Titel für die Hausgemeinschaft, bewahrheitet sich nicht! Im Frühjahr 1945, die Alliierten sind von Ost bis West her fast bis zur Elbe vorgedrungen, bricht Liebeneiner das Unternehmen ab. Keiner der Schauspieler hat sich schon früher zu seiner Familie geflüchtet, aufgegeben, davongemacht. Alle wirken bis zum Schluss geduldig, diszipliniert, schicksalsergeben mit.

Ihren zahlreichen Verehrern aus den dreißiger und vierziger Jahren bleibt die Filmschauspielerin Marianne Hoppe in Erinnerung als eine Frau, wie sie sich die Männer damals wünschten und wie andere Frauen gern sein wollten.

Dienen und bekennen

Es soll möglichst alles weitergehen wie bisher, und doch wird fortan alles anders sein. Im zweiten Kriegsmonat empfängt Generalintendant Gründgens einen Redakteur der NS-Zeitung »Völkischer Beobachter« und gibt sich – vor sich das silber gerahmte Bild des Reichsmarschalls – erstaunlich konform-kämpferisch: »Wir alle stehen in der großen Front der Landesverteidigung. Der Abschnitt, den wir zu halten haben, ist die deutsche Kunst. Und lediglich diese politisch-sittliche Verpflichtung wird die Theaterführung während des Krieges bestimmen.« Wenige Tage später setzt Chefdramaturg von Naso im »Berliner Lokal-Anzeiger« nach: Das Theater »hat sich in die Front eingegliedert, die, im Rücken der kämpfenden Truppe, den geistigen Widerstand eines Volkes stählt.«

Gewiss, so eilfertig wie Heinrich George, der seit 1938 das Schiller-Theater leitet, ist der Generalintendant nicht. Der Kollege gastiert mit seinem Ensemble schon im Herbst 1939 vor deutschem Publikum im besetzten Polen. Derweil beschränkt sich die Truppenbetreuung des Intendanten vom Gendarmenmarkt noch auf die Mitwirkung an der beliebten Radiosendung »Wunschkonzert«, in der populäre

Künstler Musikwünsche hauptsächlich von Soldaten erfüllen. Der Schauspieler Mathias Wiemann freut sich, dass er »auch dabei« sein darf, und versucht, am Totensonntag die Frauen und Mütter der Gefallenen zu trösten. »Mit Tempo und Temperament« will Marika Rökk »Vergnügen und Glück« bescheren. Käthe Gold spricht »Worte im Namen der Kriegerfrauen«, und auch Theo Lingen, Paul Henckels, Heinz Rühmann, Zarah Leander und Willy Fritsch machen mit, um auf ihre Weise die »Krieger« aufzurüsten.

Zwar hat Gründgens später wiederholt betont, er habe »das Staatstheater niemals, weder im Frieden noch im Kriege, Auslandsgastspiele machen lassen«, obwohl das während des Krieges »fast in jedem europäischen Land möglich und brennend erwünscht gewesen« sei. Doch die Bühnen des Generalintendanten Gründgens müssen sowohl im Frieden wie im Krieg im Sinn der NS-Kulturpolitik im In- und Ausland wirken. Am 30. Januar 1938, am Jahrestag der »Machtergreifung«, beginnt die »Grenzlandfahrt« des Kleinen Hauses mit Lessings »Emilia Galotti« nach Elbing in Ostpreußen, wo man im »Reichsgautheater« spielt und vom NS-Gauleiter empfangen wird. Weiter geht es ins schlesische Beuthen und polnische Kattowitz. »Der propagandistische Zweck«, schreibt Peter Jammerthal, »ist offenkundig. Es geht« – im Nazijargon – »um die Stärkung des Deutschtums im Grenzland« und angeblich auch um den »›deutsch-polnischen Kulturaustausch‹« Gründgens bestätigt gegenüber dem »Völkischen Beobachter« »den ernsten und kulturpolitisch wichtigen Sinn …« Und im Krieg, erinnert sich die Schauspielerin Käthe Haack, waren »Wehrmachtstourneen … am Staatstheater eine heiß begehrte Abwechslung. Eine der ersten war ›Das Konzert‹ von Hermann Bahr mit Gustaf Gründgens nach Holland.«

Es folgten Aufführungen des Kleinen Hauses in Dänemark und Frankreich »sowie eine kurze Tournee in das eroberte Warschau.«

Das Repertoire wechselt, die Erlebnisse gleichen sich. Die Schauspieler werden herzlich von den »noblen« hohen Besatzungsoffizieren und argwöhnisch bis feindlich von der Bevölkerung empfangen. Mit den Gastgebern tanzt man nach der Vorstellung oft bis zum frühen Morgen. In den Läden der Überfallenen wird eingekauft, was es in Deutschland nicht mehr gibt: »Splittergebäck und Bohnenkaffee«, Sardinen, Schnaps, Schinken und Textilien. Ja, auch das Getto in Warschau »erlebt« die Truppe. Aber, so wiederum Käthe Haack: »Die Zeitungen waren voll von Siegesmeldungen. Wir hatten Arbeit und Erfolg. Und langsam vergaßen wir das Grauenhafte. In dieser Hinsicht war das Staatstheater bei Gründgens eine Oase … hier waren nur Freunde.« Kann man hier besonders schnell verdrängen?

Wie soll man heute jene Rede beurteilen, die Gustaf Gründgens 1941 in München auf einer Tagung hielt und in der er u.a. sagte: »Es wird Sie nicht überraschen, wenn ich Ihnen von mir persönlich sage: Mein stärkstes künstlerisches Erlebnis der letzten Jahre war eine Wehrmachtstournee, die ich unternahm. In einem Kriege, der um Sein und Nichtsein der Existenz von fast hundert Millionen Deutschen geht, vor den Krieger hinzutreten und ihm den Schein des Lebens vorzuspielen – ihm, der das Leben selbst in blutigsten Gefechten eingesetzt hat, das ist eine unerbittliche Probe auf die Wahrhaftigkeit unserer Kunst. Hier muss unsere Wirklichkeit – die Wirklichkeit des holden und großartigen Scheins – gegen die Wirklichkeit des kriegerischen Erlebnisses und seine Kämpfer bestehen. Da gibt es keine billige Anbiederung, kein Augenzwinkern, kein Beiseiteflüstern, da muss gedient und bekannt werden, wie dieses Publikum auf den Schlachtfeldern gedient und bekannt hat.«

»Kämpfer« und »Krieger«, »dienen und bekennen«, »Sein oder Nichtsein von Millionen« – eine solche martialisch-pathetische Sprache ist man von Gründgens nicht gewöhnt. Warum bedient er sich ihrer angesichts dieses »greiflichen Betrugs«, eines Eroberungskrieges, den ein Regime vom Zaun gebrochen hat, zu dessen Anhängern er nicht zählt? Hat er seit seinem Amtsantritt seine Aufgabe nicht darin gesehen, dem teils gewalttätigen, teils sentimentalen Geschwafel der Funktionäre und Propagandadichter geistige Klarheit entgegenzuhalten, der Sprachverrottung Einhalt zu gebieten, Maßstäbe zu setzen gegen Rohheit und Drill? Muss ihm nicht in jeder Situation daran gelegen sein, sich auch rhetorisch zu unterscheiden vom hohlen Pathos der Reichsredner und Ortsgruppenleiter?

Gewiss ist Gründgens mit dem Beginn des Zweiten Weltkrieges kein Nationalsozialist geworden. Aber es ist nicht ausgeschlossen, dass er, wie auch andere Deutsche, weit entfernt von nationalsozialistischen Überzeugungen, zumindest in den ersten Jahren des Krieges die Grenze zwischen nationaler Zugehörigkeit, Vaterlandsverteidigung und den Gewaltherrschern verwischt und meint, unabhängig von dem Eroberungswahn der Mächtigen mit der Mehrzahl seiner Landsleute zusammenstehen zu müssen gegen den vorgegebenen Feind. Wie wir heute wissen, gab es unter den deutschen Offizieren und Soldaten eine Anzahl von Männern, die in der Wehrmacht eine Art »innerer Emigration« gefunden zu haben meinten und, ausgezeichnet mit Tapferkeitsmedaillen und hohen militärischen Auszeichnungen, Hitler-Gegner blieben.

Kriegsbedingte Umstellungen in den drei Theatern erfordern nüchterne Überlegungen. Wie kann der künstlerische Betrieb trotz der Einberufungen von über hundert Mitarbeitern uneingeschränkt fortgesetzt werden? Auch Gründgens wird im Verlauf des Krieges ausländische Zwangsarbeiter anfordern. Ebenso wie Juden dürfen sie deutsche Theater nicht besuchen; hinter den Kulissen braucht man sie.

Vor allem aber muss der Intendant für jedes seiner Theater die Namen all jener Künstler einreichen, die, als überdurchschnittlich begabt und daher unersetzlich, von jeglichem Wehrdienst freigestellt werden sollen. Während »der Krieger« sein Leben in den »blutigsten Gefechten« einsetzt, um Gründgens zu zitieren, sendet der Führer den Publikumslieblingen vom Film und Theater häufig Glückwunschschreiben oder Telegramme und ordnet an, dass die so wichtigen Leute für die Aufrechterhaltung der Stimmung und Moral mit besonderen Kaffee- und Lebensmittelpaketen versorgt werden. Die großzügigen Schauspielergagen am Staatstheater betragen in den ersten Kriegsjahren pro Spielzeit zwischen drei- und knapp vierzigtausend Mark. Marianne Hoppe erhält fünfunddreißigtausend – in den folgenden Jahren sogar fünfzigtausend Mark pro Saison. Für solche Stargagen kommen auch zuvor am Deutschen Theater beschäftigte Kollegen wie Käthe Dorsch und Heinz Rühmann an den Gendarmenmarkt.

Das Ehepaar Gründgens bewohnt gemeinsam seit dem ersten Kriegsjahr ein stattliches, aufwändig renoviertes Gartenhaus im Park des Schlosses Bellevue, die einstige Knobelsdorff'sche Meierei, bis 1933 das Domizil Max Reinhardts. Die neuen Bewohner haben es nach der Renovierung mit französischen Stilmöbeln und Gobelins eingerichtet, mit bestickten Seidentapeten und einem für die Dame des Hauses mit blauem Taft garnierten Himmelbett. Der Intendant legt

Wert darauf, dass ein angemessener Mietbetrag von seinen Bezügen einbehalten wird. »Wir führten kein großes Haus«, berichtet Marianne Hoppe später. »Erstens war der Gustaf mit seiner Migräne zu anfällig. Und zweitens spielten wir ja fast jeden Abend. Aber als mein Bett fertig war, da gab ich ein Betthimmelfest. Ließ mir so'n schönen, pflaumenblauen Morgenrock machen und setzte mich aufs Bett und empfing alle. Käthe Gold war dabei … und ich weiß nicht, wer noch. Und da saßen wir alle in meinem Schlafzimmer und waren urgemütlich …«

Bei der Ausarbeitung des Spielplans in den Kriegsjahren achtet Gründgens besonders sorgfältig darauf, nicht nur Göring rechtzeitig und umfassend zu informieren, sondern auch die im Propagandaministerium angesiedelte Reichsdramaturgie. Das erscheint notwendig, um Überschneidungen mit Reichstheatern zu vermeiden und womöglich im letzten Augenblick zu erwartende Interventionen rechtzeitig zu verhindern.

Gewiss, gegen die geplanten Inszenierungen, zum Beispiel von Lessings »Minna«, Schillers »Fiesco«, Shakespeares' »Maß für Maß«, ist kein Einspruch zu erwarten. Aber gilt das auch für Georg Büchners Erstlingswerk, für »Dantons Tod«? Gründgens inszeniert das Stück, spielt selbst den St. Just und lädt im Dezember 1939 zur Premiere. »Mit dieser Aufführung stehe ich mit einem Fuß im KZ«, fürchtet er. Der junge Büchner hat bekanntlich in »Dantons Tod« seine Enttäuschung über die mit Freuden begrüßte Revolution ausgedrückt, den Wandel seiner früheren Helden für das Gute und Gerechte zu zynischen Vertretern des Terrors und der Macht.

Die NS-Zeitung »Angriff« lehnt das Drama unmissverständlich ab, ohne die Inszenierung anzugreifen. Im Amt

Rosenberg hingegen sieht man sogar Möglichkeiten, das Werk für die NS-Propaganda zu nutzen. Der Kompetenzwirrwarr der ideologischen Wächter kann das Risiko sowohl abschwächen als auch verstärken. Absolute Sicherheit gibt es nur, wenn die Instanzen fest entschlossen sind, ihrerseits ein Werk und seinen Autor durchzusetzen. Da hilft kein Widerspruch.

Im Frühjahr 1940 wird die Leitung des Schauspielhauses gezwungen, anlässlich des Deutschland-Besuches des Duce das von diesem mitverfasste antiparlamentarische Schauspiel »Cavour« in den Spielplan aufzunehmen. In der Hauptrolle Werner Krauss, Gründgens führt Regie. An der glanzvollen Premiere am 9. Mai 1940 nimmt die gesamte Parteiführung teil, angeführt von Goebbels und Göring – eine Ehrenbekundung für den Duce und zugleich die heimtückische Verschleierung eines unmittelbar bevorstehenden neuen deutschen Angriffs: Nach einer ausgiebigen Premierenfeier, die bis in die Morgenstunden dauert, verkündet Goebbels in der Frühe des 10. Mai 1940 die Ausweitung des Krieges nach Westeuropa. 137 Divisionen mit annähernd eineinhalb Millionen Soldaten, fast zweieinhalbtausend Panzern und nahezu viertausend Flugzeugen besetzen Belgien, die Niederlande und Luxemburg. Das Staatstheater eine Insel? Am 9. Mai jedenfalls ist es etwas ganz anderes: ein Werkzeug.

Die Schauspieler erstaunt immer wieder, wie aufmerksam, wie wach und konzentriert das Publikum trotz des zermürbenden Kriegsalltags dem Geschehen auf der Bühne folgt, wie die Menschen immer wieder nach Parallelen und Bezügen im Text und in der Handlung suchen und, sie erkennend, reagieren. »Moses führte sein Volk durch das Rote Meer und in die Wüste, bis die alten verdorbenen Generationen sich aufgerieben hatten, eh er den neuen Staat gründete«, lässt Büchner seinen St. Just ausrufen. »Wir haben weder das Rote Meer noch die Wüste, aber wir haben den Krieg und die Guillotine ...« Wagten Mutige zu klatschen? Jedenfalls die harmlose Stelle in Friedrich Grillparzers »Bruderzwist in Habsburg«: »Die Meinung, acht' sie im anderen auch« wurde in der Spielzeit 1941/42 fast jedes Mal mit kräftigem Applaus quittiert. Wirkte sich noch immer aus, dass Berlin etwa im Unterschied zu München und Nürnberg zu Beginn der NS-Herrschaft alles andere als eine Hochburg der NSDAP gewesen ist? Bei den Reichstagswahlen im März 1933 erhielt die Hitler-Partei in ganz Deutschland 44 Prozent, in Berlin hingegen nur 34,6 Prozent.

1941/42, zehn Jahre nach seinem Debüt als Mephistopheles im Preußischen Staatsschauspiel, entschließt sich Gründgens, den »Faust«, und zwar den ersten und den zweiten Teil, wiederum ins Repertoire zu nehmen. Er spielt seine alte Rolle, Käthe Gold wiederum das Gretchen. Die Hauptrolle, entscheidet der Intendant, soll dieses Mal Paul Hartmann übernehmen. Und da Lothar Müthel inzwischen Chef des Wiener Burgtheaters geworden ist, übernimmt GG auch die Regie. Die Menschen stellen sich Stunden vor Öffnung der Vorverkaufskassen nach den begehrten Karten für die hoch gelobten, ja, wie es heißt, sensationellen Aufführungen an, und sie reagieren immer wieder auf die gleiche Weise. Zum Beispiel: Faust beklagt: »Schon wieder Krieg! Der Kluge hört's nicht gern.« Kräftiger Applaus. Mephisto bietet ihm die Stellung des »Obergenerals« an. Faust antwortet: »Das wäre mir die rechte Hölle / Da zu befehlen, wo ich nichts verstehe.« Das Publikum stimmt wiederum mit Beifall zu. Oft muss die Vorstellung wegen solchen Szenenbeifalls unterbrochen werden.

Gründgens ist die Aktualität der Klassiker und die damit

verbundene Gefahr durchaus bewusst, und es gibt Augenblicke, in denen er ein besonderes Wagnis auf sich nimmt. Am Abend jenes Tages, an dem das Urteil gegen die Verschwörer des 20. Juli 1944 verkündet wird, tritt er bei den Worten des Mephisto an den Schüler vorn an die Rampe und ruft laut ins Publikum: »Vernunft wird Unsinn, Wohltat Plage / Weh dir, dass du ein Enkel bist! / Vom Rechte, das mit uns geboren ist, / Von dem ist leider! nie die Frage.« Beifall brandet auf und erlischt, erdrückt von Angst, so schnell, wie er begonnen hat.

»Mit der Instinktsicherheit des wachsenden Hasses und der Verzweiflung wurde keine Situation auf der Bühne ausgelassen, die einem zum Schweigen und zum Stillhalten verurteilten Volk zum Anlass einer spontanen Meinungsäußerung dienen konnte«, hat Gründgens nach dem Krieg bemerkt. »Das Theater war so ziemlich das einzige Gebiet, auf dem, getarnt durch die Dichtung, noch Meinungen laut werden konnten, die von der befohlenen Linie abwichen ...«

Sicherlich ist das wache Berliner Publikum nicht repräsentativ für die Theaterbesucher in der Provinz. Gewiss versammeln sich in den Schauspielhäusern nicht Scharen von Menschen, um ihren politischen Unmut auszudrücken. Die Mehrzahl freut sich der militärischen Siege und erträgt ergeben die Niederlagen.

Während des Krieges unterstehen Gründgens drei Spielstätten mit zusammen mehreren tausend Plätzen. Zu keiner Zeit steht er mit einem Bein im KZ. Vielmehr schließt er im November mit Göring einen neuen, bis 1950 gültigen Vertrag, der ihm unter anderen Vergünstigungen ein ungewöhnlich hohes Ruhegeld sichert.

Zusammen mit seiner Frau und anderen Schauspielern wird der Generalintendant auch weiterhin nach Carinhall eingeladen. Während sich Emmy Sonnemann mit ihren einstigen Kollegen im großen Park vergnügt, zu Ostern auch mit ihnen Ostereier sucht, setzt sich der neu ernannte Reichsmarschall an seinen Eichentisch, unterschreibt von Gründgens mitgebrachte Personalverträge, unter anderem für Souffleusen, lässt sich Bericht erstatten und schwadroniert. Ob Herr Gründgens sich denn vorstellen könne, welche Summen er, Göring, nach dem Sieg für das Staatstheater aufzuwenden gedenke? Und zu welchem Zweck? Nun, zum Beispiel für außerordentlich komfortable, mit einzelnen Bädern versehene Schauspielergarderoben! Und jetzt mal was ganz anderes: Was spielen wir denn am Tag des Sieges im Theater? Darüber hat sein Gegenüber noch nie nachgedacht. Wohl aber der Dicke: Verloren in konfuse Wunschbilder schlägt er Hebbels »Nibelungen« vor.

Bevor die Mehrzahl der Gäste sich verabschiedet und nur ein kleiner Kreis zum Essen bleibt, sitzt man zusammen an kleinen Tischen und trinkt Tee, Frau Hoppe notgedrungen neben dem Reichsmarschall. Sie mag weder ihn noch seine Frau, und das spüren diese auch.

Es ist nicht bekannt, ob die Gäste wie in früheren Jahren immer noch fürchten müssen, dass der Hausherr plötzlich einen der Bediensteten auffordert, an einer Eisenkette den kleinen Löwen hereinzuführen, eine Leihgabe des Berliner Zoos, der dann freigelassen zwischen den Tischen der vor Furcht starren Eingeladenen herumzuschnuppern pflegt. Aber als Frau Hoppe Göring bei einer der letzten Begegnungen im Herbst 1944 von ihrer Ausbombung und dem

Verlust der zum Kriegsbeginn erworbenen Pistole erzählt, lässt der galante, zum besonderen Gastgeschenk aufgelegte Führerstellvertreter sogleich auf einem silbernen Tablett verschiedene dieser Waffen bringen und schießt mit einer übermütig quer durch den Saal aufs Fenster. Und während Göring mit der Pistole herumfuchtelt, bemüht sich Gründgens um Fürsprache für zwei bedrohte Menschen, erinnert sich Marianne Hoppe. So absurd und so makaber geht es während des Krieges bei den Görings zu.

Einer, der mit ihm zusammenarbeitete, Günther Penzoldt, hat über Gründgens in der Berliner Intendantenzeit geschrieben: »Zwei seiner hervorragendsten Eigenschaften kamen ihm in diesen Jahren besonders zugute, seine Witterung für Möglichkeiten und Grenzen, gerade auch in gefahrvollen Momenten – die er eher suchte als vermied – und sein männlicher Mut.«

Mutig setzt sich Gründgens auch in den Kriegsjahren, zu jener Zeit, da der Massenmord an den Juden längst begonnen hat, für die jüdischen Ehefrauen seiner Kollegen ein, darunter auch für Mirjam Horwitz, die Frau seines früheren Hamburger Intendanten Erich Ziegel, ebenfalls von Gründgens ins Schauspielhaus geholt. Er bewahrt das Ehepaar Paul Henckels durch Rat und Hilfe davor, dem Beispiel des Schauspielers Joachim Gottschalk zu folgen, der nach einer Vorladung ins Propagandaministerium mit seiner jüdischen Frau Meta und seinem Sohn Michael in den Tod gegangen ist. Nachdem seine Frau gestorben ist, versuchen auch Paul Bildt und seine Tochter sich das Leben zu nehmen. Der Schauspieler kann gerettet werden.

»Es schien mir ... wichtiger, dort zu helfen, wo ich helfen konnte, anstatt mich in fruchtlosen Demonstrationen zu ergehen«, kommentiert Gründgens später und formuliert damit das Lebensprinzip jenes Kollaborateurs, der sich zum Mitmachen, zum Kompromiss entschließt, um damit Menschen vor Verfolgung, ja vor dem Tode zu bewahren! Paul Wegener zum Beispiel, diesen urwüchsigen, exotischen Koloss, ungezähmt in seiner Wildheit, der 1943 während einer Probe im Schiller-Theater behauptet, jetzt könne den Deutschen nur noch der Bolschewismus helfen. Heinrich George, der Intendant, tadelt den Unvorsichtigen. Die Szene spricht sich in Berlin herum, und Freunde wie Bewunderer Wegeners fürchten, er könne ein Opfer der Gestapo werden. Was macht Gründgens? Er holt den Gefährdeten in sein Ensemble, ins Schauspielhaus.

Gründgens als Lebensretter: vor allen anderen des kommunistischen Schauspielers Ernst Busch. Der ist bei dem Versuch, aus dem von den Deutschen besetzten Frankreich in die Schweiz zu fliehen, verhaftet und in das Gefängnis Berlin-Moabit eingeliefert worden. Die Anklage lautet auf »Vorbereitung zum Hochverrat«; darauf steht die Todesstrafe. Hat Marianne ihren Mann gedrängt, alles nur Menschenmögliche für den Gefährdeten zu tun? Sie und Busch, die sich mögen, haben früher einmal – halb im Ernst, halb im Spaß – damit kokettiert, später ein Ehepaar zu werden.

Doch ihrer Fürsprache bedarf es in diesem Falle nicht. Die beiden zwar gleichaltrigen, aber in ihren Charakteren, Werdegängen und künstlerischen Vorstellungen so grundverschiedenen Männer hatten schon vor über zwanzig Jahren gemeinsam auf der Kieler Bühne gestanden, waren sich wiederbegegnet in Berlin im Winter 1930/31, in der Nelson-Revue »Glück muss man haben« aufgetreten und hatten das Publikum zwar nicht für die Revue, aber doch für sich begeistern können.

Jeder auf seine eigene Weise, beide können alles: Charakterrollen spielen und auch Kabarett, singen, tanzen, tingeln und was man sonst noch auf der Bühne machen kann. Aber der frühere Werftarbeiter und Aktivist der Novemberrevolution Ernst Busch ist ein überzeugter Kommunist geworden, ein Sänger der Revolution, ein »Barrikaden-Tauber«, der seine Genossen in überfüllten Versammlungssälen des Berliner Ostens zu Begeisterungsstürmen hinriss, wenn er das Lied vom »Roten Wedding« oder die »Ballade von den Säckeschmeißern« sang. Kein Wunder, dass ihn die Nazis jagten. 1933 war Busch sogleich emigriert und auf verschiedenen Umwegen schließlich in die UdSSR und von dort nach Spanien gekommen, um am Bürgerkrieg gegen Franco teilzunehmen. Kein Wunder, dass die Nazis triumphierten, einen solchen Mann gefangen zu haben.

Gründgens eilt zu seinem höchsten Gönner, um für Busch zu sprechen. Göring schmeißt ihn raus. Kommunisten sollen hängen! Gründgens reicht dem Gericht eine Erklärung ein, dass der Angeklagte ihm als völlig unpolitischer Mensch bekannt geworden sei. Schließlich findet Gustaf Gründgens zwei einflussreiche Rechtsanwälte in Berlin, die sich bereit erklären, auf seine Kosten die Verteidigung zu übernehmen, und auf jenen Einfall kommen, der Ernst Busch vor dem Galgen rettet: Ein Mann, so argumentieren sie, der bereits 1937 ausgebürgert wurde und von diesem Zeitpunkt an als staatenlos anzusehen sei, könne gar nicht unter jene scharfen Hochverratsbestimmungen fallen, die erst nach seiner Ausbürgerung erlassen wurden. So gelingt es tatsächlich, die Todesstrafe abzuwenden. Busch erhält vier Jahre Zuchthaus und wird Ende April 1945 von sowjetischen Truppen aus dem Zuchthaus Brandenburg befreit.

Gustaf Gründgens, so betonen jene, die ihn kennen, reizt zuweilen die Gefahr, um so immer wieder Selbstbestätigung zu erfahren. Aber das genügt nicht als Erklärung. Der Mann muss auch ein Menschenfreund gewesen sein, der mit Festigkeit und zugleich diplomatisch, überlegt und ausdauernd Menschen in schwierigsten Situationen zu helfen wusste.

Gefreiter Gründgens

Marianne, die ihm Nächste, weiß von nichts, als ihr Mann sich eines Tages entschließt, seinen Kollegen Heinz Hilpert, den Intendanten des Deutschen Theaters, aufzusuchen, um sich Rat zu holen. Gründgens will sich freiwillig zur Wehrmacht melden. Hilpert muss nicht ernsthaft widersprochen haben, denn gleich darauf, am 26. Februar 1943, geht ein entsprechendes Gesuch bei Göring ein: »Sehr verehrter Herr Reichsmarschall! Gestatten Sie mir ... eine ernste und nachdrückliche Bitte. Erteilen Sie mir die Genehmigung, mich zum Dienst in der Wehrmacht zu melden«, schreibt Gründgens. »Die Zeit und mein Entschluss kommen meinem leidenschaftlichen Wunsch nach Eindeutigkeit, Einfachheit, Kompromisslosigkeit so sehr entgegen, wie mein eigentliches Tun, dessen Wichtigkeit mir niemand einreden kann, ihm widersteht.«

Der Reichsmarschall hält den Wunsch für eine Schnapsidee, bestellt Gründgens in sein Büro, schimpft und tobt herum, schlägt ihm vor, ein Sanatorium aufzusuchen, um seiner Nerven wieder Herr zu werden, und gibt schließlich nach. Allerdings einigt man sich auf einen vor Dienstantritt zu absolvierenden Sanatoriumsaufenthalt – eine seltene Vorbereitung auf den Kriegskommiss.

Was hat den Generalintendanten des Preußischen Staatstheaters bewogen, mitten im Krieg, zu einer Zeit, da die

Niederlage schon zu erkennen ist, Soldat zu werden? »Dieser Schritt«, so Gründgens später, »der verhassteste und schwerste, den ich tun konnte, war der einzige Ausweg aus dem Dilemma, in dem ich mich befand.«

Das Dilemma ist verknüpft mit einem Datum: dem 18. Februar 1943. Der Propagandaminister hatte eine Anzahl Prominenter, darunter zahlreiche Schauspieler, zum Tee geladen, einzig zu dem Zweck, sie anschließend in den Sportpalast transportieren zu lassen, wo er eine bedeutende Rede halten will. Gründgens muss den Coup geahnt, vielleicht auch einen Wink bekommen und Verdacht geschöpft haben – er und seine Frau sagen ab. Zusammen mit Marianne, dem Chauffeur sowie der Köchin hört GG in der Küche der Gartenvilla des Bellevue den Minister bellen: »Wollt ihr den totalen Krieg? Wollt ihr ihn, wenn nötig, totaler und radikaler, als wir ihn uns heute überhaupt vorstellen können?« Die Antwort der Tausenden im Sportpalast: Ja! Ein langer in den Ohren gellender Schrei.

Voller Panik stürzt Gründgens zum Auto, fährt planlos durch die Gegend, angstvoll darauf bedacht, dass niemand ihn erreichen kann. Ihm ist klar: Zwei Wochen nach der Kapitulation der 6. Armee in Stalingrad und einer großen russischen Gegenoffensive wird der Krieg noch brutaler werden als bisher, werden auch die Deutschen zu spüren bekommen, was ihnen in einer Diktatur abverlangt werden kann. Das wird sich auf alle Bereiche des Lebens auswirken. »Dass ich mich und mein Theater auch in Zukunft von allem wie bisher würde fernhalten können, durfte ich mir … nicht mehr einbilden«, so Gründgens, »und alles in mir drängte zu einer Demonstration.«

Nicht nur solche und ähnliche Erklärungen nach dem Krieg, auch das Datum des Gesuches wenige Tage nach der

Goebbels-Rede, legen nahe: So muss es gewesen sein! Der Soldat Gründgens kann sich ungleich leichter als der Intendant der von ihm verlangten Mitwirkung am totalen Krieg in der Rundfunkpropaganda oder in zum Hass aufputschenden Filmen entziehen. Außerdem gibt es ein eindrucksvolles Beispiel für ein solches unter Hinweis auf den Militärdienst ausgesprochenes Nein:

Im Oktober 1944 wird von etwa fünfzig Männern und Frauen aus Kunst und Wissenschaft erwartet, in einer geplanten Buchveröffentlichung (Auflage: 500 000 Exemplare) jeweils ein selbst verfasstes Treuebekenntnis zum Führer abzulegen. Tenor: »Wir stehen und fallen mit Hitler.« Am schlauesten reagiert Paul Wegener. Er schreibt nur einen Satz: »Ich glaube an den Führer, so wie ich an den Endsieg glaube.« Zu den wenigen Mutigen, die sich nicht beteiligen, gehört Gründgens. Er beruft sich auf seine vordringlichen Verpflichtungen in der Truppe. Goebbels notiert in seinem Tagebuch: »Dass Gründgens sich geweigert hat, an einem Bekenntnis zum Führer mitzuarbeiten, nimmt den Führer gar nicht wunder. Er hat für ihn nur Verachtung übrig.«

Es ist viel darüber gerätselt worden, warum Gründgens sich zu dieser »Flucht an die Front« entschloss. In den fünfziger Jahren, in seiner Antrittsrede in Hamburg, wird er den Grundsatz aufstellen, Künstler müssten von Zeit zu Zeit das Milieu wechseln, vor neue Probleme gestellt werden, und er wird sich dabei auf den einstigen bekannten Direktor der Wiener Burg Laube berufen: Kein Intendant solle länger als zehn Jahre ein Theater leiten. Die zehn Jahre sind für Gründgens 1944 um. Noch nie hat er so lange im immer gleichen Haus gespielt, inszeniert und dirigiert. Führt auch der Überdruss, das unerträglich gewordene Gleichmaß zu dem ungewöhnlichen Entschluss? Der Wunsch nach wechselnder Herausforderung erzeugt zuweilen bei diesem Mann ein geradezu gieriges Verlangen nach Neuem. Schließlich begibt er sich an eine Stelle, von der aus er die Wirklichkeit aus einer ganz neuen Perspektive erleben kann, nicht von oben, von der Bühne, sondern umgekehrt, von unten, aus der Perspektive dessen, der in Reih und Glied von unten nach oben blickt und dennoch weiter als Darsteller in einer neuen Rolle auf einer anderen Bühne bewundert wird.

Oder wünscht sich der ganz und gar Zivile die männliche Bewährung unter Männern? Gewiss »war auch ein preußisches Element in seiner Überlegung«, meinte der Schauspieler Minetti, er habe sich wohl gesagt, »diesen Mächtigen, die mich hervorhoben, die uns nun aber auch dieses Schicksal bescheren, kann ich nicht mehr dienen, ich diene nun bei denen, die den Krieg aushalten müssen« – einen Krieg, den Gründgens schon 1943 für verloren hielt. Wollte er eintreten? Nicht für das System, aber für die Allgemeinheit?

Anfang April 1943 trifft er im Münchner Hotel Vier Jahreszeiten auf einen hohen Funktionär, verantwortlich für Kunstpflege im Amt Rosenberg, und lädt den bis dahin von ihm Unbeachteten zu einem längeren Gespräch bei einer Flasche Sekt ein. Dieser Dr. Stang hält den Inhalt der Münchner Unterhaltung in einer Aktennotiz fest. Dort heißt es: »Herr Gründgens teilte mir dabei mit, dass er nunmehr aus innerem Drang, und um den anderen Künstlern ein Beispiel zu geben, Soldat werden wolle ... wenn man schon einmal eine Weltanschauung vertrete, dann müsse man diese auch wirklich bis in die letzte Konsequenz durchführen ...« Allerdings: »Die Gründe für die gezeigte Aufgeschlossenheit ... waren aus dem Gespräch nicht ganz zu erkennen.« Die Motive für diese Anbiederung an einen der obersten »Kunstpfleger« der Nazis bleiben im Dunklen.

Erst als Görings endgültige Zustimmung zum freiwilligen Kriegsdienst eingetroffen ist, informiert Gründgens seine Frau. Dann regelt er, wie es an den drei Bühnen weitergehen soll. Am leichtesten würde es ihm fallen wegzugehen, wenn Paul Wegener die Oberaufsicht übernehmen würde. Doch der weigert sich; in diesem Staat will er kein Amt übernehmen. Auch Paul Hartmann, nun Präsident der Reichstheaterkammer, die sich »um eine klare weltanschauliche Ausrichtung aller künstlerisch Schaffenden« zu kümmern hat, lehnt wegen Überlastung ab. Also wird der Schauspieldirektor Alfred Mühr zum »Feldwebel« bestellt, der allerdings keine wichtigen Entscheidungen treffen darf, ohne beim Gefreiten Gründgens an der »Front« nachzufragen. Eine merkwürdige Konstellation: Der Flüchtling bleibt in seinem bisherigen Amt, um seine »helfende und schützende Arbeit« nicht aufs Spiel zu setzen. Und zugleich soll das Nicht-mehr-Ausüben seiner Tätigkeit »meinen Protest deutlich machen«. Es ist fraglich, ob seine Kollegen dieses Sowohl-als-auch verstanden haben. Und es erscheint mehr als fraglich, dass ein Rücktritt aus dem Amt unter Hinweis auf die Freiwilligenmeldung für Gustaf Gründgens, wie er behauptet hat, die Einlieferung ins KZ bedeutet hätte. Sicherlich wollte er beides: die hohe Stellung und den Protest.

Noch bevor der künftige Gefreite zum »Fronteinsatz« aufbricht, erholt er sich, wie mit dem Reichsmarschall vereinbart, in einem Berchtesgadener Sanatorium und fährt, noch einmal nach Berlin zurückgekehrt, zum Abschiednehmen nach Carinhall. Dort erhält er seine ihm von Görings Privatschneider angefertigte Luftwaffenuniform. Ende Juni 1943 tritt er seinen Dienst in der in Holland stationierten Ersatzabteilung der Division Hermann Göring an und wird als Flak-Soldat einer Ausbildungseinheit zugeteilt, die wiederum einem Neffen Görings untersteht.

Schon im Ersten Weltkrieg war der damals 18-jährige Gründgens Soldat geworden, hatte es jedoch verstanden, Bühnenerfahrung vorzutäuschen, und wurde in ein Fronttheater in Saarlouis versetzt und nach der Revolution Leiter des so genannten Bergtheaters Thale.

Theaterspielen braucht er in Utrecht nicht. Der Gefreite Gründgens ist berühmt genug; niemand wagt es, ihn zu schleifen. Zunächst bezieht er ein Einzelzimmer im Offizierskasino und wird von einem extra abgestellten Feldwebel mit dem Waffendienst vertraut gemacht. Könnte man vielleicht als Andenken ein Foto machen? Bitte sehr! Der »Auszubildende« im Drillichanzug und auf dem Kopf das Schiffchen geht in die Hocke und hält vor sich in beiden Händen vorschriftsmäßig das Gewehr. Ein Folklore-Soldat, der, sich gegen solche und ähnliche Augenzeugenberichte wehrend, nach dem Krieg seine Gleichbehandlung mit anderen Kameraden besonders auch als schnell beförderter Unteroffizier und Wachtmeister in Flakstellungen betonen wird. Doch Augenzeugen beharren: »Auf höhere Weisung hin wurde er wie ein rohes Ei behandelt.« Wie es auch gewesen sein mag: Hunger und Kälte, die Angst vor Gefangenschaft, Verwundung, Todesfurcht – das alles bleibt dem Kriegsfreiwilligen zum Glück erspart.

Zweimal besucht ihn seine Frau in Holland. Und wird er am Gendarmenmarkt gebraucht, reist er im Kurierabteil von seinem Standort in die Hauptstadt. So kann Gründgens die Silvesternacht 1943/44 zusammen mit Marianne, Käthe Gold, Elsa Wagner und anderen Kollegen auf seinem Gut in Zeesen feiern. Alfred Mühr erinnert sich an den köstlichen Champagner und den singenden Chef am Flügel. »Wir wa-

1943, nach Goebbels' Rede im Sportpalast »Wollt ihr den totalen Krieg?«, ist Gründgens klar: »Dass ich mich von allem wie bisher würde fernhalten können, durfte ich mir nicht mehr einbilden«. Er flüchtet zu den Soldaten. Görings »Luxuschampion« (Carl Zuckmayer) wird »Luxus«-Gefreiter: vor dem Dienstantritt ein Sanatoriumsaufenthalt, eine von Görings Privatschneider angefertigte Luftwaffenuniform, ein Einzelzimmer im Offizierskasino, und wenn er am Theater gebraucht wird, reist der Intendant im Kurierabteil an.

ren alle hingerissen … Marianne stimmte einen Chorus an: ›Ach, wie wohl ist mir am Abend‹«.

Erinnert sich irgendeiner der Gäste zuweilen noch an Otto Wallburg, den früheren Kollegen? Dieser von Tucholsky hoch gelobte Charakterkomiker und beliebte Filmdarsteller hatte als Ensemblemitglied des Deutschen Theaters in »Die liebe Feindin« 1930 mitgewirkt. Aber weil Otto Wallburg Jude war, kündigten sowohl die Ufa als auch das Theater 1933/34 die bestehenden Verträge. Der Kollege wurde ausgebürgert, sein Vermögen beschlagnahmt. Als die deutsche Wehrmacht in Holland einmarschierte, wurde der dorthin Geflüchtete in das KZ Theresienstadt verbracht. Verlebt er dort die Silvesternacht 1943/44? Am 28. Oktober 1944 schleppt ein KZ-Kommando den Toten inmitten der anderen Ermordeten aus einer der Gaskammern von Auschwitz. Vier Wochen später lässt Himmler, der Reichsführer SS, die Krematorien sprengen. Die Rote Armee kommt näher.

Später, als alte Frau, wird Marianne Hoppe bekennen: »Ja, wir wussten von den Konzentrationslagern. Viel zu viele von uns saßen doch drin. In der Konsequenz, in dem Wahnsinn der Judenvernichtung, haben wir es wohl erst zum Schluss gewusst. Aber wir wussten, dass Auschwitz ein Schrecken war.«

Schwanengesang am Gendarmenmarkt

Mitte April 1944 wird Gründgens von Göring nach Berlin zurückbeordert, um sich um die Einrichtung von Werkküchen und Luftschutzbunkern für das Schauspielhaus zu kümmern. In den wenigen Monaten, die der Intendant fort gewesen ist, haben alliierte Luftangriffe weite Gegenden der Stadt verwüstet. Allein am Abend des 22. November 1943 zerstören über siebenhundert britische Bomber fünftausend Häuser, die Gedächtniskirche und den Zoo. Es brennen das Schloss Charlottenburg und auch der Wohnsitz der Gründgens, das Gartenhaus im Bellevue.

Mit Hilfe eines Eispickels, den ihr Dreyfuss hinterlassen hat, findet Frau Hoppe in den Mauerresten ein paar ihrer ausgeglühten Smaragde und Brillanten. Gottlob hat sie ihren zusammen mit Dreyfuss erworbenen Utrillo vor dem Bombenkrieg bei den Bernoullis in Sicherheit gebracht.

Die Theater, soweit sie nicht ebenfalls zerstört worden sind, verlegen ihre Vorstellungen wegen der häufigen Luftangriffe auf den Nachmittag und spielen nur noch dreimal in der Woche. Gibt es während des Tages Bombenalarm, finden die Proben in einem Luftschutzbunker statt. Das Publikum wird in Aushängen ermahnt, bei Fliegeralarm ruhig zu bleiben und sich in die angegebenen Luftschutzkeller zu begeben. Oft wird nach der Entwarnung, manchmal erst nach zwei, drei Stunden, die Vorstellung fortgesetzt.

In den letzten Kriegsjahren kommt es immer häufiger vor, dass prominente Schauspieler wie zum Beispiel Werner Krauss sich krankschreiben lassen oder sich wie Emil Jannings offen weigern, länger im bombengefährdeten Berlin zu spielen. Mahnungen und Drohungen ändern nichts daran. Viele Leute von der Bühne und vom Film beginnen, Geld und Lebensmittel zusammenzuraffen, um für die nahe Katastrophe vorzusorgen. Fast jeder ist bereit, auch an künstlerisch kaum vertretbaren Filmen mitzuwirken, um genügend Geld für den schon in den Kriegsjahren beginnenden Schwarzen Markt zu haben. Besonders beliebt sind Drehtage in Holland oder auch in Prag, weil dort die Bombengefahr geringer und die Einkaufsmöglichkeiten größer sind. Olga Tschechowa schreibt in ihren Memoiren: »Prag ist jetzt das Mekka aller Filmleute … Auf Prag fallen keine Bomben. Die ›Goldene Stadt‹ … bietet auch kulinarisch noch Genüsse, die es im ›Reich‹ für gewöhnliche Sterbliche schon längst nicht mehr gibt … Erholung vom Krieg …«

Auch das Schauspielhaus ist von den Bombenangriffen nicht verschont geblieben. Bereits 1943, mitten in den Proben zu »Othello«, sind einige der schönsten Räume ausgebrannt. Doch gelingt es, die ärgsten Schäden zu beheben und im Spielplan fortzufahren. In den letzten Kriegsjahren 1942/43 und 1943/44, nach weiteren Zerstörungen des Theaters in den Bombennächten, stehen fast ausschließlich Lustspiele auf dem Programm, um die Verstörten und Verängstigten, auch die Soldaten auf Fronturlaub in Berlin, zu zerstreuen, abzulenken von der Wirklichkeit.

Mit zwei besonderen Premieren endet die Ära Gründgens am Gendarmenmarkt. Jürgen Fehling, der nach einem Zwist mit seinem Intendanten ans Schiller-Theater abgewandert, jedoch bald wieder zurückgekommen ist, inszeniert mit einer erstklassigen Besetzung, mit seiner neuen Lebensgefährtin Joana Maria Gorvin sowie mit Maria Koppenhöfer und Paul Wegener, Hermann Sudermanns »Johannisfeuer«. Im Mittelpunkt Marianne Hoppe als Marike. »Ihr Dienen hatte etwas Serviles; ihre hektischen, raschen Bewegungen hatten etwas fremdartig Unheilvolles«, schreibt eine von der eckigen Härte dieser Marike beeindruckte Theaterkennerin. »Wenn sie lachte, so schepperte darin die Verzweiflung, und wenn man ihr Gutes tat, so griff sie danach wie ein Bettler nach der Münze.«

Gründgens entschließt sich 1944, Schillers »Räuber« auf die Bühne zu bringen. Er zählt die Zahl der Rollen durch und kommt zu dem Ergebnis, dass für die Aufführung dieses Schiller'schen Jugendwerkes fast sämtliche Mitarbeiter des Theaters, weit über hundert, benötigt werden und er auf diese Weise seine Leute vor Einberufungsbefehlen durch Unabkömmlichkeitserklärungen, so genannte UK-Bescheide, vor dem Fronteinsatz bewahren kann. In solchen Situationen, auch nach den schweren Bombenangriffen auf die Stadt, so Marianne Hoppe später, »wusste man, wo man hingehörte. Da war man sicher.«

Allerdings werden auch in diesem Sommer 1944 die Proben immer wieder durch Sirenen unterbrochen und müssen im Luftschutzkeller fortgesetzt werden. Bei einem alliierten Angriff zwei Tage vor der Premiere zerstört eine Bombe große Teile des Bühnenbildes und der Kostüme. Noch wochenlang wird Rauchgeruch durch das Theater ziehen. Der Premierentermin, der 24. Juni 1944, wird dennoch nicht verschoben. Das Publikum wird auf Sitzen Platz nehmen müssen, die noch nass von den Löscharbeiten sind.

Gründgens hat vorsichtshalber alle Textstellen gestrichen, die entweder von den Herrschern oder den Beherrschten als Zeitbezogenheit verstanden werden können. Es entfällt alles, was auf die jüdische Herkunft des Räubers Spiegelberg hinweisen könnte. Es entfällt die berühmte Anklage des Pastor Moser: »Sehet Moor, Ihr habt das Leben von Tausenden an der Spitze Eures Fingers, und von diesen Tausenden habt Ihr neunhundertneunundneunzig elend gemacht ...« Von dem Schrei: »Tod oder Freiheit – wenigstens sollen sie keinen lebendig haben« bleibt nur der Ruf »Freiheit! Freiheit!« und löst nicht enden wollenden Beifall aus.

Es wird eine große, eine denkwürdige Aufführung; Alfred Mühr nennt sie den »Schwanengesang der Schauspielkunst am Gendarmenmarkt«. Niemand ahnt, dass der Chef niemals wieder auf dieser Bühne spielen oder inszenieren wird. Die SS verwandelt das Haus 1945 in einen Trümmerhaufen, denn Hitler erteilt den Befehl, dem Feind nur noch »verbrannte Erde« auszuliefern, ein Strafbefehl auch für die Deutschen, die den erwarteten »Endsieg« nicht errungen hatten.

Jahrzehnte später lässt Marianne Hoppe von ihrem Sohn und einem jungen Dramaturgen zwei Steine aus den immer noch nicht weggeräumten Trümmern des Schauspielhauses und des Hotels Esplanade ausgraben, in dem sie einst von Hellmer nach Frankfurt engagiert worden war – Erinnerungssteine an Orte, Zeiten, die ihr Leben bestimmten.

Am 20. August 1944 ordnet Goebbels in seiner Eigenschaft als »Reichsbevollmächtigter für den totalen Kriegseinsatz« an, am 1. September alle Theater, Varietés, Kabaretts und Schauspielschulen zu schließen. Gründgens wird beauftragt, die Nachricht, dass davon auch die Theater unter Görings Oberaufsicht betroffen sind, dem Reichsmarschall mitzuteilen. Was für eine Demütigung des Führerstellvertreters!

Von den praktisch entlassenen 45 000 künstlerischen Mitarbeitern aus fast vierhundert Theatern werden die Jungen und Gesunden eingezogen, die anderen »dienstverpflichtet« und ein kleiner Teil in eine so genannte Film- oder auch »Gottbegnadetenliste« aufgenommen. Diese Künstler müssen sich an Filmprojekten beteiligen, die ausschließlich Propagandazwecken dienen, und an drehfreien Tagen für Kriegseinsatzdienste hauptsächlich in Rüstungsbetrieben, die Männer später auch im »Volkssturm«, zur Verfügung stehen.

Zu den »Gottbegnadeten« gehörten u.a. Käthe Haack, Paul Bildt, Walter Franck, Paul Hartmann, Paul Henckels und Paul Wegener. Ihre Arbeit an drehfreien Tagen, zum Beispiel in einer Flugzeugfabrik, löst bei den Arbeitern oft Verzweiflung aus, da die »gottbegnadeten« ungelernten Rüstungshelfer eher eine Belastung als eine Hilfe sind. Gründgens meldet sich erneut zum Militär und organisiert literarische Programme auf noch nicht zerstörten Bühnen. Marianne Hoppe arbeitet die meiste Zeit an jenem Durchhaltefilm, den Goebbels 1944 angeordnet hatte, der aber angesichts der herannahenden Sieger abgebrochen werden muss.

Auch nach der Schließung der Theater arrangiert Gründgens, obgleich offiziell erneut beim Militär, auf halbwegs instandgesetzten Bühnen regelmäßig ausverkaufte Goethe-, Schiller- und Shakespeare-Lesungen. Schon haben englische und amerikanische Einheiten die deutschen Grenzen überschritten. Schon belagern sowjetische Truppen die Reichshauptstadt. Aber noch immer sitzen Berliner in Konzerten und hören andächtig Arien aus »Tosca« und »Aida«.

Derweil graben Männer zwischen sechzehn und sechzig, zum »Volkssturm« eingezogen, Panzergräben und hantieren mit Panzerfäusten, um die »roten Horden« aufzuhalten. Doch die haben schon Bernau eingenommen, setzen zum Angriff auf Mahlsdorf und Marzahn an und vertreiben versprengte deutsche Truppenteile aus Frohnau und Lichtenberg.

Menschen, die sich aus Kellern und Bunkern auf die Straße wagen, sehen von deutschen Standgerichten im letzten Augenblick verurteilte Landser, Deserteure, tot an Bäumen und Laternenpfählen hängen. Weiße Laken, die aus vielen Wohnungsfenstern hängen, zeigen an: Wir ergeben uns! An Häuserwänden und Mülltonnen stehen mit Kreide beschriebene Nachrichten an vermisste Familienangehörige und Freunde. Viele Menschen leben ohne Licht, Wasser, Heizung und irren verzweifelt durch die Trümmerhalden. Endlich, am 8. Mai 1945, ist der Krieg zu Ende.

Vierzig Jahre später, auf einer Gedenkveranstaltung zu Gründgens' 85. Geburtstag, wird Marianne Hoppe noch einmal bekennen: »Ich habe es immer als das größte Geschenk meines Lebens angesehen, in diesen Jahren an Gustafs Seite zu sein, in engster Verbindung, in tiefster Zuneigung, in einer Verbindung, die nie aufgehört hat, zu sein.«

Die Kunst, am Leben zu bleiben

Zu leben, das heißt am Leben zu
bleiben, ist heute zu einer Kunst geworden;
wer will da noch darüber nachdenken,
wie man die Kunst am Leben erhalten könnte?

Bertolt Brecht, Der Messingkauf

Auf dem Reichstag weht die Rote Fahne. Doch das Spiel soll weitergehen, so will es auch die sowjetische Besatzungsmacht. Nur wenige Tage nach der deutschen Kapitulation werden Gründgens, Wegener, Viktor de Kowa und einige andere Künstler von einem Beauftragten des sowjetischen Stadtkommandanten eingeladen, über den Wiederaufbau der Berliner Theaterlandschaft zu beraten. Schon in seinem ersten Befehl vom 28. April 1945 erlaubt der künftige Berliner Stadtkommandant, Generaloberst Nikolai Bersarin, Theatervorstellungen bis 21 Uhr, und bereits am 27. Mai wird das Berliner Renaissance-Theater wieder eröffnet. Gründgens wird gebeten, aus Mitgliedern des Staatsschauspiels sowie des Deutschen Theaters ein neues Ensemble zusammenzustellen. Doch der erneut Umworbene lehnt ab. Er will mit von ihm geschätzten und bekannten Kollegen »Die Räuber« im Schiller-Theater spielen.

Unverzüglich beginnt der alte/neue Chef mit den Proben. Wie soll sich die neue Inszenierung von der des letzten Kriegsjahres unterscheiden? Die Berliner werden es nicht erfahren, denn unkundige Besatzer werden den bisherigen Generalintendanten ob seines Titels für einen hohen militärischen Würdenträger halten, deshalb sechsmal in Gewahrsam nehmen und sechsmal wieder freilassen, nachdem der Irrtum aufgeklärt worden ist. Doch beim siebten Mal fruchten keine Beteuerungen mehr; Gründgens bleibt in Haft.

Wer informiert Frau Hoppe? Das Ehepaar hat nach der Bombardierung des Gartenhauses im Schlosspark Bellevue beschlossen, keine gemeinsame Wohnung mehr in Berlin zu suchen, sondern in der Stadt, wie anfangs schon, getrennt zu leben. »Das hatte sich so ergeben«, eine typische Antwort Marianne Hoppes auf spätere Fragen nach entscheidenden Veränderungen ihres Lebens, besonders in den Ehejahren mit Gustaf. Jeder hat schließlich einen »anderen Partner« gefunden. Die Liebe zum jeweils eigenen Geschlecht erweist sich stärker als die Bisexualität.

Marianne lebt zusammen mit einer Freundin wieder in ihrer alten Wohnung im Grunewald. Am Morgen des 26. April macht sich Roswitha, eine ihrer jungen Verehrerinnen, mit einem Tulpenstrauß und einem auf der Straße aufgelesenen Stahlhelm auf dem Kopf in der umkämpften Stadt auf den Weg, um Marianne Hoppe zu ihrem 36. Geburtstag zu gratulieren. Die Tür zu ihrem Haus steht offen, und in der staubigen Halle steht die Bewunderte im Pullover und in grauen Hosen mit einem Tuch als Turban auf dem Kopf. Im Hintergrund zwei andere Frauen. Marianne hat noch eine Flasche Sekt im Haus, den schenkt sie jetzt den Gratulierenden ein. Als die Verehrerin sich wieder auf den Heimweg macht, hört sie die Hoppe vor der Haustür sagen: »Nun müssen wir es durchstehen bis zum bitteren Ende.« Zusammen mit der Freundin, Nachbarn und der langjährigen Haushälterin verbringt sie die Nächte nun meist im Luftschutzkeller, von überall her hört man Geschützlärm.

Russische Soldaten klingeln, fragen, ob deutsche Männer

irgendwo im Haus versteckt seien. »Njet!« Die Hausherrin hat im letzten Jahr einige Russischstunden genommen. Die Soldaten, dazu aufgefordert, treten schließlich in das Souterrain und trinken mit der Gastgeberin deren letzte Flasche Wein. Noch mal gut gegangen! Russische Soldaten, die den ersten folgen, sind weniger höflich. Oft flüchtet sich Frau Hoppe zusammen mit anderen Gejagten ins nahe Martin-Luther-Krankenhaus oder versteckt sich nachts irgendwo hinter einem Gartenzaun. Unzählige Frauen werden vergewaltigt.

Und wo ist Gründgens geblieben? Der lebt seit März zusammen mit einem neuen Freund in Berlin-Westend, und zwar in der ihm überlassenen Wohnung des Kollegen Gustav Knuth. Fast jeden Tag sitzt er mit den übrigen Hausbewohnern zusammen und staunt, dass die Wirklichkeit alles Vorgestellte übertrifft. Draußen auf den Straßen Riesenpanzer, Tieffliegerangriffe, Artilleriefeuer, nahe Einschläge.

Am 26. April, dem Geburtstag Jannis, hat er einige Hausbewohner eingeladen, Kerzen angesteckt und eine Flasche Sekt geöffnet. Man versucht sich vorzustellen, wie die Zukunft aussehen wird. »Ich werde pausenlos SS-Männer darstellen müssen«, fürchtet Gründgens und wünscht sich doch: »Herrgott! Wenn ich jetzt ›Hamlet‹ spielen könnte!«

»Immer wieder bricht, trotz aller Überlegenheit und Ironie, die Besessenheit des Akteurs durch, der spielen *muss* – dem das Leben ohne Theater undenkbar ist«, notiert Karla Höcker, eine der eingeladenen Frauen.

Später tischt der Gastgeber in der Küche Ölsardinen, Wiener Würstchen aus der Dose sowie Leberpastete auf, und während man draußen das Bellen von Flakgeschützen und Detonationen hört, spricht man weiter über das Theater. Man wird ohne Kostüme in Kellerräumen oder Zelten spielen, meint die schmatzende Gesellschaft, aber man wird spielen. »Ich fürchte«, bemerkt Gründgens, »man wird uns alles anrechnen, was wir unter Zwang taten und sagten. Man wird uns verantwortlich machen für Dinge, an denen wir unschuldig sind.«

Auch am nächsten Tag, dem 27. April, sitzt man wieder bei Gründgens in der Küche. Es gibt keine Zeitung, keinen Strom, kein Wasser mehr. Die Runde diskutiert darüber, welche Bücher man mitnehmen würde, wenn es nicht mehr als zehn sein dürften. Gründgens entscheidet sich für Tolstois »Krieg und Frieden«, Goethes »Wilhelm Meister« und Stendhals »Die Kartause von Parma«. Und was würde er bestimmt nicht mitnehmen wollen? »Einiges von Heinrich Mann«, lacht Gustaf.

Am 4. Mai beschließt Gründgens, sich in Richtung Grunewald zu Janni aufzumachen. Er zieht sich einen Überzieher an, setzt einen steifen Hut auf und streift weiße Wildlederhandschuhe über seine Hände. »Wollen Sie wirklich so gehen?« fragt eine erstaunte Hausbewohnerin. »Alles andere wäre unwürdig«, erklärt der Generalintendant und Staatsrat außer Dienst. Einige Tage nach dem ersten Wiedersehen nach dem Krieg erscheint er erneut im Grunewald, um Marianne mitzunehmen. In diesen gefährlichen Zeiten soll sie bei ihm sein. Also packt sie ihren Rucksack und folgt Gustaf nach Westend.

Im Lager

Am 6. Juni erscheinen dort Offiziere des sowjetischen Geheimdienstes und fragen nach Herrn Gründgens. Der probt hinter rosaroten Vorhängen im intakten Goethesaal des

Dahlemer Harnack-Hauses »Die Räuber«. Horst Caspar spielt den Karl Moor, Antje Weisgerber die Amalia. Andere Mitwirkende hatten sich in Westend, und zwar im Zimmer mit dem »Generalintendanten-Schreibtisch«, wie die Hausbewohner das Möbel nannten, vorgestellt und eine Zusage erhalten.

Frau Hoppe erbietet sich, die Offiziere nach Dahlem zu begleiten. In der Hoffnung, Gustaf könne die Proben schon beendet haben und auf dem Rückweg sein, fährt sie einige Umwege mit den Offizieren, doch im Harnack-Haus ist man noch mitten in den Proben. »Gustaf«, sagt seine Frau, »da sind ein paar Herren, die dich sprechen wollen.« Er dreht sich um, sieht sie und weiß Bescheid.

Die Zeesener Ortschronistin berichtet, der Verhaftete sei zunächst nach Zeesen gebracht worden, wo die Russen vorübergehend im Gutshaus eine Kommandantur eingerichtet haben. Jedenfalls dem zum siebenten Mal Festgenommenen muss sehr schnell klar geworden sein: Dieses Mal kann er nicht darauf hoffen, nach kurzer Zeit wieder frei zu sein. Seine Vernehmer sind überzeugt, einen der wichtigsten Männer der deutschen Wehrmacht gefasst zu haben, einen Mann, dessen Titel Generalintendant in etwa dem eines Generalquartiermeisters entsprechen müsse.

Nach einem Zwischenaufenthalt zusammen mit anderen Gefangenen in einem Schweinestall des Dorfes Weesow wird der Inhaftierte schließlich von Frankfurt/Oder nach Jamlitz überführt, einem in der Lausitz nahe der Städte Cottbus und Guben gelegenen kleinen Ort, in dem im November 1943 von der Waffen-SS ein Nebenlager des KZ Sachsenhausen eingerichtet worden war. Von den schätzungsweise 6000 bis 10000 gefangenen jüdischen Häftlingen, hauptsächlich aus Polen und Ungarn, sind bis zur Auflösung des Lagers die meisten gestorben oder ermordet worden, und während der Auflösung hat die SS auf dem Lagergelände noch einmal etwa 1 200 Häftlinge umgebracht. Nur 400 Häftlinge haben den Krieg überlebt.

Im September 1945 richtet der NKWD an eben dieser Stelle mit rotem Sowjetstern und Stalin-Bild am Lagertor das sowjetische Speziallager Nr. 6 ein, in dem etwa 10 000 deutsche Gefangene, darunter zahlreiche Frauen und Jugendliche, untergebracht werden. Die meisten von ihnen hatten niedrige Ämter in der NSDAP oder in einer ihrer Gliederungen bekleidet. Auch nach 1945 herrschen im Jamlitzer Lager erbarmungswürdige Verhältnisse. Es fehlt an Lebensmitteln, Medikamenten sowie an sanitären Einrichtungen. Es herrschen Hunger, Verzweiflung, Tuberkulose und andere lebensgefährliche Krankheiten. In den primitiven Unterkünften können sich die Menschen kaum vor Läusen, Flöhen und Wanzen retten. Vielen hängen nur noch Lumpen von den mageren Leibern. Die Köpfe sind kahl geschoren. Die Zähne reinigen sie sich mit Stoffresten oder Kiefernnadeln.

Die Gefangenen, eingeteilt in Bataillone, Kompanien, Züge, haben sowohl morgens zwischen vier und fünf Uhr als auch am Abend in Fünfer- oder Zehnerreihen vor ihren Baracken zum Zählappell anzutreten, der lange dauern kann. Oft fallen Gefangene vor Erschöpfung um. Beinahe jeder Dritte überlebt die Zeit bis zum September 1947, der Auflösung des Lagers, nicht.

Gründgens' Bewacher in Jamlitz kommen bald dahinter, dass ihr neuer Häftling ein berühmter Künstler ist, und fordern ihn auf, seine Kunst doch mal zu zeigen, eine kleine Vorstellung zu geben. Warum nicht? In der Essensbaracke wird ein Podium aufgestellt, und Gründgens rezitiert klassische Dialoge, u.a. den des Franz Moor aus dem fünften Akt der »Räuber«.

Das gefällt den Russen nicht, denn sie verstehen es nicht und wollen Gründgens lieber singen hören und tanzen sehen. Warum nicht? Verschiedene Mithäftlinge helfen Gründgens, sich an alte Schlagermelodien und -texte zu erinnern, und der Künstler steppt, singt und tanzt. Das gefällt den Russen. Mehr davon!

Gründgens bittet darum, eine rote Jacke aufzutreiben. Eine weibliche Gefangene gibt ihre alte Strickjacke für ihn her. Die zieht er sich über, setzt sich mit übergeschlagenen Beinen auf einen von den Russen herbeigeschafften Flügel und schmettert: »Ganz ohne Weiber geht die Chose nicht ...« Eine Theatergruppe wird gegründet, und Gründgens studiert mit anderen Gefangenen »Der Bettelstudent«, »Zigeunerliebe« von Franz Lehár sowie weitere Operetten ein. So vergessen die Mitwirkenden bei solcher »Kultura« wenigstens für Stunden Hunger und Verzweiflung, und die Zuhörer sind ihnen dankbar.

Nachts liegt der Künstler auf seiner Pritsche und grübelt. Was haben die Russen mit ihm vor? Muss er fürchten, als angeblicher Nazi oder als wichtiger Helfershelfer vor Gericht gestellt oder, ein Opfer sowjetischer Willkür, nach Sibirien geschickt zu werden?

Zur gleichen Zeit unternehmen Marianne Hoppe und Gründgens' neuer Freund Peter Gorski alles nur Mögliche, um in Erfahrung zu bringen, wo sich Gründgens überhaupt befindet, und dann, als sie wissen, wo er steckt, seine Freilassung zu erwirken. Frau Hoppe bittet zum Beispiel Paul Wegener, der im Juni 1945 von den Sowjets zum Präsidenten der Kammer der Kulturschaffenden ernannt worden ist, ihr einen Empfangstermin beim sowjetischen Kommandanten oder dessen Adjutanten zu verschaffen, um auf die Entlassung ihres Mannes hinzuwirken. Durch Bestechung von Wärtern und anderen, die Zutritt zum Lager haben, gelingt es Gorski, mit Gründgens Kontakt aufzunehmen. Der Gefangene bittet in Kassibern um Briefumschläge und ein dickes Hemd, um Strümpfe, Zahnpasta, Medikamente und Gewürzpulver. Und um Zigaretten, die braucht er, um die Überbringer der Kassiber zu befriedigen. Doch als Gorski versucht, für einige hundert Zigaretten bis zu dem Gefangenen persönlich vorzudringen, scheitert er. Tagelang kampiert er vergeblich vor dem Lager, um schließlich doch nur eine Nachricht des gefangenen Freundes durch einen bestochenen Posten entgegenzunehmen. Dennoch, als Verantwortlicher für die »Kultura« in Jamlitz geht es Gründgens und seiner Truppe besser als anderen Gefangenen. Er bekommt mehr zu essen, und dem Berühmten wird eine Schlafstelle zugewiesen, die sich sonst vier Männer teilen müssen.

Viele prominente Mitglieder der früheren Berliner Gründgens-Bühnen sind spontan bereit, an den Bemühungen für die Freilassung ihres einstigen Chefs mitzuwirken. Paul Wegener, Paul Henckels, Aribert Wäscher, Elsa Wagner und andere verfassen Resolutionen, in denen Gründgens als »Antifaschist in schwierigsten Situationen« geschildert wird, der sich nicht gescheut habe, »Schauspieler in seinem Ensemble zu halten und zu schützen, die nach den so genannten Nürnberger Gesetzen schwerstens belastet waren«. Sie bitten, »Herrn Gründgens vorläufig in Freiheit zu belassen, bis endgültig über sein Geschick entschieden wird.« Auch Axel von Ambesser, Pamela Wedekind, Elisabeth Flickenschildt und weitere Schauspieler, Regisseure und Autoren schreiben solche Eingaben.

Doch niemand dieser Frauen und Männer besitzt so viel

Einfluss bei den Sowjets wie jener Kollege, den Gründgens während des Krieges vor dem Galgen gerettet hat: Der Kommunist Ernst Busch setzt sich ausdauernd und energisch bei den maßgeblichen hohen Offizieren für die Freilassung seines einstigen Retters ein. Endlich, Anfang März 1946, nach neun Monaten Haft, kommt Gründgens frei. »Als ich aus dem Lager kam«, schreibt er später, »besaß ich eine alte Militärhose und eine schilflederne Jacke. Meine Berliner Wohnung war im Rauch der Flammen aufgegangen und mein kleiner Besitz, vierzig Kilometer von Berlin, bis auf den letzten Stuhl und den letzten Wassertopf ausgeräubert.« Offenbar ist auch Gustav Knuth in sein Heim zurückgekehrt und kann niemand länger beherbergen.

Jedenfalls wird der Entlassene direkt in die Wohnung Gustav von Wangenheims, des von den Sowjets eingesetzten Intendanten des Deutschen Theaters, gebracht. Der soll dafür sorgen, dass der prominente Kollege einen angemessenen Platz im kulturellen Leben des Ostsektors erhält. Ob früherer politischer Gegner oder nicht – da verhalten sich die Sowjets so ähnlich wie zuvor die Nazis: Den Vorrang hat Nützlichkeit. Die Verhaftung gilt als dummes Versehen. Bis Wolfgang Liebeneiner dem Entlassenen am Kurfürstendamm eine Wohnung zur Verfügung stellt, nimmt dieser die Gastfreundschaft des Sowjetemigranten Wangenheim in Anspruch. Man kennt sich aus der gemeinsamen Zeit bei Erich Ziegel an den Hamburger Kammerspielen. Aber schon damals war der adlige Wangenheim ein überzeugter Kommunist, der »die Verlogenheit der revolutionären Phrasen« seines Kollegen früh erkannt und enthüllt haben will. Und dann, in der sowjetischen Emigration, hatte Wangenheim einen Film gedreht, in dem die Nazis als haltlose, der »Männerliebe« verfallene Barbaren dargestellt worden waren, und er hatte auch Klaus Mann nach Erscheinen des »Mephisto« heftig zugestimmt: »So einer beherrscht Apparate wie sein Herr und Führer. Gestohlene Apparate. Wir werden sie ihnen aus den Händen schlagen … Dann, wenn die Natur wahrhaft aus der Natur des Volkes quellen wird, werden die Gründgens nicht nur die Posten, sie werden auch ihr Talent verlieren.«

Der Posten ist weg, nicht aber das Talent. Das wollen die Sowjets, Wangenheims Freunde und Auftraggeber, künftig für die eigenen Zwecke nutzen. Für Abrechnungen bleibt also keine Zeit, und keiner der beiden Männer legt Wert darauf. Man umarmt sich herzlich, und Gründgens sagt einfach, ohne Schnörkel: »Ja, Gustav, du hast damals Recht gehabt«, erinnert sich Frau von Wangenheim. »Aber er klagte nicht, bedauerte nichts, machte nicht in ›Reue‹, warf niemandem etwas vor, beschuldigte niemanden. Gerade unter peinlichen Auftritten dieser Art hatten wir im ersten Jahr nach unserer Heimkehr viel zu leiden. Umso angenehmer und würdiger empfanden wir die Haltung dieses Mannes.«

Doch der ahnt noch nicht, welche politischen und privaten Probleme auf ihn warten. Um wieder Theater spielen zu können, braucht er die Zustimmung der von den vier Alliierten eingesetzten Entnazifizierungskommission. Die wird ihm zwar im April 1946 erteilt. Damit ist jedoch nicht, wie sich herausstellt, automatisch die Genehmigung verbunden, wieder Regie zu führen. Darüber kommt es zu unerquicklichen Auseinandersetzungen zwischen den Alliierten, die seit dem Sommer 1945, dem Potsdamer Abkommen entsprechend, gemeinsam die in vier Sektoren aufgeteilte Stadt regieren. In den Kontroversen treten die Sowjets als Fürsprecher des früheren Intendanten auf, weil er ihnen wichtig für das künftige Renommee des künstlerischen Lebens in ihrem Sektor ist, während die Westmächte, vor allem die Amerikaner, Vorbehalte haben. Sie werfen dem Schauspieler u.a. vor, das Gut in Zeesen mit Hilfe eines Rechtsanwalts in SA-Uniform erworben zu haben, der auf den jüdischen Besitzer Druck ausgeübt und auf den geringen Kaufpreis gedrungen habe. Vier Entnazifizierungsverfahren muss Gründgens überstehen, bis er schließlich von dem Verdacht freigesprochen wird und in Ost und West nicht nur spielen, sondern auch inszenieren darf.

Die Scheidung

Es muss ihr schwer gefallen sein, es ihm zu sagen. Es muss ein Schock für ihn gewesen sein. Hunderte von Interviews haben die beiden im Laufe ihres Lebens gegeben – aber über diesen Augenblick haben weder er noch sie gesprochen. Wir wissen nicht einmal, wann er es erfahren hat. Sicherlich hat sie es ihm in den ersten Stunden oder Tagen nach ihrem Wiedersehen gesagt, damals im März 1946 bei Wangenheims.

Marianne war über die Haftentlassung unterrichtet worden und mit dem Fahrrad in den östlichen Vorort Biesdorf geradelt, um ihren Mann bei den Wangenheims zu empfangen. Dort also, so ist anzunehmen, erfährt der gerade Haftentlassene, dass seine Frau ein Kind erwartet.

Gustaf war schon von den Sowjets abgeholt worden, da sitzt eines Tages im Sommer 1945, als sie nach Hause kommt, ein Mann in ihrem Zimmer und wartet auf sie: Ralph Izzard, der einstige gemeinsame Freund des Ehepaares und bis Kriegsbeginn Chefkorrespondent des »Daily Mail«. Jetzt ist er als Mitarbeiter des britischen Intelligence Service und Angehöriger der Besatzungsmacht zurück nach Berlin gekommen. Marianne erinnert sich, wie oft ihr Mann sie in den letzten Kriegsmonaten getröstet hatte: »Ach was, eines Tages kommt der Izzard und holt uns hier heraus.«

Nun ist er tatsächlich gekommen, hat vor dem ausgebrannten Staatstheater zufällig Viktor de Kowa getroffen und erfahren, wo Marianne wohnt. Sechs Jahre sind seit der letzten Begegnung vergangen, aber Ralph hat nichts von seiner männlichen Anziehungskraft, von seinem Charme verloren. Er »musste nur ein bisschen melancholisch-verträumt über sein Whiskyglas schauen, da saßen schon zwei Damen an seiner Seite«, so die Hoppe später.

Lag es an der Wiedersehensfreude, an dem Trostbedürfnis der Überforderten, an den Augenblicken des Übermuts in der verrückten Zeit?

Eines Tages stellt Marianne Hoppe fest, dass sie ein Kind von Ralph erwartet, doch sie verschweigt es ihm. Schließlich wartet in London seine Frau. Als sie Gründgens endlich wiedersieht, ist sie bereits im fünften Monat schwanger. Wer genügend Geld besitzt, für den ist es in dieser Zeit nicht schwer, einen Arzt für eine Abtreibung zu finden. Warum beschließt sie, das Kind unter schwierigen Bedingungen auszutragen?

Kaum vorstellbar, dass Marianne an den Fortbestand ihrer Ehe glaubt. Das Leben, wie es bisher war: vorbei. Die Stadt: ein Trümmerfeld. Der Mann: verhaftet. Die Ehe: vielleicht nur noch ein Stück Papier. Wie soll man das bewältigen? Tag für Tag nach neuen Möglichkeiten suchen, um etwas für den Verhafteten zu tun. Weite Wege zu Fuß und mit dem Rad. Das Nötigste, vor allem zum Essen, finden. Wie wird die künftige Existenz aussehen? Sie schwanger von einem anderen Mann, Gründgens mit einem neuen Freund. Wie soll es weitergehen?

Wer weiß besser als die Hoppe, welchen Wert Gründgens auf gesellschaftliche Anerkennung legt! »Hoppe, Hoppe Gründgens / Die kriegen keine Kindgens / Und wenn die Hoppe Kindgens kriegt / Dann sind sie nicht von Gründgens.« Nun wird der Spottvers wahr.

Ohne lange nachzudenken, entscheidet Gründgens: »Also, dann scheiden wir uns jetzt. Und ich: Ja, sofort. Und er: Und später heirate ich dich dann wieder …« »Bei uns herrschte eben diese innere Ordnung«, so die Hoppe. »Diese innere Ordnung«? Wie soll man das verstehen?

Die äußere Ordnung ist ihr jedenfalls abhanden gekommen. Marianne Hoppe, körperlich geschwächt und ohne das bisherige Selbstvertrauen, bricht zusammen. Schwestern vom Orden der englischen Fräulein pflegen sie mehrere Wochen. Als es ihr wieder etwas besser geht, tritt sie zum katholischen Glauben über. »Dankbarkeit mochte ein Grund gewesen sein«, schreibt die Hoppe-Biographin Petra Kohse. »Im Wesentlichen trieb sie aber die Sehnsucht, nach so vielen Jahren, in denen sie Distanz zu den Verhältnissen gewahrt hatte, endlich einmal aus dem Innersten heraus ja sagen zu können … Sie verspürte das Bedürfnis, sich zu bekennen …« Das »ist etwas Festes, das sind Gründe, daran kann man sich halten. Das ist eine Sache, da ist man zu Hause, man ist nie verloren«, wird die Hoppe äußern.

Wer gerade zum Katholizismus konvertiert ist, will, frei von Sünde, das werdende Leben nicht zerstören, sondern bewahren, so schwer das auch sein mag. Während Gründgens im Lager Operetten inszeniert, betreut seine Frau Waisenkinder, die ihre Eltern im Krieg verloren haben, bemüht sich, Wohltätiges zu tun. Im August, zum Geburtstag der Mutter, schlägt sie sich noch einmal auf den Puffern überfüllter Eisenbahnwagen ins märkische Felsenhagen durch.

Danach wird sie den Ort nie mehr wiedersehen. Im November 1945 holt sie ihre alten Eltern nach Berlin. Auch ihnen verschweigt die Tochter, dass sie ein Kind erwartet.

Izzard, der im Januar 1946 nach England zurückbeordert wird, hat angeboten, ihr aus der Stadt herauszuhelfen. Aber solange alles getan werden muss, Gustaf freizubekommen, will sie das an Ort und Stelle, eben in Berlin, versuchen. Erst als Gründgens sich auf seine erste Nachkriegspremiere in Berlin vorbereiten kann, beschließt die Hoppe wegzugehen. Mit Hilfe eines Freundes von Ralph Izzard, gekleidet in eine britische Leutnantsuniform und auf dem Rücksitz eines britischen Militärfahrzeugs, verlässt sie ihre zweite Heimat und kommt schließlich in das fränkische Dinkelsbühl. Ganz in der Nähe, in Mönchsroth, wohnt eine Freundin aus den zwanziger Jahren. In Dinkelsbühl bringt Marianne Hoppe im siebten Monat ihrer Schwangerschaft, am 5. Mai 1946, mit großen Komplikationen und mit Hilfe einer tüchtigen Hebamme ihren Sohn Benedikt zur Welt. Dann bricht sie erneut zusammen und versucht, sich in verschiedenen Sanatorien zu erholen, während die Hebamme sowie eine Amme das Neugeborene betreuen. Erst dreizehn Jahre später wird der Sohn zum ersten Mal den Vater treffen.

Ebenfalls im Mai wird die Ehe Hoppe-Gründgens geschieden. 1947, anlässlich der Übernahme des Düsseldorfer Schauspielhauses, sagt der Geschiedene: »... dass ich heute hier vor Ihnen stehe ... verdanke ich (u.a.) der bedingungslosen und ihre eigenen Interessen außer Acht lassenden Liebe meiner Frau ...«

Marianne Hoppe ist eine eigenwillige, für viele unvergessliche Schauspielerin gewesen. Zugleich aber war sie eine außergewöhnlich verlässliche und bewundernswert anständige Frau. Es gibt nicht viele ihrer Art.

In Biesdorf, im Haus der Wangenheims, wird man sich schnell einig: Der Entlassene wird sein Nachkriegsdebüt am Deutschen Theater geben, in jenem Haus, in dem er unter dem legendären Max Reinhardt seine Berliner Karriere begonnen hat und das nun zum Staatstheater der Nachkriegszeit geworden ist. Welche Titelrolle in welchem Stück er spielen will, kann Gründgens selbst bestimmen. Der Christian Maske in Sternheims »Snob« soll es sein. Und warum gerade der?

Das weiß der Kenner: Ein Schauspieler wie Gründgens ist geradezu prädestiniert, die Rolle eines eleganten, zwielichtigen und zynischen Emporkömmlings zu spielen. Der Beifall für seinen Maske schon in seiner Hamburger Abschiedsvorstellung im April 1928 hat es bewiesen. Vor allem aber: Zwölf Jahre lang hat der Autor Carl Sternheim auf der Liste der verbotenen Autoren gestanden. Es ist an der Zeit, ihn endlich wieder aufzuführen. Gleichzeitig bezeugt die Wahl auch die Distanz zu den neuen Herren. Kommunisten huldigen anderen Helden als Sternheim und seinem »Snob«. Gründgens kann seine Unabhängigkeit und seine Begabung gleichermaßen beweisen.

Nachdem die beiden Männer sich einig geworden sind, ruft Wangenheim im Deutschen Theater eine Betriebsversammlung ein, um der Belegschaft das neue Ensemblemitglied vorzustellen. Schauspieler wie Bühnenarbeiter, Beleuchter, Souffleusen, Verwaltungsangestellte – alle stellen sich sogleich an, um dem einstigen Chef die Hand zu schütteln. Es gibt nicht den geringsten Widerspruch. Gründgens holt sein Fahrrad aus dem Schuppen, die Proben können beginnen. Der erfolgreichste Theatermann in den Jahren der Diktatur kehrt zurück auf die Berliner Bühne. Regie im »Snob« führt Fritz Wisten, nach 1933 Leiter des Theaters des Jüdischen Kulturbundes in Berlin und in den letzten drei Kriegsjahren Zwangsarbeiter.

Gründgens ist glücklich, unter den übrigen Darstellern gute alte Freunde wiederzutreffen. Den Vater jenes Christian Maske, der sich mit 36 Jahren zum Generaldirektor eines Großkonzerns hochgearbeitet hat und um seines gesellschaftlichen Aufstiegs willen die aus kleinen Verhältnissen stammenden Eltern in die Schweiz abschiebt, diesen Vater stellt der Gründgens aus den vergangenen zwölf Jahren so eng verbundene Paul Bildt dar. Die Mutterrolle wird Elsa Wagner übertragen. Und jene Komtesse, die dazu gut sein soll, dem Karrieristen den Aufstieg in die Herrenklasse durch Einheirat in eine gräfliche Familie zu verschaffen, diese Marianne von Platen spielt Antje Weisgerber, die ihr einstiger Entdecker besonders gern mag.

Aber wo sollen die Kostüme herkommen? Der während des Krieges in ein Salzbergwerk ausgelagerte Fundus des Theaters ist verschwunden. Drei Schneider helfen Gründgens aus. Der erste hat noch Stoff genug, um eine Reithose zu schneidern. Der zweite treibt die nötigen Materialien für eine Jacke auf, und der dritte zaubert eine Weste. Frack und Zylinder kommen sicherlich aus dem erhaltenen Fundus der Berliner Oper. Jedenfalls sieht der Snob wieder hinreißend elegant und verführerisch aus.

In andauernde Verlegenheit bringen ihn die Fragen nach seiner Frau. Ob man die Kollegin denn bei der Premiere treffen werde? Die ist zwar längst in Dinkelsbühl, aber ihr bisheriger Ehemann murmelt etwas von einer Gelbsucht und erklärt dem Berliner »Telegraf«: »Sie will zwar unbedingt am Abend dabei sein, aber ich halte sie davon ab.«

Und dann am 3. Mai: die Premiere. Die intellektuelle und künstlerische Elite aus allen vier Sektoren der Stadt sowie Offiziere der Besatzungsmächte mit ihren Frauen eilen in das Deutsche Theater, um den berühmten Gustaf Gründgens zu erleben. Draußen, auf dem Vorplatz, verlangen Schwarzmarkthändler für die letzten Karten bis zu tausend Mark.

Ein Engländer, der das nach seiner Meinung wichtigste kulturelle Ereignis der frühen Berliner Nachkriegszeit miterlebte, hat das Publikum in seinem Buch »Berlin Days« beschrieben: Die Herren trugen ihre besten Anzüge, die Damen elegante Kleider. Aber wer genau hinschaute, dem blieb nicht verborgen, ihre festliche Garderobe war fast allen Besuchern zu weit geworden. Die Kleider hingen an den mageren Körpern schlaff herab. Jacketts und Hosen schlotterten um die einst runden Bäuche. Elegant? Fast schäbig wirkte die Kleidung der Besucher. Die meisten von ihnen, zumindest die älteren, hatten die Goldenen Zwanziger noch miterlebt und die Erinnerung an die weltstädtische Blütezeit ihrer Stadt bewahrt – das Theater war wieder zu einem Lebensersatz, zu einer »Parallel-Welt« neben der Trümmerwelt geworden.

»Der gigantische Unfug hatte die Tische und Betten, die Kleider und Kochtöpfe, die Klaviere und Tennisschläger, die Warenhäuser und Gaststätten der Menschen mit sich in den Abgrund gerissen. Die Scheinwelt (war) geblieben.« (Hilde Spiel)

Das Publikum nimmt die Plätze ein. Hinter der Bühne bangen die Kollegen: Wie wird es reagieren? Wird man Gründgens akzeptieren oder gegen sein Comeback protestieren?

Der Vorhang öffnet sich. Der Star des Abends steht schon

auf der Bühne. Das Publikum erhebt sich und begrüßt ihn mit minutenlangen Ovationen. Halb auf einem Schreibtisch sitzend, halb daran gelehnt, spricht er den ersten Satz, schlägt sich mit der Hand aufs Knie, ruft aus: »Das ist grotesk!«

Und nun beginnt, wie Friedrich Luft es ausdrückt, »ein Akt der Raserei«. Selbst die zunächst etwas verdutzten Russen in den ersten Reihen stehen auf und klatschen begeistert mit. Ein eingeschmuggeltes Sowjet-Hündchen beteiligt sich mit freudigem Gebell. Gründgens, sichtlich gerührt über den andauernden Applaus, verbeugt sich leicht, lächelt, will den Monolog fortsetzen – vergeblich. Mindestens fünf, sechs Minuten, wenn nicht länger dauert das unvorhergesehene Wiedersehensfest.

Hinter den Kulissen läuft Paul Bildt wie ein kleiner Junge glücklich hin und her, wirft die Arme in die Luft und flüstert: »Er hat es geschafft! Er hat gewonnen!« Nach der Vorstellung die nächste »Raserei«. Die Bühne verwandelt sich in ein Blumenmeer. Das Bravo-Rufen, Klatschen, Jubeln will kein Ende nehmen.

In der ersten Reihe sitzt ein Mann in amerikanischer Uniform; niemand kennt ihn, niemand nimmt Notiz von ihm. Auch er applaudiert, doch ungleich zurückhaltender als alle anderen. Es ist Klaus Mann. Ihm, dem Antifaschisten der ersten Stunde, dem Exilierten, unermüdlich im Widerstand, ihm, dem Schriftsteller und Sohn des Nobelpreisträger Thomas Mann, jubelt niemand zu. Eine frühere gemeinsame Freundin, vielleicht Pamela Wedekind, fragt ihn, ob er nach der Vorstellung mit in Gründgens' Garderobe kommen wolle. »Nein«, sagt er und geht davon. Was für ein Triumph für Gustaf Gründgens! Was für eine bittere Stunde für Klaus Mann!

Die Theaterkritiker der großen Zeitungen sind sich in den nächsten Tagen ziemlich einig: Dieser Christian Maske sei keine Glanzleistung gewesen, Gründgens, durch die unerwartet große Sympathiekundgebung so von seinem Gefühl überwältigt, so gerührt, sei die notwendige Kaltschnäuzigkeit der Rolle eigentlich erst im dritten Akt gelungen. »Er bekam die Sätze nicht in den harten Ton gefühlloser Motorik, den sie verlangen. Er war schauspielerisch fahrig, war nicht präzis, war schon gar nicht überlegen«, so später Friedrich Luft. Für die Kritik ist Paul Bildt der Star des Abends. Er spielt seinen früheren Chef und Gönner an die Wand.

Aber wie erklären sich dann die Beifallsstürme für den Wiederaufgetauchten nach der Vorstellung? Ganz einfach, so die einen: Ein Publikumsliebling der NS-Zeit bleibt auch ein Publikumsliebling danach. Man denke nur an Zarah Leander, Heinz Rühmann oder andere Filmlieblinge. Wirken diese fortlebenden Idole nicht als Beweis dafür: So schlimm kann es doch nicht gewesen sein! Sie sind alle wieder da, unsere Lieblinge von einst, und spielen ihre Rollen weiter, so als ob gar nichts gewesen sei. Mehr noch, fügen andere hinzu: Die Zuschauer des »Snob« identifizieren sich mit Gründgens, denn er ist einer von ihnen. Sie sind »dafür« gewesen – er doch auch! Sie sind dagegen gewesen – er doch auch! Sie wie er haben versucht, sich zwischen Anpassung und Eigenwillen zu behaupten. Dieser Gründgens, gerade aus der ungerechtfertigten Haft entlassen und wieder Bühnenheld, ist die lebende Entlastung von der eigenen Verstrickung. Klaus Mann: »Berlins unverwüstlicher Liebling, vor, während und nach der Nazizeit.«

Der Beifall soll gewiss auch den Dank der Daheimgebliebenen an einen der Ihren ausdrücken. Hannah Arendt erfährt, als sie zum ersten Mal zurück nach Deutschland

Deutsches Theater, 3. Mai 1946: Der Star auf dem »Spielplan des Dritten Reiches« kehrt zurück auf die Berliner Bühne. Aus den vier Sektoren der Stadt eilen die Menschen herbei, um den berühmten Gründgens zu sehen. Er spielt, hier zusammen mit dem ihm eng verbundenen Paul Bildt, den zwielichtigen »Snob«. Das Publikum begrüßt ihn mit minutenlangen Ovationen, feiert ihn mit einem Blumenmeer – er ist »einer von uns«. In der ersten Reihe sitzt ein Mann in amerikanischer Uniform: Klaus Mann, der Exiliant. Niemand nimmt Notiz von ihm.

kommt: »Wir, die wir heute schuldig erscheinen, sind in Wirklichkeit diejenigen, die ausgehalten haben, um Schlimmeres zu verhindern; nur diejenigen, die dageblieben sind, hatten die Möglichkeit, mäßigend einzuwirken und zumindest einigen Menschen zu helfen; wir zollten dem Teufel Tribut, ohne ihm jedoch unsere Seele zu verkaufen.«

Wer hat das, so mögen die Dagebliebenen gefolgert haben, besser unter Beweis gestellt als Gustaf Gründgens?

Der hat wagemutig unter schwierigsten Bedingungen für die Berliner eine Insel geschaffen, an die das Getöse der Zeit nicht heranreichte und die den Gefährdeten zum Ort der Zuflucht wurde.

Es jubeln die einstigen Hitlerjungen und Parteigenossen, und es bedanken sich zugleich die Nicht-Angepassten, ja Verfolgten, die Reich-Ranickis – soweit sie noch am Leben sind. Gründgens freut sich über die bezeugte Sympathie und die Bewunderung, ärgert sich über die Kritik und spielt seinen Christian Maske in der Folgezeit über hundertmal.

So wenig wie Gustaf Gründgens hat Klaus Mann diesen 3. Mai 1946 vergessen. Gibt es nur noch Trennendes zwischen ihnen? Beide haben sich fast zur gleichen Zeit, Ende 1942, Anfang 1943, freiwillig zur Armee gemeldet, der eine, um in der Wehrmacht gegen die Alliierten, der andere, um in der US-Army gegen die Faschisten zu kämpfen. Und bei beiden hat Verdruss über das bisherige Leben zu der Entscheidung beigetragen. Doch im Unterschied zu dem privilegierten Feldwebel bleibt dem Unteroffizier der Army nichts erspart, nicht das Exerzieren und die langen Märsche mit Gepäck, nicht das Waffensäubern, nicht Schießübungen und Küchendienst.

»Wirst Du einen Sieg erleben, und wird er aussehen, wie man sich Siege erträumt, wenn er denn endlich kommt?« heißt es in Klaus Manns Exil-Roman »Flucht in den Norden«. Jetzt ist er zurückgekommen nach Deutschland, um jenen Sieg mitzuerleben, von dem er lange geträumt hat. Und was erlebt er? Bekannte und einst geschätzte Menschen, daheimgebliebene Karrieristen, Opportunisten, verwandeln sich innerhalb kürzester Zeit, wie Mann es zu erleben meint, von Tätern und Mitläufern in Opfer und Verführte, um wie bisher Erfolge einzuheimsen.

Besuch bei Emil Jannings am Wolfgangsee: »›Ich ein Nazi?‹, fuhr er den Besucher an. ›Haha, mein Junge, da kennst Du aber Deinen Emil nicht!‹ Ein Verfolgter war er gewesen! Ein Märtyrer ... ›Von Anfang an dagegen!‹«

Pressegespräch mit Göring – »Nach Zerknirschung sah er wenig aus ... mit dem Führer schon seit geraumer Weile total verkracht ... Völlig auseinander!« ... »Die Konzentrationslager? ... Alles Himmlers Schuld!«

Gespräch mit dem Komponisten Richard Strauss in Garmisch. Der Eindruck: selbstsüchtig und naiv.

Die Gesichter und die Stimmen wechseln, die Worte bleiben sich gleich: Die Deutschen bestehen darauf, so erlebt es Klaus Mann, nichts gewusst zu haben: »... alle sagen, dass sie von Anfang an dagegen waren.« Schon am 16. Mai 1945 erfährt der Vater von Sohn Klaus: »Diese beklagenswerte, schreckliche Nation wird Generationen lang physisch und moralisch verkrüppelt bleiben.«

Wie gesagt, enttäuscht und verbittert hat man sich den weithin unbekannten Mann vorzustellen, der im ersten Nachkriegsjahr den grandiosen Beifall für seinen einstigen Schwager, seinen »Mephisto«, im Deutschen Theater miterlebt. In englischer Sprache schreibt er über »Berlin's Darling«, den einstigen »unermüdlichen, genialen ›Maître de Plaisir‹ von Großdeutschland«, »über eine der schillerndsten und gefeiertesten Figuren des Dritten Reiches« einen Artikel, der damals unveröffentlicht bleibt und erst Jahrzehnte nach Klaus Manns Tod bekannt werden wird.

Gründgens demonstriert Gelassenheit. Höchstens könne er sich dazu aufraffen, lässt er Pamela Wedekind wissen, Klaus sowie auch Erika einen Brief zu schreiben: »Liebe Kinder, nun müsst Ihr den Unfug allmählich lassen, denn wisst Ihr eigentlich, dass Ihr langsam anfangt, uns zu schaden?«

Von irgendwelchen ernsthaften Beschädigungen des Großmütigen durch die Geschwister Mann ist jedenfalls zu diesen Zeiten nichts bekannt. Klaus Mann hingegen muss erleben, dass kein einziges seiner im Exil entstandenen Werke zu seinen Lebzeiten in Deutschland publiziert wird. Ein Drama über Geisterglauben und Spiritismus wird weder gedruckt noch von einer Bühne angenommen. Ein Roman bleibt Fragment, weil kein Verleger sich dafür interessiert. Filmpläne zerschlagen sich. Und der Mitmacher, der Teufelsdiener, der Mephisto eilt wieder von Erfolg zu Erfolg. Wer soll da nicht bitter werden?

Am 22. Mai 1949 nimmt sich Klaus Mann in Cannes das Leben. Am 10. Juli schreibt Gründgens seiner früheren Frau: »Liebe Erika, ich habe auf die mich sehr bewegende Nachricht von Klaus' Tod nicht sofort geschrieben, weil ich Dich in diesen ernsten Tagen nicht mit einem Brief von mir behelligen wollte.

Ich weiß, wie sehr Dich das getroffen haben muss, und glaube manches zu verstehen, was Klaus in den letzten Jahren durchgemacht hat.

Es wäre mir sehr unnatürlich, wenn ich Dir nicht mein herzlichstes Mitgefühl sagte. Dein Gustaf Gründgens.«

Was einte sie noch, diesen Klaus und diesen Gustaf, die sich einst liebten und dann zu so verbissenen Gegenspielern wurden? Die Drogensucht. Der Tod durch Schlaftabletten. Und beide irrten sich, jeder auf seine Weise, wenn sie meinten, in der Kunst eine verlässliche Kraft des Widerstandes gegen die Barbarei gefunden zu haben.

Marianne hat die Stadt längst verlassen und zwei Tage nach der Premiere von Sternheims »Snob« ihren Benedikt zur Welt gebracht. Bald wird auch Gründgens Berlin den Rücken kehren. Aber wohin wird er sich wenden?

Zunächst einmal steht in der Schumannstraße ein Intendantenwechsel an. Der alte Kommunist Wangenheim, in der UdSSR Mitglied des Nationalkomitees Freies Deutschland, hat in seiner ersten Wirkungsstätte nach dem Krieg nie die rechte Anerkennung gefunden, und obgleich er dem Deutschen Theater ein Studio angegliedert und eine Reihe junger Talente entdeckt hat, entscheiden die Sowjets, das so wichtige Amt einem anderen, weitaus tatkräftigeren Genossen anzuvertrauen, nämlich Wolfgang Langhoff. Der war zwar nicht in die Sowjetunion emigriert, sondern nach einem kurzen KZ-Aufenthalt 1934 in die Schweiz geflüchtet und hatte dort als Schauspieler im Ensemble des Zürcher Schauspielhauses und in der Stadt als Organisator verschiedener kommunistischer Exilgruppen auf sich aufmerksam gemacht.

Im Dezember 1946 inszeniert Langhoff im Deutschen Theater Sophokles' »König Oedipus«, spielt selbst den Kreon und überträgt die Titelrolle dem gleichaltrigen Gustaf Gründgens. Man schätzt sich und geht freundschaftlich, herzlich miteinander um. Und dennoch, wieder enttäuscht »Berlin's Darling« jene Kritiker, die ihn einst gefeiert haben. Was er auch spielt, Wedekinds »Marquis von Keith«, den unsympathisch gezeichneten Antikommunisten Worobjow in Rachmaninows »Stürmischer Lebensabend« – der Schauspieler Gründgens kann in der Nachkriegszeit nicht mehr im gleichen Maße überzeugen wie in früheren Jahren.

Doch Wolfgang Langhoff, kaum in sein Amt eingeführt, betraut den von ihm hoch geschätzten Kollegen auch sogleich mit Inszenierungen: zunächst in den dem Deutschen Theater angeschlossenen Kammerspielen mit der deutschsprachigen Erstaufführung von Bernhard Shaws Burleske »Kapitän Brassbounds Bekehrung« mit Käthe Dorsch. Die Premiere findet in jenem Monat statt, nämlich im Oktober 1946, in dem Gründgens Gönner Hermann Göring im Nürnberger Kriegsverbrecherprozess zum Tod verurteilt wird und sich der Hinrichtung durch die Einnahme einer Giftkapsel entzieht.

Gründgens setzt seine neue Karriere im Frühjahr 1947 wiederum mit einer deutschsprachigen Uraufführung fort, nämlich mit Jewgenij Schwarz' gesellschaftskritischer »Märchenkomödie für Erwachsene«, »Der Schatten«, verfasst von einem Autor, der in seiner sowjetischen Heimat zwar geduldet, aber immer wieder behindert wird. Und als Regisseur, insbesondere des »Schatten«, gewinnt er seinen alten Rang zurück. »Hier war Gründgens«, so Luft, »plötzlich wieder in seiner besten Form, in einer Meisterschaft, die er ein halbes Dutzend Mal in seiner Regie-Karriere erreichte.«

Und auch im Kabarett, dem Westberliner »Ulenspiegel« unter der Leitung Günter Neumanns, knüpft Gustaf Gründgens noch einmal an fast schon vergessene Erfolge im Berlin der zwanziger Jahre an. Unter Max Reinhardt hatte er einst mit Mischa Spoliansky und Margot Lion im Theater am Kurfürstendamm die Kabarettrevue »Alles Schwindel« inszeniert. Nun also Neumanns »Kleine Welttheater-Schau« der Nachkriegszeit. Gründgens macht eine moderne Commedia dell' Arte daraus, »eine durchweg entzückende, wohlschmeckende ... vollendete Darbietung«, und dürfte diesen Berufsausflug aus dem sowjetischen in den amerikanischen

Sektor »selbst höchlichst genossen haben«. Das meint wiederum Friedrich Luft.

Doch bald wird der erneut so Gefeierte seinem eigenen Grundsatz untreu. In einem Artikel fordert der Wahl-Berliner 1946 jene Kollegen, die die Stadt nach dem Krieg verlassen hatten, dringend auf, dahin zurückzukehren, wo sie hingehörten, »denn ich bin aus künstlerischen, aber auch aus charakterlichen (!) Gründen der Meinung, die Berliner Schauspieler sollen in Berlin Theater spielen. Sie ... haben dem Berliner Publikum viel zu danken, und sie sollten in der Notzeit dieser geliebten Stadt zur Stelle sein. Das Beste, was wir geben können, ist jetzt gerade gut genug.« Er, Gründgens, jedenfalls freue sich, wieder an Max Reinhardts Deutschem Theater spielen zu können und viele seiner Kollegen dort wiederzusehen, deren geschlossenes Eintreten für ihn sein schönstes Erlebnis gewesen sei. Ergo: Ich »bin mit größerer Leidenschaft als je das, was ich immer war: ein Berliner Schauspieler.«

Die »größte Freude« und die noch »größere Leidenschaft« verfliegen jählings, und zwar Anfang März 1947. Da überkommt ihn eine noch größere Freude, als seine Geburtsstadt Düsseldorf dem in der letzten Zeit oft Unterforderten in der Nachfolge von Wolfgang Langhoff die Generalintendanz der Schauspiel, Oper, Operette und Ballett umfassenden Städtischen Bühnen anbietet – eine im Vergleich zu den Rollen und Inszenierungen in Berlin wahrlich angemessene Tätigkeit, noch dazu jenseits aller Vier-Mächte-Querelen der Vier-Sektoren-Stadt. So kommt Gründgens zurück in seine Vaterstadt.

»Keine Experimente«

Ich habe zehn Jahre Kunst
gegen etwas gemacht.
Ich sehne mich danach,
Kunst *für* etwas zu machen.

Gustaf Gründgens

Mehr als vierzig Bewerber, nein, sogar mehr als siebzig, heißt es, hätten sich um dieses Amt beworben. Die Stadtväter entscheiden sich für ihren Wunschkandidaten: Gustaf Gründgens. So kommt Gründgens 1947 aus seiner zweiten Heimat zurück in seine Vaterstadt, aus der Metropole zurück in die Provinz.

Wie sich die Städte gleichen! Wie Berlin liegt auch Düsseldorf in Trümmern. In den Straßen und den ausgebrannten Ruinen häuft sich der Schutt. Die Hälfte des Wohnraumes und des Verkehrsnetzes ist zerstört. Die Wehrmacht hat vor ihrem Rückzug sämtliche Rheinbrücken gesprengt und die Rheinfähren versenkt. Zufahrtsstraßen, Tunnel, Schifffahrtswege sind unbefahrbar oder beschädigt. »In den Trümmern hockten eine blinde Geschäftigkeit, der Hunger und das Selbstmitleid.« (Hannah Arendt)

Hier wie dort: Es fehlt an Nahrung, Kleidung, Holz und Kohle, Nägeln, Glühbirnen, an allem, was der Mensch zum Leben braucht. Frühmorgens gibt es irgendwo Gemüse. Vier bis sechs Stunden Anstehen ist normal. »Man musste ›organisieren‹«, erinnert sich Marianne Hoppe, »ein Paar Reitstiefel gegen Kartoffeln, eine Herrenjoppe gegen ein halbes Pfund

Kaffee oder Zucker ... Man hatte seine Quellen ...« Frauen fahren mit ihren Kindern zum Hamstern auf die Dörfer. Ihre Männer streichen derweil mit Teilen des Familiensilbers oder einem anderen Erbstück auf einem der hinter Bretterzäunen und Ruinen gelegenen Schwarzmärkte herum, um einen warmen Wintermantel, Lebensmittel oder Zigaretten einzutauschen. »Die Zerstörung ist das Normale. Die Unversehrtheit das Anormale«, so Wolfgang Langhoff, Gründgens' Vorgänger in der Düsseldorfer Nachkriegszeit.

Die Klassiker pflegen

Es muss Gründgens viel bedeutet haben, an jenen Ort zurückzukehren, an dem seine Lehrer Louise Dumont und Gustav Lindemann den 19-Jährigen all das gelehrt, ja ihm vorgelebt hatten, was zu seinem Beruf gehört: Fleiß und künstlerischen Ernst, eine hohe Sprachkultur, das Ensemble-Spiel, Sorgfalt und Präzision. Der einstige Schüler der Düsseldorfer Hochschule für Bühnenkunst, und wohl ihr begabtester, wird nur gut ein Jahr brauchen, um die Heimatstadt zu einem Theaterzentrum Westdeutschlands zu machen. Der jetzt fast 50-Jährige besitzt alles, was für die Tätigkeit eines Generalintendanten der Düsseldorfer Bühnen nötig ist.

Und dennoch steht dem Neuanfang wiederum ein Problem entgegen: Die bisherigen Entnazifizierungsverfahren in Berlin reichen hier, in Düsseldorf, nicht aus. Also das Ganze jetzt erneut. Eine westdeutsche Kommission stuft den Vorgeladenen in Kategorie V, als »unbelastet«, ein. Die Briten erheben Einspruch, beanstanden offenbar die Teilnahme des Schauspielers an dem antibritischen Film »Ohm Krüger«

und entscheiden Kategorie IV, »Mitläufer«, also belastet. Das kann die Intendantentätigkeit, wenngleich nicht unmittelbar, so doch auf längere Sicht gefährden. Schließlich führt ein Berufungsverfahren zur Aufhebung der britischen Entscheidung. Am 7. April 1948 wird Gründgens endgültig als »entlastet« eingestuft.

Ist dem neuen Generalintendanten vom ersten Tag an klar, auf welches Abenteuer er sich eingelassen hat? Er trägt die Verantwortung für ein halbwegs intaktes Opernhaus, das zerstörte Große Schauspielhaus, dessen Vorstellungen jetzt in einer Schulaula stattfinden, und für das nun in einem Saal der Provinzial Feuerversicherung provisorisch untergebrachte Kleine Haus, in dem Ratten über die Bühne laufen, während die Proben in der Aula stündlich durch Klingelzeichen und Schulpausen gestört werden. Der Generalintendant erhält einen jährlichen Zuschuss von einer Million Mark und muss bald die Erfahrung machen, dass ihm die Bürokratie, die verschiedensten städtischen Instanzen, ständig in seine Arbeit hineinzureden versuchen.

Die Vorstellungen sind oft ausverkauft; ähnlich wie im Krieg versuchen die Menschen, ihrem tristen Alltag zu entkommen und ihr wertloses Geld sinnvoll auszugeben. Der neue Chef kommt auch mit den von der Stadt zugesagten Subventionen aus, ja, braucht sie zeitweise nicht einmal auf, und so zeigt sich die Bürokratie kulant: Gustaf Gründgens erhält als Dienstwagen einen dunkelblauen Opel-Viersitzer mit Chauffeur. Zusammen mit seinem Lebensgefährten und späteren Adoptivsohn Peter Gorski zieht er in eine von einer Haushälterin versorgte Sieben-Zimmer-Wohnung, die auch als Etablissement für Gäste dient.

Auch über das Verhältnis Gründgens-Gorski sieht man in Düsseldorf »großzügig« hinweg. Selbstverständlich ist das noch immer nicht. Erst ab 1969 werden so genannte einvernehmliche Beziehungen zwischen gleichgeschlechtlichen Erwachsenen straffrei, und noch zwischen 1950 und 1965 werden in Deutschland viermal so viele Männer wegen Homosexualität verurteilt wie zwischen 1918 und 1933. Die Betroffenen verlieren ihren Arbeitsplatz und werden aus den Berufsverbänden ausgeschlossen.

Der neue Generalintendant hat gerade erst sein Amt angetreten, da erklärt er auch schon öffentlich, welche Prinzipien seine Spielplangestaltung bestimmen werden.

Nun von jeglicher Indienstnahme durch den Staat befreit, will Gustaf Gründgens auch weiterhin die Klassiker pflegen, den humanistischen Gehalt ihrer Stücke betonen und damit den Menschen, sie tröstend und sie stärkend, unauslöschliche Werte nahe bringen. Auch die Tragödien der Griechen, dessen ist er sicher, »haben Jahrtausende überdauert« und werden ihre Gültigkeit behalten. Klassik und das antike Drama stehen an erster Stelle. Und was folgt?

Der Akt der Wiedergutmachung, die Pflege jener Dramatiker, die in der NS-Zeit zum Schweigen verurteilt waren, sowie die Vermittlung jener Bühnenwerke moderner ausländischer Autoren, die man den Deutschen in den vergangenen zwölf Jahren ebenfalls vorenthalten hatte. Und schließlich will Gründgens, wie auch andere Intendanten, »dem *neuen* Klang« nachspüren, »dem neuen Dichter, der aus unserer Mitte wachsen wird«, und ihn auch dann noch fördern, wenn seine Werke zunächst noch unvollkommen sind.

Wer hätte diesen Prinzipien noch weitere hinzufügen können? Hat der Prinzipal nicht alle jene Autorengruppen genannt, die auf den deutschen Nachkriegsbühnen ihren Platz erhalten müssen? Also kann der Unterschied zwischen den einzelnen Theatern nur noch in der Gewichtung liegen, die dieser oder jener Autorengruppe und den einzelnen Themen zugewiesen wird. Gründgens, vor allem auf Solidität bedacht, »hielt eine kluge Balance zwischen dem Notwendigen und Möglichen, dem Vertretbaren und Gewagten«, lobt Hans Schwab-Felisch später.

Doch in den ersten Jahren seiner Düsseldorfer Tätigkeit sind die kritischen Stimmen nicht zu überhören. Mehrere seiner Zeitgenossen werfen ihm schon bald nach seinem Amtsantritt vor, immer nach der Seite des geringsten Widerstandes auszuweichen und einem konservativen, ja »superkonservativen« Theater vorzustehen.

Wie das? Hat Gründgens nicht einer Reihe ausländischer Autoren zu einer deutschen Erstaufführung verholfen – so Jean-Paul Sartres »Die Fliegen«, Arthur Millers »Tod eines Handlungsreisenden«, Jean Cocteaus »Bacchus«, Thomas Wolfes »Herrenhaus«? Eine erstklassige Aufführung von T. S. Eliots Schauspiel »Der Familientag« verschafft dem britischen Autor den Durchbruch in der Bundesrepublik und beeindruckt Eliot so stark, dass er den Düsseldorfern auch die deutschsprachige Erstaufführung seiner Komödie »Die Cocktail Party« anvertraut, die zu einem bedeutenden Theaterereignis wird.

Aber vernachlässigt der Düsseldorfer nicht eindeutig die modernen deutschsprachigen Autoren? Als einziges großes Theater in Westdeutschland verzichtet das Düsseldorfer Schauspielhaus auf Zuckmayers Erfolgsstück »Des Teufels General«, offenbar weil Gründgens fürchtet, in dem zugleich regimekritischen und dem Regime dienenden General Harras werde man sein Abbild, das des Göring-Günstlings, sehen. Aber auch Zuckmayers »Gesang im Feuerofen«, das wie nur wenige Stücke zur Bewältigung der Vergangenheit beitragen kann, bleibt ausgespart. Das gilt auch für Max Frischs Nachkriegswerke »Nun singen sie wieder«, »Die chinesische Mauer« und »Graf Öderland«.

Gewiss, ein Avantgardist ist Gründgens nicht. Neue Stücke »beschnuppert er, und wenn sie gut riechen, spielt er sie«, heißt es im »Spiegel«. Sein Theater sei ihm zu schade zum »Vor-Experimentieren«. Das Neue bringt er nur dann auf die Bühne, wenn er es akzeptiert. Und vieles davon akzeptiert er eben nicht und gibt auch offen zu, »das esoterische, abseitige, das eigenbrötlerische, das volksfremde Theater«, das sich auf Kosten des Publikums interessant machen will, zu hassen. Und was, entstanden aus einer übertriebenen »Originalitätssucht«, eigenbrötlerisch, esoterisch, volksfremd ist, das bestimmt allein er, der Intendant. Gründgens, davon überzeugt, dass das Theater nicht nur an die Zeit, sondern auch an seine Umwelt, an den Ort und die damit verbundenen Möglichkeiten und Begrenzungen durch die Aufnahmefähigkeit des jeweiligen Publikums gebunden ist, macht bewusst Stadttheater. Aber in Düsseldorf steht die erste Bühne des neu gegründeten Landes Nordrhein-Westfalen. Von hier aus müssen Impulse weit über die Stadtgrenzen hinausgehen!

Es gibt Kritiker, die von ihm erwarten, dass er, um des modernen Bühnenschaffens willen, auch das Risiko vorübergehend absinkender Besucherzahlen in Kauf nehmen solle. Und das für Theaterexperimente aller Art, die ihn nicht einmal überzeugen?

1950 schreibt er an Boleslav Barlog, den Generalintendanten des Berliner Schiller- und Schlosspark-Theaters: »... ich fürchte ein bisschen, dass meine Art, Theater zu machen, zu simpel und einfallslos ist, um in der heutigen Situation als ein Fortschritt gewertet zu werden. Mir fällt weder ein, dem

Carlos ein drittes Bein aus Pappe anzukleben, noch ›Romeo und Julia‹ bei geschlossenem Vorhang zu spielen. So etwas Ähnliches muss man ja wohl tun, wenn man künstlerisch taufrisch erscheinen will. (Ich will es übrigens überhaupt nicht.)«

»Keine Experimente«, der erfolgreiche Wahlslogan des ersten Bundeskanzlers Konrad Adenauer, wird von Gustaf Gründgens auf die Bühne übertragen. Seinen Ruf verdankt das Düsseldorfer Theater in erster Linie den vielfach erprobten, schon oft gelungenen und deshalb ziemlich risikolosen Klassikeraufführungen mit GG als Hauptdarsteller, den schon in Berlin umjubelten Inszenierungen von Goethes »Faust«, von »Hamlet« und anderen Shakespeare-Stücken, Lessings sowie Schillers Schauspielen – vorgeführt von einem erstklassigen Ensemble. Gründgens' »gegenwartsabgewandter Klassizismus, dem das Düsseldorfer Publikum (und nicht nur dieses) zujubelte, wurde zum Maßstab für Theaterkunst in den späten vierziger und noch mehr in den fünfziger Jahren« (Henning Rischbieter). Ein Wegbereiter für das Theater des 21. Jahrhunderts ist Gründgens nicht gewesen.

Seine engsten Mitarbeiter hat der neue Intendant aus Berlin mitgebracht: vor allem seinen Stellvertreter Rolf Badenhausen, den Bühnenbildner Teo Otto, natürlich Peter Gorski und nicht zuletzt Margarethe Peppel, die vertraute Sekretärin. Jene drei Damen, die GG besonders schätzt, werden per Kurier oder telegrafisch eingeladen, in Düsseldorf zu spielen. Rolf Badenhausen klopft persönlich bei Marianne Hoppe in Oberbayern an, um sie einzuladen, eine der Hauptrollen in Sartres »Fliegen« zu spielen. Die ist dabei, ein Bauernhaus zu kaufen, und würde lieber filmen, weil die Gage unvergleichlich höher ist. Aber sie sagt zu. Elisabeth Flickenschildt, genannt »Flicki«, erhält in München ein Telegramm: »Komm sofort nach Düsseldorf. Ich fange dort wieder an. Komm sofort. Gustaf«. Die Zugreise dritter Klasse München-Düsseldorf dauert vierzehn Stunden, und wie die Kollegin in der Stadt unterkommen wird, ist ungewiss. Aber Flicki kommt.

Und das tut auch Antje Weisgerber, die »Porzellanfigur« mit ihrer »dem Unwirklichen nahen Mädchenhaftigkeit«, die zusammen mit dem Ehemann Horst Caspar in das Düsseldorfer Ensemble kommt. Ebenfalls aus Berlin reisen vorübergehend als Gäste oder für mehrere Jahre Paul Hartmann und Gustav Knuth an, Paul Henckels, Günther Lüders und Heinz Drache.

In Düsseldorf wird angemessen honoriert. Doch ärgert es den Intendanten, dass er für Sänger höhere Gagen als für die Schauspieler zahlen muss. Während Opernsänger eine Abendgage von 1 000 Mark mit nach Hause nehmen, kann Gründgens seiner früheren Ehefrau nicht mehr als 400 Mark pro Vorstellung auszahlen. Das ist immer noch viel Geld, wenn man bedenkt, dass ein verheirateter Facharbeiter mit zwei Kindern durchschnittlich nicht einmal 300 Mark monatlich nach Hause bringt.

Aber was nutzt den Künstlern eine hohe Gage, wenn sie trotzdem keine angemessene Bleibe finden? Die meisten Hotels sind ausgebombt; die, die noch stehen, sind von der Besatzungsmacht beschlagnahmt worden. Es herrscht unglaublicher Wohnungsmangel. Nur sieben Prozent der Wohnungen sind intakt geblieben. Ausgebombte leben in Baracken, Kellern, Schuppen, Gartenlauben und halbzerstörten, vom Einsturz bedrohten Gebäuden. Oft hausen bis zu sechs Personen in einem Zimmer.

Einige Schauspieler wohnen in den Theatergarderoben des Opernhauses, andere in einem der Luftschutzbunker aus dem Krieg, auf einem der Schiffe, die im Hafen liegen, oder in Kellerräumen zerbombter Häuser. Immer wieder wendet sich der Intendant beschwerdeführend an die Stadtverwaltung. Aber auch der Stadtrat kann angesichts der Rückkehr vieler Evakuierter und Kriegsheimkehrer sowie Unterkunft suchender Flüchtlinge aus den Ostgebieten wenig helfen.

Junge Menschen heute werden sich kaum noch vorstellen können, mit welcher Aufbruchsstimmung und Energie die Menschen in den Nachkriegsjahren ihre Arbeit, ja ihr Leben von neuem zu bestimmen suchten. Das gilt auch für die Düsseldorfer Bühnen. Auf GG trifft immer noch die Charakteristik Herbert Iherings aus dem Jahre 1934 zu. Er hat sich seine unermüdliche Arbeitskraft erhalten, den Schwung, die Sorgfalt auch im Kleinsten, Genauigkeit und Leichtigkeit, Intuition und Disziplin. »Ein Schauspieler, der nicht langweilt. Ein Regisseur, der nicht ermüdet.« Ein Intendant, der sich um alle und um alles kümmert.

Flicki

Sein Enthusiasmus, ein von allem politischen Zwang befreites großes neues Theater aufzubauen, geht so weit, dass er tatsächlich davon überzeugt ist, mit jenen Schauspielern, die ihm besonders nahe stehen, eine Lebensgemeinschaft eingegangen zu sein, die aufzukündigen einem Verrat gleichkommt. Das gilt zum Beispiel für Elisabeth Flickenschildt. Als die hoch Geschätzte 1952 um Urlaub bittet, um am Berliner Schiller-Theater in Jürgen Fehlings Inszenierung von

»Maria Stuart« die Elisabeth zu spielen, weigert sich GG, sie freizugeben. Und als der tief Gekränkte schließlich doch nachgeben muss, spricht er von »Mördern« und von »Attentat« und annulliert zunächst alle gemeinsamen Pläne. Seine Flicki! Mit der er sich so gerne unterhält und stundenlange nächtliche Telefongespräche führt. Seine Flicki! Auf deren Rat er gern hört und an deren Seite er sich auf der Bühne so sicher fühlt. Seine Flicki! Nun eine treulose Verräterin!

Natürlich wissen auch die Schauspieler, ein gelungener Neuanfang verlangt größte Hingabe, die Bereitschaft, das Äußerste für eine Rolle zu geben und auf viele andere Möglichkeiten des Lebens zu verzichten. »Manchmal kamen wir uns vor wie Geister oder Gespenster, die mit dem gewöhnlichen Ablauf des Existierens fast nichts mehr zu tun hatten und nur im Theater mit wirklichem, feurigem Leben und mit einer bedrohlichen und fürchterlichen Glut erfüllt wurden«, so schreibt Frau Flickenschildt in ihren Memoiren. »Aber trotz all dieser Schwierigkeiten, trotz dieser oft beklemmenden Umstände hatte niemals einer daran gedacht, dieses Leben ... den allgemeinen menschlichen Bedingungen anzupassen ... Wir ... wollten es so, wie es war und wie es sein musste.«

Wohl das Schönste an diesem Leben ist, dass das dankbare Publikum, leidenschaftlich an dem Geschehen auf der Büh-

Der neue Düsseldorfer Generalintendant lässt bei Marianne Hoppe anfragen, ob sie an der Seite ihres früheren Ehemannes eine Hauptrolle in Sartres »Fliegen« übernehmen würde. Sie sagt zu. Ihre Elektra ist, so die Rezensenten, »glühend« und »ketzerisch«, sie überzeugt. Gründgens hingegen wird in diesen Jahren vorgeworfen, ein »superkonservatives« Theater zu machen, das vornehmlich die Klassiker pflegen, von den modernen Dramatikern nichts wissen will.

ne Anteil nehmend, den Enthusiasmus der Darsteller teilt und hungrig wie nach einem lang entbehrten Mahl alles aufnimmt, was ihm geboten wird. Es gibt Vorstellungen, während derer im Zuschauerraum eine solche Stille herrscht, dass man meint, niemand sei erschienen. Keine Bewegung. Atemlosigkeit. Und zum Schluss der nicht enden wollende Applaus. Was für eine Freude erfüllt das ganze Haus!

Mit großherzigen Gefühlen und hochgespannten Erwartungen kommen die Schauspieler morgens zu den Proben und bereiten sich abends für den Auftritt vor. Mit Elan und auch entschlossen, gleich in der ersten Spielzeit viele seiner Möglichkeiten aufzuzeigen, inszeniert der Chef »Figaros Hochzeit« und Offenbachs »Banditen« im Opernhaus, übernimmt Hauptrollen im »Oedipus« von Sophokles, in Sartres »Fliegen« und Tschechows »Möwe« und vertraut auch die Regie für die beiden letztgenannten Stücke niemand anderem an.

Leise, verhalten, gleichsam als Kammerspiel inszeniert Gründgens 1948 Anton Tschechows »Möwe«, die bei ihrer Erstaufführung 1896 in Petersburg durchgefallen war und der zwei Jahre später der berühmte Stanislawski im Moskauer Künstlertheater Weltgeltung verschafft hatte.

Der Chef nimmt sich Zeit für die Geschichte von Nina, dem Mädchen auf dem Lande, das eine berühmte Schauspielerin werden möchte und sich verliebt in Kostja, den Sohn der gefeierten Schauspielerin Arkadina, der so gern ein Dichter wäre – junge Menschen, beide darauf aus, dem landläufigen, trivialen Dasein zu entfliehen.

Elisabeth Flickenschildt hat in ihren Erinnerungen geschildert, dass sie in langen Gesprächen mit Gründgens darüber diskutierte, wie die Rolle der anspruchsvollen, gefeierten Schauspielerin Arkadina und deren Verhältnis zu ihrem

Sohn zu verstehen sei: »›Was soll ich sagen, wenn mein Sohn nach neuen Formen schreit, und ich übersehe und überblicke längst, dass er keine neuen Formen schaffen kann. Er quält sich herum bis zu seinem Tode. Was soll ich machen, was soll ich sagen, wie soll ich so ein Kind behandeln – erstaunt, hilfreich oder lächelnd, spöttisch – oder soll ich gar nicht hinhören und ihn schreien lassen ... Aber ich liebe diesen Sohn. Ich liebe ihn, aber ich schlage ihm vor Wut ins Gesicht. Er reizt mich ständig, ich ärgere mich über ihn. Es ist wie bei jungen aufrührerischen Söhnen und wie bei einer egoistischen, die ganze Situation viel kühler überschauenden Mutter.‹

›Das macht nichts‹, sagte Gustaf. ›Lass ihn schreien, du spielst Karten und sprichst von der Großstadt und betest mich (Trigolin, den eleganten, arrivierten Dichter) an.‹ Und wenn Kostja und Nina ... die Möwe, aufeinander zugingen, in dem Glück, sich zu sehen – sie wollen sich umarmen, sie wollen sich berühren, sie brennen nach einer Zärtlichkeit – ›nein, nein‹, schrie Gründgens aus dem Zuschauerraum, nicht berühren – sich nicht immer gleich berühren, wenn man sich liebt! ›dastehen, entfernt ansehen, entfernt, aber sich ansehen, der Zwang aus dem Inneren, sich ansehen zu müssen, nichts anderes sonst mehr auf der Welt.‹«

Und wieder jubeln Kritik und Publikum.

Wenige Monate später, in der zweiten Spielzeit, sinken die Besucherzahlen rapide. Der Grund: die Währungsreform des Jahres 1948. In Erwartung der kostbaren und zunächst noch raren D-Mark haben die Besitzer von Waren und Rohstoffen ihre Güter bis zur Geldreform zurückgehalten und werfen sie jetzt auf den Markt. Die Menschen geben ihr neues Geld nun für Kleidung, Wohnungseinrichtungen und andere Konsumgüter aus und nicht mehr im gleichen

Maße wie bisher für das Theater und die Oper. Zahlreiche Bühnen müssen schließen. Doch Gründgens versteht es, durch Einsparungen und einen den neuen Verhältnissen angepassten, besonders populären Spielplan die Krise relativ schnell zu überwinden.

Der Schwierige

Im darauf folgenden Gründungsjahr der Bundesrepublik, 1949, werden die Düsseldorfer als erstes deutsches Schauspiel-Ensemble mit Goethes »Faust« zu den Edinburgher Festspielen eingeladen. Der einstige Göring-Günstling repräsentiert nun im Ausland die neue deutsche Demokratie, den Adenauer-Staat.

Etwa um die gleiche Zeit sorgen sich Politiker und Kulturverwalter in dem zur Frontstadt des Kalten Krieges gewordenen West-Berlin, mit Ost-Berlin, der Hauptstadt der neu gegründeten DDR, künstlerisch nicht mehr mithalten zu können. Dort gibt es das Brecht-Ensemble, die Komische Oper unter Walter Felsenstein und die Staatsoper. In West-Berlin herrscht, jedenfalls im Blick auf das Theater, Mittelmaß. Deshalb lädt der Regierende Bürgermeister Ernst Reuter Gründgens ein, in die Stadt zurückzukommen und die Leitung des Schiller-Theaters zu übernehmen. Aber Gründ-

Gründgens spielt wieder Sternheims »Snob«. Mal ist er aufgekratzt und unternehmungslustig, mal müde und resigniert. Sein Publikum liebt und hasst er. Die Düsseldorfer glauben, diese Rolle sei ihm auf den Leib geschrieben? Diese Dummköpfe! »Da sitzen sie nun da unten und merken nicht, dass das Ganze eine Parodie auf sie selbst ist und dass sie dauernd Ohrfeigen beziehen.«

gens sagt ab. Statt nach Berlin zu wechseln, reformiert er die Struktur der Düsseldorfer Bühnen.

Genervt von der ständigen Dreinrederei kunstfremder Ämter, der verschiedenen bürokratischen Instanzen und mit seiner Kündigung drohend, löst der Generalintendant Anfang der fünfziger Jahre seinen Vertrag mit der Stadt und schafft mit Hilfe der nordrhein-westfälischen Kultusministerin Christine Teusch ein neues Theater, losgelöst von den Zwängen der kommunalen Verwaltung, betrieben als kaufmännisches Unternehmen in Form einer GmbH, von Gründgens als Geschäftsführer geleitet. Die notwendigen finanziellen Mittel werden vom Land, der Stadt, der Industrie und den Gewerkschaften aufgebracht. Damit ist die Zuständigkeit der Unzuständigen ausgeschaltet. Oper und Schauspiel werden getrennt; die Opernintendanz gibt Gründgens ab. Dieses Modell wird bald darauf auch von anderen bundesdeutschen Theatern übernommen. Als Geschäftsführer der »Neuen Schauspielgesellschaft m.b.H.« erhält Gründgens ein Jahresgehalt von 26 000 DM und eine Aufwandsentschädigung von 4 000 DM. Des Weiteren für seine Tätigkeit als Schauspieler je Vorstellung ein Honorar von 750 DM. Das entspricht zusammen einem Jahreseinkommen von etwa 100 000 DM.

Das verbindet ihn mit anderen großen Künstlern: Gründgens ist ein schwieriger Mensch. Zuweilen berückend charmant, anteilnehmend, hilfsbereit, dann wieder hochmütig, arrogant. Kritische Rezensionen können ihn tagelang verstimmen, er fühlt sich unverstanden, antwortet bissig, scharf. Irgendwann später merkt er, dass er Lobendes überlesen hat.

Seinem Publikum ist er in einer Art Hass-Liebe verbunden. Die Düsseldorfer denken, er spielt den Snob, weil ihm die Rolle auf den Leib geschrieben ist? Diese Dummköpfe! »Da sitzen sie nun da unten und merken nicht, dass das Ganze eine Parodie auf sie selbst ist und dass sie dauernd Ohrfeigen beziehen.«

Mal kommt er aufgekratzt, unternehmungslustig, heiter zu den Proben, dann wieder wirkt er abwechselnd überreizt, resigniert und müde. Der Mann arbeitet zu viel, denn er will zu viel. Die Intendanz, die Regiearbeit, die Rollen fressen seine Kräfte auf. Diese Unrast, das Getriebensein bis zur Erschöpfung! Oft ist er kränker, als es scheint. Dann wieder treibt allein die Angst vor dem nächsten Schwächeanfall oder vor der Migräne den Hypochonder in das hinein, was er befürchtet hat. Die Anspannung verlässt ihn auch dann nicht, wenn er am späten Abend nach Hause kommt. Gründgens kann nicht abschalten, findet keinen Schlaf. Um endlich Ruhe zu haben, greift er nach immer stärkeren Schlaftabletten. Seine Migräne verschlimmert sich fortwährend. Dann sitzt er, arbeitsunfähig, irgendwo auf einem Theaterstuhl, zwischen sich und anderen eine Wand. Oder er bleibt morgens gleich im Bett und dämmert bis zum Abend, bis zum Aufbruch ins Theater vor sich hin, eine Binde um den Kopf, um die Augen zu verdecken. Wenn er nach einem solchen Anfall auf die Bühne muss, nimmt er vor dem Auftritt ein oder zwei Tabletten des Aufputschmittels Pervetin. Danach ist an Nachtschlaf überhaupt nicht mehr zu denken.

Zeitweise leidet Gründgens an Sprachstörungen. Es kommen Tage, an denen überhaupt nur noch der Adoptivsohn, sein Sekretär Peter Gorski, versteht, was »der Vater« eigentlich sagen will. Liegt es an den Zähnen? Zahnärzte werden konsultiert. Nein, an den Zähnen liegt es nicht. Also auf zu anderen Ärzten. In Godesberg, wo er Cocteaus »Bacchus« spielen will, bringt er den Text nur noch mit großer Anstrengung hervor. Kaum versteht man ihn noch im Parkett. In der Pause verabreichen ihm herbeigerufene Ärzte eine Spritze. Danach kann er nur noch lallen.

Da Tabletten und Spritzen nicht mehr helfen, nimmt Gründgens Drogen, vor allem Morphium. Morphium, das weiß man, führt zu euphorischen Zuständen, und es macht süchtig. Der Entzug ist mit wahren Höllenqualen verbunden. Wer abhängig bleibt, braucht immer stärkere Dosen, die die Schlafstörungen verstärken und zu physischen und psychischen Verfallserscheinungen führen können.

Wenn er völlig erschöpft ist, erholt sich der Chef auf Mallorca oder Sizilien, im Wallis und im Oberengadin, später regelmäßig auf Madeira. Oft fährt er zu Sanatoriumsaufenthalten in die Schweiz, nach Bad Wörishofen oder auf die Bühlerhöhe nahe Baden-Baden. Im Frühjahr 1952 überlässt er seinem Stellvertreter Badenhausen die Gesamtverantwortung, um sich in acht Wochen gründlich zu kurieren. Das gelingt nicht, doch erst einmal kann er weitermachen.

Und wieder erleben ihn Kollegen, Kritiker und andere: sensibel, eitel, ehrgeizig und exaltiert, abgespannt und ungeduldig und dann wieder ausgesprochen höflich, herzlich und sehr einsam. Vor seinen Augen »steht eine alte Windmühle am Niederrhein oder in Franken«, von wo aus er jeweils für kurze Zeit zum Broterwerb in die Welt eilen könnte. Doch während er noch davon träumt, weiß er schon, dass ihm ein solches Leben nicht beschieden sein wird und er es eigentlich auch gar nicht führen möchte.

Also bleibt es in den wenigen freien Stunden in Düsseldorf beim Lesen, hauptsächlich der Romane von Lawrence Stern, Tolstoi, Honoré de Balzac, Proust, Faulkner, Henry

Miller, Thomas Wolfe. Oder Gründgens hört Musik, sieht fern, vor allem Boxkämpfe und Fußballspiele, aber auch anspruchslose Unterhaltungsfilme. Ablenkung ist wichtig.

Berührt es ihn, dass der Regisseur des antisemitischen Hetzfilms »Jud Süß«, der wieder zugelassene Veit Harlan, Mitte der fünfziger Jahre einen Spielfilm dreht, in dem Homosexualität als gemeingefährliche Krankheit dargestellt wird? Die Mutter, dargestellt von der bekannten Paula Wessely, bittet ihren davon »befallenen« Filmsohn geradezu flehentlich: »Schau Vater und mich an, nur die Ehe ist heilig und rein ... Elektroschocks könnten dich wieder zu einem Menschen machen ... Sonst ... die Heilanstalt.«

Wie schon in der Weimarer Republik wünscht sich Gründgens offenbar auch in der Bundesrepublik, nicht als gesellschaftlicher Außenseiter eingestuft zu werden. Dieser Wunsch lässt ihn erneut an Heirat denken. Vor allem aber möchte der Einsame noch einmal jene Bindung und Geborgenheit finden, die ihm einst im Zusammenleben mit seiner Mutter und auch mit Marianne Hoppe so viel bedeutet hatten. Also bittet der Düsseldorfer Intendant seine geliebte Antje Weisgerber, deren Mann, Horst Caspar, 1952 gestorben ist, seine Frau zu werden. Doch Antje will nicht. Und auch Marianne, der er doch zugleich mit der Scheidung 1946 eine spätere zweite Ehe angekündigt hatte, sagt jetzt nein.

Janni und Juste

Auch nach der Trennung sind sie Freunde geblieben: Marianne oder Janni, wie sie ihre Eltern und zuweilen auch ihr Mann gerufen haben, und Gustaf – Juste nennt ihn die Hoppe manchmal zärtlich.

Immer wieder gehen Briefe und Telegramme zwischen Düsseldorf und Oberbayern hin und her. Die Hoppe kauft sich in Scharam, einem Weiler nicht allzu weit entfernt von Traunstein, 1949 ein Bauernhaus. Wie finanziert sie das? Die Hoppe filmt. Doch der Nachkriegsfilm mit seinen Heimat-, Förster- und Heide-Schnulzen steht bei den Kollegen in keinem guten Ruf. Vor ihrem dritten Film nach 1945 fragt sie Gründgens: »Findest Du es für die Reputation sehr gefährlich? Dieses mehr oder weniger Sichverkaufen fällt mir auf die Nerven, und ich hab immer Angst, es färbt doch ab.« Aber dann spielt sie doch die angebotene Rolle. Wenige Monate nach den Dreharbeiten zieht Marianne zusammen mit Benedikt, dem kleinen Sohn, in das neu erworbene, gründlich umgebaute Haus.

Zwei Themen beherrschen Jannis Briefe, die sie ihrem früheren Mann nun schreibt: die Sorge um seine Gesundheit und die Planung gemeinsamer Arbeit im Düsseldorfer Schauspielhaus. Von Badenhausen, der ganz in der Nähe von Scharam zusammen mit Flicki, seiner Frau, ein Landhaus hat, erfährt die Hoppe im Sommer 1953, mit Gründgens' Gesundheit stehe es nicht zum Besten. Hat er einen längeren Urlaub angetreten oder ein Sanatorium aufgesucht? Marianne macht sich Sorgen. Fürsorglich ermahnt sie ihn: »Lass Dir eines von mir sagen: *bitte halte die Pause! Bitte* tue es, komm *nicht* zu schnell zurück – finde Dich etwas zurecht und versuche es nicht, an der Arbeit Dich zurechtzufinden – dann ignorierst Du Deine Dissonanzen … Mute Dir nicht zu viel zu bei den ersten Anzeichen des Bessergehens – denn es ist *zu* schnell wieder dahin, wenn man Belastungsproben darauf anstellen will – denke daran – versprich, das ›schöne Talent‹ zu kultivieren! Geschmack an Dir zu finden …«

Juste lässt seine Janni immer wieder wissen, wie gerne er sie auf seiner Bühne sieht, kümmert sich darum, dass sie eine angenehme Bleibe während eines Gastspieles findet und die Weihnachtstage für das Zusammensein mit dem Sohn frei gehalten werden.

Janni denkt mit, macht Vorschläge, welche Rollen für sie in Frage kämen, und lässt wissen, was ihr wichtiger als alles andere ist: »… wenn ich nach Düsseldorf komme, muss ich mit Dir zu tun haben! Mit Dir ein Stück spielen oder unter Deiner Regie arbeiten, da möchte ich dann auch mal wieder wissen, wo Gott wohnt, und ich möchte, dass Du dies weißt!« Immer wieder verbindet sich das menschliche Zusammengehörigkeitsgefühl mit der künstlerischen Arbeit.

Allerdings, für eine ausführliche Korrespondenz hat Gründgens keine Zeit. Der Brief ist nicht die Ausdrucksform der beiden, besonders nicht Marianne Hoppes. Ihre Schrift: flüchtig, unkonzentriert und fahrig. Der Inhalt: oft ein wirres Durcheinander von Gedanken, angefangener und nicht zu Ende geführter Sätze. Nichts von der Originalität der Schauspielerin haftet diesen Briefen an, nichts von der Poesie so vieler Texte, die sie auf der Bühne oder auch im Film gesprochen hat. Wie dürftig, ja fast nüchtern klingt der Brief zu Gründgens' 50. Geburtstag: »… Just, Du hast es Dir in jüngeren Zeiten auch nicht leichter gemacht, eigentlich kann es bei uns nur besser werden. Der Stationen waren genug, es geht wie mit den Jahren, die immer neu werden und nicht reizvoller dadurch, so ist es, und ich möchte sehr gerne, dass Du in der kommenden Zeit etwas mehr Spaß, ja das ist es, etwas mehr Spaß haben kannst und leichtere Hanteln zu schwingen … denke wie viel Hübsches es gab in den Jahren, die zu viel für den Einzelnen und die wir uns gemeinsam etwas erleichtern konnten. Lieber Himmel, Du denkst, ich greife zu Cellotönen, lieber Gustaf, das gestatte ich mir schon lange nicht mehr … Sehr herzlich Deine Janni«.

Einmal, Anfang der fünfziger Jahre, auf dem Rückweg von den Salzburger Festspielen, besucht Gründgens Janni in Scharam. Benedikt läuft ihm entgegen, um den Weg zu zeigen, und staunt, wie geschickt der freundliche, fremde Mann seinen Cadillac, den er jetzt fährt, neben dem Misthaufen eines Bauern parkt, weil das die einzige Möglichkeit zum Wenden ist.

Am häufigsten besucht Gustl Mayer, Gründgens' enge Mitarbeiterin in Berlin und später auch in Düsseldorf, die Freundin in dem abgelegenen Dorf. Mit ihr kann Marianne sowohl über ihre persönlichen Sorgen als auch über ihre Rollenangebote und Verträge sprechen. Sie ist die Patin Benedikts, dem ihr herrliches Lachen, aber auch ihr Wüten und ihr Wettern und manchmal alles zusammen in Erinnerung bleiben.

Freunde und Dorfbewohner rufen den Jungen mit seinem Spitznamen »Bemper«. Den hat ihm die Schauspielerin Käthe Dorsch verpasst. Als sie den kleinen Benedikt mit den dunklen Haaren zum ersten Male sah, rief sie: »Das ist ja ein richtiger Bemper!« So nannte man in Franken, wo er auch geboren worden war, die schwarzen Katzen. Um dem Jungen zu vermitteln, wie schön das Leben auf dem Lande ist, hat die Mutter zehn Schafe angeschafft, die auf den zum Haus gehörenden Wiesen weiden und um die er sich kümmern muss.

Schnell hat die Städterin das Vertrauen der Dorfbewohner gewonnen. Hier in Scharam kann sie zeigen, was sie schon als junges Mädchen auf dem Gut der Eltern lernte. Sie hilft, die Heuernte einzubringen, melkt Kühe und schlägt im Wald Holz für den Winter. An sonnigen Nachmittagen arbeitet sie oft in ihrem Garten und freut sich über das schöne Stückchen Erde. Und – wozu ist man schließlich Schauspielerin geworden! – die Neue spricht schon bald perfekt Urbayrisch: »Lenz, di bring i doch no mol um! Do host schon wid'r n olten Baum obg'schlagn!« Lenz, der Nachbar, und die anderen Dorfbewohner sind sich einig: »D'Hoppen nimmt kein Blatt vor'm Mund!« Die hat das Herz am rechten Fleck, die »macht ihr' Sach'«. »Also ich bin fürs primitive und fürs ›einfach Leben‹«, heißt es in einem Brief an Gustaf, den Schwierigen, den Komplizierten.

Und der gibt seiner Janni vom Lande, die doch das Einfache so liebt, die schwierigsten und kompliziertesten Rollen und trägt entscheidend dazu bei, dass die 40-Jährige bald als bedeutende Charakterdarstellerin gilt. Ihre Elektra in Sartres »Fliegen« wird als »glühend« und »ketzerisch« beschrieben, hin und her taumelnd zwischen »schimmerndem Lebensgefühl und auswegloser Verzweiflung«. Noch lieber als die Elektra, »wahnsinnig gerne«, hat sie die Leonore von Este in Goethes »Tasso« gespielt. »Die ist so mit einer Traurigkeit ausgestattet, nimmt Abschied von den Dingen ...«

Gustaf schwärmt: »Am 14. Januar (1949) hatte ich Premiere von ›Tasso‹ mit Marianne als Prinzessin, die ganz wunderbar war und alles um sich herum zart und pastellfarben an die Wand drückte, den Endunterzeichneten nicht ausgeschlossen, und trotzdem war es eine schöne Aufführung.«

1950 spielt sie in der deutschen Erstaufführung von Eliots »Die Cocktail Party«. Und wieder ist Marianne glücklich, mit Gustaf zusammenzuarbeiten: »Wie zögernd begann ich, wie langsam ging es auf den Proben voran, und wie nötig sind da Geduld, Schutz und Behutsamkeit – wie gut fühlte man sich aufgehoben. Vor jedem allzu frühen Eingreifen bewahrt.« So könne sie beginnen »zu leben, abzustreifen, was an Bedenken in mir gewesen war.«

Allerdings – wenn es um die Vertragsbedingungen des Düsseldorfer Schauspielhauses geht, hört bei Madame die Gemütlichkeit schnell auf. Auf sich allein gestellt mit ihrem kleinen Sohn, ist sie selbständig und selbstbewusst geworden. Im August 1950 beispielsweise erhält die Hoppe einen Dienstvertrag für die Zeit vom 1. Oktober bis zum 31. Dezember. Gründgens legt pro Vorstellung ein Honorar von 335 DM fest, für die Proben bei Neueinstudierungen eine Pauschale von 1200 DM und danach ein Tagegeld von 20 Mark. Daraufhin verlangt die Vertragspartnerin eine Garantie von mindestens fünfzehn Vorstellungen pro Monat und für auswärtige Gastspiele ein deutlich höheres Honorar.

Im März 1953 wiederum beschwert sie sich: Habe man nicht abgemacht, ab Mitte Januar wiederum drei Monate in Düsseldorf zusammenarbeiten zu wollen? Sie jedenfalls sei nicht schuld daran, dass es dazu nicht gekommen sei. Also müsse das Theater den durch die Umdisposition entstandenen finanziellen Schaden tragen. Kühl weist Gründgens durch seinen Stellvertreter Badenhausen die Forderung zurück. Habe Marianne nicht selbst geäußert, sich im Februar erholen zu wollen?

Denken die in Düsseldorf womöglich, sie sei allein auf deren Bühne angewiesen? Hoppe kann sie schnell eines Besseren belehren. Der aus der amerikanischen Emigration zurückgekehrte Berthold Viertel lädt sie ein, in seiner Berliner Inszenierung des Erfolgstückes »Endstation Sehnsucht« von Tennessee Williams die vom Untergang ihrer Südstaatenwelt traumatisierte schöne und verführerische, aber zugleich hysterische Blanche Dubois zu spielen. Und eineinhalb Jahre später steht Marianne wieder auf einer Berliner Bühne, dieses Mal mit Ernst Deutsch, auch er ein heimgekehrter Emigrant, und spielt die erniedrigte Ehefrau eines alkoholsüchtigen Schauspielers in Clifford Odets' »Ein Mädchen vom Lande«.

Durch die Begegnung mit Autoren wie Edward Albee, William Faulkner, Eugene O'Neill, Clifford Odets und Tennessee Williams lernt Marianne Hoppe jene anrührenden »gefallenen Damen« kennen und verkörpern, die »verletzbar und im Innern ... schwach und schutzlos« sind. Mit vierzig beginnt die Blonde, Klare, Spröde, die tapfere, tüchtige Kameradin aus den Filmen der Nazizeit, sich in die Morbiden, Abgeglittenen, Holdseligen und Hysterischen, dem Wahnsinn anheim fallenden Frauengestalten des modernen Theaters hineinzuleben, in ihre »Knacksdamen«, wie sie sie nennt, befreit sich von der für Jahre so bestimmenden Bindung an das Gründgens-Theater und wird im Alter eine der Großen, Unverwechselbaren auf den deutschsprachigen Bühnen werden. Aber hat nicht alles mit der Emilia Galotti begonnen, damals im Berliner Schauspielhaus?

»Runterfallen«, hat sie mal gesagt, das »kann ich spielen. So vom Seil. Das liegt in meiner Natur. Natürlich zahlt man dafür. Denn wenn man nicht in einer Falte seines Wesens so etwas hätte ...« Spät wirken sich die schwere Lebenskrise nach dem Kriegsende, der physische und psychische Zusammenbruch auf die künstlerische Arbeit aus.

Aber nicht nur auf der Bühne, auch im persönlichen Umgang mit den Menschen weiß die Schauspielerin zu faszinieren. Sie verwirrt ihr Gegenüber durch Widersprüche: Temperament und scheue Zurückhaltung, Kühle, Unnahbarkeit und herzerfrischende Aufgeschlossenheit. Jürgen von Hollander entzückt ihr Lachen in »mindestens zwölf verschiedenen Arten ... und immer ist das nächstfolgende Lachen noch hübscher als das vorhergehende.« Thomas Mann, der die Schauspielerin 1952 in München trifft, schreibt in sein Tagebuch: »Reizende Frau, etwas nervös und outriert ... sehr eingenommen von ihr. Küsste ihr zum Abschied die Hand.«

Der Regisseur

Als Gustaf Gründgens geboren wurde, um die Wende vom 19. zum 20. Jahrhundert, vollzogen sich auf dem Theater entscheidende Veränderungen. An die Stelle des bisherigen Arrangeurs trat der Regisseur mit einer ausgewählten Künstlerschar, dem ebenfalls erst um diese Zeit entstehenden Ensemble.

Autoren wie Hauptmann, Gorki, Ibsen brachten erstmals die sozialen Probleme der Industriegesellschaft auf die Bühne, den Alltag und die Alltagsmenschen. Das verlangte mehr als nur die deklamierende Verkörperung der Antigone oder der Maria Stuart, mehr als sich selbst in Szene setzende Bühnenstars wie Duse oder Kainz. Man brauchte Schauspieler, die sich einzuordnen verstanden in eine größere Gruppe, ein Ensemble, und einen Menschen, der das Ganze dirigierte. Zudem eröffneten Architektur, Musik und Licht neue Möglichkeiten der szenischen Gestaltung. Der Russe Stanislawski und der Österreicher Max Reinhardt waren die ersten bedeutenden Schöpfer dieser neuen Bühnenkunst.

Doch bald zeigte sich, wie unterschiedlich die neuen Regisseure ihre Theaterarbeit verstanden. Seine berühmte Inszenierung des »Sommernachtstraums« 1905 in Berlin verdeutlichte es: Reinhardt wusste Menschen zu verzaubern. Nach dem Ersten Weltkrieg strebten Regisseure wie Jeßner, Fehling und vor allem Piscator nach politischer Wirkung.

Sie wollten ihr Publikum für den Kampf um eine gerechte Welt gewinnen, gegen den Kapitalismus, gegen den Krieg.

Gründgens will weder als Zauberer wirken, noch geht es ihm um Politik. Geprägt von seinem einstigen Hamburger Lehrer Erich Ziegel, ist ihm wichtiger als alles andere, die »Partitur« eines Stückes präzise so zu spielen, wie sie der Autor komponiert hat. Ein Theater der strengen Form, frei von Effekthascherei, Unklarheiten, Schwülstigem und Gags schwebt Gründgens vor: »Der Zuschauer soll verstehen, was der Schauspieler sagt. Der Schauspieler soll verstehen, was der Dichter sagt, und der Dichter soll verstehen, was er selber sagt.«

Lebt der Autor noch, arbeitet er oft mit ihm zusammen, schlägt womöglich einen anderen Aktschluss vor, äußert Bedenken über den Ablauf dieser oder jener Szene, erläutert seine Änderungswünsche und bittet um das Einverständnis des Dramatikers. Erhaltene Zeugnisse, etwa der Briefwechsel mit Lawrence Durrell, belegen: Werktreue galt Gründgens als das oberste Gebot.

»Alles Mumpitz!«, »Selbstreklame!«, »Selbstverteidigung« hält Marcel Reich-Ranicki dem entgegen. Als junger Mann gehörte er zu den begeisterten Besuchern des Staatstheaters am Gendarmenmarkt und erkannte damals kennerhaft, dass Gründgens zum Beispiel im »Hamlet« die erste Szene kurzerhand gestrichen hatte, um mit jener anzufangen, in der er selbst auftrat. Oder: »Sein oder Nichtsein …« – der berühmte Monolog aus dem dritten Akt vorverlegt in den zweiten! Oder: der frühe »Hamlet« noch in Hamburg, dann der in Berlin, schließlich der in Düsseldorf – das war doch jedes Mal eine andere Inszenierung des gleichen Regisseurs! Also: »Nun mal bitte nicht Werktreue, nun mal bitte das nicht.«

Nur lässt sich trefflich streiten, ob Werktreue überhaupt je existierte, wenn es dem Regisseur auch verboten sein soll, umzustellen und zu streichen. Fast alle Werke des Welttheaters sind zu lang. Kleists »Prinz von Homburg« umfasst 1857, Schillers »Don Carlos« 5369 Verse. Wer »Don Carlos« aufführt, muss streichen, streichen, streichen. »Hamlet« ungekürzt hielte die Zuschauer fünf Stunden auf ihren Plätzen. Doch im Vergleich zur heutigen Vereinnahmung klassischer Bühnenwerke durch »moderne« Interpreten war Gustaf Gründgens ganz gewiss ein äußerst werkgetreuer Vertreter seiner Zunft.

Der Regisseur, der sich für eine Inszenierung entscheidet, ist fortan für alles verantwortlich, was mit diesem Stück zusammenhängt. Meistens schon beim Lesen kürzt er, macht wichtige Striche und entwickelt bestimmte optische Vorstellungen, die sich zwar noch verdichten und vertiefen, aber bestimmend bleiben. Die Bühnenbildner erfahren: »Ich sehe das Bühnenbild schwer oder streng, hell oder dunkel, das spielt in viel Holz oder da ist viel Himmel, ... im zweiten Bild muss ich links eine Treppe haben, im vorletzten Bild brauche ich einen ganz kleinen Raum, in dem letzten muss die Bühne so groß wie möglich sein, und alle Auftritte müssen von rechts kommen.«

Die Mitarbeiter legen ihre Entwürfe vor. Der Chef sieht sie sich an, schlägt vor, die »Zahl und Form der Bäume noch einmal zu überlegen«, und protestiert energisch gegen das Kostüm eines Hauptdarstellers. »Gebt ihm nicht zu eng Anliegendes, jedermann kennt doch seine Schweißausbrüche auf der Bühne!« Und nun zum Taschentuch der Desdemoda: »Was habt ihr euch denn da bloß ausgedacht?« Eine »blaue Scheußlichkeit!« Schließlich noch der Jago: »Der sieht ja bei euch aus, als habe Christian Dior ihn angekleidet!«

Seine Hingabe und Konzentration, eine Mischung aus Intuition und Fleiß, Instinkt und Intellekt, Genauigkeit und Spontaneität, verschaffen ihm eine bemerkenswerte Autorität. Tatendurstig geht er jedes Mal ans Werk und steckt alle anderen an. Seine Proben beginnen immer pünktlich, und er benötigt oft nur drei, vier Wochen angespannter Arbeit, bis die Inszenierung »steht«.

Nicht nur die Schauspieler sind glücklich, auch für ihren Chef beginnt jedes Mal mit den Proben seine »glücklichste Zeit im Theater«. »Immer wieder ist mir meine Bühne neu, immer wieder sind mir meine Schauspieler neu, und am überraschendsten ist mir das Stück, das wir gerade zusammen proben ... Ich bin glücklich, wenn es vorwärts geht, glücklich, wenn Schwierigkeiten auftauchen, die es zu beseitigen gilt, glücklich, wenn ich mit meinen Schauspielern dem Stück immer weiter auf die Spur komme, mir seine Dramaturgie zu Eigen mache, den ihm gemäßen Stil, seine Maske und Bewegung finde ...«

Max Reinhardt kam mit einem Textbuch zu den Proben, dessen Seiten von oben bis unten mit Bemerkungen voll geschrieben waren. In minutiöser Vorarbeit hatte er Stellungen, Stellungswechsel, Pausen innerhalb von Sätzen, das Agieren jedes einzelnen Darstellers verzeichnet. Gründgens kommt ohne solche Vorbereitung aus. Sein Textbuch enthält außer dem Inhalt des Stückes nur einige Skizzen über den Raum, die Wände und das Mobiliar. Seine Proben beginnen, indem er die Damen und Herren auf der Bühne bittet, ihren Text zu lesen. »Sollten nun Unklarheiten, Zweifel, Unsicherheiten aufkommen in dieser ersten Phase, dem zartesten Anfangsstadium der Arbeit, drohte eine Diskussion diesen Arbeitsbeginn störend zu unterbrechen, dann kam von unten der Satz: ›Darf ich mal das Buch sehen?‹ Und mit dem rechten Arm hinter sich greifend, nahm er vom Assistenten das Manuskript – die Partitur – zur Hand«, erzählt Marianne Hoppe. »Und mit nur einem Satz oft, aus der kompletten Kenntnis des Werkes, sagt er dann, was zu sagen ist, gelingt es ihm, den Knoten zu lösen, zu überzeugen, Sicherheit zu geben, den Darsteller zu ermuntern, ihn hinzuführen zur Wahrhaftigkeit des Ausdrucks, in die Wirklichkeit des Holden Scheins.«

Gründgens besitzt ein sicheres Gespür dafür, wann genau er unterbrechen muss. Oft lässt er sich darauf ein, dass ein Darsteller auf eine ganz andere Weise in seine Rolle findet, als er, der Regisseur, es sich vorgestellt hat. Gespannt beobachtet er von seinem Regiepult aus, wie die Individualität des Schauspielers sich auf die Individualität der Rolle zubewegt. Anregungen, wie einer stehen oder sitzen soll, gibt er fast nebenbei, lässt sich aber auch hier vom Spieler durch Schritte, Gesten und Bewegungen überzeugen, auf die er selber nicht gekommen wäre. Nur dann, wenn er meint, dass man oben auf der Bühne auf dem falschen Wege sei, spielt er zuweilen von seinem Pult aus eine ganze Szene vor.

Gehen die Proben zu Ende, beginnt GG sich von seiner Arbeit Schritt für Schritt zu lösen, zu entfernen, setzt sich in das dunkle Parkett, sein Gesicht, den Mund leicht geöffnet, nimmt einen lauschenden Ausdruck an, denn er versetzt sich in die Zuschauer und lässt das Werk vom Anfang bis zum Ende an sich vorüberziehen.

Die »überspielte« Stunde Null

In der Bundesrepublik beginnt Anfang der fünfziger Jahre das Wirtschaftswunder. Die Düsseldorfer Stadtväter setzen ihren Ehrgeiz daran, kapitalkräftige und zukunftsträchtige Betriebe in die Stadt zu holen. Düsseldorf soll zum Zentrum des nordwestdeutschen Wirtschaftsraumes werden. Der Flughafen wird neu eröffnet. »Wir sind wieder wer!«, befinden die Düsseldorfer. Sie feiern jedes Jahr ihr großes Schützenfest, bejubeln den traditionellen Rosenmontagszug oder vergnügen sich auf dem Marktplatz, wo die Radschläger ihre offiziellen Wettbewerbe austragen.

Die zwölf Jahre der Lüge und des Schreckens, der Kerker und KZs werden weitgehend verdrängt; kaum einer fühlt sich schuldig. Die einen erklären, nichts gewusst zu haben, die anderen sprechen hauptsächlich von dem eigenen Leid, erlitten in der Kriegsgefangenschaft, während der alliierten Luftangriffe, durch die Vertreibung aus dem Osten. »Bald standen nicht die *von,* sondern die *an* Deutschen verübten Untaten im Zentrum des Gedenkens.« (Frank Wintgens)

Die neue Staatsreligion der Bundesrepublik, der Antikommunismus, erlaubt es, Repräsentanten der Hitler-Ära hohe Ämter zu übertragen, sogar in der Bundesregierung. Andere wählen nach allem, was vorangegangen ist, die Abwendung von der Politik, den Rückzug ins Private. Die Bildungsbürger unter ihnen halten sich an das »Unauslöschliche«, an das, »was immer bleiben wird«, an die Dichtung, an die Kunst und füllen die Theater.

Also nochmals: »Keine Experimente«. Das Spiel soll romantisch, poetisch, verständlich, erhebend, lustig oder komisch sein, arrangiert von Bewahrern und nicht von kritischen Erneuerern, von Männern, denen es vor allem um den Wert und die Würde der großen Dichtung, das Erbgut der Klassik geht und die dem Zuschauer ermöglichen, wieder im Einklang mit einer unbeschädigten Vergangenheit zu leben. Die Aufbruchsstimmung im Land, das Neue, verbindet sich mit Existenzgründungen, höheren Löhnen, Ferien im Ausland und einem früher nie gekannten Warenangebot.

Die Mehrheit der Bundesbürger wählt konservativ, Adenauer und die CDU. Und Gründgens mit seinem Sinn für Form und Ordnung, der die abstrakte Malerei und das absurde Theater hasst und sich für Politik nicht weiter interessiert, gilt geradezu als künstlerischer Repräsentant dieser neuen Bundesrepublik.

1952 ergreift Gründgens die Initiative und veröffentlicht ein so genanntes Düsseldorfer Manifest, das, unterschrieben von Gleichgesinnten, gegen doppelte, sehr gegensätzliche Gegner zu Felde zieht, nämlich gegen die Avantgardisten in den eigenen Reihen wie auch gegen theaterfremde Bürokraten. Intendanten, so die Botschaft, müssen in ihrer künstlerischen Arbeit unabhängig von städtischen Behörden sein – die Düsseldorfer Einigung gilt nun gleichsam als Modell; und Intendanten sollen gleichzeitig dem ungerechtfertigten Experiment, der willkürlichen Interpretation und substanzlosen Verdrehung von Bühnenwerken durch selbst ernannte Erneuerer den Garaus machen. Die Unterzeichner beschließen, durch regelmäßigen Gedankenaustausch dieser doppelten Gefahr zu begegnen.

Zwei Jahre später kommt Theodor Heuss, der erste deutsche Bundespräsident, persönlich nach Düsseldorf, um Gustaf Gründgens während eines Empfangs, an dem das gesamte nordrhein-westfälische Kabinett teilnimmt, das Große Bundesverdienstkreuz mit Stern – den höchsten Orden der Bundesrepublik – zu überreichen. Dem Intendanten des Düsseldorfer Schauspielhauses wird so eine Ehrung zuteil, die anderen, aus Deutschland vertriebenen und nach dem Krieg zurückgekehrten Schauspielern entweder versagt bleibt – zum Beispiel Albert Bassermann sowie Therese

Giehse – oder aber erst Jahre später und dann nicht in dieser hohen Ordensklasse zuerkannt wird. Elisabeth Bergner und Tilla Durieux sind achtzig Jahre alt, als sie schließlich ausgezeichnet werden.

Etwa um die gleiche Zeit kehrt ein anderer bedeutender Theatermann aus der Emigration in die Bundesrepublik zurück: Erwin Piscator, gleichsam Gründgens' Antipode. Beide fast gleichaltrigen Männer gehören zu den bedeutendsten Persönlichkeiten des deutschen Theaters im 20. Jahrhundert, und ihre Karrieren sind untrennbar mit den zwanziger Jahren in Berlin verbunden. Aber im Gegensatz zu Gründgens will Piscator, dieser revolutionäre Sozialist, mit seiner Kunst die Welt verändern, sich auflehnen gegen Unrecht, in Frage stellen, beunruhigen, ermutigen und wachrütteln. Zu den dramatischen Mitarbeitern seiner verschiedenen Berliner Bühnen gehörten Gleichgesinnte wie Bertolt Brecht, Erich Mühsam, Ernst Toller und Kurt Tucholsky.

Um seinen politischen Zielen mit Hilfe des Theaters näher zu kommen, brachte Piscator die moderne Technik und moderne Medien auf die Bühne: Lautsprecher, Projektionsleinwände für Statistiken und Parolen, den Film, Eisenkonstruktionen, Aufzüge und laufende Bänder.

In der Sowjetunion drehte er einen Film nach Anna Seghers' Novelle »Der Aufstand der Fischer von Santa Barbara«. Doch keines seiner Film- und Theaterprojekte konnte Piscator in der UdSSR so verwirklichen, wie er es sich vorgestellt hatte. Über Paris flüchtete er nach Abschluss des Hitler-Stalin-Paktes weiter nach New York und gründete dort einen Dramatic Workshop, den u.a. Tennessee Williams, Arthur Miller und Marlon Brando besuchten.

Als in seiner Heimat ausgebürgerter Staatenloser und heimatloser Linker kommt er 1951 in die Bundesrepublik zurück. Niemand hat ihn gerufen. Was will dieser alte Moralist, fragen sich die Leute. Alle Posten sind vergeben. Elf Jahre lang zieht Piscator als Gastregisseur von einem Provinztheater zum nächsten. Er ist siebzig, als ihm schließlich die Intendanz der Freien Volksbühne in West-Berlin übertragen wird. Wenige Jahre darauf stirbt er.

Wie viel leichter haben es da Daheimgebliebene wie Gründgens und selbst Werner Krauss! Auch dem überreicht der Bundespräsident 1954 einen Orden. Hat der Geehrte seine Mitwirkung an dem NS-Hetzfilm »Jud Süß« inzwischen öffentlich bereut? Krauss bleibt dabei: »Wenn ich es nicht gemacht hätte, hätte es ein anderer gemacht ... man konnte ja auch kaltgestellt und um die Verdienstmöglichkeiten gebracht werden.«

Ähnlich wie Piscator kehrt Ende der vierziger, Anfang der fünfziger Jahre eine Reihe aus Deutschland Vertriebener in die Bundesrepublik zurück und macht wie Piscator die schmerzliche Erfahrung, dass sie alles andere als ein herzliches Willkommen erwartet. Das sei auch ganz natürlich, kommentiert die angesehene Publizistin Margret Boveri, denn es sei nun einmal so, dass die Emigranten »nicht eigentlich von dem wissen, was im Gewissen, in der Seele, im Alltagsleben derjenigen vorgegangen ist, die geblieben sind«, und umgekehrt die Gebliebenen nichts von den Veränderungen erfahren konnten, die sich in den »Ausgewanderten« (!) vollzogen hätten, »und deswegen wird ganz allgemein und wohl auch ganz unbewusst die Ausflucht des höflichen Ignorierens gewählt.«

Wenn es nur das gewesen wäre! Vorbehalte, Ressentiments bestimmen die Gefühle der Daheimgebliebenen. Immer wieder machen Zurückgekehrte die Erfahrung, dass Erinnerung, als störend empfunden, abgetötet wird, weil sie den Geboten des Optimismus und des Aufbauwillens widerspricht. Ja, es kommt vor, dass aus dem Exil heimgekehrte Künstler und Politiker als »Drückeberger«, wenn nicht gar als »Verräter« verunglimpft werden, die, während Daheimgebliebene litten, auf ausländischen Logenplätzen dem Geschehen genüsslich zugesehen hätten. 1949, als Thomas Mann der Goethe-Preis in beiden deutschen Staaten zugesprochen wird, entrüsten sich Bundesbürger, ja selbst angesehene Publizisten. Und das gilt auch noch, als sich der frühere Emigrant Willy Brandt um das Amt des Bundeskanzlers bewirbt. Heftig umstritten in der Bundesrepublik ist der einstige Publikumsliebling Marlene Dietrich, die in den USA Zuflucht vor den Nazis gefunden hatte. Gustaf Gründgens hingegen ist für viele eine Lichtgestalt. Die Dietrich, inzwischen ein Weltstar, kehrt nicht zurück nach Deutschland. Wohl aber jene vertriebenen Schauspieler, deren Sprachkenntnisse für die Bühnen im Ausland nicht ausgereicht hatten und die sich recht und schlecht durchschlugen. Sie genießen es, endlich wieder Theaterluft zu atmen, und freuen sich über die Chance des Neuanfangs; Versöhnungsbereitschaft, so der Eindruck, bestimmt die Atmosphäre an den Bühnen. Die aus England wiedergekommene Elisabeth Bergner, so erzählt man sich, sei in Berlin durch die Garderoben gegangen und habe Rosen verteilt.

Gründgens allerdings hat Schwierigkeiten mit den vertriebenen Kollegen, die er zu Gastspielen einlädt. Dem Freund Adolf Wohlbrück, vor 1933 als verführerischer Liebhaber vom weiblichen Kinopublikum angehimmelt und nun in England lebend, bietet er an, unter seiner, Gründgens', Regie in Christopher Frys »Venus im Licht« zu spielen. Doch während der gemeinsamen Arbeit kommt es zu nicht näher bekannten »atmosphärischen« Spannungen, so der Gastgeber. So wurde die gemeinsame Arbeit schließlich abgebrochen. »Es hat mir unendlich Leid getan, dass Du Dich in Düsseldorf nicht wohl fühlen konntest«, so Gründgens an den Abgereisten.

Im gleichen Jahr wie Wohlbrück lädt er auch den nach Deutschland zurückgekehrten Fritz Kortner ein, bei ihm in Ferdinand Raimunds »Der Alpenkönig und der Menschenfeind« die Hauptrolle, den Rappelkopf, zu spielen. Man kennt sich, hatte 1930 zusammen den Danton-Film gedreht und schätzt sich. In seinen Erinnerungen wird Kortner ausdrücklich bestätigen: »Die im Hitlerreich verbliebenen außerordentlichen Männer waren außerordentliche geblieben. Die Zufluchtsstätten des vorhitlerischen Theaterstils im Dritten Reich waren die Theater von Gründgens und Hilpert.« Aber auch diese Zusammenarbeit verläuft nicht spannungsfrei. Da stoßen zwei selbstbezogene und miteinander konkurrierende gleichrangige Stars aufeinander, noch dazu mit konträren Auffassungen über das Theater und jeder von mimosenhafter Empfindlichkeit. Vorzeitig tritt auch Kortner von seinem Vertrag zurück.

Alles hat seine Zeit, mag man sagen. Über Jahre hinweg vertrocknete Freundschaft und Liebe treibt keine neuen Blüten. Das gilt offenbar für die einstige enge Beziehung GGs zu Erich Zacharias-Langhans und Francesco von Mendelssohn. Zwar lebt die briefliche Verbindung zu Zacharias-Langhans, der über die Schweiz, Italien und England schließlich nach Chile ausgewandert ist, in den Nachkriegsjahren wieder auf. Zwar erwägen beide, ob der Freund zurück, an das Düsseldorfer Theater, kommen solle, zwar kam er auch persönlich in die Bundesrepublik. Aber seine Stelle hat inzwischen Gorski eingenommen. Wegen des neuen Lebensgefährten kommt es zu Verstimmungen.

Gleich im ersten Nachkriegsjahr hat sich auch Francesco bei dem gemeinsamen Freund Christoph Bernoulli in der Schweiz gemeldet und gefragt, wie es Gründgens gehe. Was ihn selbst betrifft, so lässt er wissen: »Ich bin jetzt ein reduziertes Wrack.« Wegen Trunkenheit, Zechprellerei und »aggressiver« Homosexualität kommt es immer wieder zu kurzen Gefängnisaufenthalten oder nach Schlaganfällen zu längeren Einweisungen in Krankenhäuser oder Sanatorien. Bis 1961 werden er und Gründgens miteinander korrespondieren und sich auch in New York kurz wiedersehen.

Spielen und Schweigen

Ist die Hoppe beständiger in ihren Gefühlen, freundschaftsfähiger auch über eine lange Zeit hinweg? Aus London zurückgekehrt, meldet sich als Erster nach dem Krieg Arthur Hellmer, ihr einstiger Entdecker und Intendant in Frankfurt, und kommt auch bald darauf nach Düsseldorf, um sie wieder spielen zu sehen. »Die Hoppe ist aber gut«, soll er geäußert haben, und darüber freut die sich noch jahrelang. Und dann, im Dezember 1949, das Wiedersehen mit der alten Kollegin aus den Münchner Jahren, die gerade in Berlin bei Bertolt Brecht Gorkis »Wassa Schelesnowa« spielt. Während der Generalprobe fragt sich Marianne in die Garderobe der Kollegin durch: »Wir standen uns gegenüber – und waren glücklich.«

Zu Beginn der fünfziger Jahre gehört die Giehse wieder zum Ensemble der Münchner Kammerspiele und wohnt im gleichen Haus, in dem die Hoppe sich eine Zweitwohnung eingerichtet hat. Als diese ihre Therese in der Garderobe aufsucht, sitzt dort gerade Brecht. »›Störe ich?‹ – ›Nein, nein, setz' dich hinzu!‹ Es war eine unglaubliche Liebenswürdigkeit und Offenheit.« Als die Giehse 1975 stirbt, hinterlässt sie der Freundin ihren Schreibtisch und ein schön geschwungenes Bett.

Schon Ende der vierziger Jahre sind Horkheimer und Adorno nach Frankfurt am Main zurückgekehrt. Und Dreyfuss? Der entschließt sich erst 1963, aus Buenos Aires heimzukehren. Kann Marianne ihm behilflich sein, in Deutschland wieder Fuß zu fassen? Das will sie, wo und wann sie kann. Sie besorgt ihm in München eine Wohnung und steht dem alten Freund mit Rat und Tat zur Seite, bis Dreyfuss 1969 stirbt.

Hellmer, Giehse, Dreyfuss: »Wir haben uns geliebt. – Ja, sehr«, wird Marianne Hoppe in der Erinnerung an diese Menschen sagen. Sie verloren und dann wiedergefunden zu haben, um sie schließlich endgültig zu verlieren – wie schmerzlich jeder dieser doppelten Abschiede gewesen ist. Immer wenn es um die einfachsten menschlichen Regungen, um Zuwendung, Freundschaft und um Liebe geht, zeigt sich Marianne Hoppe, ohne dass ihr das bewusst sein mag, im Vergleich zu Gründgens als die Überlegene. Das gilt auch für den Rückblick auf die zwölf Schreckensjahre.

Als die bekanntesten Bühnen- und Leinwandhelden in den ersten Jahrzehnten nach dem Krieg ihre Memoiren veröffentlichen, liest man über ihr Verhalten in der Nazi-Zeit den fast immer gleichen Satz: »Ich wollte ja spielen, immer nur spielen, egal unter welchen Voraussetzungen«, so hat es die Filmschauspielerin Gisela Uhlen formuliert, und so ähnlich formulieren es auch ihre Kollegen. Stars wie zum Beispiel Marika Rökk und Johannes Heesters betonen, allzeit unparteiische Menschen gewesen zu sein. Manche, zum Beispiel Karl Schönböck oder Gustav Knuth, geraten geradezu ins Schwärmen, wie schön die Jahre damals waren. Und als man Heinz Rühmann später in einer Fernsehsendung fragt, ob er etwas anders machen würde, wenn er noch einmal lebte, antwortet er, nein, er würde alles noch einmal genauso machen, und erhält dafür Applaus.

Erinnerung an die im KZ umgekommenen Kollegen, Zweifel, Selbstbefragung oder gar Selbstanklage, Scham und Trauer – man sucht sie vergebens in den Selbstzeugnissen deutscher Publikumslieblinge. Sie quält nicht die Mitverantwortung jedes Einzelnen an der Schreckensherrschaft. Sie haben die Stunde Null einfach »überspielt« und symbolisieren für ihr Publikum nicht den Bruch inmitten des 20. Jahrhunderts, sondern die Beständigkeit, das Bleibende.

Gustaf Gründgens ist sich dessen wohl bewusst. »Ich wage zu behaupten, dass vielen von uns die große Zäsur des Jahres 1945 noch gar nicht ganz ins Bewusstsein gedrungen ist«, erklärt er vor dem Deutschen Bühnenverein 1948. »Kaum waren die Kriegshandlungen beendet, sprangen die meisten von uns wieder auf die Bühne und agierten weiter, als wäre nichts geschehen.«

Aber gilt das nicht auch für ihn, den Redner, selbst? Als Hermann Göring nach dem gegen ihn verhängten Todesurteil im Oktober 1946 Selbstmord beging, spielte sein einstiger Günstling schon wieder in Berlin Theater. Als Emmy Göring 1948 als Nutznießerin des NS-Systems und Hauptschuldige von einer bayerischen Spruchkammer zu einer längeren Strafe verurteilt werden sollte, trat Gründgens, damals schon Vizepräsident des deutschen Bühnenvereins, ungeachtet des Ratschlags seiner Freunde, sich zurückzuhalten, in dem Verfahren als Entlastungszeuge auf. Das war er seiner einstigen Helferin, mit der er sich seit langem im privaten Umgang duzte, schuldig.

Aber wie weit hat Gründgens seine eigene Rolle im Hitler-Staat jemals ausführlich reflektiert? Das Buch, das er Mitte der fünfziger Jahre über seine Zeit als Generalintendant des Preußischen Staatstheaters schreiben wollte, hat er nie geschrieben. Wohl aber seine damalige Handlungsweise immer wieder gegen Kritiker hartnäckig verteidigt: Gründgens, der sein Theater frei von Propaganda hielt und jegliche Verfälschung der Klassiker im Sinne des Systems verhinderte. Gründgens, der Beschützer verfolgter Juden und ihrer Ehefrauen. Gründgens, der sich gegen die Emigration und gegen offenen Widerstand entschied, um auf seine Weise zu protestieren, zu sabotieren, zu bewahren und zu helfen. Man »darf mir nicht zum Vorwurf machen, dass ich mich nicht freiwillig nach Buchenwald gemeldet habe, sondern lieber versuchte, Menschen vor Buchenwald zu retten«, heißt es trotzig in einem seiner Verteidigungsbriefe. »Und sollte ich (das) Elend der Emigranten noch um einen unnützen Esser vermehren? ... Wer hätte sich um mich gekümmert?«

Was hat Gründgens für das, was er an Positivem tat, bezahlen müssen? Welche Zugeständnisse bedauert er im Rückblick? Was hätte er anders machen müssen? Wie weit trug sein häufiger Auftritt zusammen mit den Mächtigen, seine herausgehobene Rolle dazu bei, besonders junge Menschen von der Legitimität eines Systems zu überzeugen, das augenscheinlich den großen und bewunderten Mimen überzeugte? Auf alle diese Fragen bleibt Gründgens eine Antwort schuldig. Gewiss, stärker als zum Beispiel belastete Politiker ist er Vorwürfen und Angriffen mit Blick auf das Vergangene ausgesetzt. Klaus Manns »Mephisto«, wenngleich nicht offiziell im Handel, hat erheblich dazu beigetragen. Wer mit dem Rücken zur Wand steht, ist auf Verteidigung aus. Jedenfalls

Distanz zu seiner Vergangenheit hat Gründgens nicht gefunden, Klarheit nicht gewonnen. Aber das gilt nicht allein für ihn, sondern auch für viele andere Deutsche.

Aber er hat auch in der Nachkriegszeit versucht, aus dem KZ befreiten Menschen beizustehen. Vor allem Imo Moszkowicz. Der sitzt während der Proben in Düsseldorf an einem mickrigen Tischchen aus der Requisitenkammer, notiert jede Änderung des Spielverlaufs und bemüht sich, der ziemlich allgemeinen und vielfach auslegbaren Anweisung des Chefs gerecht zu werden: »Notieren Sie auf den weißen Blättern alles, was Ihnen wichtig scheint, und da es dafür keinerlei erkennbares System gibt, erfinden Sie eins.«

Das fällt dem dürren, knapp 20-jährigen Jüngling zunächst ziemlich schwer, denn er hat sich in Düsseldorf als Schauspieler beworben, ist aber bei Gründgens Regieassistent geworden. Woher kommt der junge Mann? Welche Voraussetzungen bringt er für diesen Posten mit? Begabung und sonst nichts, keinerlei Erfahrung oder doch solche, die ihm hier nicht hilft. Er und ein Bruder haben das Todeslager Auschwitz überlebt. Die Mutter und andere Geschwister sind dort ermordet worden. Nein, gesprochen haben der Chef und sein Assistent über das Vergangene nicht. Aber der junge Moszkowicz hat das Gefühl, dass Gründgens mehr von seinem Seelenzustand weiß als er selbst, ihn behutsam bei der Hand nimmt und in die Gegenwart zurückzuholen versucht.

Später wird Moszkowicz ein bekannter Regisseur. Ob in Interviews oder seinen Memoiren, vehement hat der überlebende KZ-Häftling in den kommenden Jahrzehnten Gustaf Gründgens gegen alle Angriffe verteidigt, seine Hilfsbereitschaft für Verfolgte mit der Gleichgültigkeit anderer Künstler im Dritten Reich verglichen und ihm weit über Gründgens' Tod hinaus seine Dankbarkeit bezeugt, ihn, den Verstörten und Verzweifelten, zurück ins Leben geführt zu haben. Kann es einen überzeugenderen Kronzeugen geben? Und einen überzeugenderen Versuch des vielfach Angeklagten, einstige vielleicht doch empfundene Mitschuld abzutragen?

Wer hat nun Recht in der Beurteilung des einstigen Göring-Günstlings? Der vertriebene Klaus Mann, der Autor des »Mephisto«, oder der KZ-Häftling Imo Moszkowicz?

Sieben Jahre leitet Gustaf Gründgens nun schon das Düsseldorfer Schauspielhaus. Er hat über dreißig Werke inszeniert und fast zwanzig Hauptrollen gespielt und bemerkt jetzt, wie die Spannung, die ein Künstler während seiner Arbeit braucht, nachlässt, die Gefahr wächst, sich im Spielplan und der Rollenwahl zu wiederholen. Kurzum, GG spürt das Bedürfnis, sich zu verändern, denn »zum Schluss gehört man zur Stadt wie der Botanische Garten und der Zoo. Das ist für die Bequemlichkeit des Intendanten eine große Versuchung, für seine Verantwortung vor der Kunst eine Gefahr.«

Er braucht eine neue Chance, neue Anregung und Spannung, neue Herausforderungen und ein neues Risiko – eine neue Welt. Und als der Hamburger Senator für Kultur an den Rhein kommt, um Gründgens zu konsultieren, wer wohl geeignet sei, die frei gewordene Intendanz in der Elbe-Stadt zu übernehmen, lässt Westdeutschlands berühmtester Theatermann erkennen, dass er selbst Interesse daran habe. Hocherfreut stimmen die Stadtväter all seinen Forderungen zu, einschließlich eines außergewöhnlich hohen Steuerfreibetrages, der Umworbene löst vorzeitig seinen bisherigen Vertrag und übernimmt mit der Spielzeit 1957/58 die Generalintendanz des Hamburger Schauspielhauses.

Schweren Herzens, aber auch enttäuscht, verbittert, ja empört ob des »Verrats« lassen ihn die Düsseldorfer ziehen. Nach der Inszenierung von Jean Giraudoux' Schauspiel »Um Lucretia« steht er zum letzten Mal auf der Bühne. Viele Besucher, die sonst lange klatschen, bis er endlich an die Rampe kommt, eilen nach dem Schluss sofort zu den Garderoben, denn auf Handzetteln ist dazu aufgerufen worden, sich jeden Beifalls zu enthalten und stumm protestierend das Theater zu verlassen. Von den Rängen kommen Buhrufe und Pfiffe.

Auch in der Presse erscheinen recht bösartige Artikel. Man wirft dem scheidenden Intendanten vor, Verpflichtungen gegenüber der Stadt nicht gerecht geworden zu sein, das Repertoire-Theater gepflegt statt künstlerische Experimente gewagt und sich als Regisseur immer mehr in die Idylle verrannt zu haben.

Selbstbewusst geht der Gescholtene über derlei Vorwürfe hinweg. »Wenn ich jetzt von Düsseldorf weggehe«, schreibt er an den Regierungspräsidenten, »so tue ich es in dem berechtigten Gefühl, der Kunststadt auf dem Gebiet des Schauspiels den Ruf zurückerobert zu haben, den es zu Zeiten der Louise Dumont oder Gustav Lindemanns gehabt hat.« Später sehen das auch die Düsseldorfer so. Nach Gründgens' Tod stellen sie eine Bronzebüste des großen Sohnes ihrer Stadt ins Foyer des Schauspielhauses, befestigen für den »bedeutendsten Schauspieler, Regisseur und Theaterleiter unseres Jahrhunderts« an seinem Geburtshaus einen Bronzeguss, der ihn als Hamlet zeigt, und nennen den Platz vor dem Theater Gustaf-Gründgens-Platz.

Der letzte Vorhang

Verbiete du dem Seidenwurm zu spinnen
Wenn er sich schon dem Tode näher spinnt
Das köstliche Geweb entwickelt er
Aus seinem Innersten, und läßt nicht ab,
Bis er in seinem Sarg sich eingeschlossen

Johann Wolfgang von Goethe, Tasso

Der zweite Hamburger Anfang muss bestimmt gewesen sein von wechselnden Stimmungen und Gefühlen. Hier, am Besenbinderhof, hatte vor dreißig Jahren die Karriere des jungen Gründgens sowohl als Schauspieler wie auch als Regisseur begonnen. Und nun die Rückkehr; zunächst in freudiger Erregung. Hier, am damaligen Deutschen Nationaltheater, hatte im letzten Drittel des 18. Jahrhunderts der Schöpfer des neuen deutschen Dramas und Begründer des deutschen bürgerlichen Trauerspiels, Lessing, als Dramaturg gelebt und seine bis in die Gegenwart wirkende »Hamburgische Dramaturgie« geschrieben. Und hier hatte um die gleiche Zeit der berühmte Schauspieler und Theaterdirektor Friedrich Ludwig Schröder Shakespeare für die deutsche Bühne neu entdeckt. Generalintendant in Hamburg zu sein, das verpflichtete, die Tradition großer Vorgänger zu wahren.

Auch das Hamburger Publikum hatte sich schon im 18. Jahrhundert einen besonderen Ruf erworben. Es bestand nicht mehr auf der strikten Trennung zwischen Kaufleuten, Künstlern und Gelehrten. Geprägt vom Geist der

Aufklärung hatten die wohlhabenden Bürger Wert darauf gelegt, sich nicht auf ihre Geschäfte zu beschränken, sondern auch am kulturellen Leben teilzunehmen. Nüchterne Sachlichkeit paarte sich mit Aufgeschlossenheit für andere Lebensbereiche und Lebensformen.

Aus diesem Geist heraus hatten Kaufleute am Ende des 19. Jahrhunderts, entrüstet über die Verflachung des Theaterlebens, zur Gründung eines neuen Theaters aus Bürgermitteln aufgerufen, und schon im Herbst 1900 war das größte deutsche Schauspielhaus, dem nun Gründgens vorsteht, mit eintausendsechshundert Plätzen eröffnet worden – ein Haus, das mit seinem vielen Gold und Plüsch sowie den Karyatiden auch als Residenztheater hätte gelten können.

Man durfte gespannt sein, ob diese bürgerliche Kunstbegeisterung, dieses Mäzenatentum die Wirren der ersten Hälfte des 20. Jahrhunderts unbeschadet überstanden hatten. Skeptiker warnten vor der Sprödigkeit der Hanseaten. Gründgens stört sich nicht daran, denn sie fordert ihn heraus, Zustimmung, Sympathie und Beifall zu erkämpfen.

Was für ein Hochgefühl! Vor dreißig Jahren war der junge, hoch begabte Spunt auf dem hinteren Motorradsitz seines Freundes Paulchen Kemp durch die Stadt gerast. Jetzt wartet der Chauffeur im Rolls-Royce oder im olivgrünen Bentley, um den Chef zu fahren.

Was für eine Genugtuung! Statt wie einst in einem schäbigen möblierten Zimmer, beargwöhnt von der Wirtin, einer alten Schachtel, residiert der Herr Generalintendant nun in einer schönen Villa nah der Alster im noblen Harvestehude, dem Wohnviertel der Reichen mit Gärtnern und Garagen.

Was für ein Triumph! Längst nicht mehr im abgeschabten Ledermantel und weithin noch unbekannt wie in der ersten Hamburger Periode, sondern als eine berühmte Persönlichkeit, um die sich die Bühnen reißen, die Politiker, Künstler, Kollegen hofieren und die jedermann um Autogramme bittet, so bewegt sich dieser »General« jetzt in der Stadt.

Zwar sind noch immer nicht alle Bombentrümmer weggeräumt. Aber diese Elb-Metropole Mitte der fünfziger Jahre ist nicht mehr vergleichbar mit der Stadt der Inflationsjahre und des KPD-Aufruhrs. Gründgens erlebt die Hansestadt im Wirtschaftswunder, regiert von der SPD und ihrem bundesweit populären Ersten Bürgermeister Max Brauer. In den Nobelhotels steigen wieder Gäste aus fast aller Herren Länder ab, um Geschäftspartner, Messen, Kongresse und Ausstellungen zu besuchen. Neue Straßen und Brücken sind entstanden, neue Kaimauern und Lagerschuppen. Die großen Werften bauen wieder Schiffe, und auch das neue Fernsehen strahlt sein Programm von Hamburg aus. Güterumschlag und Industrie haben bereits den Vorkriegsumfang übertroffen.

Die »Fresswelle« ist vorbei. Die Leute beginnen, sich neu einzukleiden, und richten sich jetzt mit Nierentischen, ausziehbaren Couchen, Schrankwänden und Tütenlampen ein. Auch die »Motorisierungswelle« ist schon angelaufen. Zu einer »richtigen Familie« gehört fortan das Auto. Und dennoch, Gründgens behauptet, er kenne keine andere deutsche Stadt, »in der den Äußerungen des Geistes und der Kunst mit größerer Achtung, mit größerer Höflichkeit begegnet wird.«

Doch mitten in den Vorbereitungen für seinen Amtsantritt überfällt den neuen Intendanten plötzlich Melancholie, ja Angst. Ihm wird bewusst: Von hier aus wird es nicht mehr weitergehen. In wenigen Jahren wird er sechzig; das Alter, die Endgültigkeit erschreckt. Im Nachhinein werden diese kommenden acht Jahre, die letzten seines Lebens, so wirken, als sei da einer an seine frühe Wirkungsstätte zurückgekehrt, um Bilanz zu ziehen: als Theaterleiter, als Regisseur und vor allem als Schauspieler, sowohl in seiner Meisterrolle als auch im Übergang zu den Altmänner-Rollen.

Doch zunächst einmal geht alles seinen gewohnten Gang. Schließlich hat der neue Chef schon von dem alten, von Erich Ziegel, gelernt, welche entscheidende Bedeutung der sorgfältigen Ensemblebildung zukommt, der Gewinnung von Menschen, die sich fest an das Haus gebunden fühlen, sich am wohlsten auf der Bühne fühlen und sich nicht allzu oft, selbst wenn sie zu den Stars gehören, vom Film oder Fernsehen abwerben lassen.

Gründgens gelingt es auch in Hamburg, eine Truppe um sich zu versammeln, die zu den allerersten in Deutschland zählt; selbst verhältnismäßig kleine Rollen kann er mit erstklassigen Darstellern besetzen. Neunzehn von den bisherigen Mitgliedern des Hamburger Ensembles, vierzehn Herren und fünf Damen, erhalten die Mitteilung, dass ihre Verträge nicht erneuert werden. Sie müssen gehen. Gründgens bindet neben den Schauspielern, die ihn seit Berlin begleiten, weitere außergewöhnlich begabte Darsteller an sein Schauspielhaus. Zum Beispiel den jungen Charakterdarsteller Heinz Reincke, der in der Rolle des Atomverräters Kristof Wolters in Zuckmayers »Das kalte Licht« allseits überzeugt. Oder die selbstsichere Joana Maria Gorvin, Jürgen Fehlings Entdeckung und Gefährtin, überzeugend sowohl als sanfte Liebende wie als zornbebende Tragödin, hübsch und heiter, explosiv, vital, intelligent und hinreißend im Schabernack. Schließlich Will Quadflieg, »dessen Lippenkunst der kalten Kopfkunst des Chefs faszinierend überlegen schien« (Gerhard Stadelmaier). Und überdies ein Schauspieler, der im Unterschied zu seinen vielen Kollegen im hohen Alter den Bann der Verdrängung sprengen und im Blick auf die NS-Zeit in schmerzhafter Wahrhaftigkeit bekennen wird: Auch er habe zu denjenigen gehört, die es »gar nicht so genau wissen«, sondern »einfach« nur Theater spielen wollten.

GG beschließt, auch sein Hamburger Haus zu einer Stätte mit einem echten Klassiker-Repertoire zu machen. Goethe, Schiller, Shakespeare, auch Büchner, Grabbe, Hebbel, Grillparzer und Molière werkgerecht wie auch zeitnah interpretierend, will er bei den Klassikern Antworten suchen auf die Fragen der Gegenwart.

Und wiederum beschwert sich die Kritik, das moderne Drama käme viel zu kurz. Aber Gründgens hat doch gleich zu Beginn seiner Amtszeit Carl Zuckmayers »Das kalte Licht« uraufgeführt, die vom Schicksal des deutschen Atomspions Klaus Fuchs inspirierte Geschichte eines jungen Physikers und Emigranten, der in England an der Entwicklung der Atombombe beteiligt ist und dem sowjetischen Geheimdienst wichtige Forschungsergebnisse liefert. Lawrence Durrell, mit dem er schon in Düsseldorf zusammengearbeitet hat, überträgt Gründgens die deutsche Uraufführung seiner Dramen »Sappho« und »Actis«. T. S. Eliot, Thomas Wolfe, Arthur Miller, Eugene O'Neill, John Osborne, Dylan Thomas gehören zu einem Programm, das auch dem Neuen, dem Experiment seinen Raum zubilligt. Man sehe doch genau hin!

Aber es fehlen moderne *deutsche* Autoren, murren die Kritiker. Am Ende wird der Beschuldigte auf zwei Welturaufführungen in seinem Haus verweisen können, auf das erste Bühnenwerk des jungen Siegfried Lenz »Zeit der Schuldlosen« und auf das vorher nie aufgeführte Werk Bert Brechts »Die heilige Johanna der Schlachthöfe«. Schon vor

1933 hätte der Dichter gern gesehen, dass Gründgens seine Johanna inszeniert, und nach dem Krieg hatte er erneut darum gebeten. Der Umworbene hatte zugesagt. Doch Brecht ist bereits tot, als Gründgens 1959 seine Zusage endlich einlöst.

Die Kalten Krieger sind entsetzt. Das Stück eines Kommunisten, eines Stalin-Preisträgers in Hamburg aufzuführen, das bedeute, ein »Trojanisches Pferd« in die Stadt zu holen!

Gemach! Gründgens schert sich »den Teufel um all die doktrinären dramaturgischen Abhandlungen Brechts«! Überzeugt von der komödiantischen Ergiebigkeit des Stückes wird er bestimmte Textstellen kurzerhand eliminieren, die klassenkämpferische Tendenz kurzerhand ignorieren und aus dem Kampf des Mädchens aus der Heilsarmee gegen die Ausbeuter, die Chicagoer Fleischerkönige in der Wirtschaftskrise, kurzerhand ein Grand Spectacle machen. Von Werktreue kann in diesem Fall nicht die Rede sein.

Also was bleibt von all den Vorwürfen, dieser Gründgens vernachlässige die Moderne? Gewiss, einzelnen neuen Autoren kann er nichts abgewinnen. Elisabeth Flickenschildt möchte gerne die Hauptrolle in Friedrich Dürrenmatts »Besuch der alten Dame« spielen. Nur widerwillig willigt Gründgens ihretwegen ein und überträgt Ulrich Erfurth die Regie. Aber als sie, auf deren Meinung er doch sonst viel gibt, vorschlägt, Tennessee Williams' »Tätowierte Rose« in den Spielplan aufzunehmen, sagt er entschieden Nein. Wo er abgrundtiefen Pessimismus und Zynismus, Wahnbilder und Zwangsvorstellungen wittert, hauptsächlich vor dem Theater des Absurden, macht er Halt. Vor Autoren wie Jean Genet, Eugène Ionesco, Arthur Adamov, auch vor Federico Garcia Lorca und vor allem vor dem späteren Nobelpreisträger Samuel Beckett schließen sich die Türen des Hamburger Schauspielhauses, solange der Hausherr Gustaf Gründgens heißt.

Im Blick auf Beckett wird er seine Abneigung 1963 im Interview mit Günter Gaus noch einmal auf den Punkt zu bringen versuchen: »Ich mag einfach nicht Stücke, wo meine Großeltern im Müllkasten sitzen. Warum soll ich sie spielen?« Aber es ist nicht allein das Paar im Müllkasten, das Gründgens irritiert. Es ist vor allem der Mangel an Handlung, Spannung und Charakterzeichnung, die Entwertung aller Ideale, der Ausdruck der Sinn- und Hoffnungslosigkeit sowie der Versuch, Ausdrucksformen jenseits der Sprache zu finden. Becketts »Warten auf Godot«, 1953 in Paris uraufgeführt, wird zu einem der größten Bühnenerfolge. Von daher gesehen, bleibt Gründgens bis zu seinem Tod einer der großen konservativen Theaterleute der Bundesrepublik. Doch, so überraschend es auch klingt, zugleich erweist er sich als ein Erneuerer, der Goethes »Faust« in die Welt des 20. Jahrhunderts hinüberrettet.

Faust – »Mein Requiem«

Mit der Rolle des Mephisto war der junge Gustaf Gründgens 1932/33 auf der Bühne des Berliner Staatstheaters in die erste Reihe der deutschen Schauspieler aufgerückt. Nun in Hamburg teilte er eines Abends seinem Kollegen Will Quadflieg mit, er überlege, wiederum den »Faust« zu machen. »Hätten Sie Lust, den Faust zu spielen?«

»Mit größtem Vergnügen«, erwidert der Angesprochene. »Allerdings nur dann, wenn ich ihn als absolut zeitgemäßen Typ spielen kann … als Wissenschaftler von heute, als Atomforscher, wenn Sie wollen, etwa mit dem Kopf von Oppenheimer«, einem der Väter der Atombombe. Gründgens überlegt kurz. Dann sagt er: »Gut, Oppenheimer, das ist gut – so machen wir es.«

Demnach entdeckte Quadflieg, gewiss unter dem Eindruck der sich anbahnenden Anti-Atom-Bewegung in der Bundesrepublik, den modernen Faust, während Gründgens zusammen mit dem Bühnenbildner Teo Otto für den zeitgemäßen Rahmen der Tragödie sorgte und damit Jahre vor der Kulturrevolution auf den deutschen Bühnen, nämlich schon 1957/58, einen überzeugenden und Aufsehen erregenden Beitrag zur Klassiker-Erneuerung leistete.

Radikal entrümpeln die beiden Männer das Bühnenbild von allem Plunder, passen es der vorgesehenen aktuellen Werkauslegung an. Kurz vor der Premiere veröffentlicht die Presse eine Aufsehen erregende Erklärung von achtzehn Göttinger Professoren, darunter mehrere Nobelpreisträger, gegen die Stationierung von Atomraketen in der Bundesrepublik: »Die Pläne einer atomaren Bewaffnung der Bundeswehr erfüllen die unterzeichneten Atomforscher mit großer Sorge … Heute kann eine taktische Atombombe eine kleinere Stadt zerstören, eine Wasserstoffbombe aber einen Landstrich von der Größe des Ruhrgebietes zeitweilig unbewohnbar machen. Durch Verbreitung von Radioaktivität könnte man mit Wasserstoffbomben die Bevölkerung der Bundesrepublik wahrscheinlich heute schon ausrotten. Wir kennen keine technische Möglichkeit, große Bevölkerungsmengen vor dieser Gefahr zu schützen …« Das bleibt nicht ohne Eindruck auch auf die Theaterleute.

In Fausts Studierzimmer sehen die Zuschauer nun Kugeln, die die Atome symbolisieren, und in der Walpurgisnacht steigt über einem Rock 'n' Roll tanzenden Hexenchor und Marsmännchen in Astronautenanzügen der Rauchpilz einer Bombenexplosion auf.

Während der erneuten intensiven Beschäftigung mit dem Werk kommt Gründgens auch auf die Idee, dem Stück Goethes »Vorspiel auf dem Theater« voranzustellen, das bisher fast nie gespielt worden ist. Da wollen ein Theaterdirektor, ein Dichter und eine Lustige Person Theater machen: »Die Pfosten sind, die Bretter aufgeschlagen, und jedermann erwartet sich ein Fest.« Und also wird die fahrende Truppe auf einer einfach zusammengezimmerten Jahrmarktsbühne die Welt des Faust als eine Theaterwelt darstellen: der Dichter nun als Faust, die Lustige Person als Mephistopheles und der Theaterdirektor als Gottvater. Und also wird das Publikum Theater auf dem Theater sehen, Goethes »Faust« als Schaubühne der Welt erleben.

»Mit diesem Vorspiel«, so begründet Gründgens seine Entscheidung, »enthebt uns Goethe ein für allemal der Verpflichtung, den Zuschauer glauben zu machen, sein Himmel sei *der* Himmel, seine Kaiserpfalz sei *die* Kaiserpfalz, sein Griechenland sei *das* Griechenland. Nein, es ist alles, der Himmel, die Hölle, die kleine, die große Welt: die Welt des Theaters.«

Gründgens hat den Mephisto in seinem Leben an die dreihundertmal gespielt. Wie auch seinem Kollegen Werner Krauss fiel es ihm schwer, eine bedeutende Rolle aufzugeben. Er wollte mit ihr wachsen, sie verändern, nachdem er sich selbst verändert hatte.

Kritiker, die seine Bühnenlaufbahn begleitet haben und auch den letzten Mephisto in Hamburg sehen, sind sich einig: Wie schon in Berlin und Düsseldorf beherrscht wiederum nicht Faust, sondern der Teufel das Geschehen; er hält den Abend fest in seinen Händen und frustriert seinen

Gegenspieler. Gewiss, Gründgens fällt auch die wirksamere Rolle in der Tragödie zu. Die Verkörperung des Bösen verbunden mit Schläue und mit Charme, dem Hintergründigen und Abgefeimten – das kann er sichtbar und immer wieder glaubhaft machen.

»Der Mephisto, den er aus der Lustigen Person des Vorspiels entwickelte, erreichte eine Dämonie, wie sie der gefallene Engel, als den er ihn früher gespielt hatte, nicht im gleichen Maße besessen hatte«, urteilte Siegfried Melchinger. Mit den Jahren wurde Gründgens über weite Teile der Tragödie immer böser, diabolischer und abgründiger. Doch sein Gegenspieler, Faust, Will Quadflieg, meint, im zweiten Teil einen Mephisto zu erleben, der, den Menschen erforschend, weise und zugleich resignierter wird. Während Faust, der Mensch, teuflischer wird, wird der Teufel menschlicher. Gründgens bringt seine eigene Gebrochenheit mit ein ins Spiel.

Als sich der Vorhang nach der Premiere des »Faust II« im Mai 1958 schließt, sagt Gründgens mit einem scheuen Lächeln zu Will Quadflieg: »Das war mein Requiem«, verzichtet auf die sonst übliche Premierenfeier, fährt nach Hause, setzt sich an seinen Schreibtisch und schreibt an seine Schweizer Freunde, das Ehepaar Bernoulli: »Diese Aufführung noch geschafft zu haben, hat mir viel bedeutet, und ich

Wohl dreihundert Mal hat Gründgens den Mephisto, seine Meisterrolle, in Goethes »Faust«, gespielt. Im Mai 1958, nach der Premiere von »Faust II« in Hamburg, sagt er zu Will Quadflieg: »Das war mein Requiem.« Und seinen Freunden in der Schweiz schreibt er: »Diese Aufführung noch geschafft zu haben, hat mir viel bedeutet … das war der Anfang vom Ende des Lebens, das ich so gerne anständig gelebt haben möchte …«

sage ohne Nebengeräusche: Das war der Anfang vom Ende des Lebens, das ich so gerne anständig gelebt haben möchte …« Ahnt er, dass ihm nur noch wenige Jahre bleiben?

Doch zunächst einmal beglückt die Resonanz, der überwältigende Erfolg. GG und seine Truppe werden zu Gastspielen nach Leningrad und Moskau, später auch nach New York eingeladen und überall mit Ovationen überschüttet. Gründgens' dritte Inszenierung der Tragödie wird ein Welterfolg; in seiner Rolle als Mephisto geht er in die Theatergeschichte ein.

Die Mitte bietet keine Luft

Wo ist der lebenslustige Gründgens abgeblieben? Jener heitere junge Mann, der mit seinen Freunden Klaus, Erika, Pamela an spielfreien Abenden durch die Kneipen von St. Pauli streifte, jener stolze Gutsbesitzer, der in seinem Park in Zeesen Sommerfeste feierte? Von solchen Lustbarkeiten weiß man jetzt nichts; offensichtlich gibt es sie nicht mehr. Schon Zacharias-Langhans, der ihn in Düsseldorf besuchte, bemerkte wehmütig, dass dem Freund die einstige, so ansteckende Lebensfreude abhanden gekommen sei. Wie verbringt der nun fast 60-Jährige seine Zeit, wenn er nicht an seinem Intendantenschreibtisch arbeitet, neue Stücke inszeniert, neue Rollen probt oder abends auf der Bühne steht?

Menschen, die Gründgens in dieser Zeit gut kannten, berichten, in seiner freien Zeit habe er sich oft ins Bett gelegt, um zu lesen. Oder er beschäftigte sich mit Geschichte, verschlang die Bücher Winston Churchills sowie Golo Manns. Wenn er nicht las, erzählt Thomas Blubacher, einer seiner Biographen, hörte er klassische Musik, Mozart und Tschaikowski, aber auch Jazz, oder er schaltete das Fernsehen ein, um sich Sportübertragungen und Unterhaltungssendungen anzusehen. Morgens sei er meist nur schwer in Gang gekommen, abends war er oft hellwach.

Gründgens ist geradezu verliebt in teure Autos, und er reist gern. Jährlich zweimal fliegt er zu einem ausgedehnten Urlaub in den Süden, in die Schweiz oder nach Italien, später auch nach Südamerika, und kauft sich Ende der fünfziger Jahre ein Häuschen auf Madeira, sein »Refugium«, wie er es nennt, denn der Berühmte genießt es, dass ihn hier niemand kennt, und erfreut sich an dem weiten Blick über das Meer, an den blühenden Topfpflanzen rund um das Haus, den duftenden Mimosenwäldern und Kamelienbäumen, die die Landstraßen umsäumen.

Das alles scheint dafür zu sprechen, dass Gustaf Gründgens, sich dem Alter nähernd, gelernt hat, nicht nur zu arbeiten, sondern auch das Leben zu genießen. So ist es aber leider nicht gewesen. Jüngere und Gesunde werden sich kaum vorstellen können, wie dieser Mensch gelitten hat. Seit Anfang der dreißiger Jahre quält ihn eine Kopfneuralgie, die häufig unvorstellbare Kopfschmerzen auslöst. Zu seinen immer wiederkehrenden Leiden gehören Durchblutungsstörungen, quälende Schmerzen der Halswirbelsäule, die auch auf die Armnerven ausstrahlen, Gefäßschwächen, Entzündungen der Stimmbänder und Thrombosen, Schlafstörungen, die sich zu lebensbedrohender Schlaflosigkeit ausweiten können, der die Ärzte schließlich nur noch mit Vollnarkosen beizukommen versuchen.

Natürlich nimmt der Mitgenommene starke Schlaf- und Schmerzmittel, auch Morphium, und lässt sich immer wieder alle möglichen Medikamente spritzen. Er ist Dauergast in verschiedenen Sanatorien und Kliniken; tage- oder wochenlang flüchtet er sich oft in die Psychiatrische Klinik des international bekannten Hamburger Professors Hans Bürger-Prinz. Belastet mit derart vielen Gebrechen, ist er ständig auf den Ausbruch eines seiner vielen bereits bekannten Leiden oder eines weiteren gefasst, beobachtet sich selbst wie ein gewissenhafter Pfleger seinen Kranken. Keine ärztliche Vorschrift, kein ärztlicher Rat, und seien sie noch so unangenehm und beschwerlich, denen er sich nicht bedingungslos unterwirft.

Seine Leiden haben mit den Jahren das Gesicht gezeichnet, zuweilen wirkt »der General« so abwesend und müde, dass die Kollegen ihn nicht anzusprechen wagen. Doch ist manchmal schwer zu unterscheiden, ob sein Verhalten nicht einfach nur als Scheu, als Ausdruck jener Distanz gedeutet werden muss, auf die er im Umgang Wert zu legen pflegt. Er scheint sich ein Goethe-Wort zu Eigen gemacht zu haben: »Was ich geworden und geleistet, mag die Welt wissen, wie es im Einzelnen zugegangen, bleibe mein eigenstes Geheimnis.« Niemand soll ihm zu nahe kommen.

Wie verwirrend! Dieser zuweilen so reservierte, auf Distanz bedachte Mensch kann, wenn er nur will, so geschickt und blendend mit seinem Gesprächspartner parlieren, dass dieser vollends in den Bann seiner Liebenswürdigkeit gerät. Gründgens ist eben alles zugleich: ein Narziss und ein Neurotiker, unerschöpflich und erschöpft, manieriert und von entwaffnender Natürlichkeit, despotisch und bestrickend, nach Öffentlichkeit und nach Bewunderung gierend und sie mit der anderen Hand von sich schiebend, freundschaftsbedürftig, liebesbedürftig und von einer Mitleid erregenden Einsamkeit. »In der Kunstgegend, in der ich mein Wesen treibe, ist es sehr einsam«, schreibt er 1957 an den Bundespräsidenten Heuss. Und jene Zeilen, die er in den zwanziger

Jahren an die Mutter richtet, bewahrheiten sich erst recht im Alter: »Ich lebe mein Leben in den Extremen. Die Mitte bietet keine Luft, in der ich atmen kann. Mein Glück ist tiefer, reiner und schöner, und mein Unglück ist verzweifelter, hoffnungsloser und qualvoller.«

Gründgens hat Angst vor dem Alter. Er leidet darunter, alt zu werden. Das äußert sich vor allem in der Furcht, nicht mehr gebraucht zu werden. Wenn er abends nicht spielt, sitzt er vor dem Fernseher und wartet darauf, dass man ihn aus irgendeinem Grunde dennoch ins Theater ruft, weil es ohne ihn nicht gehe. Die Charakteristik Winston Churchills aus der Feder von Sebastian Haffner trifft auch auf Gründgens zu: Er hatte sich »an den Dauerdruck gewaltiger Spannungen, Entscheidungen und Verantwortungen (gewöhnt), dieses Drucks plötzlich beraubt, merkte er, dass er verlernt hatte, ohne ihn zu leben.« Ihm fehlte eine der schönsten menschlichen Eigenschaften: die Fähigkeit zum Müßiggang. Er hatte verlernt zu leben.

Da Gründgens sein Leben lang äußere Makellosigkeit besonders viel bedeutet hat, entsetzen ihn die verdorrende hängende Haut am Hals und an den Armen, die schlaffen Züge im Gesicht, und er unterzieht sich mehreren kosmetischen Operationen. Das sind auf Dauer untaugliche Versuche, dem Alter zu entgehen.

Wer kann ihn trösten, kann ihm helfen? Einer nach dem anderen der einst geschätzten Freunde und Kollegen ist hinweggestorben: Paul Bildt und Käthe Dorsch, der Bühnenbildner Caspar Neher, der verehrte Erich Ziegel …

Ungeklärt bis heute ist, warum Marianne Hoppe, die Gründgens doch gleich nach seinem Beginn in Düsseldorf rief, erst am Ende seiner Amtszeit in der Hansestadt auftaucht. Curt

Riess berichtet, auch für Hamburg habe es zwischen den beiden eine frühe Vertragsabsprache gegeben, die aber nicht realisiert worden sei. War die Hoppe bei ihrem früheren Mann plötzlich »abgemeldet«? Wer Näheres wissen wollte, stieß auf trotziges Schweigen. Auch ein Briefwechsel des einstigen Ehepaares in diesen Jahren ist nicht bekannt. Marianne Hoppe gastiert an verschiedenen Bühnen, in München, in Wien, und immer wieder in Berlin. Erst 1962 stehen die beiden in Hermann Bahrs »Konzert« seit vielen Jahren wieder gemeinsam auf der Bühne. Doch noch einmal heiraten, wie es Gustaf gern möchte, will Marianne nicht. »Da war ich schon zu weit entfernt«, hat sie bemerkt.

Wer bleibt? Zacharias-Langhans und die Bernoullis leben weit weg. Peter Gorski, der Adoptivsohn und Gefährte, wird den Ersatzvater verlassen und heiraten.

Was bleibt? Die Arbeit.

Also nimmt der dreifach Belastete auf sich, wieder Opern zu inszenieren. Zum Beispiel zu Beginn des Jahres 1958 Glucks »Orpheus und Eurydike« in der Mailänder Scala und im darauf folgenden Sommer für die Salzburger Festspiele Verdis »Don Carlos« unter der musikalischen Leitung Herbert von Karajans.

Also beschließt der vielfach Beschäftigte, nach einer langen Pause wieder auf der Leinwand zu erscheinen. 1929 hatte er zu filmen begonnen und schließlich, während des Zweiten Weltkriegs, nach der wenig überzeugenden Friedemann-Bach-Produktion, sich aus dem Metier zurückgezogen. Fast zwanzig Jahre später wendet er sich ihm wieder zu. Gründgens erklärt sich bereit, seine Faust-Inszenierung von 1957 filmisch aufnehmen zu lassen. Er selbst übernimmt die künstlerische Leitung; die Regie wird Peter Gorski übertragen. Doch weder die Mitwirkenden noch die Kritik befriedigt das Ergebnis; heraus kommt eine biedere filmische Theaterdokumentation. Die Zuschauer begeistern sich aber an Gründgens' elegantem Lord Bolingbroke in dem von Helmut Käutner u.a. mit Hilde Krahl und Liselotte Pulver verfilmten Scribe-Lustspiel »Das Glas Wasser«, in dem Gründgens als Kabarettist und Chansonnier glänzt. Doch der nun schon über 60-Jährige hält am Ende seiner Filmlaufbahn »die reine aufgewandte Zeit, die für Beleuchtung, Kameraeinstellung, Tontechnik« und Ähnliches hingeht, im Vergleich zur »Beschäftigung mit den schauspielerischen Menschen« für ein groteskes Missverhältnis.

Der Alleskönner

Ob er nun Mephisto oder eine andere Rolle spielt, immer wenn »der General« selbst auf der Bühne steht, strömt das Publikum von weither in die Hansestadt, bilden sich schon am Morgen Schlangen der Wartenden vor den Vorverkaufskassen, ist das Haus an jedem Abend ausverkauft. Das war so in Berlin und Düsseldorf, und das ist auch in Hamburg so. Die Menschen wissen, dieser große Schauspieler wird sie verzaubern und schließlich glauben lassen, da stehe der leibhaftige Teufel oder der große Feldherr Wallenstein tatsächlich auf der Bühne, zugleich jedoch – und das ist das Verwirrende – unverwechselbar auch Gustaf Gründgens, der erst in der Verwandlung sein vielfältiges, farbiges und widersprüchliches Ich, Identität gewinnen kann.

»Ich habe nie etwas anderes gewollt … mir (ist) nie etwas anderes in den Sinn gekommen, als Schauspieler zu werden«, hat GG einige Monate vor seinem Tod bekannt. Und solange er lebt, gibt es nichts Schöneres für ihn, als aufzutreten und seine eigene Spannung und Elektrizität auf das Publikum zu übertragen und es zu Beifall hinzureißen. Zu einem genialen Schauspieler gehören Eitelkeit und Ruhmsucht, der Wille, mit Eloquenz und mit Bravour auch noch den Letzten irgendwo da unten im Parkett für sich und seine Rolle zu gewinnen. Will Quadflieg berichtet, immer wenn Gründgens auf der Bühne stand, »war plötzlich das Außergewöhnliche da, ohne dass jemand genau hätte sagen können, woher es kam.«

Es müssen die Gegensätze gewesen sein, die ihn so außergewöhnlich machten. Er besaß viel Sinn für Form und Disziplin, aber auch für Leichtigkeit. Er steckte in seine Rollen Energie, Intensität, oft auch Hintergründigkeit und überzeugte zugleich durch Charme, tänzerische Beweglichkeit, die Lust am Übermut und am Koketten. Routine gab es für ihn nicht. Gustaf Gründgens ist ein intellektueller Schauspieler und zugleich ein komplizierter Mensch gewesen. Doch gelang es ihm immer wieder, von der Kompliziertheit bis in das ganz Einfache, das überzeugend Leichte durchzudringen – in eine Einfachheit, die seine Zuschauer ergriff. Es gab keinen theatralischen Bezirk, der ihm verschlossen blieb. Er gab den philosophischen Grübler, den heiteren Komödianten, den zwielichtigen Dämon. Er überzeugte als Gangster ebenso wie als liebenswerter Bohemien. Er war ein Alleskönner.

Und dennoch: Für den Hamlet ist er nicht mehr jung genug. Es ist Zeit, sich nach Altmänner-Rollen umzusehen. Gründgens entschließt sich, seine erste Spielzeit in Hamburg mit Schillers »Wallenstein« zu eröffnen und, wie auch schon zu Beginn der fünfziger Jahre in Düsseldorf, unter der Regie von Ulrich Erfurth die Titelrolle zu spielen, seine erste Altersrolle. Schiller gilt ihm als der größte deutsche Drama-

Shakespeares Hamlet – das ist für Gründgens neben Mephisto die Rolle seines Lebens. 1936 spielt er ihn unter der Regie von Lothar Müthel. Die Presse feiert einen »neuen Hamlet«, wie ihn »die Gegenwart erfordert«. Der junge Reich-Ranicki, als Jude der Verfolgung ausgesetzt, sieht in Gründgens' Dänenprinz einen vereinsamten Intellektuellen im Polizeistaat. Der »Völkische Beobachter« klagt Gründgens an, den »nordischen Helden« zum »dekadenten Homosexuellen« herabgewürdigt zu haben. Gründgens reicht seinen Rücktritt ein – er pokert hoch und gewinnt.

tiker, als überzeitlicher Denker, der von großen Schauspielern zu jeder Zeit »unmittelbar zugänglich gemacht werden kann«.

Der historische Wallenstein wurde nur etwas über fünfzig Jahre alt. Gründgens spielt ihn nicht als strahlenden, siegreichen Herrscher, sondern als Feldherrn, der um das Unzulängliche, ja Fragwürdige des Lebens weiß, schwankend zwischen Gut und Böse, skeptisch, melancholisch, zuweilen unnahbar und verschlossen, dann wieder jäh und hochfahrend, mit einem anrührenden Pathos, das die tragische Größe eines alternden Kriegsherrn ausdrückt.

Das Publikum, viele Herren im Smoking, die Damen in eleganten Abendkleidern, bedankt sich mit lang anhaltenden Ovationen. In einer Loge, ebenfalls Beifall spendend, steht Carl Zuckmayer (»Das kalte Licht« hat am folgenden Abend Premiere), und die Rezensenten sind sich einig, einen großen Theaterabend erlebt zu haben.

Aber Gründgens kann auch ganz, ganz anders. Gerade erst hat er erklärt, er spiele keine alten Männer mehr, und vor den Augen erstaunter Mitarbeiter hat er die Perücken für »Wallenstein«, den General Ramsey in Thomas Wolfes »Herrenhaus« und einige andere Altmännerrollen kurzerhand verbrannt. Da entschließt er sich, im September 1957 den alt gewordenen Gigolo, den erfolglosen, durch zu viel Alkoholgenuss leicht verkommenen Varieté-Unterhalter Archie Rice in John Osbornes »Entertainer« darzustellen.

Aber wie schafft es ein guter Schauspieler, einen halbverkommenen schlechten Komödianten zu spielen? Er erinnert sich an frühere Zeiten, in denen er etwas vom Milieu des Entertainers mitbekommen hat. Er erinnert sich an seine Auftritte in Operetten und Revuen sowie im Kabarett und an die Atmosphäre dort. Schließlich hatte er gelernt, zu steppen und singend naive Damenherzen zu entzücken. Und also tänzelt der einstige Hamlet nun mit grauer Melone, weißen Lederhandschuhen und einem mit Elfenbein verzierten Stöckchen an der Rampe und verteilt Küsschen an die Ballettratten ringsumher – ein in die Jahre gekommener Schmierenkomödiant, der versucht, die Angst vor dem Gerichtsvollzieher zu überspielen. Dieses Mal klatscht in seiner Loge während der Premiere der amüsierte Hans Albers dem Kollegen zu.

Und weil das Spaß gemacht hat, sucht der nun schon über 60-Jährige nach einem neuerlichen, ähnlichen Vergnügen. Das Staatstheater wird gerade umgebaut und hat sein Programm vorübergehend in das Theater am Besenbinderhof verlegt, da hat GG gefunden, was er sucht: Schon in den dreißiger Jahren hat er zusammen mit Emmy Sonnemann in Hermann Bahrs »Konzert« gespielt. Gewiss, den Ehemann der angehenden Pianistin und Ehebrecherin Delfin, den gescheiten, originellen, jungen Dr. Jura, kann er nicht mehr spielen. Die Rolle überträgt er dem ebenfalls gescheiten, originellen und noch jungen Heinz Reincke. Der Chef hingegen gibt nun den alternden, berühmten Klaviervirtuosen Heink, der sich für einige Tage ungestört in eine Gebirgshütte zurückziehen will, um sich von der Anbetung seiner Schülerinnen zu erholen. So jedenfalls die Begründung für die Ehefrau; in Wirklichkeit jedoch zum Tête-à-Tête mit einer seiner Anbeterinnen, eben mit Delfin. Herr Professor hat nun mal ein Auge für die Jugend.

Eigentlich soll dieser unverbesserliche Schürzenjäger laut Hermann Bahr auf den Namen Gustav hören. Aber weil dem Heink am Besenbinderhof »die Identität der Vornamen sehr lästig ist«, hat er sich kurzerhand in Albert umgetauft.

Dr. Jura, der von der Eskapade seiner jungen Frau erfährt, informiert die gleichfalls hinters Licht geführte Marie Heink, und die beiden machen sich gemeinsam auf, um ihre Partner bei dem Seitensprung zu überraschen.

Erinnerung, sprich! Emmy Sonnemann kann der Regisseur GG die Rolle der lebensklugen, guten und überlegenen Marie nicht mehr übertragen. Aber wie wäre es, sich wieder einmal nach so vielen Jahren zusammen mit Janni auf der Bühne zu vergnügen! Die bleibt ihrem Grundsatz treu, ihre materiellen Interessen ohne Gefühlsduselei energisch zu vertreten, treibt dieses Mal die Monatsgage von sechs- auf siebentausend DM hoch, zusätzlich Diäten, Reisekosten und ab zehnter Vorstellung Überspielhonorar, und übernimmt die Rolle. Gustaf freut sich. Die Hamburger begrüßen sie mit langem Auftrittsapplaus, ja »mit orkanartigen Sympathiebeweisen«, belohnt von der Verehrten durch ihr Spiel: »zugleich kraftvoll und gedämpft, zärtlich und versonnen«, in strenger Haltung und mit lauterer Sprache, so ein Rezensent.

Auch Albert-Gustaf, dieses Mal mit kleidsamem weißhaarigen Pony, sprüht vor guter Laune und komödiantischem Elan. Und lässt doch gleichzeitig durch alle Selbstironie die stumme tiefe Angst des Alternden erkennen, »der den Casanova nur noch ganz routinemäßig weiterspielt, um sich immer wieder zu beweisen, dass er noch kein alter Mann ist.« (Willy Haas)

Ahnt Gründgens, dass er mit diesem Albert Heink zum letzten Mal auf einer Bühne steht? Zwischen seinem ersten Auftritt am Fronttheater Saarbrücken im Herbst 1918 und diesem Albert Heink in »Das Konzert« liegen fünfundvierzig Jahre. In ein paar Monaten will er mit Marianne und diesem Stück auf Tournee gehen.

Aber in ein paar Monaten werden seine Freunde und Kollegen die Totenfeier für ihn halten, und Marianne Hoppe wird an seinem Grabe stehen.

»Don Carlos« und die »Spiegel«-Affäre

Wenn Freunde und Kollegen seines letzten tief bewegenden Auftritts im Hamburger Schauspielhaus gedenken, werden sie von Gründgens als König Philipp sprechen.

Mit Schillers »Wallenstein« hatte er sich den Hamburgern 1955 vorgestellt. Ein Drama Schillers, sein »Don Carlos«, soll auch am bereits absehbaren Ende der Tätigkeit in Hamburg stehen.

Doch die Proben, ja auch die Premiere im November 1962, werden überschattet von einem politischen Skandal, der weit über die Hansestadt hinaus die ganze Bundesrepublik erschüttert.

In seiner Ausgabe vom 8. Oktober hatte der von Rudolf Augstein herausgegebene »Spiegel« unter dem Titel »Bedingt abwehrbereit« über die desaströsen Ergebnisse des NATO-Manövers »Fallex 62« für die Bundeswehr berichtet. Aus zuverlässigen Quellen hatte das Magazin erfahren, dass die Vorbereitungen für den Ernstfall, nicht zuletzt die Notstandsplanung für die Bevölkerung, nach Meinung hoher NATO-Kreise in Paris völlig unzureichend seien. Lebensmittelversorgung und Sanitätswesen würden im Ernstfall sofort zusammenbrechen. Es fehle an Waffen, Gerät, Soldaten.

Die Hauptverantwortung dafür traf den Bundesverteidigungsminister, Franz Josef Strauß, der hoffte, die Nachfolge des 86-jährigen Konrad Adenauer anzutreten, und in seiner militärischen Strategie hauptsächlich auf die atomaren Waffen der Amerikaner setzte. Doch der »Spiegel« war aufgrund des ihm zugänglich gemachten Materials zu dem Ergebnis gekommen: »Mit Raketen an Stelle von Brigaden und mit Atom-Granatwerfern an Stelle von Soldaten ist eine Vorwärtsverteidigung der Bundeswehr nicht möglich, eine wirksame Abschreckung bleibt fraglich.«

Daraufhin stürmten am 26. Oktober gegen neun Uhr abends Männer der Sicherungsgruppe Bonn, verstärkt durch drei Überfallkommandos und zwanzig Kripo-Beamte, die Hamburger Redaktionsräume des »Spiegel«, durchsuchten Büros und Wohnungen von Redakteuren, versiegelten die Räume und nahmen mehrere Redakteure und den Herausgeber fest. Der Stellvertretende Chefredakteur und Militärexperte Conrad Ahlers wurde in Spanien verhaftet. Die Bundesanwaltschaft ermittelte »wegen des Verdachts des Landesverrats, der landesverräterischen Fälschung und der aktiven Bestechlichkeit«. Den Anlass dazu, hieß es weiter, hätten Artikel gegeben, »die sich mit wichtigen Fragen der Landesverteidigung in einer Art und Weise befassen, die den Bestand der Bundesrepublik sowie die Sicherheit und Freiheit des deutschen Volkes gefährden.«

Dieser schwerwiegende Angriff auf die Pressefreiheit hatte Folgen, mit denen die Verantwortlichen in Bonn nicht gerechnet hatten. In Westdeutschland kam es zu zahlreichen Protesten, zu Demonstrationen, Sitzstreiks und Solidaritätsbekundungen für die verfolgten Journalisten. Der Protest verstärkte sich noch, als der Bundeskanzler sich auf einer immer wieder von Tumulten unterbrochenen Bundestagssitzung im November zu der empörenden Erklärung verstieg: »Wir haben einen Abgrund von Landesverrat im Lande!« Die FDP-Minister verließen das Kabinett. Bis zum 26. November hielten Staatsschützer die »Spiegel«-Redaktion besetzt. Der Herausgeber und die Redakteure blieben weiterhin in Haft. Noch nie in der Geschichte der Bundesrepublik war die freie Meinungsäußerung derartig bedroht gewesen wie in diesem Herbst und Winter 1962/63.

Als Jürgen Fehling mit Werner Hinz als Marquis von Posa im Februar 1935 im Hamburger Schauspielhaus den »Don Carlos« inszenierte, musste der Reichspropagandaminister Goebbels, der zur Premiere erschienen war, reglos, mit zusammengekniffenen Lippen und funkelnden Augen erleben, wie das Publikum dem Posa-Aufruf an den König: »Sire, geben Sie Gedankenfreiheit!« mit lang anhaltendem Applaus beigepflichtet hatte. Goebbels hatte kein Aufführungsverbot gewagt. Man durfte gespannt sein, ob und wie Gründgens als Regisseur und als spanischer König sowie Quadflieg als Posa unter ungleich weniger dramatischen Umständen nun im November 1962 den berühmten Dialog im dritten Akt mit dem aktuellen Zeitgeschehen verbinden würden. Schließlich konnte man nach Gründgens' »Faust«-Inszenierung im Blick auf die damalige Anti-Atom-Bewegung mit einer neuerlichen Zeitbezogenheit rechnen. Doch alle, die das erwartet hatten, wurden enttäuscht.

Folgt man den Quadflieg-Memoiren, wusste dieser von vornherein, wie der Marquis »richtig« zu spielen sei: »Ich möchte unter allen Umständen das große Pathos vermeiden… Wenn ich diese welterschütternden Sätze auf Applaus zielend herausschreie, wie ich es immer erlebt habe, verpasse ich die eigentliche Wahrheit der Figur und der Situation«, ließ er Gründgens wissen.

»Gründgens dachte genauso …«, schreibt Quadflieg. »Nicht nur Posa mit seiner Humanität, seinem Mut und seinem Anstand sollte ein ganzer Mensch sein, auch der König musste als Gefangener der eigenen Macht in seiner

Menschlichkeit verstanden werden. Das Publikum sollte auch mit ihm fühlen, ihn begreifen, damit sich die Wahrheit des Stückes ganz erschloss und das Tragische, Unausweichliche zwangsläufig herauskam. Einen anderen Philipp hätte Gründgens nie gespielt.«

War es so? War sich Gründgens von vornherein über die Anlage dieser Greisenrolle klar? Andere berichten, er habe gezögert, »Don Carlos« in den Spielplan aufzunehmen, und nachdem er sich dazu entschlossen habe, lange nicht gewusst, wie er die übernommene Hauptrolle, den Philipp, spielen solle. Hat ihn Quadflieg überredet, diesen Schiller nicht in erster Linie als politisches, sondern als Familiendrama zu verstehen, die private Tragödie über die politische zu stellen? Das ist unwahrscheinlich. Gründgens selbst muss als Regisseur entschieden haben, den spanischen König zum eigentlichen Sympathieträger des Stückes zu machen, Posa hingegen wider alle Tradition zu einem politischen Spieler und Don Carlos zu einem infantilen Schwächling. Er spielte den König als einen nach Wahrheit suchenden und in seiner verletzbaren, ja ohnmächtigen Einsamkeit anrührenden Herrscher, der sich nach Mitmenschlichkeit, nach einem verständnisvollen Freund sehnt. »Porträt einer Qual«, nannte Joachim Kaiser Gründgens' Philipp.

Im Winter 1962/63 steht Schillers »Don Carlos« auf dem Spielplan des Hamburger Schauspielhauses. Vor dem Hintergrund der »Spiegel«-Affäre, bei der Herausgeber und Chefredakteur des Wochenmagazins unter dem Vorwurf des Landesverrats verhaftet werden, gewinnt Marquis de Posas Ausruf »Geben Sie Gedankenfreiheit, Sire!« eine besondere Aktualität. Aber Gründgens, der immer wieder »Werktreue« von seinen Mimen einforderte, inszeniert sein eigenes Stück: Er macht den König zu dem eigentlichen Sympathieträger, Posa zu einem politischen Spieler und Don Carlos zu einem Schwächling.

Dieser Schauspieler hat sein Leben lang sich selbst in seinen Rollen gefunden. Jetzt findet er die eigene Seelenqual in der Gestalt des einsamen Tyrannen. Aber Schiller nennt sein Stück »Don Carlos«! Die »Werktreue« wird in diesem Fall hintangesetzt. Und die »Spiegel«-Krise, der erste Fall massiver Meinungsunterdrückung in der Bundesrepublik? Auch sie erscheint im Vergleich zu der Seelenqual eines einsamen alten Mannes namens Philipp-Gründgens von zweitrangiger Bedeutung.

Am Abend der Premiere sind die Redaktionsräume des Magazins immer noch versiegelt, die Verhafteten immer noch in Untersuchungshaft. Unten, vor der Zelle Rudolf Augsteins, drücken empörte Bürger lauthals ihre Solidarität mit dem Gefangenen aus. Im Hamburger Staatstheater hingegen brausen »die Beifallswogen gegen den Eisernen Vorhang«, und Gründgens' künftiger Nachfolger in Hamburg, Oskar Fritz Schuh, feiert diesen »Don Carlos« als gelungene Neuentdeckung dieses bisher von der Politik und der Religion bestimmten Schiller-Dramas.

1963 werden die festgenommenen Redakteure aus Mangel an Beweisen, wie es heißt, schließlich wieder freigelassen. Ein Schlusswort zu dem Hamburger »Don Carlos« formuliert 1964, ein Jahr nach Gründgens' Tod, Fritz Kortner, sein Kollege: »Philipp, dieser höchste Vollstreckungsbeamte der Inquisition, wurde nun in der Darstellung des Gründgens erschütternd. Wie konnte er? Wegen seiner Einsamkeit, in die er sich hineingemordet, indem er alle Höherdenkenden der Inquisition überantwortet? Zählen die verbrannten menschlichen Gebeine gar nicht?« Für Kortner war und blieb der spanische König ein »Vorläufer unserer Faschistenverbrecher«.

Theater kann in der Demokratie zuweilen nachdrücklich

auf den Zeitgeist wirken. Und zuweilen von hohem künstlerischen Rang und gänzlich unpolitisch ein Fluchtort politikverdrossener Bürger sein.

Ein Abschied

Am 14. Mai 1962, gut ein Jahr vor dem Vertragsablauf, teilt Gründgens dem Hamburger Kultursenator schriftlich mit, dass er einer eventuell geplanten Vertragsverlängerung nicht zustimmen könne, wohl aber bereit sei, für eine begrenzte Zeit weiterhin als Regisseur und Schauspieler in der Hansestadt zu wirken. Aber nach 30-jähriger Intendantentätigkeit fühle er sich nicht länger in der Lage, »die künstlerische Verantwortung für ein Institut von der Wichtigkeit des Deutschen Schauspielhauses … zu tragen.«

Zwar bestreitet er, dass ihn gesundheitliche Gründe zu diesem »Thronverzicht« veranlasst hätten, aber seine Ärzte hatten ihm schon lange zu diesem Schritt geraten. »Etwa ab 1960 mehrten sich die Zeichen leiblicher Versehrtheit, Störbarkeit und Verwundbarkeit«, notiert später einer der ihn behandelnden Hamburger Professoren.

Auch wenn er es nicht zugeben mag: Der Unermüdliche, oft durch die dreifache Belastung als Intendant, Regisseur und Schauspieler Überforderte, fühlt sich verbraucht. Er will endlich einmal »raus aus dem Geschirr«, fürchtet Routine, Stagnation. Er sehnt sich nach Freiheit, Ungebundenheit, neuen Entdeckungen und Erkenntnissen. Gründgens ist unbändig neugierig auf das neue, »wahre« Leben und gespannt darauf, wie er damit zurechtkommen würde.

Auch der Zustand der Theater macht ihm Sorgen. Lukrative Rundfunk- und Fernsehangebote verführen Schauspielerinnen und Schauspieler, die von GG immer wieder neu eingeforderte starke Bindung an das Ensemble zu lockern und um Sonderurlaub nachzusuchen. Er leide auch unter der politischen Entwicklung, lässt der eigentlich doch unpolitische Intendant den Kultursenator wissen, ohne sich allerdings näher zu erklären. Leidet er unter der Altmännerherrschaft Konrad Adenauers, unter der Monotonie und der Erschöpfung der seit dreizehn Jahren ununterbrochenen CDU-Herrschaft? Man weiß es nicht.

Der Hamburger Senat bemüht sich, auf diesen einschneidenden Verlust für das künstlerische Leben in der Hansestadt nach außen hin möglichst gelassen zu reagieren. Man gewinnt den bisherigen Kölner Generalintendanten Oskar Fritz Schuh als Nachfolger und erklärt beschwichtigend: »Die Ära Gründgens … ist noch lange nicht zu Ende.«

Doch der, auf den die Prophezeiung sich bezieht, gewinnt den gegenteiligen Eindruck. Er ist fest davon überzeugt gewesen, dass alle um ihn herum Himmel und Hölle in Bewegung setzen würden, ihn zum Bleiben zu bewegen. Doch da niemand Anstalten macht, ihn gleichsam auf den Knien zu bitten, seinen Entschluss zu überdenken, ja einige sogar erleichtert zu sein scheinen, den mürrischen Altstar mit seiner Abneigung gegen bestimmte moderne Autoren und seinen übertriebenen Ansprüchen an »die Treue« zum Ensemble und zu seinem Chef endlich loszuwerden, überfällt ihn ein Gefühl der Leere und Verlassenheit. Er beginnt, intensiv darüber nachzudenken, was er nach seinem Abgang tun könne.

Natürlich will er weiterhin in Hamburg spielen, vor allem den Mephisto und den Philipp, 1964 auf einer dreimonatigen Tournee mit Bahrs »Konzert« durch die Lande ziehen sowie als Gastregisseur am Wiener Burgtheater inszenieren,

1965 mit dem »Faust« in Japan glänzen und unter Kortners Regie Shakespeares König Lear verkörpern …

Doch zunächst einmal, noch vor Ablauf seines Vertrages, will sich Gründgens als Regisseur im Hamburger Schauspielhaus verabschieden. Vor fünfunddreißig Jahren, am Ende seiner ersten Spielzeit in der Hansestadt, war er zum Abschied als Hamlet aufgetreten – ein unvergessliches Erlebnis für alle, die dabei gewesen waren. Auch zu seinem 50. Geburtstag, 1949 in Düsseldorf, hatte er den Dänenprinzen gespielt. Jetzt ist er zu alt dazu. Aber liegt es nicht nahe, diese Rolle seines Lebens nun an die nächste Generation weiterzureichen, ihr mitzugeben, was er über den Menschen und über die Schauspielkunst von diesem Shakespeare-Stück gelernt hatte?

Sorgfältig und liebevoll geht er ans Werk, besetzt selbst die kleinsten Rollen mit Schauspielerinnen und Schauspielern, die er besonders schätzt, die ihm nahe stehen: mit Ullrich Haupt, Hermann Schomberg und Werner Hinz, mit Sebastian Fischer und Uwe Friedrichsen. Als Hamlet entscheidet er sich für den jungen Maximilian Schell, der gerade für eine Filmrolle mit dem »Oscar« ausgezeichnet worden ist. Und für die Königin Gertrude gewinnt er nach den langen Jahren der Trennung seine frühere Frau, Marianne Hoppe.

Um es kurz zu machen: Ein unvergesslicher Theaterabend wird diese »Hamlett«-Premiere zu Ostern 1962 nicht. Das liegt vor allem daran, dass der junge Hauptdarsteller, gemessen an dem großen Vorbild, noch nicht ganz bestehen kann. Selbst jene, die ihn loben, wie zum Beispiel Willy Haas in der »Welt«, müssen zugeben: »Er hat nichts um sich von jener geheimnisvollen Atmosphäre der vollkommenen Einsamkeit, dem stummen, aber unbeschreiblichen kalten prinzlichen Hochmut – von allem, was man sich um ihn herum vorstellt.«

Die Übergabe einer der beiden Rollen seines Lebens durch Gründgens an die nächste Generation findet im Hamburger Schauspielhaus nicht statt. Dennoch bleibt Marianne Hoppe diese Shakespeare-Inszenierung unvergesslich. Mehrmals nach Gründgens' Tod hat sie erzählt, was geschah, als Schell sich Urlaub erbeten hatte und zu seiner Oscar-Verleihung nach Amerika geflogen war.

Man probt den dritten Akt und kommt schließlich zu der großen Szene Hamlet – Königin. Plötzlich erhebt sich Gründgens hinter seinem Regiepult, eilt die Treppe hinauf zur Bühne, stürzt hinter die Kulissen und steht auf einmal mitten in der Szene. »Noch einmal mit seinem ganzen Einsatz, mit aller verbliebenen Kraft. ›O Hamlet, du zerspaltest mir das Herz‹ … Es waren die Stimmen um uns. Von Käthe Gold, von Maria Koppenhöfer, Walter Franck, Aribert Wäscher, Paul Bildt« – all der gemeinsamen Gefährten in Berlin. »Es war wie ein einziger Abschied von allen. Sein Gesicht, mir ganz nah, vom Ende gezeichnet, ließ sie alle lebendig werden.« Bis zu ihrem Tod hat Marianne Hoppe diesen Augenblick nicht vergessen.

»Gute Nacht, mein Prinz«

Doch bevor Gründgens wieder auf Tournee gehen will und die Alterszeit beginnen soll, beschließt er, die bisherigen Fesseln abzuwerfen und vor »Toresschluss« »noch rasch zu lernen, wie man lebt«.

Wie lernt man das?

Am besten, so der Unermüdliche, indem man endlich

mal die Welt umkreist. Eine Weltreise soll den nötigen Abstand und den Einstieg in das »wahre« Leben bringen. Als Teilnehmer an diesem schönen Abenteuer bietet sich Jürgen an, ein neuer Freund, vierzig Jahre jünger als GG. Durch die Gründgens-Literatur geistert dieser Reisebegleiter namens Schleiß abwechselnd als Beleuchter, Schauspieler oder auch als Sekretär des Intendanten, des Weiteren als Schauspielschüler und Musikstudent. Über die treffendste Berufsbezeichnung kann er selbst nicht mehr Auskunft geben, Jürgen Schleiß ist 1991 im Alter von nur dreiundfünfzig Jahren gestorben. Am nächsten kommt man wohl seiner genaueren Beschäftigung, wenn man sich einen damals jungen Beleuchter als private Entdeckung seines Chefs vorstellt, der ihn womöglich auf die Schauspielschule schickt und ihn, wie vor ihm andere Gefährten, zum Beispiel Zacharias-Langhans, zu seinem künftigen persönlichen Sekretär ernennt. Neue Liebe! Neues Abenteuer!

Doch zunächst fährt der Unermüdliche erst einmal für ein paar Wochen in sein kürzlich erst erworbenes Ferienhaus auf Madeira, um richtig auszuschlafen (oder es doch zu versuchen) und um sich mit dem eingeladenen Werner Hinz und dessen Frau auf der Ferieninsel zu vergnügen. Zwischendurch gibt er Günter Gaus für seine Sendereihe »Zur Person« ein bemerkenswertes Interview und lässt wissen, er wolle ein Buch über das Verhältnis von Künstler und Macht verfassen. Dann kehrt er zurück nach Hamburg, studiert Flug- und Schiffspläne, lässt sich sein Gebiss neu richten, beauftragt Gorski, nach einer kleinen hübschen Atelierwohnung Ausschau zu halten, in die er nach der Rückkehr einziehen will, und lässt sich in einem Münchner Herrenausstattungsgeschäft Dutzende von neuen Anzügen und Hemden schneidern. Als GG leichtfüßig aus dem Laden springt, sieht er plötzlich den Schauspieler Heinz Rühmann, strahlt ihn glücklich an und eilt winkend weiter, um Marianne Hoppe und auch Emmy Sonnemann noch Adieu zu sagen.

In den letzten Tagen, bevor es losgehen soll, wechselt Gründgens' Stimmung zwischen »unbändiger Freude« und schleichenden Zweifeln. Aber ein Zurück gibt es nicht mehr.

Hat irgendein sentimentaler Verehrer oder auch nur ein Unachtsamer vielleicht versäumt, den Abschiedsbrief des Intendanten vom Schwarzen Brett des Schauspielhauses zu entfernen? Der verheißt: »Ich freue mich, Sie alle in der übernächsten Spielzeit wieder zu sehen und mit Ihnen arbeiten zu können.«

In Bonn geht die Ära Adenauer zu Ende. Widerwillig bereitet der greise Kanzler für den kommenden Monat, den Oktober 1963, die Amtsübergabe an den bisherigen Wirtschaftsminister Ludwig Erhard vor. Von Hamburg aus fliegt Gustaf Gründgens mit seinem 25-jährigen Freund nach London, und am 15. September 1963 gehen die beiden Männer in Southampton an Bord des Passagierdampfers »Canberra«, der sie über Gibraltar und Neapel, durch den Suez-Kanal nach Port Said und weiter nach Colombo bringt.

Was hat Gründgens auf dieser großen Reise ganz besonders gut gefallen? Geht es ihm gut? Fühlt er sich wohl? Wir erfahren nur, dass der Suez-Kanal »zum Eindrucksvollsten gehört«, was der Reisende bisher gesehen hat. Die Orchideen im nächsten Aufenthalt, in Singapur: »unvorstellbar« schön; das dortige Hotel mit Klimaanlage und Swimmingpool: »fabelhaft«. Flüchtige Grüße – für mehr reicht offenbar die Zeit nicht aus.

Auf Manila freut sich Gründgens ganz besonders. Nach

allem, was er über die Philippinen gelesen hat, ist er neugierig auf diese Stadt. Aber gleich nach der Ankunft am 6. Oktober kommt Enttäuschung auf. Die Unterkunft gefällt ihm nicht. Jürgen soll nach einer besseren suchen. Die gibt es nicht. Also ziehen die beiden Herren in der gebuchten Bleibe in eine schönere Suite um. Gründgens fühlt sich müde, fragt verstört, was man eigentlich hier wolle, beschließt, sich auszuruhen, und bittet seinen Begleiter, den Abend alleine zu verbringen. Der geht in die Hotelbar, später kehrt er in die Suite zurück. Gründgens ist nicht in seinem Zimmer, auch nicht in seinem Bett. Als Jürgen versucht, die Tür zum Bad zu öffnen, lässt sie sich nur Zentimeter um Zentimeter bewegen. Gründgens liegt auf dem Boden – ohnmächtig. Aber er lebt noch. Die Lippen sind blau, der Puls ist schwach. Jürgen ruft einen Arzt.

Erst danach, schreibt Curt Riess, habe Jürgen einen Briefumschlag entdeckt, auf dem Gründgens notiert hat: »Ich glaube, ich habe zu viele Schlafmittel genommen, ich fühle mich etwas komisch, lass mich ausschlafen.« Der Arzt kann nur noch Gründgens' Tod feststellen. Nun verständigt man die Polizei. Ein zweiter Arzt bestätigt den Befund. In einem Gerichtsmedizinischen Institut wird die Todesursache festgestellt: Versagen des Herz- und Atmungszentrums durch innere Blutungen. Dem Toten war offensichtlich die stärkere Wirkung von Schlafmitteln in tropischen Zonen nicht bekannt.

Ein paar Stunden später, am frühen Morgen des 7. Oktober, wird Peter Gorski benachrichtigt. Die Leiche wird eingeäschert, nach Hamburg überführt und später in einem Ehrengrab auf dem Ohlsdorfer Friedhof beigesetzt.

Weit weg, im Badezimmer einer Hotelunterkunft im fernen Manila, ist einer der größten deutschen Schauspieler gestorben, der ausgezogen war, das Leben zu lernen, und dem nur das Sterben blieb.

Schon gegen zehn Uhr wird im Hamburger Schauspielhaus bekannt, dass der Chef nicht mehr am Leben ist. Die Probe zu den »Lustigen Weibern von Windsor« wird abgesagt. In irgendeiner Ecke hinter der Bühne könnte eine junge Schauspielerin gehockt haben, die Hände über den Kopf geschlagen und den Monolog der Nina aus dem ersten Akt von Tschechows »Möwe« vor sich hinflüsternd: »Die Menschen, die Löwen, die Adler und die Wachteln, die gehörnten Hirsche, die Gänse, die Spinnen, die stummen Fische, die im Wasser hausen, die Seesterne ... alle Leben sind, nachdem sie den trauervollen Kreislauf vollzogen, erloschen ... Nicht erwachen mehr auf der Wiese die Kraniche mit Geschrei, und in den Lindenhainen sind keine Maikäfer mehr zu vernehmen. Kalt ist es, kalt. Leer ist es, so leer. Schrecklich ist es, schrecklich, schrecklich ...«

Am nächsten Tag ruft Marianne Hoppe den Direktor des Zürcher Schauspielhauses, Kurt Hirschfeld, an. Sie will mit ihm über eine ihr angebotene Rolle in »Der König stirbt« von Eugène Ionesco und über die geplante »Konzert«-Tournee mit Gründgens sprechen. »Weißt Du nicht, dass Gustaf tot ist?«, fragt der Kollege. »Ach, das ist doch eine Zeitungsente. Das kann nicht wahr sein«, antwortet sie, spricht weiter. »Ich hab es nicht geglaubt, bis die Nachricht im Rundfunk gebracht wurde«, wird sie später sagen.

Auch Paul Hartmann, Imo Moszkowicz und andere Kollegen sprechen zunächst von einem absurden, makabren Gerücht, zumal in einigen Zeitungsmeldungen von Selbstmord die Rede ist. Doch dann müssen auch sie begreifen lernen, Gustaf Gründgens lebt nicht mehr.

Aus der ganzen Welt treffen Beileidstelegramme ein. Am

Sonntag, dem 20. Oktober, werden Trauerfeiern im Berliner Schiller-Theater und im Hamburger Schauspielhaus abgehalten. Ullrich Haupt schließt seine Rede mit den Worten: »Du warst immer der leuchtende Stern vor meinem Wagen – ich werde Dir nachstreben bis ans Ende meiner Tage. Gute Nacht, mein Prinz.«

Der Prinz des deutschen Theaters starb zur rechten Zeit. Sein Leben hatte sich vollendet; viel ist ihm erspart geblieben.

Leben und Legende

Zunächst sieht es so aus, als solle nach all den Lobpreisungen in Nachrufen und auf Trauerfeiern das letzte Wort in Sachen Gründgens dem Freund-Feind Klaus Mann vorbehalten bleiben.

Zu Lebzeiten der beiden Männer hatte kein westdeutscher Verlag sich bereit gefunden, »Mephisto« zu verlegen, »denn Herr Gründgens spielt hier eine bereits sehr bedeutende Rolle«, so eine der Begründungen 1949. Erst zwei Jahre nach dessen Tod »traute« sich die Nymphenburger Verlagsanstalt, den Roman zu veröffentlichen. (In der DDR war das längst geschehen.) Doch nach dem juristischen Einspruch Peter Gorskis wurde die Verbreitung durch das Oberlandesgericht in Hamburg wegen »Beleidigung, Verächtlichmachung und Verunglimpfung von Gründgens« untersagt. Und um auch über zwanzig Jahre nach dem Kriegsende noch einmal zu veranschaulichen, was man in der Bundesrepublik von jenen Menschen hielt, die Zuchthäusern und KZs durch die Flucht entkommen waren, fügten die Richter ihrer Begründung ausdrücklich den Satz hinzu, die Allgemeinheit sei nicht daran interessiert, »ein falsches Bild über die Theaterverhältnisse nach 1933 aus der Sicht eines Emigranten zu erhalten«. Ungeachtet seiner Kritik an Klaus Manns »Mephisto« setzte sich Marcel Reich-Ranicki für die Veröffentlichung des Romans ein und forderte die Schriftsteller auf, gegen das Verbot zu protestieren. Die Leserschaft habe ein Recht darauf, ein Buch zu kennen, das zwar fragwürdig, oft auch ungerecht und gehässig sei, das aber dennoch als kulturgeschichtliches Dokument anerkannt werden müsse. Aber das Bundesverfassungsgericht bestätigte das Urteil. Erst 1981 konnten sich Bundesbürger in einer Ausgabe des Rowohlt Verlages ein eigenes Urteil über »Mephisto« bilden. Und das taten sie. Schon in verhältnismäßig kurzer Zeit waren 300 000 Exemplare verkauft. Monatelang hielt sich der Roman auf Platz 1 der Bestseller-Listen.

Lobeshymnen (»Ja, so war er, dieser Gründgens«) und Verrisse (»Nein, so war er nicht«), Gunst und Hass wechselten einander ab. Max Brod pries »Mephisto« früh als eines »der schärfstgeschliffenen Florette gegen das Nazitum« und war sicher, dass »die Zeit der stürmischen Neuauflagen noch kommen« werde. Marcel Reich-Ranicki sprach von einem Werk, in dem der Geschmähte gegen den Willen des Schmähenden »letztlich eine hochinteressante und beinahe positive Figur« geworden sei. Ein anderer Kritiker der »Zeit« befand, das Buch Klaus Manns müsse als Dokument privater Rache »eines von Ressentiments geschüttelten blindwütigen Bruders« gesehen werden, der die Ehre seiner Schwester verletzt gesehen habe.

Für die französische Theatermacherin Ariane Mnouchkine, die Gründgens selbst nicht kannte, war dieser Hendrik Höfgen des Romans der »Prototyp des Nazi-Karrieristen«, und sie bearbeitete »Mephisto« für die Bühne. Ihr Höfgen, so hat es der »Stern« beschrieben, ist »ein Kriecher, der denunziert, ein Schläger, der kuscht, ein winselnder Wurm, der von den Nazis umworben wird, seine Freunde opfert und für seine Anpassung mit einem großen Posten entlohnt wird.« Empört protestieren zahlreiche prominente Gründgens-Kollegen gegen diese Diffamierung.

Zu Beginn der achtziger Jahre wiederum entstand unter der Regie von István Szabó und mit Klaus Maria Brandauer in der Titelrolle ein außerordentlich erfolgreicher Film nach dem Roman, der die Diskussion über Gründgens' Verhalten im Dritten Reich zusammen mit der Buchausgabe neu entfachte. Auch in diesem Fall bewahrheitete sich das Wort Ernst Bertrams, des Nietzsche-Biographen: »Was von ihm bleibt, wie immer wir es zu erhellen, zu durchforschen, nachzuerleben uns mühen, ist nie das Leben, sondern immer seine Legende. Was als Geschichte übrig bleibt von allem Geschehen, ist immer zuletzt ... die Legende.«

Die Legende Gründgens überlebt, doch das Theater, wie Gründgens es verstanden wissen wollte, siecht dahin. Im Lauf der sechziger Jahre verdrängen neue, junge Theatermacher die bisherigen Bühnen-Patriarchen. Experimentierfreudige und politisch engagierte Regisseure wie Peter Stein und Klaus Michael Grüber, Peter Zadek und Claus Peymann wollen politisches Theater machen, Einfluss nehmen auf die gesellschaftlichen Zustände im Land. Das bürgerlich-repräsentative Theater wird verworfen, die Bühne zur Tribüne der Agitation für eine antibürgerliche, gerechtere Welt. Gründgens' Gebote wie Werktreue, künstlerische Reinheit und »die Partitur zu spielen« verlieren ihren Wert. Ungleich wichtiger wird den Kulturrevolutionären eines neuen Zeitabschnitts der »Gebrauchswert« eines Stückes, wie weit es Raum lässt für Aktualitätsbezogenheit und Phantasie, für ganz neue Deutungsmöglichkeiten des Regisseurs und seines nach Mitbestimmung strebenden Ensembles. Den Spielplan vieler Bühnen bestimmen nun die gegenwartsbezogenen Stücke junger Autoren wie Peter Handke und Rolf Hochhuth, Martin Walser und auch Peter Hacks.

In der Berliner Schaubühne, diesem »ehrgeizigsten Laboratorium der Erneuerung«, wie es Reinhard Baumgart nannte, gibt es Schulungskurse, in denen Schauspieler freiwillig die Grundbegriffe des Marxismus lernen und Bruno Ganz über die ursprüngliche Akkumulation des Kapitals referiert, was er sich aus Handbüchern zusammengeschrieben hat. Zur Eröffnung des Theaters hat Peter Stein Brechts »Mutter« inszeniert, und sowohl auf der Bühne wie auch auf dem Kurfürstendamm werden rote Fahnen geschwenkt.

In München inszeniert Stein den »Vietnam-Diskurs« von Peter Weiss, und die Schauspieler beschließen, nach der Aufführung Spenden für den Waffenkauf der Ho-Chi-Minh-Kämpfer zu sammeln.

Wer genau hinhörte, vernahm, wie der alte Gründgens sich im Grab umdrehte. Er hätte nur äußerste Verachtung für die Bühnenrevolutionäre gekannt – und die für ihn.

Die Aggressionen innerhalb des Landes richten sich nicht zuletzt gegen die Elterngeneration, die mit ihrer Vergangenheit immer noch nicht abgerechnet hat und so dazu beiträgt, einen neuen »faschistischen Staat« zu etablieren. Zum Beispiel Gustaf Gründgens! In den Augen des aus der Emigration zurückgekehrten Peter Zadek ist er »ein alter Nazi, ein Kompromissler, der mit dem Staat einen Deal« gemacht hat. Und der junge Jürgen Flimm gesteht: »Gustaf Gründgens war für uns ein Feindbild ... der Oberpriester des Reichskanzleistils«, der »Gralshüter des konservativen Theaters«, gegen den man lange Zeit nichts sagen durfte. Nun, da er tot ist, darf man.

Hätte der Künstler und der Bürger Gründgens doch irgendwann in seinem Leben Zeit und Mut gefunden, Zeugnis abzulegen, was es hieß, Theater in einem totalitären Staat zu machen, was seine Bühne für Opfer und für Täter, Mitläufer und Verweigerer im Hitler-Reich bedeutet hatte. Was er, der Kollaborateur, gerade deshalb, weil er Zugang zu den Mächtigen hatte, für Menschen in Bedrängnis tat. Wie weit er sich dabei selbst gefährdete, um anderen Gefährdeten zu helfen. Hätte er doch zugleich eingestanden, dass gerade sein Theater trotz allem als Kulturfassade diente und zur Bemäntelung der Diktatur beitrug. Und damit: Wo und wann er Kompromisse schloss, die er lebenslang bedauerte ...

Uneinsichtige hätte Gründgens nicht belehren, aber vielen Menschen helfen können, ihn nicht nur als einen der großen Schauspieler zu verehren, sondern auch als einen aufrechten, vorbildlichen Menschen.

Die Königin

»Auf die Bühne bitte. Wir fangen an.«
Gott allein wußte, wie häufig sie diese Worte schon gehört hatte,
aber sie hatten immer noch eine elektrisierende Wirkung.
Sie belebten sie wie ein Elixier. Das Leben gewann Bedeutung.
Sie war im Begriff, aus der Welt des Scheins in
die Welt der Wirklichkeit zu treten.

W. Somerset Maugham, Theater. Ein Schauspielerroman

Fast vierzig Jahre wird Marianne Hoppe Gustaf Gründgens überleben. Im Unterschied zu ihm versteht sie es oder lernt es doch, alt zu werden. Allerdings, an ein festes Theaterensemble will sie sich seit 1945 nicht mehr binden; sie spielt abwechselnd in verschiedenen Städten, tritt bei den Salzburger Festspielen auf, wirkt in Fernsehserien wie »Der Alte« und »Der Kommissar« mit und ist sich nicht zu schade, auch in reißerischen Western und Karl-May-Verfilmungen zu erscheinen. »Ich spiele, was aus dem Backofen kommt«, flachst sie. Dann wieder, nun schon über siebzig, tourt sie mit einem Erfolgsstück durch die Bundesrepublik, reist noch mit achtzig zu Gastspielen und Lesungen, unterwegs mit Auto, Bahn und Flugzeug, bis nach Amerika – ein halbes Jahrhundert nach dem Krieg ist sie noch immer eine Größe des Theaterlebens.

Seit ihren Anfängen hat sie fast alle bedeutenden weiblichen Rollen der dramatischen Weltliteratur verkörpert, Lessings Minna und Emilia, Hauptmanns Piperkarcka und Inken Peters, Shakespeares Viola und Goethes Gretchen.

Damals in Berlin bei Gründgens Schillers Jungfrau und Sophokles' Jokaste, danach Leonore von Este in Goethes »Tasso«, Schillers und Shakespeares Königinnen ... Was fehlt? Zum Beispiel Schillers Lady Milford. Die hätte sie gern dargestellt, doch hat es sich nicht ergeben, obgleich die couragierte Dame Hoppe nie gezögert hat, ihre Wünsche deutlich auszusprechen.

Doch nach dem Krieg und ihrer Lebenskrise, in der sie reifer und erfahrener geworden ist und herausgefunden hat, was Hilflosigkeit, Angst und Verzweiflung bedeuten, traut sie sich auch auf der Bühne zu, den »Knacksdamen« der modernen Dramatiker mit ihrer komplizierten, oft gebrochenen Psyche, den Hysterikerinnen und geheimnisvollen, morbiden Existenzen Gestalt zu geben. »Sie lernte Verschattung und Verkümmerung, Schmerz und sogar Mütterlichkeit, Hysterie und Verelendung«, so der Theaterkritiker Günther Rühle. Erst jetzt wurde Hoppe zu einer der bedeutendsten Charakterdarstellerinnen.

Doch so wie Gründgens in jeder seiner großen Rollen immer zugleich Gründgens blieb, so lässt auch Hoppe ihre Persönlichkeit nicht vor dem Auftritt in der Garderobe zurück, sondern bleibt in ihrer Resolutheit und Nervosität, in ihrer Konzentration und der Zerstreutheit unverkennbar immer auch zugleich die Hoppe – eine Schauspielerin, die in der Darstellung hintergründiger Schicksale die Kraft sichtbar machte, die Menschen besitzen, bevor sie aus ihrem bisherigen Leben in den Abgrund fallen. »Von unten nach oben kann ich ja nicht«, hat sie mal gesagt. »Ich kann von oben nach unten.«

Das gilt besonders für die alt gewordenen Diven in den Stücken moderner amerikanischer und französischer Autoren, die ihr geradezu auf den Leib geschrieben zu sein scheinen: für Tennessee Williams' durch die Jahre verwüsteten, aber immer noch nach Liebe gierenden Hollywood-Star in »Süßer Vogel Jugend«. Solchen Gestrandeten erhielt sie einen Rest von Ungebundenheit und Stärke.

Die mit Marianne Hoppe fast gleichaltrige Marguerite Duras bestand darauf, dass die Hauptrolle in ihrem Zwei-Personen-Stück »Savannah Bay« nur von einer Frau gespielt werden dürfe, »die in der Pracht ihres Alters steht«. Und also: »Haltung bewahrend, aber die menschliche Schwäche dabei nicht mehr ausschließend, sondern mit leichtem Lächeln darüber stehend oder sogar mit ihr spielend«, wie es die Hoppe-Biographin Petra Kohse ausdrückt, betritt die Mitte 70-Jährige, versunken in die Erinnerungen und Träume der Madeleine, die Bühne des Berliner Schiller-Theaters. »Du weißt nicht mehr, wer du bist, wer du gewesen bist, du weißt, dass du gespielt hast, du weißt nicht mehr, was du gespielt hast, was du spielst, du spielst, du weißt, dass du spielen musst, du weißt nicht mehr was, du spielst. ... Du weißt nur, dass das Publikum bezahlt hat und dass man ihm das Schauspiel schuldet. Du bist die Theaterschauspielerin, die Pracht des Zeitalters, seine Vollendung, die Unermesslichkeit seiner letzten Sendung ...«

In den Gründgens-Biographien, die nach seinem Tod erscheinen, kommt seine frühere Ehefrau überhaupt nicht oder nur am Rande vor. Kränkt sie das? Wohl kaum. Sie schafft es, Erfolg, ja Ruhm aus eigener Kraft und aus eigenem Können zu erlangen.

Allerdings, wenn Gustaf im Blick auf seine Rolle im NS-Staat politisch angegriffen wird, meldet sich die einstige Gefährtin laut zu Wort. Als der Intendant des Hamburger Thalia-Theaters, Jürgen Flimm, es ablehnt, einen Theaterpreis des Deutschen Bühnenvereins nach Gründgens zu benennen, platzt die Hoppe heraus: »Eine Unverschämtheit! Der Mann hat keine Ahnung! Wenn jemand die damalige Situation beurteilen kann, dann bin ich es.« Gründgens »hat unter persönlichstem Einsatz mit einer Zivilcourage sondergleichen den ganzen Theaterbetrieb zusammengehalten.« In einer öffentlichen Diskussion wird GG ebenfalls wegen seiner Tätigkeit nach 1933 angegriffen. Im Publikum sitzt seine frühere Frau, erhebt sich, geht spontan nach vorn, mischt sich ein und spricht für den Gescholtenen. Klaus Manns Roman »Mephisto« kommt nach Jahrzehnten endlich auf den bundesdeutschen Büchermarkt. Was da gesagt, geschrieben wird, kann sie in hellen Zorn versetzen. Hoppe ballt die Hand zur Faust und hämmert auf die Sessellehne: »Das Gemeine ist«, dass »er selbst nicht mehr da ist und sich nicht verteidigen kann. Und Gustaf hätte sich verteidigt ... nicht rein gewaschen mit Persil, nein«, aber »er hätte das letzte Wort behalten, da dürfen Sie sicher sein.«

Geht es der Hoppe dabei auch um die Verteidigung der eigenen Rolle, der eigenen Privilegien in dem Unrechtsstaat? Nein, der Umgang mit ihrer eigenen Vergangenheit steht auf einem anderen Blatt. Hier geht es der alten Frau um Anstand, um Solidarität mit einem Menschen, mit dem sie ein Jahrzehnt durch dick und dünn gegangen ist. Auf Gustaf lässt sie nichts kommen. Und er auch nichts auf sie. Marianne sei der letzte Ehrenmann, hat er mal gesagt. Im Unterschied zu vielen ihrer alten Kollegen vom Gendarmenmarkt, die sich als »gänzlich unpolitische Menschen« von jeder Mitschuld freisprechen und verklärend von den alten Zeiten, ihren Karrieren, reden, ist sie weit davon entfernt, sich rechtfertigen zu wollen: »Ich weiß wohl, wo meine schwarzen Seiten sind, dass man nicht rausgegangen ist mit den anderen ... Die Privilegien hat man mit Leichtigkeit angenommen. Aber es gab auch um alles einen Blutrand, einen Trauerrand ... Nicht mit dem Rotstift an die Vergangenheit gehen!«

Zerschlagt das bürgerliche Theater!

Doch besonders nach seinem Tod wird deutlich: Janni hat über vieles eine andere Meinung als der zu seinen Lebzeiten so gefeierte Theatermann. Sie ist ungleich neugieriger auf ungewöhnliche Experimente und neue Ausdrucksformen, unbefangener in ihrem Urteil über bisher in Deutschland unbekannte Autoren, lässt, auf Überraschungen gefasst, sich auf vieles ein, was er verworfen hätte, spielt auch absurdes Theater, Eugène Ionesco, Beckett und Genet sowie später den jungen deutschen Autor Tankred Dorst. Sie arbeitet in den sechziger Jahren, als ein neues Zeitalter der Bühnenkunst beginnt, wenngleich nicht unkritisch, mit den Neuen, Jungen zusammen.

1963 beginnt in Frankfurt am Main der Auschwitz-Prozess. Zwanzig ehemalige Aufseher und Kapos des Vernichtungslagers stehen vor den Richtern, fast vierhundert Zeugen aus neunzehn Ländern sind geladen. Im gleichen Jahr inszeniert Erwin Piscator als Intendant der Freien Volksbühne in West-Berlin ein Stück des bisher weithin unbekannten Dramatikers Rolf Hochhuth, in dem Papst Pius XII. beschuldigt wird, durch sein Schweigen zu den Judenmorden, über die er Informationen erhalten hatte, mitschuldig am Holocaust geworden zu sein. Hochhuths »Der Stellvertreter« erregt internationales Aufsehen, es wird ein Welterfolg.

1965, nach dem Urteilsspruch in Frankfurt, wird gleichzeitig an achtzehn Bühnen in Deutschland das Auschwitz-Oratium »Die Ermittlung« von Peter Weiss aufgeführt. »Man kann sagen«, kommentiert Hellmuth Karasek, »dass durch diese Dokumentarstücke die Adenauer-Ära endgültig aufgebrochen und einige politische Themen in Deutschland freigesetzt wurden.« Diesem neuen zeitbezogenen Theater, dieser jetzt erst in der Bundesrepublik beginnenden Auseinandersetzung mit den Verbrechen des NS-Staates, stimmt die Hoppe uneingeschränkt zu.

Unter dem Einfluss der in den sechziger Jahren entstehenden Außerparlamentarischen Opposition an den Universitäten, die bisher unantastbare Gesetze des bürgerlichen Zusammenlebens verwirft und zu einem kulturellen Bruch führt, verändern sich auch die Vorstellungen der Theaterleute von ihrer gesellschaftlichen Verantwortung weit über den Bühnenbetrieb hinaus. Mitbestimmung des gesamten Theaterkollektivs, so heißt es jetzt, solle die bisherige Selbstherrlichkeit der Intendanten, die autoritären Machtstrukturen des Theaterbetriebes brechen und auch den Zuschauer aus seiner bisherigen Passivität befreien.

»Die Öffentlichkeitsarbeit des Kollektivs beschränkt sich nicht auf das Abfassen und Aufführen von Theaterstücken«, stellt ein Manifest von 1969 »Zerschlagt das bürgerliche Theater« fest, »sondern muss Flugblattkampagnen, Zeitungsarbeit, Straßendiskussionen, direkte politische Aktionen usw. mit einschließen. Aus der Erkenntnis der Möglichkeit, repressive Strukturen aufzulösen, ergeben sich Inhalt und Aussage der Produktionen des Kollektivs.« Auch einige Theater- und Oberspielleiter begeistern sich für dieses erstrebte »revolutionäre Gesamtkunstwerk«.

Nein, an dieser Revolution will sich Marianne Hoppe

nicht beteiligen. Glücklicherweise gehört sie keinem festen Ensemble an und wird nicht aufgefordert, auch ihrerseits »repressive Strukturen aufzulösen« und in Basismitbestimmungsgremien endlose Redeschlachten anzuhören. Ein Intendant an der Spitze einer Demo oder auf der Straße Flugblätter verteilend – nein, das geht zu weit! »Ein Theaterleiter«, darauf beharrt sie, »hat im Theater zu sein und sich darum zu kümmern und Schluss, aus, Punkt. So habe ich das bei Falckenberg, Reinhardt und Gründgens gelernt. Theaterleiter sollen auf der Bühne mutig sein. Dort sollten sie ihre Sicht der Dinge verwirklichen.«

Und während jugendliche Heldinnen und Regisseure die Weltrevolution voranzutreiben versuchen, forscht die Hoppe für die gänzlich unpolitischen Abenteuerfreunde in den Filmtheatern nach dem »Schatz im Silbersee« und mischt sich unter »Die Goldsucher von Arkansas«. Karl May und solch unpolitisches Zeug nutze doch nur dem Klassenfeind, schimpfen die jugendlichen Heldinnen. Frau Hoppe nutzt es, sich eine Ruine auf dem Peloponnes mit Blick aufs Mittelmeer zu kaufen und zu einem Ferienhäuschen auszubauen.

Franz Grillparzers Erkenntnis »Überspanntheit ist von jeder Neuerung unzertrennlich« bewahrheitet sich auch in der Bundesrepublik der sechziger und siebziger Jahre. Der revolutionäre Überschwang vergeht, aber die durch ihn angestoßenen, überfälligen Reformen verändern auch das um die Jahrhundertwende entstandene Regie-Theater. Junge Nachfolger der Reinhardts, Falckenbergs und Gründgens sind darauf aus, klassische Texte ganz neu zu deuten, und die Radikalsten unter ihnen scheuen sich auch nicht, eigene Texte in die klassischen »Halbfertigprodukte« einzufügen und damit Schiller und Shakespeare ganz in die Gegenwart zu verlegen.

In ihrer gemäßigten Form, wie sie Boleslav Barlog oder Claus Peymann pflegen, akzeptiert die Hoppe diese Neuerung. Aber da, wo das Regie-Theater zum »Willkür-Theater« wird, wie sie es nennt, da, wo jede »Demut« gegenüber den Klassikern und ihrer Partitur aufgegeben wird, da, wo es offensichtlich nur noch um die »Entwicklung des richtigen politischen Bewusstseins« geht, macht die Hoppe nicht mehr mit. Ein Beispiel? Nun, etwa die »Wilhelm-Tell«-Inszenierung des von ihr geschätzten begabten Hansgünther Heyme. »Also ich muss schon sagen, dass geht mir über die Hutschnur«, seufzt Frau Hoppe, »dann allerdings weiß ich nicht, wo ich bin und was das alles soll.«

Auf Sätzen segeln

Doch unabhängig von »Revolution und Konterrevolution« – während andere im Alter an Format verlieren, wächst die 60–70-Jährige über sich hinaus und beeindruckt ihre Kollegen ungleich stärker als vor dreißig, vierzig Jahren.

Was ist es, was an der Hoppe so bewundernswert erscheint? Ihre Stimme, ihre Sprache!

Bisweilen knarrt sie ein wenig oder wirkt doch angerauht, belegt, dann wieder einschmeichelnd, säuselnd und ganz weich.

Jetzt klingt sie wie ein heller kräftiger Fanfarenstoß. Dann, kaum merklich, gewinnt sie etwas Flirrendes, Zirpendes und Zartes.

Mal nüchtern, kühl, fast kalt und scharf, und im nächsten Augenblick ein Jammern, Flüstern.

Eine Tonart folgt der anderen, und so geht's die Tonleiter rauf und runter von bassartigen Tiefen bis in die Höhe zum Sopran.

Noch einmal: Was ist es, was an der Hoppe so bewundernswert erscheint? Ihre Gewissenhaftigkeit! Ihre Selbstkontrolle und ihr Fleiß.

Es gibt Schauspielerinnen und Schauspieler, die sich auf eine Rolle vorbereiten, indem sie sehr viel lesen. Was war das für ein Mensch, den ich jetzt darstellen soll? In welchen Zeitläuften und Verhältnissen hat er gelebt? Was sagen andere über ihn? Autobiographien, Biographien, historische Werke werden studiert.

Das »tue ich verhältnismäßig wenig«, gesteht die Hoppe. »Mich interessiert, … was da schwarz auf weiß gedruckt steht … das Buch, das ist die Partitur … um die geht es bei mir eigentlich nur, nicht um … die ganzen Zeitläufe … ›Hamlet‹: Worte, Worte, Worte.«

Anlässlich ihres Todes hat Stephan Suschke, der mit Marianne Hoppe am Berliner Ensemble eng zusammenarbeitete, noch einmal veranschaulicht, wie man dieses »Worte, Worte, Worte« zu verstehen hat: »Sie erarbeitete sich den Text Wort für Wort, es war wie das Erlernen einer Sprache. Sie begann mit der kleinsten Einheit, dem Wort, dessen Silben sie erkundete. Zerteilen und neu zusammensetzen, sinnliche Bedeutung entdecken, zum sinnlichen Bild formulieren …

Wenn sie diese Qualität erkundet hatte, begann sie, den Satz zu formulieren, verschiedene Klangfärbungen auszuprobieren, wobei sie niemals versuchte, besondere Betonungen zu setzen, sondern eher die natürliche Sprachmelodie der Sätze herauszufinden, um sich dann auf dieser zu bewegen wie der Segler in den aufstrebenden Luftströmungen.

Es war ein schmerzhafter Arbeitsprozess ... Sie verstand sich wie die meisten Künstler dieser nun vergehenden Generation als Vermittler des Werkes, als ein Medium, durch das der Dichter zum Publikum spricht.«

Kollegen Stephan Suschkes machen die gleichen oder ganz ähnliche Erfahrungen, wenn es um die Vorbereitung einer Lesung oder die Erarbeitung eines Gedichtes geht. Holger Teschke zum Beispiel bereitet mit ihr die Rezitation des Gedichtes »Senecas Tod« von Heiner Müller vor. »Daran haben wir drei Stunden gesessen, und ich habe nie vorher oder nachher mit einer Schauspielerin so intensiv an einem Text gearbeitet. Sie wollte jeden Zeilenbruch und jeden Rhythmuswechsel verstehen ... Es war faszinierend.«

Mit zunehmendem Alter hat die Hoppe an Lesungen und Rezitationen besondere Freude. Anfang der siebziger Jahre trägt sie auf Einladung des Goethe-Instituts in großen amerikanischen Städten und Universitäten Goethes »Märchen« vor, auswendig, fast eineinhalb Stunden ohne Pause. In der Bundesrepublik liest sie Gedichte von Bachmann und Tucholsky, Erzählungen von Kleist, Fontane, Böll, und weckt bei ihren Zuhörern so viel Entdeckungslust auf die Landschaft unserer Sprache, dass niemand ahnt, wie anstrengend es ist, wie viel Konzentration dazugehört, durch das Gestrüpp der Silben, Wörter, Zeilen den Rhythmus, die Melodie, den Geist und die Bedeutung des Werkes zu erforschen.

Der Hauptwohnsitz Marianne Hoppes bleibt das Zwölf-Zimmer-Bauernhaus im bayerischen Scharam. Die einzelnen Räume sind einfach und nach dem Willen der Besitzerin gemütlich eingerichtet. In ihrem Schlafzimmer wird später, nach dem Tod Therese Giehses, das geschwungene Bettgestell seinen Platz gefunden haben, das die Freundin ihr vererbte. An den Wänden ein Mädchenkopf von Renoir, eine Zeichnung von Rodin, frühe Blätter von Dalí und Picasso. Im Wohnzimmer der Kachelofen mit der Sitzecke und zwei kleinen Sesseln vor dem Fernsehapparat. Zwischen einer Buddha- und einer Christusstatue lagern Bücherberge, darunter Lieblingsbücher wie die »Essais« von Montaigne, die Gedichte Ingeborg Bachmanns und Paveses »Das Handwerk des Lebens«. Die Bewohnerin liebt schöne Gläser, Leuchter, Antiquitäten. Im Arbeitszimmer: ein schwerer gotischer Schreibtisch noch aus Zeesener Zeiten. Vom Fenster aus blickt man auf den Rauschberg und das Sonntagshorn; der Blick ins Land und auf die Berge macht jedes Mal von neuem glücklich.

Für die Einheimischen ist die berühmte Schauspielerin inzwischen zur Touristenattraktion geworden. Im Winter vergibt man einen Marianne-Hoppe-Pokal beim Abfahrtslauf, und während der Volksfeste drängeln sich die Leute, um mit der Berühmten anzustoßen. Manchmal, mitten im bayerischen Getümmel, überfällt die Umworbene die Erinnerung. Dann belehrt sie die ihr plötzlich fremd Gewordenen mit der ihr eigenen Direktheit: »Ich bin ja eigentlich Mecklenburgerin.«

Wenn Marianne Hoppe in München filmt oder Theater spielt, wohnt sie in ihrem kleinen Zimmer-Küche-Bad-Appartement in der Nähe des Hotels Vier Jahreszeiten mit dem Fünfziger-Jahre-Mobiliar aus Birkenholz, dem Bett hinter einem grünen Vorhang und den unzähligen Schallplatten und Büchern. Hingen an den Wänden nicht der kostbare Utrillo und eine handsignierte Lithographie von Marc Chagall, stünde da nicht der wertvolle Biedermeier-Schaukelstuhl im Zimmer, könnte man meinen, in eine Studentenbude einzutreten.

Ende der fünfziger Jahre werden die Engagements an den West-Berliner Bühnen immer häufiger und länger werden, die Hoppe entschließt sich deshalb, in den ersten Stock ihres Hauses in der Stallupöner Allee zu ziehen und auch ihren Sohn aus dem Internat in Österreich nach Berlin zu holen. Zum Mittagessen gehen die beiden oft gemeinsam zu Elsa Wagner, der alten Kollegin aus den Zeiten am Gendarmenmarkt, und werden dort mit Hühnersuppe und Champagner-Aperitifs verwöhnt.

Was für ein unruhiges Leben! Nach dem Mauerbau zieht es Mutter und Sohn zurück nach Bayern, und erst später kommt die nun über 70-Jährige erneut nach Berlin zurück.

Aber wo sie auch wohnt oder längere Zeit gastiert, fast überall leben alte Kollegen, hauptsächlich Frauen, denen Marianne Hoppe sich eng verbunden fühlt. Bis zu deren Tod 1975 währt die Freundschaft mit Therese Giehse, einst die Gefährtin Erika Manns, der ersten Frau von Gründgens, und nun, im Alter, seiner zweiten herzlich zugetan. Arm in Arm, plaudernd, lachend, sich auf einer Bank ausruhend, sieht man die beiden alten Damen durch den Englischen Garten streifen.

In einem Alter, in dem andere schon versuchen, vertraut mit der Einsamkeit zu werden, ist die Hoppe immer noch offen für Begegnungen und Beziehungen. Als die 55-Jährige in München ein Stück von Kortner probt, wirkt sie so unkonzentriert, dass sie ihr Partner, Martin Held, schließlich fragt, was denn eigentlich mit ihr los sei. »Liebeskummer«, seufzt sie entschuldigend. Darauf er: »Na, hört denn dat nie uff?«

Löst ein Mann oder eine Frau so viel Kummer aus? Das lässt sich nicht so einfach sagen. Schwerlich lassen sich die Liebesbeziehungen der Marianne Hoppe ins Eindeutige aufhellen. »Ich habe Frauen immer anziehender gefunden als Männer«, äußert die Schauspielerin in einem Interview, und will doch »ganz wenige Männer« und zwar solche von »einigem Gewicht« davon ausgenommen wissen. Aber: »Mit Frauen ist mehr Gespräch, mehr Humor, mehr Verständigung, ein Selbstverständnis ... Das hat mit der Richtung, also Frauen lieben, überhaupt nichts zu tun. Ich will mich da nicht rausreden. Ich meine nur, das bin ich nicht. Das ist ein ganz anderer Standpunkt.« Aber ein androgyner Mensch ist Marianne Hoppe ganz gewiss; erotische Gefühle gelten sowohl der vierzehn Jahre älteren Kollegin Anni Mewes wie dem siebenundzwanzig Jahre jüngeren Kunsthändler Johannes Wasmuth.

Anni lernt sie während einer gemeinsamen Produktion des Tourneetheaters »Grüner Wagen« kennen. Man sucht gegenseitig Zuneigung, Halt aneinander und verbringt die Ferien gemeinsam in Frankreich und in Griechenland. Aber wie so viele Menschen, die Marianne Hoppe in ihrem langen Leben nahe stehen, stirbt auch diese Freundin, über zwei Jahrzehnte vor ihr.

Eine »Herzensbeziehung« nennt Petra Kohse die Freundschaft der über 80-Jährigen zu dem Kunsthändler Johannes Wasmuth, der in dem stillgelegten Bahnhofsgebäude von Rolandseck bei Bonn einen »Künstlerbahnhof« eingerichtet hat und mit Ausstellungen, musikalischen Veranstaltungen und Dichterlesungen belebt. Vernissagen besuchen, Arbeiten von Paul Klee, Ernst-Ludwig Kirchner oder Pablo Picasso betrachten, eine Grafik oder Radierung kaufen, mit einem so Sachverständigen wie Wasmuth über Hans Arp oder spanische Maler des 17. Jahrhunderts reden, die sie im Prado gesehen hat, ja, das liebt die alte Dame. Wasmuth »hat ihr viel Wärme, Schutz und Sicherheit gegeben. Er war das, was sie einen richtigen Mann nannte, und danach sehnte sie sich immer«, erinnert sich ihr Sohn.

Aber manchmal ist es auch nur abwechslungsreich und schön, irgendwo auf der Welt einem Menschen wieder zu begegnen, den man noch aus den Anfangsjahren bei Reinhardt kennt. Elisabeth Bergner beispielsweise. Wann das eigentlich genau gewesen ist, weiß Frau Hoppe auch nicht mehr. Jedenfalls eines Tages im Dezember, sie ist gerade mit dem Sohn in der Nähe Griechenlands unterwegs, teilt die Managerin ihr plötzlich mit, sie, Frau Hoppe, müsse sofort zu Filmaufnahmen nach Irland fliegen. Also wird Benedikt für die Rückreise Bekannten anvertraut und ab geht's. Von Irland aus muss sie die Bergner in England angerufen haben. Die macht sich sogleich nach dorthin auf und lädt die Kollegin über Weihnachten und Silvester zu sich nach Hause, nach London, ein. Ach, »das war urfreundlich und urgemütlich … Sie fragte, was isst Du gerne? Da habe ich gesagt Fasan … Da kommt die Köchin … und die machte dann einen herrlichen Fasan. An einem der nächsten Tage schlendert man durch ein Kaufhaus in der großen Stadt. Wie man sich fühlt? War eigentlich sehr zugeneigt. Da war, ohne dass man viel zu sagen brauchte, ein Gefühl der Zusammengehörigkeit, der Freundschaft.«

Freundschaftsfähigkeit ist Marianne Hoppe angeboren, und sie bewahrt diese Eigenschaft bis zu ihrem Tod.

Und so sieht man sie, wiederum zu einer anderen Zeit, wiederum in einer anderen Stadt, wiederum mit einer Freundin durch Kaufhäuser, Antiquitätenläden oder Buchhandlungen streifen, hier ein gutes Parfum einkaufen, dort ein Paar Schuhe anprobieren oder ein neues Buch erwerben. »Sieh mal hier! Was für ein kleiner hübscher Laden! Gehen wir doch mal rein! Guten Tag. Sagen Sie, haben Sie Holzpuppen? ... Nein. Ich sehe, Sie haben keine Holzpuppen, aber was ist denn das für eine schöne Kaffeekanne? Einpacken bitte! Gut einpacken bitte, ich muss damit bis Salzburg fliegen, Festspiele! Wunderbarer Kerzenständer, auch einpacken bitte! Sagen Sie, haben Sie Lavendeltee? ... Ach, da ist noch was, und da, und dann sieht die Welt doch schon ganz anders aus. Furchtbar! Ich bin verführbar ...« »Madame schutert gern«, nennt man das in Mecklenburg.

Empfänge liebt sie nicht. Einladungen von Politikern ignoriert sie und drischt lieber mit Kollegen einen ordentlichen Skat – auch so eine Lieblingsbeschäftigung von ihr. Na ja, so geht die Zeit dahin, und die Absicht, Memoiren zu schreiben, wird wieder um ein Jahr verschoben, obgleich sie doch den Titel schon längst weiß. »Achtung! Steinschlag!« sollen sie heißen. Aber wer Marianne Hoppes Briefe kennt, ihre oft fahrige Ausdrucksweise, die angefangenen und nicht zu Ende gebrachten Sätze, zweifelt, dass es ihr je gelungen wäre, so ein Vorhaben auszuführen.

Ein Mann »von Gewicht«

Marianne Hoppe und Thomas Bernhard – das ist die anrührende, zärtlich-verhaltene Geschichte einer Freundschaft zwischen einer alten Frau und einem über zwanzig Jahre jüngeren Dichter. Im Todesjahr von Gustaf Gründgens, 1963, ist er mit seinem ersten Roman gleichsam über Nacht berühmt geworden.

Wann hat sie zum ersten Mal von ihm gehört? Vielleicht erzählte ihr zunächst der Bernhard-Regisseur Claus Peymann Näheres über diesen Mann, denn Peymann hatte schon 1970 eines der ersten Theaterstücke des jungen Österreichers am Deutschen Schauspielhaus in Hamburg inszeniert. Und in dieser letzten Heimstatt von Gründgens arbeiteten auch Hoppe und Peymann zum ersten Mal zusammen. In England hatte irgendjemand die »Tragödie der Rächer« ausgegraben, das Schreckensstück eines weithin unbekannten Iren namens Cyril Tourneur aus dem 17. Jahrhundert. 1972 brachte es Peymann in Deutschland auf die Bühne, und für eine der Hauptrollen hatte er die Hoppe engagiert.

Die Erzählungen des Regisseurs während der Probenzeit mögen die Hoppe zwei Jahre später mit dazu bewogen haben, die Rolle der Generalin in Thomas Bernhards »Jagdgesellschaft« am Berliner Schiller-Theater zu übernehmen, eine Frauengestalt, die mit dem Kartenspiel »Siebzehn und vier« unermüdlich gegen den Tod anspielt: »Wir spielen / wir spielen weiter / wir spielen, als ob wir / verrückt werden wollten.«

Damals, 1974, lernt Marianne Hoppe den Dichter auch persönlich kennen, und dieser gestaltet in einem seiner nächsten Stücke nach ihrem Vorbild die Gusswerkbesitzerwitwe in dem um 1980 entstandenen »Am Ziel«. Auch die Hoppe meint sich wiederzuerkennen in der resoluten, gänzlich unsentimentalen Dame, die zusammen mit ihrer Tochter auf einen jungen Dramatiker wartet und über weite Strecken monologisierend dem Mädchen alle Illusionen aus dem Kopf treiben will.

Marianne Hoppe erklärte sich nur allzu gern bereit, die Gusswerkbesitzerwitwe zu verkörpern, zumal ihr bei der Lektüre dieses Stückes bewusst geworden sein muss, dass hinter der Figur des jungen Dramatikers, den die Mutter gewissermaßen adoptieren möchte, sich eben dieser Thomas Bernhard selbst verbirgt. »Sie sind ja etwas geworden«, so die Witwe, »man liest es in allen Zeitungen ... Sie haben nichts zu fürchten. Sie sind am Ziel, mein Herr.«

Wenn sie es nicht schon längst getan hat, so beginnt die Hoppe nun, sich ausführlich mit Leben und Werk des Dichters zu beschäftigen. Sie erfährt, dass er als unehelicher Sohn eines Tischlers geboren wurde, seit seiner Jugend an einer schweren Lungenkrankheit leidet, zunächst Gedichte und kurze Prosatexte veröffentlicht und, geprägt von der Krankheit, langen Sanatoriumsaufenthalten und Einsamkeit, seit Mitte der fünfziger Jahre als freier Schriftsteller in seiner Heimat Österreich lebt.

Ob in Bernhards Erzählungen, Romanen oder Theaterstücken – die Themen gleichen sich. Aus seinem Werk spricht Verzweiflung über die Kälte einer sinnleeren, trostlosen und todgeweihten Welt, bevölkert von verstörten, gedemütigten, verkrüppelten Individuen, die sich nach Nähe und Geborgenheit sehnen. Walter Hinck schildert diesen Thomas Bernhard als einen Atemlosen, Angespannten, bestimmt vom frühen Lebensgefühl der Bodenlosigkeit und des Weltekels, gezeichnet durch die uneheliche Geburt und den auf den Sohn übertragenen, von der »Schande« herrührenden Hass der Mutter. Schreibend übt er die Kunst des Überlebens.

Ist es die Berühmtheit, sein Charisma oder das weibliche Bedürfnis, zur »Retterin« eines Verlorenen zu werden? Frauen laufen diesem Thomas Bernhard ständig hinterher, von der schönen Romy Schneider bis zur Hofratsgattin.

Aber in dessen Triebleben spielen sicherlich auch homosexuelle Neigungen eine Rolle. Am stärksten fühlt er sich älteren Frauen verbunden. Kurz nach dem Tod des geliebten Großvaters findet er in der Jahrzehnte älteren, aus einer bekannten Wiener Familie stammenden Hedwig Stavianicek seinen »Lebensmenschen«, eine geliebte Freundin, die ihn in jeder Weise unterstützt, mit der er einige große Reisen unternimmt und die er vor ihrem Tod aufopfernd pflegt. »Das war der Mensch, auf den alles, was mich betrifft, bezogen war, von dem ich alles gelernt habe ... wenn ich, gleich wo, allein war, habe ich immer gewusst, dieser Mensch schützt mich, stützt mich, beherrscht mich auch.«

Möchte Marianne Hoppe nach Frau Stavianiceks Tod, soweit das möglich ist, an die Stelle dieser Freundin treten, versuchen, Bernhard über deren Tod hinwegzuhelfen, ihm ihrerseits Schutz und Ermutigung bieten?

Schließlich ist Bernhard einer der ganz Großen in der Welt der Literatur, vergleichbar mit Kafka oder mit Céline, eben einer »von Gewicht«. Sein Charakter setzt sich zusammen aus Widersprüchen: Weltverachtung und Weltliebe, Selbstverachtung und Selbstliebe, leuchtender Komik und furchtbarem Hass, so hat es Alexander Gorkow ausgedrückt.

Die Hoppe liebt seine Sprache, den hintergründigen Humor in seinen Stücken, gewiss auch das Rebellische in ihm. Kompromisse lehnt er ab und besitzt den Mut, die Gesellschaft immer wieder neu herauszufordern, ihr Wahrheiten zu sagen, die sie nicht hören will. So kompromisslos und so unbedingt möchte auch Marianne Hoppe sein, doch es gelingt nicht ganz.

Eher beiläufig geht man miteinander um. Über Literatur und Schauspielkunst wird kaum gesprochen. Manchmal spielen die beiden »Siebzehn und vier«, sein Lieblingsspiel, doch will er immer der Gewinner sein. Einmal versetzt sie ihm die Knöpfe an einem neuen Anzug. Ein andermal liest sie ihm einen eigenen Text über ihre Kindheit vor. »Da war er sehr einverstanden und hat nur einen einzigen Satz korrigiert.« Wenn er will, kann er wunderbar erzählen, und sie hört einfach zu. Manchmal essen sie zusammen Frittaten- oder Leberknödelsuppe und Tafelspitz im Wiener »Sacher«. Sie kaufen gern zusammen ein. Er teilt ihre Leidenschaft für teure, schnelle Autos. Man freut sich einfach am Zusammensein.

Häufiger, als sie sich sehen, telefonieren sie. Briefe Bernhards an die Freundin gibt es nicht. In seinem Nachlass liegen sieben, acht nichts sagende Postkarten, die sie ihm geschrieben hat. Zum Beispiel: »Lufthansa 8.9.88 – auf dem Weg Fft.-Mü.-Athen (gut gelaufen der Goethe). Dienstag, 27. Sept.–Mittw. 28. bin ich in Wien. Dienstg. So. 18.00 ca. – wohne Anno-Gasse Meilberger (?) Hof. Da könnte man zu Abendessen; bitte dann kurze Nachricht ins Hotel. Jetzt 3 Wochen ›Ruhe‹!«

Nach diesen drei Wochen werden die Proben zu Bernhards letztem Stück »Heldenplatz« beginnen, das er zur 50-jährigen Wiederkehr des damals von der Bevölkerung begeistert begrüßten Einmarsches der deutschen Truppen in Österreich geschrieben hat. Man kennt das aus seiner Prosa und anderen Theaterstücken: Eine geradezu manische Hassliebe verbindet diesen agent provocateur mit seinem Land, diesem für ihn provinziellen, ja politisch verkommenen und kulturell längst abgewirtschafteten Heimatstaat. Angesichts des besonderen Datums hat er zu einer globalen Beschimpfung Österreichs angesetzt, in dem die Untaten der NS-Zeit, wie er es sieht, jahrzehntelang beharrlich und selbstzufrieden verschwiegen worden sind.

Vom Bundespräsidenten bis zum Kardinal, von Spießern

und alten Nazis war alles unternommen worden, die Aufführung zu verhindern. Bernhard hingegen bedrängt Peymann, nun Intendant der Burg und sein Regisseur, sich auf keine Verzögerung einzulassen; er fürchtet, todkrank, die Premiere nicht mehr zu erleben.

Durch Umbesetzung mehrerer Rollen und Streit zwischen der Intendanz und dem Ensemble wird das Stück nicht wie geplant im Oktober 1988, sondern schließlich im November mit Texten wie diesen am Burgtheater uraufgeführt: »In diesem furchtbarsten aller Staaten haben Sie ja nur die Wahl zwischen roten und schwarzen Schweinen.« Lautstarker Protest aus dem Publikum. »Die Industrie und der Klerus sind die Drahtzieher des österreichischen Übels ... Ein unerträglicher Gestank breitet sich aus von der Hofburg und vom Ballhausplatz und vom Parlament über dieses ganze verluderte und verkommene Land.« Tumulte im Zuschauerraum. »Heldenplatz« löst einen Theaterskandal aus, wie ihn die Österreicher seit der Erstaufführung von Schnitzlers »Reigen« 1921 nicht mehr erlebt haben.

Ganz gegen seine Gewohnheit hat Bernhard der Freundin schon bald nach der Vollendung von dem Stück erzählt. »Ach, wenn das in Deutschland gemacht würde, könnte ich mir vorstellen, dass ich die (Hedwig Schuster) spiele«, so die Hoppe. Nachdem die für diese Rolle vorgesehene Kollegin aus Protest »geschmissen« hat, erfüllt sich ihr Wunsch. Sie verkörpert die verbitterte Ehefrau eines jüdischen Professors, der aus der englischen Emigration nach Wien zurückkehrt und vor Gram über die Verhältnisse aus dem Fenster in den Tod springt. Während des Totenmahls für ihren Mann dröhnt Hedwig, seiner Witwe, immer noch das einstige Heil-Geschrei vom nahen Heldenplatz in ihren Ohren. Schließlich fällt ihr Kopf vornüber auf den Teller.

Da Frau Hoppe erst im letzten Akt ihren Auftritt hat, verfolgt sie gemeinsam mit dem Autor auf einem Monitor im Direktionsbüro, was im Theater vor sich geht. »Ich weiß noch, wir gingen auf und ab an diesem Abend, und da sagte er zu mir: ›Das geht schief!‹ Das werde ich nie vergessen: ›Das geht schief‹.«

Nach der vierstündigen Vorführung versuchen die Empörten und die Begeisterten über eine halbe Stunde lang, sich gegenseitig zu übertrumpfen. Die Begeisterten setzen sich schließlich durch, und auf Dauer wird »Heldenplatz« zu einem Theatererfolg.

Nach der Vorstellung und den anschließenden Tumulten verlassen Hoppe und Bernhard das Theater und warten gemeinsam auf ein Taxi: »Es war so feucht, und alle waren weg. Wir standen mutterwindallein da auf dem Platz ... und dann wollten wir noch essen, das taten wir dann nicht. Ich ging in mein Zimmer, er fuhr nach Hause. – Und dann rief er an und sagte: ›So sieht das dann aus: Ich hab' mir eben einen Kamillentee aufgebrüht.‹«

Kurz vor Weihnachten fährt der schwer kranke Bernhard zur Erholung nach Malaga; Marianne Hoppe folgt ihm. Gemeinsam geht man spazieren, unterhält sich angeregt, spürt noch einmal Verbundenheit und Nähe. Zunehmende Herzschwäche zwingt den Dichter, früher als geplant, nach Österreich zurückzukehren. Marianne Hoppe und Bernhards Stiefbruder, ein Arzt, begleiten ihn. Am 12. Februar 1989 stirbt Thomas Bernhard. Nur schwer kommt die 79-jährige Freundin über seinen Tod hinweg. Als Marcel Reich-Ranicki sie im Fernsehen später fragt, wer ihr im Alter nahe gestanden habe, antwortet sie: »Thomas Bernhard« und beendet das Gespräch abrupt.

»Lear ist ein Zustand«

Im Jahr nach Bernhards Tod, 1990, begegnet Marianne Hoppe einem weiteren Mann »von einigem Gewicht«, einem genialen Regisseur, und lässt sich auf ein künstlerisches Abenteuer mit ihm ein.

Zu einem Theaterbesuch ist sie nach Frankfurt am Main gefahren und trifft im Theater-Café zufällig Robert Wilson, einen der bedeutendsten Künstler des Welttheaters. Durch seine Theater- und Operninszenierungen, Installationen, Videofilme, hauptsächlich sein Riesenprojekt »the CIVIL warS«, war Wilson weltberühmt geworden. Und als dieser Wilson nun die fast 80-jährige Hoppe sieht, geht er auf sie zu und sagt: »Sie sind mein Lear!« Die reagiert verwundert, verblüfft, dann lachend, wohl auch fragend, ob er sich einen Scherz mit ihr erlauben wolle … Nein, der Amerikaner meint es ernst.

Die Umworbene wehrt ab: »Kann ich denn das?«, bittet sich Bedenkzeit aus, äußert wieder Zweifel. Wilson lässt nicht nach, bleibt beständig bei der Überzeugung, sie und niemand anders müsse diese Rolle spielen. Hoppe fasziniert die Hartnäckigkeit des Werbers, sie reizt das Tollkühne an dem Experiment, sie treibt der Wunsch, mit Menschen umzugehen, die sie weiterbringen können. Schließlich sagt sie zu.

Die Proben sind anstrengend. Manchmal möchte die Hoppe schier verzweifeln. Auf was für einen Wahnsinn hat sie sich da eingelassen! Wilson spricht kein Deutsch, sie nur ein paar Brocken Englisch. Einen Bühnenbildner und einen Lichtmeister gibt es nicht, das macht der Amerikaner alles selbst, unterstützt von einem Assistenten-Heer. Auf eine zehn Meter lange Rolle hat er alle fünfzehn Bilder des Stückes aufgezeichnet und versucht, ihr zu erklären, was er will. Doch sie findet, Wilson helfe ihr zu wenig, mit der Rolle fertig zu werden. Dazu der ganze Clan um ihn herum. Sie wirkt angespannt, verärgert. Aber es bleibt nichts weiter übrig, als sich in Geduld zu fassen. Wie zur Versöhnung bekommt sie von Wilson einen Kuss.

Birgit Lahann hat die Proben im »Stern« beschrieben: »Totenstille am Regietisch. Wer redet, fliegt. Wer atmet, tut es mit halber Kraft.« Geprobt wird die »berühmte Szene, in der Lear den alten Gloster wiedertrifft. Der wahnsinnige Lear den geblendeten Gloster.

›Willst weinen über mich, nimm meine Augen …‹

Marianne Hoppe kippt Shakespeares Worte einfach so über die Lippen, nuschelt, muschelt, webt Fragen ein: ›Wie mach' ich das? Kann man doch sehn, wie es in der Welt hergeht, ohne Augen … Auch ohne Augen … auch ohne … ja, so muss das sein.‹ Und wischt sich den ganzen Text noch einmal vom Mund.

Du musst nicht wissen, wer du bist, sagt Wilson. I know, sagt sie … Sie lacht einen kurzen Trompetenstoß über den Tisch, steht auf, geht zur Probebühne, spielt die eben ersprochene Szene … Und dann tanzt sie ein paar Schritte, tanzt den irren Tanz vom irren König Lear.

Wilson unterbricht. Den Tanz möchte er länger. Er nimmt die Hoppe an die Hand, dreht sich mit ihr, Wilson, der Riese, mit der zarten, zerbrechlichen Person, die im nächsten Jahr achtzig wird, so alt wie Lear. Und ganz spielerisch, ganz versunken schwebt die Hoppe aus der Szene der Frankfurter Probebühne. Da jubelt Wilson, klatscht, oh good, sagt er, bravo, Marian, that's great …«

Lear: ein Mann? Oder auch eine Frau? »Lear ist vor al-

Seit mehr als sechzig Jahren steht Marianne Hoppe nunmehr auf der Bühne – eine Institution der Schauspielkunst, die den Wandel des Theaters und den Wandel der Zeiten verkörpert. »Die überlebt uns alle«, sagt Heiner Müller, der Intendant des Berliner Ensembles über sie. Das Theater bleibt bis zum Ende ihres Lebens ihr Zuhause, vermag Alterskümmernisse und Depressionen zu vertreiben und immer wieder zu verführen – eine Droge, von der es keinen Entzug gibt.

lem ein Zustand«, sagt sie. Die Zuschauer erleben eine Aufführung, in der Wilsons Theater der Bilder eine einzigartige Entsprechung in Marianne Hoppes körperlicher und sprachlicher Präsenz findet. Die Hoppe, das Haar straff nach hinten gekämmt, mit hochfahrenden Gebärden, spricht den König leidenschaftslos, aber eindringlich, präzise, umgeben von in blaue Lichtnebel getauchte Figuren in langen steifen Mänteln. »Nie hat jemand den Identitätsverlust des wahnsinnig gewordenen Königs so schmerzhaft, so bedingungslos, so lebensfern und doch so rasend dargestellt«, erinnert sich ein Kritiker. Wieder einmal erlebt sie, in der Zusammenarbeit mit Robert Wilson, einen Höhepunkt ihres Schauspielerlebens.

Einundachtzig Jahre ist sie jetzt. Es ist Zeit abzutreten. Nein, das will sie nicht, und es dauert auch nicht lange, bis sie ihren letzten Spielort findet, das Berliner Ensemble mit dessen Co-Direktor Heiner Müller.

»Die überlebt uns alle«

Einige Jahre nach der Wende wird das Schiller-Theater in West-Berlin geschlossen. Ein letztes Mal hat der Regisseur Einar Schleef im November 1993 Kollegen, Freunde, Journalisten in das Haus geladen. Vor dem Eisernen Vorhang skandiert ein Chor Schleefs »Faust«-Phantasmagorie; Marianne Hoppe und ihr alter Kollege Bernhard Minetti wirken als Baucis und Philemon mit. Anschließend trifft man sich in der Schiller-Klause, darunter die Schauspieler Martin Wuttke, Walter Schmidinger, Schleef und der Dramatiker Heiner Müller, Ende der achtziger Jahre der meistgespielte deutschsprachige Dramatiker in Ost- und in Westdeutschland.

Während des Zusammenseins erzählt die ebenfalls anwesende Marianne Hoppe ihrem Gegenüber Martin Wuttke, sie würde gerne einmal die weibliche Hauptrolle in »Quartett« spielen, dem schon Anfang der achtziger Jahre erstmals in Bochum aufgeführten Zwei-Personen-Stück von Heiner Müller. Wuttke ermutigt sie, den Autor darauf anzusprechen. Der erwärmt sich sogleich für die Idee. Bleibt zu überlegen, wer als Hoppes Partner in Frage käme. Schmidinger? Minetti? Schließlich fällt die Wahl auf Wuttke, und sechs Wochen vor der Premiere beginnen die Proben. Die Regie übernimmt der Autor.

In mehr als einer Beziehung muss Heiner Müller die alte Hoppe an Thomas Bernhard erinnert haben. Auch dieser Autor hat sich, wenngleich auf seine Weise und als überzeugter Sozialist, immer wieder angelegt mit seinem Staat, der DDR, Probleme und Schwierigkeiten aufgezeigt, Fehlentscheidungen, Irrwege angeprangert, die Realität am Ideal gemessen und dafür Druck- und Aufführungsverbote in Kauf genommen. Auch er, wie Bernhard, ein Pessimist und einer der bedeutendsten deutschsprachigen Dramatiker des 20. Jahrhunderts. »Der eigentliche Spaß am Schreiben ist doch die Lust an der Katastrophe« – diese Äußerung Müllers könnte auch von Bernhard stammen. Dahinter verbarg sich bei beiden die Hoffnung, erst nach der Auflösung der Katastrophe könne das Neue, das Bessere entstehen. »Mein Hauptimpuls bei der Arbeit ist die Zerstörung. Also anderen Leuten das Spielzeug kaputtmachen. Ich glaube an die Notwendigkeit von negativen Impulsen.«

In »Quartett« schildert Müller anhand eines einstigen Liebespaares, der Marquise de Merteuil und des zynischen Vicomte de Valmont, einen spielerischen Machtkampf zwischen Mann und Frau mit mehrfachem Rollentausch,

Gewalt und Terror im Bereich intimster menschlicher Beziehungen. Den Autor interessiert, »die Struktur von Geschlechterbeziehungen freizulegen, wie ich sie für real halte, und die Klischees, die Verdrängungen zu zerstören.«

Unerwartete Schwierigkeiten, Irritationen und Querelen belasten die Proben vom ersten Tage an. Zunächst geht es, wie so oft, um den Vertrag. Der Geschäftsführer des Berliner Ensembles wird, seinen Entwurf vorlegend, sogleich belehrt: »Kindchen, so geht das nicht.« Hin und her, her und hin – schließlich geht Herr Sauerbaum auf die Bedingungen der berühmten Dame ein.

Während der Proben ist allen Beteiligten schnell klar, welche Schwierigkeiten Frau Hoppe hat, den langen und ungewöhnlich komplizierten Text in der äußerst kurzen Probezeit von sechs Wochen parat zu haben. Also überträgt Müller bestimmte Teile auf die beiden Schauspielerinnen, die eigentlich nur deshalb engagiert worden sind, um dem Titel des Stücks gerecht zu werden. Aber auch damit ist das Problem noch nicht gelöst. Müllers Mitarbeiter Stephan Suschke wird beauftragt, mit der Hoppe den Text intensiv einzustudieren. Doch auf der Bühne quält sie die Verzweiflung, den eigenen Ansprüchen nicht gerecht zu werden, die Angst zu versagen. Sie raunzt Kollegen an, demütigt sie geradezu, erklärt, dass sie nicht verstehe, was das Ganze eigentlich solle, ruft, was mache ich hier eigentlich? Und dann: Ich kann das nicht! Schmeißt die Arbeit einfach hin, verschwindet.

Margarita Broich, eine der beiden Nebendarstellerinnen, berichtet: »Marianne ist in meiner Erinnerung in sechs Wochen dreißig Mal ausgestiegen. Die Friedensverhandlungen fanden im (Restaurant) ›Marjellchen‹ statt. Da sind die Männer immer hingedackelt … Dann kamen sie wieder zurück, ohne Marianne, und erzählten, wie Marianne sich gefühlt hätte, wie sie auf den Besuch reagiert hätte, und dass man möglicherweise am nächsten Morgen nochmal telefonieren würde. Es war vollkommen irrwitzig. Ich habe Heiner selten so erlebt. Der wusste überhaupt nicht mehr, wo's lang geht, mit welchen Mitteln er kämpfen soll. Das war er nicht gewohnt, irgendwann stand Heiner unten und sagte ganz kalt: ›Du, die überlebt uns alle.‹«

Martin Wuttke wiederum erinnert sich, wie er eines Tages im Hotel Kempinski anzutreten hatte, wo die Hoppe in den letzten beiden Probewochen logierte: »Marianne machte die Tür auf und warf sich aufs Sofa. Müller saß auf einem Hocker, eher einem Fußbänkchen, wie ein Oberprimaner, der bei einer Diva zu Gast ist. Sich auf dem Sofa räkelnd sagte Marianne zu mir: ›Hach, der Thomas Bernhard, das war ein Autor. Der war wunderbar, nicht, Wuttke? Der war wirklich toll! Das war ein Autor! Weißt du, Müller, ich versteh' überhaupt nicht, was das alles heißen soll.‹ Nachdem also die ganze Runde mehr oder weniger düpiert war, und Müller schon wieder anhob zu sagen: ›Na ja, wenn du das nicht machen kannst, dann lassen wir's eben‹, fing Marianne an, aus ›Quartett‹ zu zitieren: Also zum Beispiel die und die Stelle … und plötzlich konnte sie zwanzig Zeilen brillant runterbeten. Damit hatte sie bewiesen, dass es kein Lernproblem war, sondern dass es sich um die Qualität der Literatur handelte.«

Doch wohl nicht nur.

In diesen sechs Probewochen lernen Heiner Müller und seine Kollegen Hoppes wechselnde Stimmungen und deren Ausdrucksformen kennen. Es kommt vor, dass Frau Hoppe ohne Punkt und Komma zu einem langen persönlichen Monolog ansetzt, von einem Thema in das andere springt und plötzlich unterbricht: Wo war ich stehen geblieben? Der Monolog versandet im unverständlichen Gemurmel.

Mal erleben ihre Mitspieler sie zerstreut, versponnen und verwirrt, dann wieder konzentriert, entschlossen bis zum Zug ins Unbedingte. Von einem Augenblick zum anderen kann sie vom Lyrisch-Überspannten ins Nüchterne, Strenge, ja ins Grobe wechseln. Dann wieder gibt sie sich so witzig, heiter und charmant, dass ihr niemand widerstehen kann.

Kritik und Ironie werden nicht nur auf andere übertragen, sondern auch auf die eigene Person bezogen. Meinungen wechseln genauso oft wie Stimmungen. Wer ist Marianne Hoppe? Die Spröde, Unwirsche und Herrische? Oder die Warmherzige und Harmoniebedürftige? Die Kluge, Selbstsichere? Oder auch die spleenige, ihre Altersdemenz stilisierende Greisin? Sie besitzt, worum viele sie beneiden: Charisma.

Für den 11. März 1994 ist die Premiere von »Quartett« angesetzt. Was wiegt an diesem Abend schwerer? Das laute Geflüster der Souffleuse angesichts der Hänger, der Textunsicherheit der Hoppe? Oder die Grandezza und Souveränität, mit der sie die hohe Künstlichkeit des Textes verdeutlicht und die knappen, ungemein präzisen Gesten, mit denen sie die Worte dirigiert, sich eine Zigarette anzündet oder die Hände mit den blauen Handschuhen leise zuckend auf den Sessellehnen spielen lässt? In der zweiten Vorstellung, frei von der Premierenangst, beherrscht sie auch den Text. »Quartett« wird ein Erfolg. Man reist zu Gastspielen nach Rom, Lissabon, Paris. Das Publikum liegt ihr zu Füßen.

Marianne Hoppe, politische Linke unter Linken, muss sich wohl gefühlt haben am einstigen Brecht-Theater. Zugegeben, sie versteht nicht allzu viel von Politik. Manches, was sie dazu zu sagen hat, wirkt unbedarft, naiv. Aber damals, Ende der zwanziger Jahre, war die Anfängerin in Berlin unter dem Einfluss von Ernst Busch und anderen Leuten vom Theater in die linke Subkultur hineingewachsen. Damals war es schick gewesen, links zu sein, und Hoppe hatte sogar überlegt, in die KPD einzutreten. Später hatten sie die Freunde Dreyfuss und Adorno ihrerseits bekräftigt, nur im Sozialismus liege die Hoffnung auf eine bessere, gerechte Welt. Und nun? Die DDR, ja, das ganze sozialistische Osteuropa existiert nicht mehr. Gewiss, der Funktionärsherrschaft weint sie keine Träne nach. Aber wie andere im Berliner Ensemble beklagt sie, »dass eine so große Sache so zugrunde gegangen ist.«

Im Blick auf den Faschismus ist sie mit den Jüngeren dort einig. Auch in der Bundesrepublik der fünfziger Jahre hat sie sich nicht zu den Befürwortern der nun Regierenden gezählt. »Da habe ich Angst bekommen, da ging mir alles zu schnell, Wiederaufbau, Wirtschaftswunder, Bundeswehr, Aufrüstung, wohin soll das führen, habe ich gedacht, das läuft doch alles wieder schief, das wird doch wieder der gleiche Käse ...«

Hat sie ihre Meinung öffentlich geäußert? Sich der Opposition angeschlossen oder später den neuen sozialen Bewegungen der Umweltschützer, Feministinnen und Atomwaffengegner ihre Sympathie bezeugt? Davon ist nichts bekannt. Sie hat, noch in der Ära Adenauer, den damaligen Chefredakteur der »Süddeutschen Zeitung« aufgesucht und gefragt, »was man denn tun könne als Einzelner, welcher Partei, welcher Richtung sich anschließen, was eben tun. Er hat nur gesagt: ›Nichts, Frau Hoppe.‹« Und so ist sie nach Hause gegangen mit diesem Nichts.

Doch wer sie in ihren letzten zehn, fünfzehn Jahren näher kennen lernt, bemerkt, dass die alte Frau sich zu öffentlichen Bekenntnissen anschickt. Der Irak ist während des Golfkrieges in Kuwait eingefallen, Hoppe kommentiert: »Wir haben denen die Waffen verkauft und jetzt wundern wir uns, dass sie sie benützen ... Das hat's auf der Welt nicht zu geben! Wo bleibt die Kirche?«

Politisch am nächsten stehen ihr die Linken in der SPD. Auf Oskar Lafontaine hält sie große Stücke, und um im Fernsehen seine Rede im Bundestag zu erleben, hätte sie beinahe einmal eine »Quartett«-Probe im Berliner Ensemble verpasst.

Mit dem großartigen Martin Wuttke in der Titelrolle inszeniert Heiner Müller 1995 Brechts »Arturo Ui« und erlebt damit seinen größten Erfolg als Regisseur. Für seinen Weg nach oben studiert der unbeholfene Ui bekanntlich das Stehen, Gehen, Reden, die Grundzüge der Demagogie mit einem Profi ein: Bernhard Minetti und als Zweitbesetzung Marianne Hoppe spielen Uis Schauspiellehrer.

Am 30. Dezember 1995 stirbt Heiner Müller. Noch vierzehn Tage vorher hat er Hochhuth, der ihn im Krankenhaus besucht, ausführlich von seinen Plänen berichtet. Für das Fontane-Jahr soll der Dramatiker einen Monolog der Effi Briest verfassen, Peter Palitzsch das Ganze inszenieren und Marianne Hoppe, wie schon Jahrzehnte früher in dem Film von Gründgens, wiederum die Effi sein.

Dazu kommt es nun nicht mehr. Am Abend nach der Trauerfeier und Beisetzung sprechen Bernhard Minetti, Susan Sontag, Otto Sander und Frank Castorf Texte des Verstorbenen; Marianne Hoppe rezitiert »Senecas Tod«.

Auch nach Müllers Tod bleibt sie dem Berliner Ensemble eng verbunden. 1997 inszeniert Werner Schroeter »Monsieur Verdoux«, vielen Zuschauern durch den gleichnamigen Chaplin-Film bekannt. Darin spielt Marianne Hoppe ihre letzte Bühnenrolle: Madame Marie Groneille, Opfer eines Sexualmörders – und das mit Achtundachtzig.

Der Thron ist leer

Nun wird es langsam Zeit, mit der Wahrheit rauszukommen. Die alte Dame ist nicht 1911 geboren, wie sie fast ihr ganzes Leben lang behauptet hat, sondern bereits 1909. Gegen eine frühe versehentlich falsche Passeintragung hatte sie nicht protestiert, sondern die Verjüngung hingenommen.

Hoppes letztem Regisseur, Werner Schroeter, gelingt es, rechtzeitig zum runden Geburtstagsjahr ihr Porträt, ein Lebensbild, in die Filmtheater zu bringen: »Die Königin«, eher eine Königinnenmutter. Und nun können alle, die sie lieben und bewundern, Marianne Hoppe wieder sehen, ihr einstiges Idol, die flotte Journalistin, die sie zusammen mit GG in »Capriolen« sahen, die anrührende Effi Briest, die verlorene Blanche, die von der Vergangenheit eingeholte, in den Wahnsinn getriebene Hedwig Schuster, König Lear ... Jetzt hingegen: kurz angebunden, unwirsch, von unhöflicher Bestimmtheit. Altersgrantigkeit, entstanden aus Ungeduld, Kauz und Selbstbehauptung. Selbst verstört, warum nicht auch andere verstören? Königin? Sie hat entschieden, ein Original zu sein, eine lebende Instanz der Schauspielkunst.

Nun geht das Spiel zu Ende. Hoppe fühlt sich matt, verbraucht. Seit 1998 hat sie immer wieder Vorstellungen absagen müssen. Tritt sie auf, weiß sie den Text nicht mehr. Man versucht, ihr ein Hörgerät einzusetzen. Laut ruft die Souffleuse. Sie steht da: »Was soll ich sagen?« – Schweigt.

Im Juni 1999, kurz nach ihrem 90. Geburtstag, bezieht Marianne Hoppe die Wohnung 326, zwei schmale, spartanisch eingerichtete Zimmer im Berliner »Ruhesitz am Zoo«, einem Seniorenheim gegenüber dem Aquarium und dem Elefantentor. Im Wohnzimmer, auf einem kleinen grünen Sessel, empfängt sie bisweilen Presseleute, die wissen wollen, ob sie denn glücklich sei in diesem Heim. »Jeden Tag«, antwortet sie, »probiere ich es aufs Neue mit dem Glücklichsein. Da ist Disziplin gefragt, eine Tugend, die jeder nur halbwegs anständige Schauspieler haben sollte.« Kennt sie Einsamkeit? »Ja, kenne ich, sehr gut sogar.« Viel erzählen kann sie nun nicht mehr. Abläufe, Orte, Auftritte, Lieben – alles verschwimmt ihr vor den Augen. Meistens sitzt sie den ganzen Tag in einem der kleinen Räume, versucht, sich einen Text anzueignen, telefoniert. Eine Schwester bringt das Abendessen mit Plastikdeckeln auf den Tellern wie im Krankenhaus. Manchmal legt sie sich schon früh ins Bett, kann nicht schlafen, steht wieder auf, geht im Zimmer hin und her.

Gibt es einen Ausweg, das Leben weiter zu ertragen? Ja, öffentliche Lesungen. Im Berliner Brecht-Haus hat sie neulich Brecht gelesen. Nach Weimar ist sie zu einem Nietzsche-Abend eingeladen. Darauf freut sie sich. Alle zwei Tage kommt der Dramaturg Gerhard Ahrens, ein Freund, in den Ruhesitz und hilft ihr, mit den komplizierten Gedichttexten des Philosophen umzugehen. Das Theater, die Bühne ist eine der vielen Möglichkeiten, das Leben auszuhalten – wie Recht doch Thomas Bernhard hatte.

Sooft es ihm möglich ist, besucht Benedikt die Mutter, steht ihr bei. Dann kann sie auch in diesem Ruhesitz nicht mehr allein leben; es gelingt ihr nicht mehr, sich allein anzuziehen. Der Sohn holt sie nach Bayern, in ein nur drei Kilometer von Scharam entferntes Pflegeheim. Noch einmal, im Juni 2002, spricht die nun 93-Jährige für einen Hörbuch-Verlag Aphorismen und Kolumnen des jungen Autors Moritz Rinke: »Der Blauwal im Kirschgarten« – die letzte »Stimmabgabe«. Die Hinfälligkeit nimmt zu, ein Krankenhausaufenthalt wird nötig. Dann wieder zurück ins Siegsdorfer Pflegeheim. Zwischen Hindämmern und schmerzenden Gebresten immer wieder wache Zeiten, Aufmerksamkeit und Freude, den Sohn zu sehen, auch andere Besucher. Harry Valérien, der Moderator und Sportreporter im ZDF, ruft an, will etwas über Horváth wissen. Demnächst, erzählt er, wird er Max Schmeling sehen. »Den berühmten Boxer? Grüßen Sie von mir!«

Als Benedikt Hoppe am 22. Oktober 2002 kurz vor dem Abendessen nach der Mutter sieht, steht auf ihrem Nachttisch ein prächtiger gelber Rosenstrauß. Max Schmeling hat zurückgegrüßt. Die schwer Erschöpfte wirkt dennoch aufgeregt, fast ungeduldig. »Bemper, und was machen wir morgen?« Fast ununterbrochen redet, flüstert sie, hebt immer wieder an, von ihrem Leben zu erzählen. Noch einmal leuchtet längst Vergangenes auf. »Beruhige Dich doch, Mutter!« Gegen neun Uhr verabschiedet sich der Sohn.

Gegen Mitternacht wird er zurückgerufen. »Sie hat nur noch gewartet, bis Sie da sind«, sagt die Schwester. Die Sterbende atmet schwer. Kann sie noch hören, was der Sohn ihr sagen möchte? Wortlos sieht sie ihn an. Dann, nach einer halben Stunde, dreht sie den Kopf noch einmal, um dem Sohn ganz nah zu sein, und stirbt. Gerade erst ist ein neuer Tag, der 23. Oktober 2002, angebrochen.

»Die Königin ist tot. Der Thron ist leer. Es wird kälter.« (Gerhard Stadelmaier)

Danksagung

In den Kapiteln, die Marianne Hoppe betreffen, folge ich vielfach den Recherchen von Petra Kohse.

Diese Doppelbiographie hätte ich nicht ohne Georg Kasch in Berlin und David Frank in Hamburg schreiben können. Sie haben für mich in Archiven und Bibliotheken gearbeitet: zuverlässig, bedachtsam, unermüdlich, vorbildlich. Ich danke ihnen besonders herzlich.

Mein Dank für vielfältigen Rat sowie Hilfe beim Recherchieren und Redigieren gilt des Weiteren: Martin Bartels, Heinz Borchert, Carola Gerlach, Gertrude Goldenberg, Helmar Harald Fischer, Barbara Frankenberger, Frank-Burkhard Habel, Gerti Herzog, Benedikt Hoppe, Christa Mork, Uwe Naumann, Warner Poelchau, Anatol Regnier, Günther Rühle, Stephan Suschke, Viktoria Schuster, Alexandra Tacke, Holger Teschke, Michael Töteberg, Hansjörg Utzerath, Dagmar Walach, Roswitha Zehm, Walter Zemma, Gisela Zieren und Bernhard F. Bock sowie Jürgen Zimdars.

Zeittafel

1899 Am 22. Dezember wird Gustav Gründgens in Düsseldorf geboren.

1905 Am 9. November wird Erika Mann geboren, die älteste Tochter des späteren Literaturnobelpreisträgers Thomas Mann.

1906 Ein Jahr nach der Geburt seiner Schwester Erika, am 18. November, kommt Klaus Mann zur Welt.

1909 Am 26. April wird Marianne Hoppe in Rostock geboren. Ihre Kindheit verlebt sie auf dem elterlichen Gut im brandenburgischen Felsenhagen.

1920 Nach seiner Ausbildung an der Düsseldorfer Theaterakademie erhält GG ein Engagement an den Städtischen Bühnen in Halberstadt.

1921/22 Engagement GGs am Städtischen Theater Kiel.

1923–1928 Unter der Direktion von Erich Ziegel und Mirjam Horwitz arbeitet GG als Schauspieler und Regisseur an den Hamburger Kammerspielen.

1926 Am 24. Juli heiraten GG und Erika Mann. Die Ehe wird am 9. Januar 1929 geschieden.

1928 Zu Beginn der Spielzeit 1928/29 kommt GG als Schauspieler und Regisseur an Max Reinhardts Deutsches Theater und seine Dependance-Bühnen in Berlin. In den folgenden Jahren tritt er außerdem im Kabarett und in Revuen auf, dreht seine ersten Filme und inszeniert Opern.
Ebenfalls 1928 wird Marianne Hoppe in die Schauspielschule des Deutschen Theaters aufgenommen und erhält bald kleinere Rollen.

1930 Erste künstlerische Zusammenarbeit zwischen GG (Regie) und Marianne Hoppe (Nebenrolle) in »Die liebe Feindin« von André Paul Antoine an den Kammerspielen des Deutschen Theaters.

In den Spielzeiten 1930/31 und 1931/32 gehört Marianne Hoppe zum Ensemble des Neuen Theaters in Frankfurt/M. (Intendant: Arthur Hellmer).

1932 Marianne Hoppe wird Mitglied des Ensembles der Münchner Kammerspiele unter der Leitung Otto Falckenbergs.
Am 2. Dezember spielt GG erstmals im Preußischen Staatstheater am Berliner Gendarmenmarkt unter der Regie Lothar Müthels den Mephisto (Faust: Werner Krauss).

1933 30. Januar: Hitler wird Reichskanzler.
Marianne Hoppe kehrt von München nach Berlin zurück und wirkt in mehreren Spielfilmen mit.

1934 Im März wird GG von Hermann Göring zum kommissarischen Leiter und im September zum Intendanten des Preußischen Staatstheaters ernannt.

1935 GG erwirbt den Gutshof Zeesen bei Königs Wusterhausen. Marianne Hoppe wird Mitglied des Ensembles des Preußischen Staatstheaters und bleibt es bis 1945. Sie spielt in diesen Jahren, wie auch GG, Hauptrollen in zahlreichen Filmen.

1936 Am 3. Mai veröffentlicht die Zeitung der NSDAP, der »Völkische Beobachter«, einen Angriff auf GG. Er habe Shakespeares »Hamlet« in seiner Darstellung verfälscht. Aus Furcht vor Repressalien reist GG noch am gleichen Tag zu Freunden in die Schweiz, kommt aber auf Bitten Görings nach Berlin zurück und wird von diesem am 7. Mai zum Staatsrat ernannt.
Am 20. Juni heiraten GG und Marianne Hoppe.
Im Oktober erscheint in Amsterdam Klaus Manns Roman »Mephisto«.
Im Dezember ernennt Göring GG zum Generalintendanten.

1939 Am 1. September beginnt der Zweite Weltkrieg mit dem deutschen Überfall auf Polen.

1943 Am 18. Februar ruft Goebbels im Berliner Sportpalast den Totalen Krieg aus. Kurz darauf meldet sich GG freiwillig zur Wehrmacht und wird Flaksoldat in Holland. Er leitet jedoch weiterhin seine Berliner Bühnen.

1945 Am 8. Mai endet der Zweite Weltkrieg mit der deutschen Kapitulation. GG wird neun Monate im Speziallager des sowjetischen NKWD in Jamlitz interniert.

1946 Im März wird GG aus dem Speziallager des NKWD entlassen. Am 3. Mai spielt er in »Der Snob« von Carl Sternheim die Hauptrolle im Deutschen Theater Berlin, sein erster Auftritt nach dem Krieg.
Das Ehepaar Hoppe-Gründgens trennt sich; die Ehe wird geschieden. Am 5. Mai bringt Marianne Hoppe in Westdeutschland ihren Sohn Benedikt zur Welt. Der Vater des Kindes ist ein englischer Journalist, der als Mitglied des Secret Service nach Berlin gekommen war.

1947–1955 GG leitet als Generalintendant die Städtischen Bühnen Düsseldorf. Marianne Hoppe kommt in diesen Jahren immer wieder zu Gastspielen nach Düsseldorf. An ein festes Ensemble bindet sie sich nicht mehr, sondern spielt in Berlin, Zürich, München, Wien, Salzburg und anderen Städten sowie im Film und später auch im Fernsehen. Ihren ständigen Wohnsitz hat sie im oberbayerischen Scharam.

1949 GG adoptiert den Regisseur Peter Gorski.
Am 21. Mai stirbt Klaus Mann an einer Überdosis Schlaftabletten in Cannes.

1955 GG übernimmt die Leitung des Deutschen Schauspielhauses in Hamburg.

1963 GG stirbt in der Nacht vom 6./7. Oktober während einer Weltreise in Manila/Philippinen.

1988 Im November spielt Marianne Hoppe in »Heldenplatz«, dem letzten Stück ihres Freundes Thomas Bernhard, am Wiener Burgtheater.

1990 Marianne Hoppe spielt in Frankfurt/M. den König Lear in der Inszenierung von Robert Wilson.

1994–1997 Marianne Hoppe steht zum letzten Mal als Schauspielerin im Berliner Ensemble auf der Bühne. Und zwar 1994 in Heiner Müllers »Quartett«, 1995 in Brechts »Arturo Ui« und 1997 in »Monsieur Verdoux« nach Charles Chaplin.

2001 Benedikt Hoppe holt seine Mutter aus ihrer letzten Berliner Wohnung, dem »Ruhesitz am Zoo«, in ein Pflegeheim im oberbayerischen Siegsdorf.

2002 Marianne Hoppe stirbt am 23. Oktober in Siegsdorf im Alter von 93 Jahren.

Detaillierte Angaben über die künstlerische Tätigkeit von Marianne Hoppe und von Gustaf Gründgens finden sich im Rollenverzeichnis der Hoppe-Biographie von Petra Kohse bzw. in der Zeittafel der von Heinrich Goertz verfassten rororo-Monographie über GG.

Literatur

Wichtige Literatur von und über Gustaf Gründgens

Gründgens, Gustaf, Meine Begegnung mit Faust, Frankfurt a. M. 1959

ders., Briefe, Aufsätze, Reden, hrsg. von Rolf Badenhausen und Peter Gründgens-Gorski, Hamburg 1967, München 1970

ders., Wirklichkeit des Theaters, Frankfurt a. M. 1982

ders., Ansichten eines Schauspielers. Bilder einer Legende, hrsg. von Michael Matzigkeit und Winrich Meiszies, Düsseldorf 1999

Gründgens, Gustaf, Eine Dokumentation des Dumont-Lindemann-Archivs anlässlich der Gustaf-Gründgens-Ausstellung zu seinem achtzigsten Geburtstag am 22. Dezember 1979, München/Wien 1981

Gründgens, Gustaf, Das komplette Schallarchiv. Theaterstücke, Hörspiele, Monologe. Gesprochen von Gustaf Gründgens u.a., Hamburg 2004 (20 CDs)

Badenhausen, Rolf (Hrsg.), »Lass mich ausschlafen«. Neue Quellen zur Wirklichkeit und Legende des großen Theatermannes, München 1982 und als Taschenbuch Berlin 1988

ders., Gustaf Gründgens in: Neue deutsche Biographie, 7/1966, hrsg. von der Historischen Kommission bei der Bayerischen Akademie der Wissenschaften

Blubacher, Thomas, Gustaf Gründgens, Berlin 1999

Fischer-Lichte und Walach, Dagmar (Hrsg.), »Als Schauspieler fühle ich mich«, Gustaf Gründgens (1899–1963). Ein Berliner Symposium, Berlin 2000

Goertz, Heinrich, Gustaf Gründgens, rororo-Bildmonographie, Reinbek 1995

Luft, Friedrich, Gustaf Gründgens, Berlin 1958

Michalzik, Peter, Gustaf Gründgens. Der Schauspieler und die Macht, Berlin 2001

Mühr, Alfred, Mephisto ohne Maske. Gründgens – Legende und Wahrheit, München 1981

ders., Gustaf Gründgens. Aus dem Tagewerk eines Schauspielers, Berlin 1943

Riess, Curt, Gustaf Gründgens Eine Biographie, Hamburg 1965, Freiburg 1988

Rischbieter, Henning (Hrsg.), Gründgens. Schauspieler, Regisseur, Theaterleiter, Velber 1963

Walach, Dagmar, Gustaf Gründgens. Aber ich habe nicht mein Gesicht, Berlin 1999

Nachspiel auf dem Theater. Für Gustaf Gründgens. Reden und Texte der Gedenkfeier am 20. Oktober 1963 im Deutschen Schauspielhaus in Hamburg, Hamburg 1963

Wichtige Literatur über Marianne Hoppe

Kohse, Petra, Marianne Hoppe. Eine Biographie, Berlin 2001

Die einzelnen Titel werden jeweils unter dem Kapitel aufgeführt, für das sie zuerst benutzt worden sind.

Gründgens und die Dichterkinder

Deutsches Bühnen-Jahrbuch, diverse Jahrgänge

Dies, Michael, Die Bühne betritt der Prolet. Arbeiter und Theater, Vorwärts und nicht vergessen. Arbeiterkultur in Hamburg um 1930, Hamburg 1982

Fischer, Hans W., Hamburger Kulturbilderbogen, München 1923

GRÜNDGENS, GUSTAF, Anlässlich meiner Orpheus-Inszenierung, in: Der Freihafen, Blätter der Hamburger Kammerspiele, Heft 4/Jhrg. 9

HAMBURGER VOLKSZEITUNG vom 27. Juli 1926, Zu Gründgens' »revolutionärem Theater«

HERMANN, FRANK (Katalogbearbeitung), Auf der Suche nach einem Weg, Klaus Mann. Mit einem Essay von Uwe Naumann

HOFFMANN, PAUL THEODOR, Mit dem Zeiger der Weltenuhr. Bilder und Erinnerungen, Hamburg o. J.

JACOBI, LUCY VON, Gustav Gründgens, Bühnen Almanach, Hamburg und Altona 1926

KAYSER, CONRAD, Die ganze Welt ist eine Bühne. Ein Rückblick, Hamburg 1974

KEMP, PAUL, Blühendes Unkraut. Heiteres aus meinem Leben, Bonn 1953

KROLL, FREDERIC (Hrsg.), Klaus-Mann-Schriftenreihe. 2. Bd. 1906–1927, Unordnung und früher Ruhm, Wiesbaden 1977

LORENZ, LOVIS H., HaKa Geschichten. Die Twens der zwanziger Jahre, Hamburg 1971

LÜHE, IRMELA VON DER, Erika Mann. Eine Biographie. Frankfurt/New York 1994

MANN, ERIKA, Briefe und Antworten, 1. Bd.: 1922–1950, hrsg. von Anna Zanco Prestel, München 1984

MANN, KLAUS, Briefe und Antworten, 1922–1949, hrsg. von Martin Gregor-Dellin, Reinbek 1991

DERS., Tagebücher 1931–1933, hrsg. von Joachim Heimannsberg u.a., Reinbek 1995

DERS., Die neuen Eliten. Aufsätze, Reden, Kritiken 1924–1933, hrsg. von Uwe Naumann u. Michael Töteberg, Reinbek 1992

DERS., Der fromme Tanz. Das Abenteuerbuch einer Jugend, Reinbek 1993

DERS., Der siebte Engel. Die Theaterstücke, hrsg. von Uwe Naumann u. Michael Töteberg, Reinbek 1989

DERS., Der Wendepunkt. Ein Lebensbericht, Reinbek 1993

MÖHRING, PAUL, Theaterstadt Hamburg, Hamburg 1948

NAUMANN, UWE, Klaus Mann, rororo-Bildmonographie, Reinbek 1994

DERS. (Hrsg.), »Ruhe gibt es nicht bis zum Schluss«. Klaus Mann, Bilder und Dokumente, Reinbek 1999

STROHMEYR, ARMIN, Klaus und Erika Mann. Eine Biographie, Leipzig 2004

SUCHER, BERND C. (Hrsg.), Theaterlexikon. Autoren, Regisseure, Schauspieler, Dramaturgen, Bühnenbildner, Kritiker, München 1995

TUCHOLSKY, KURT, »Die lieben Kinder«, Gesammelte Werke, 7. Bd. 1929, hrsg. von Mary Gerold-Tucholsky und Fritz J. Raddatz, Reinbek 1980

TUKOR, ULRICH UND ULRICH, WALTER (Hrsg.), Nichts als Theater. Die Geschichte der Hamburger Kammerspiele, Hamburg 2003

WALTER, SABINE (Hrsg.), »Wir sind so jung – so sonderbar«. Klaus Mann und die Hamburger Kammerspiele, Hamburg 1999

THEATERSTADT HAMBURG: Schauspiel, Oper, Tanz, Geschichte und Gegenwart, hrsg. vom Zentrum für Theaterforschung der Universität Hamburg. Manfred Brauneck, Reinbek 1984

Der Aufsteiger und die Anfängerin

BENN, GOTTFRIED, Provoziertes Leben. Eine Auswahl aus den Prosaschriften, Berlin 1955

BIER, MARCUS, Schauspielerportraits. 24 Schauspieler um Max Reinhardt, Berlin 1989

BLUBACHER, THOMAS, »... denk Dir, ein Wesen zu haben, was man liebt ...«. Die Geschwister Eleonore und Francesco von Mendelssohn, Mendelssohn Studien, 13. Bd., Berlin 2003

DERS., Exzesse eines verwilderten Genies, Süddeutsche Zeitung vom 8./9. September 2001

DOLL, HANS PETER (Hrsg.), Mein erstes Engagement, Stuttgart 1988

EBERT, GERHARD, Schauspieler werden in Berlin. Von Max Reinhardts Schauspielschule zur Hochschule für Schauspielkunst Ernst Busch, Berlin 1987

FRANKFURTER ADORNO BLÄTTER VIII. Im Auftrag des Theodor W. Adorno Archivs, hrsg. von Rolf Tiedemann, Frankfurt a. M. 2003

HAUSTEDT, BIRGIT, Die wilden Jahre in Berlin. Eine Klatsch- und Kulturgeschichte der Frauen, Berlin 2002

HENNIG, EIKE, (Hrsg.), Hessen unterm Hakenkreuz. Studien zur Durchsetzung der NSDAP in Hessen, Frankfurt a. M. 1983

HILDEBRANDT, DIETER, Ödön von Horváth, rororo-Bildmonographie, Reinbek 1975

JÄGER, LORENZ, Adorno. Eine politische Biographie, München 2003

KRISCHKE, TRAUGOTT, Ödön von Horváth. Kind seiner Zeit, Berlin 1988

DERS., Horváth-Chronik. Daten zu Leben und Werk, Frankfurt a. M. 1988

MANN, KLAUS, Das Wunder von Madrid, Aufsätze, Reden, Kritiken 1936–1938, hrsg. von Uwe Naumann u. Michael Töteberg, Reinbek 1993

DERS., Treffpunkt im Unendlichen. Roman, Reinbek 1998

PETZET, WOLFGANG, Theater. Die Münchner Kammerspiele 1911–1972, München 1973

RÜHLE, GÜNTHER, Theater für die Republik. 1917–1933 im Spiegel der Kritik, Frankfurt 1967

DERS., Zeit und Theater II. Von der Republik zur Diktatur 1925–1933, Frankfurt/Berlin/Wien 1972

DERS., Zum Tod von Marianne Hoppe, Theater heute, 12/02

Siedhoff, Thomas, Das neue Theater in Frankfurt am Main 1911–1935. Studien zur Frankfurter Geschichte 19, Frankfurt a. M. 1985

Stern, Carola, Die Sache, die man Liebe nennt. Das Leben der Fritzi Massary, Berlin 1998

Stölzl, Christoph (Hrsg.), Die zwanziger Jahre in München. Katalog zur Ausstellung im Münchner Stadtmuseum 1979, München 1979

Wardetzky, Jutta, Theaterpolitik im faschistischen Deutschland. Studien und Dokumente, Berlin 1983

Weigel, Alexander, Das Deutsche Theater. Eine Geschichte in Bildern, hrsg. vom Deutschen Theater, Berlin 1999

Zuckmayer, Carl, Vorwort zu Krauss, Werner, Das Schauspiel meines Lebens, Stuttgart 1958

Zwölf Jahre auf dem Spielplan

Behnken, Klaus (Hrsg.), Inszenierung der Macht. Ästhetische Faszination im Faschismus, Berlin 1987

Brecht, Bertolt, Der Messingkauf. Über die Theatralik des Faschismus, Gesammelte Werke, 16. Bd., Frankfurt a. M. 1967

Drewniak, Boguslaw, Das Theater im NS-Staat, Szenarium deutscher Zeitgeschichte 1933–1945, Düsseldorf 1983

Dröge, Franz und Müller, Michael, Die Macht der Schönheit. Avantgarde und Faschismus oder Die Geburt der Massenkultur, Hamburg 1995

Ehalt, Hubert Christian, Inszenierung der Gewalt. Kunst und Alltagskultur im Nationalsozialismus, Frankfurt a. M. 1996

Fröhlich, Elke (Hrsg.), Die Tagebücher von Joseph Goebbels. Sämtliche Fragmente, 2. Bd., 1.1.1931–31.12.1936, München/New York/London/Paris 1987

Liebe, Ulrich, Verehrt, verfolgt, vergessen. Schauspieler als Naziopfer, Weimar/Berlin 1995

MANN, MONIKA, Vergangenes und Gegenwärtiges. Erinnerungen, Reinbek 2001

MÜHLEN, PATRIK VON ZUR, Fluchtziel Lateinamerika. Die deutsche Emigration 1933–1945: politische Aktivitäten und soziokulturelle Integration, Bonn 1988

REICHEL, PETER, Der schöne Schein des Dritten Reichs. Faszination und Gewalt des Faschismus, Frankfurt a. M. 1996

VÖLKISCHER BEOBACHTER vom 31. Januar 1933

Auf zwei Bühnen, in zwei Welten

BELLMANN, GÜNTHER, Schauspielhausgeschichten. 250 Jahre Theater und Musik auf dem Berliner Gendarmenmarkt, Berlin 1993

CORTADE, FRANCIS UND CADARS, PIERRE, Geschichte des Filmes im Dritten Reich, München 1975

EBERMAYER, ERICH, Denn heute gehört uns Deutschland ... Persönliches und politisches Tagebuch. Von der Machtergreifung bis zum 31. Dezember 1935, Hamburg/Wien 1959

DERS., » ...und morgen die ganze Welt«. Erinnerungen an Deutschlands dunkle Zeit, Bayreuth 1966

FRÖHLICH, ELKE (Hrsg.), Die Tagebücher von Joseph Goebbels. Sämtliche Fragmente. 3. Bd. 1.1.1937–31.12.1939, München/New York/London/Paris 1987

GRAU, GÜNTER (Hrsg.), Homosexualität in der NS-Zeit. Dokumente einer Diskriminierung und Verfolgung, Frankfurt a. M. 1993

GROBORZ, FRANZ, Das Staatstheater am Gendarmenmarkt und das Deutsche Theater zur Zeit des Nationalsozialismus. Magisterarbeit Sommersemester 1987 Freie Universität Berlin, Institut für Theaterwissenschaft

HARTMANN, WALDEMAR, Hamlets politisches Heldentum, Völkischer Beobachter vom 3. Mai 1936

Hoppe, Marianne, »Es war immer ein Spiel am Abgrund«. Zur Uraufführung »Gründgens« am Schauspielhaus: Marianne Hoppe berichtet aus ihrer Zeit mit »GG«, Hamburger Abendblatt vom 1. April 1995

Jammerthal, Peter, Gustaf Gründgens und das Berliner Staatstheater in der Nazizeit, Magisterarbeit am Institut für Theaterwissenschaft der Freien Universität Berlin, Berlin 1997

Krauss, Werner, Das Schauspiel meines Lebens. Einem Freund erzählt, Stuttgart 1958

Malek-Kohler, Ingeborg, Im Windschatten des Dritten Reiches. Begegnungen mit Filmkünstlern und Widerstandskämpfern, Freiburg 1986

Mann, Klaus, Zahnärzte und Künstler. Aufsätze, Reden, Kritiken 1933–1936, hrsg. von Uwe Naumann u. Michael Töteberg, Reinbek 1993

Minetti, Bernhard, Erinnerungen eines Schauspielers, hrsg. von Günther Rühle, Stuttgart 1985

Naso, Eckart von, Ich liebe das Leben. Erinnerungen aus fünf Jahrzehnten, Hamburg 1954

ders., 150 Jahre Schauspielhaus am Gendarmenmarkt 5. Dezember 1786–5. Dezember 1936, Berlin 1936

Pilgrim, Volker Elis, »Du kannst mich ruhig ›Frau Hitler‹ nennen«. Frauen als Schmuck und Tarnung der NS-Herrschaft, Reinbek 1994

Pretzel, Andreas und Rossbach, Gabriele, Wegen der zu erwartenden hohen Strafe … Homosexuellenverfolgung in Berlin 1933–1945, Berlin 2000

Reich-Ranicki, Marcel, Mein Leben, Stuttgart 1999

Rischbieter, Henning (Hrsg.), Theater im »Dritten Reich«. Theaterpolitik, Spielplanstruktur, NS-Dramatik, Seelze-Velber 2000

ders., Gründgens unter den Nazis, Theater heute, Heft 4/1981

Rühle, Günther, Ich bin Fehling. Shakespeares »Richard III.«, eine Inszenierung in der Diktatur – Jürgen Fehlings nicht geheures Theater, Theater heute, Heft 10/2002

Sarkowicz, Hans (Hrsg.), Hitlers Künstler. Die Kultur im Dienst des Nationalsozialismus, Frankfurt a. M. 2004

Sigmund, Anna Maria, Die Frauen der Nazis, Wien 1998

Wilpert, Gero von (Hrsg.), Lexikon der Weltliteratur, 3. Bd., München 1997

Wulf, Joseph, Theater und Film im Dritten Reich. Eine Dokumentation, Gütersloh 1964

Wunderlich, Dieter, Göring und Goebbels. Eine Doppelbiographie. Regensburg/Graz/Wien/Köln 2002

Tanz auf dem Vulkan

Kasch, Georg, Alte Liebe rostet nicht. Gustaf Gründgens' »Friedemann Bach« – eine Antwort auf Klaus Manns »Mephisto«-Roman? Seminararbeit Freie Universität Berlin, Wintersemester 2000/2001

Krüger, Arndt, Die Olympischen Spiele 1936 und die Weltmeinung, Berlin/München/Frankfurt a. M. 1972

Lorz, Marlis (Hrsg.), Zeesen. Unsere Gemeinde stellt sich vor, Königs Wusterhausen 2003

Mandell, Richard, Hitlers Olympiade. Berlin 1936, München 1980

Mann, Klaus, Tagebücher 1934–1935, Reinbek 1995

ders., Mephisto. Roman einer Karriere, Reinbek 1981

Pölchau, Warner, Sophienterrasse, München 2006

Pörtner, Rudolf (Hrsg.), Mein Elternhaus (Beitrag Marianne Hoppe, Mein Pony hieß Blanca), München 1986

Regnier, Anatol, »Du auf Deinem höchsten Dach«. Tilly Wedekind und ihre Töchter. Eine Familienbiographie, München 2003

Spangenberg, Eberhard, Karriere eines Romans, Mephisto, Klaus Mann und Gustaf Gründgens, München 1982

Toeplitz, Jerzy, Geschichte des Films, 3. Bd. 1934–1939, Berlin 1979

WALTER, HANS-ALBERT, Der Mitläufer, Frankfurter Allgemeine Zeitung vom 23. November 1965

WINCKLER, LUTZ, Klaus Manns Mephisto, Kürbiskern, 2/1983

ZEESEN, hrsg. vom »Freundeskreis der Schlösser und Gärten der Mark« 2004

Krieg und Heimatfront

FRIEDRICH, JÖRG, Der Brand. Deutschland im Bombenkrieg 1940–1945, München 2002

GOEDECKE, HEINZ UND KRUG, WILHELM, Wir beginnen das Wunschkonzert für die Wehrmacht, Berlin/Leipzig 1940

HOPPE, BENEDIKT, Letzte Tage in Berlin. Sommer '39. Countdown zum 2. Weltkrieg, lui, September 1989

IHERING, HERBERT UND FETTING, HUGO, Ernst Busch, Berlin 1965

JAMMERTHAL, PETER, »Ah! Schönes Werk der Kunst! Wie und wozu Gründgens 1937 Emilia Galotti inszeniert«. In: »Als Schauspieler fühle ich mich«. Gustaf Gründgens (1899–1963), hrsg. von Erika Fischer-Lichte und Dagmar Walach, Berlin 2000

NASO, ECKART VON, Das künstlerische Leben Berlins im Kriege, Berliner Lokalanzeiger vom 29. Oktober 1939

SIEBIG, KARL, »Ich geh' mit dem Jahrhundert mit«. Ernst Busch. Eine Dokumentation, Reinbek 1980

STEINHOFF, JOHANNES u.a. (Hrsg.), Deutsche im Zweiten Weltkrieg. Zeitzeugen sprechen, München 1989

TOEPLITZ, JERZY, Geschichte des Films, 4. Bd. 1939–1945, Berlin 1983

WITTER, BEN, »Marianne Hoppe heißt dieses Kind«, Die Zeit vom 15. August 1980

ZÖLLNER, MICHAEL, Mein Mann Gustaf Gründgens. Ein Gespräch mit Marianne Hoppe zum 100. Geburtstags des Theatergenies, B.Z. vom 22. Dezember 1999

Die Kunst, am Leben zu bleiben

CLARE, GEORGE, Berlin Days, London 1989

DAIBER, HANS, Deutsches Theater seit 1945. Bundesrepublik Deutschland, Deutsche Demokratische Republik, Österreich, Schweiz, Stuttgart 1976

GLASER, HERMANN, 1945. Ein Lesebuch, Frankfurt a. M. 1995

GRÜNDGENS, GUSTAF, Ein Treuloser bekennt sich zu Berlin, Theaterstadt Berlin. Ein Almanach, Berlin 1948

GULYGA, ARSENI, Ernst Busch 1945, Sinn und Form, Heft 6/1968

HÖCKER, KARLA, Beschreibung eines Jahres. Berliner Notizen 1945, Berlin 1984

KARSCH, WALTHER, Was war – Was blieb. Berliner Theater 1945–46, Berlin 1947

MIRONENKO, SERGEJ u.a. (Hrsg.), Sowjetische Speziallager in Deutschland 1945 bis 1950, 1. Bd., Berlin 1998

RÜRUP, REINHARD, Berlin 1945. Eine Dokumentation, Berlin 1995

SCHIVELBUSCH, WOLFGANG, Vor dem Vorhang. Das geistige Berlin 1945–1948, Frankfurt a. M. 1997

SPIEL, HILDE, Theater als Wirklichkeit in Herbert Ihering (Hrsg.), Theaterstadt Berlin, Berlin 1948

WEIGELT, ANDREAS, »Umschulungslager existieren nicht«. Zur Geschichte des sowjetischen Speziallagers Nr. 6 in Jamlitz 1945–1947, Potsdam 2001

»Keine Experimente«

ARENDT, HANNAH, Besuch in Deutschland, Berlin 1986

DIES., Nach Auschwitz. Essays und Kommentare 1, hrsg. von Eike Geisel und Klaus Bittermann, Berlin 1989

Badenhausen, Rolf, Unternehmen Düsseldorf – Gustaf Gründgens und die Bewährung eines Modells, Kleine Schriften der Gesellschaft für Theatergeschichte, Heft 29/30, Berlin 1978

Brauneck, Manfred und Schnelin, Gérard (Hrsg.), Theaterlexikon, 1. Bd., Reinbek 2001

Esslin, Martin, Das Theater des Absurden. Von Beckett bis Pinter. rororo Enzyklopädie, Reinbek 1996

Fischer, Helmar Harald, »Was gestrichen ist, kann nicht durchfallen«. Trauerarbeit, Vergangenheitsverdrängung oder sentimentale Glorifizierung? Wie sich Schauspieler an ihre Arbeit im Dritten Reich erinnern, Theater heute, Nr. 9/1989

Flickenschildt, Elisabeth, Kind mit roten Haaren. Ein Leben wie ein Traum, München/Zürich 1974

Goertz, Heinrich, Erwin Piscator, rororo-Bildmonographie, Reinbek 1995

Gründgens, Gustaf, »Warum ich ein Kassenschlager bin«, Der Spiegel, Nr. 20/1949

Hennrich, Lutz und Meiszies, Winrich (Hrsg.), »Theater hinter Trümmern«. Theater und Theaterpolitik in der Landeshauptstadt Düsseldorf 1945 bis 1955, Düsseldorf 1995

Höfer, Werner, Dialog in C-Dur. Düsseldorfer Gespräch mit Gustaf Gründgens, Rheinischer Merkur vom 19. April 1947

Kaiser, Joachim, Schauspiel in der Bundesrepublik Anfang der fünfziger Jahre. Ein Aufsatz des Verfassers aus den Frankfurter Heften 1952 kommentiert mit Zahlen von 1970, Theater heute, Heft 10/1970

Loick, Antonia, Düsseldorf. Eine kurze Stadtgeschichte, Erfurt 2002

Mann, Klaus, Der Liebling von Berlin. In: Auf verlorenem Posten. Aufsätze, Reden, Kritiken. 1942–1949, Reinbek 1994

Moszkowicz, Imo, Der grauende Morgen, Regensburg 1956

Naumann, Uwe (Hrsg.), Ein Theatermann im Exil: P. Walter Jacob, Hamburg 1985

Pretzel, Andreas (Hrsg.), NS-Opfer unter Vorbehalt. Homosexuelle Männer in Berlin nach 1945, Münster, Hamburg, London 2002

Rischbieter, Henning (Hrsg.), Durch den Eisernen Vorhang. Theater im geteilten Deutschland 1945 bis 1990, Berlin o. J.

Ruppel, K. H., Das unabhängige Theater zwischen Shakespeare und Sartre, Deutsche Zeitung vom 19. September 1951

Schmidt, Hannes, Gründgens als Hamlet, Die Welt vom 24. Dezember 1949

Schmidt, Marianne, Marianne Hoppe – Stern ohne Himmel. Ein Porträt. TransAtlantic, 4/1982

Schwab-Felisch, Hans, Am Ende des bürgerlichen Theaters? Der konservative Grundzug des deutschen Nachkriegstheaters – 2. Exempel: Düsseldorfer Schauspielhaus, Theater heute Nr.10/1970

Wintgens, Frank, Mit der Vergangenheit leben. Feste und Feiern in Düsseldorf 1945–1955, Düsseldorf 1996

Der letzte Vorhang

Baumgart, Reinhard, Damals. Ein Leben in Deutschland 1929–2003, München 2004

Bürger-Prinz, Hans, Ein Psychiater berichtet, Hamburg 1970

Dankbar, Christine, Die Gründgens-Villa wartet noch auf ihren Besitzer, Berliner Zeitung vom 25. März 1998

Flimm, Jürgen (Hrsg.), Will Quadflieg. Ein Leben für das Wort in Texten und Bildern, Zürich 1994

Gaus, Günter, Was bleibt, sind Fragen. Die klassischen Interviews (u. a. Gustaf Gründgens), Berlin 2000

Glaser, Hermann, Kleine deutsche Kulturgeschichte. Eine west-östliche Erzählung vom Kriegsende bis heute, Frankfurt a. M. 2004

Gründgens, Gustaf, Schiller und die moderne Bühne, Akzente, Zeitschrift für Dichtung, München 1955

Hermann, Walter M., Schluss mit Theater-Provinzialismus, Hamburger Abendblatt vom 6. Januar 1962

Jacobi, Johannes, Faust unter dem Atompilz, Gründgens' neue Goethe-Vision – Osterpremiere im Hamburger Schauspielhaus, Der Tagesspiegel vom 25. April 1957

ders., Gründgens' Nachfolger, Die Zeit vom 19. April 1963

Kaiser, Joachim, Triumph für Schiller und Gründgens, Theater heute, Heft 1/1963

Melchinger, Siegfried, Abschied von Gustaf Gründgens, Theater heute, Heft 11/1963

Oppens, Edith, Zuckmayer lächelte souverän, Die Welt vom 2. September 1955

Quadflieg, Will, Wir spielen immer. Erinnerungen, Frankfurt a. M. 1976

Ramsegger, Georg, Eröffnung mit Schillers Wallenstein, Die Welt vom 2. August 1955

Reich-Ranicki, Marcel, Noch ein Triumph für Gründgens, Die Zeit vom 18. Februar 1966

ders., Das Duell der Toten – Die Schriftsteller sollten gegen das Verbot des Romans »Mephisto« von Klaus Mann protestieren, Die Zeit vom 18. März 1966

Schlesselmann, Gerd, 75 Jahre Deutsches Schauspielhaus, Hamburg 1975

Stadelmaier, Gerhard, Gustaf Gründgens. Schein oder nicht Schein oder Der bodenlose Deutsche: Die Signatur unseres Jahrhundertschauspielers, Frankfurter Allgemeine Zeitung vom 18. Dezember 1999

Wiese, Eberhard von, In jeder Rolle ein ganzer Mensch. Werner Hinz wird 60 Jahre alt, Hamburger Abendblatt vom 17. Januar 1963

AURNHAMMER, ACHIM, Androgynie, Studien zu einem Motiv in der europäischen Literatur, Köln/Wien, 1986

BEGLEY, LOUIS, Zu meinem Glück. Über Thomas Bernhard, dessen tieftrauriges und hochkomisches Werk wie ein Wunder wirkt, Süddeutsche Zeitung vom 7. August 2004

BUCK, THEO, Heiner Müller. Kritisches Lexikon zur deutschsprachigen Gegenwartsliteratur, Göttingen 2001

FISCHER, HELMAR HARALD, Sendung Zeitzeichen, WDR vom 4. November 1988: Uraufführung von Thomas Bernhards Schauspiel »Heldenplatz« am Wiener Burgtheater

HAUSCHILD, JAN-CHRISTOPH, Heiner Müller oder Das Prinzip Zweifel. Eine Biographie, Berlin 2003

DERS., Heiner Müller, Reinbek 2000

HÖLLER, HANS, Thomas Bernhard, rororo-Bildmonographie, Reinbek 1994

HOPPE, MARIANNE, »Mein Gott, ich sehe Gustaf grinsen.« Die Schwierigkeit, aus einem Leben ein Buch zu schreiben. Ein Gespräch, Westermanns Monatshefte, 10/1982

DIES., »... ich hatte so ein unglaubliches Leben«. Ein Interview, Bühne und Parkett, Volksbühne-Spiegel, 4/1986

HUBER, MARTIN u.a., Thomas Bernhard und seine Lebensmenschen. Der Nachlass, Frankfurt a. M. 2002

KRAUSE, REINHARD, Die seltsame Königin, Die Tageszeitung vom 28. Oktober 2002

LAHANN, BIRGIT, Königin Lear, Stern vom 17. Mai 1990

MÜRY, ANDRES, Die Knacksdame, Theater heute, Heft 4/1991

NAGEL, IVAN, Die Bühne leuchtete, Die Zeit vom 31. Oktober 2002

ROLL, EVELYN, »Eine von vielen Möglichkeiten, es auszuhalten«. Marianne Hoppe: Weiterspielen mit 92, Süddeutsche Zeitung vom 21. Juni 2000

Rühle, Günther, Zum Tod von Marianne Hoppe, Theater heute, Heft 12/2002

Schaper, Rüdiger, »Etwas ist faul im Staate« … der Theatermagier Bob Wilson im Gespräch, Der Tagesspiegel vom 31. August 2004

Schmidt-Mühlisch, Lothar, Aus der Tiefe des Herzens, Berliner Morgenpost vom 26. Oktober 2002

Sorg, Bernhard, Thomas Bernhard, Kritisches Lexikon zur deutschsprachigen Gegenwartsliteratur, Göttingen 2001

Stadelmaier, Gerhard, Königin der Macht, Frankfurter Allgemeine Zeitung vom 26. April 1991

ders., Der Kopf der Königin der Macht. Kalt flammende Verzauberung: Zum Tod der Schauspielerin Marianne Hoppe, Frankfurter Allgemeine Zeitung vom 28. Oktober 2002

Suschke, Stephan, Das Neue zahlt man mit dem Preis, Altes zu verlassen. Archäologin der Sprache. Zum Tod von Marianne Hoppe, Freitag vom 1. November 2002

ders., Interview mit Marianne Hoppe (unveröffentlicht)

ders., Müller macht Theater. Zehn Inszenierungen und ein Epilog, Berlin 2003

Völker, Klaus, Ein großes Herz auf Taille. Zum Tod von Marianne Hoppe, Der Tagesspiegel vom 28. Oktober 2002

Wendt, Ernst, Vor Felsen, Hecken und Ruinen. Reise zum Sommertheater Hersfeld …, Theater heute, Heft 9/1962

Weniger, Robert, Streitbare Literaten. Kontroversen und Eklats in der deutschen Literatur von Adorno bis Walser. Kap. Wien: Heldenplatz. Viel Ärger um Thomas Bernhard, München 2004

Wewer, Antje, Eine Königin, die immer Diva bleibt, Die Welt vom 9. September 2000

Archive

Archiv der deutschen Frauenbewegung Kassel
Archiv des Deutschen Theaters Berlin
Bundesarchiv Berlin (s. Kapitel 6: Brief Stang: seine Begegnung mit GG 1943 in München Barch NS 8/242)
Institut für Theaterwissenschaft der Freien Universität Berlin
Münchner Stadtbibliothek Monacensia
Schallarchiv des Deutschlandradios und des Westdeutschen Rundfunks Köln
Staatsbibliothek zu Berlin – Preußischer Kulturbesitz, Handschriftenabteilung N L 316 Gustaf Gründgens
Thomas-Bernhard-Archiv Gmunden

Bildnachweis

S. 15, 60 (Foto: Binz), 159, 165 (Foto: Rudolf Hafner), 169, 171, 240 (Fotostudio Puck), 261, 309: Institut für Theaterwissenschaft der Freien Universität Berlin

S. 27: Sammlung Blahak, Hannover

S. 32: Stadtbibliothek München. Monacensia, Literaturarchiv, München

S. 45: Sammlung Fredric Kroll, Freiburg (Foto: Marlis Thiel)

S. 96, 107, 190: ullstein bild; 356: ullstein bild/Teutopress

S. 214: Theatermuseum Düsseldorf, 257 (Foto: C. A. Stachelscheid), Theatermuseum Düsseldorf

Soweit es möglich war, hat der Verlag die Copyright-Fragen zu den Fotos geklärt. Nicht erwähnte Inhaber von Bildrechten werden gebeten, sich beim Verlag zu melden.

Personenregister